上海社会科学院哲学社会科学创新工程学术前沿丛书·第一辑

主 编：黄仁伟 叶 青

理论经济学理论前沿

主 编：石良平
副主编：沈开艳 钟祥财 张忠民
　　　　韩汉君 左学金

上海社会科学院出版社

上海社会科学院哲学社会科学创新工程学术前沿丛书概述

（代序）

当前，社会科学领域正面临大量理论和实践问题，需要理论界的证明和创新。上海社会科学院在"创新工程"的机制下，结合研究生教学和高端智库建设方向，于2015年初正式启动《上海社会科学院哲学社会科学创新工程学术前沿丛书》项目（下称"丛书"）。本丛书力图反映本学科最新研究成果和理论探索前沿，为研究生理论积累和博士阶段学习提供引导，同时也为授课教师提供基础性材料。

此次组织出版的丛书为2015年院"创新工程"和研究生院共同资助的第一批集中成果。丛书以马克思主义、毛泽东思想、邓小平理论、"三个代表"重要思想、科学发展观和"四个全面"为根本指导思想，以我院首批38个创新团队为骨干编辑撰写。整个申报评审过程秉承了院"创新工程"公开竞争，择优选取、差额资助原则，所有立项申请均委托第三方组织评审，根据申报质量进行差额资助，确定通过名单向全院公示。为确保编撰质量，成立了院领导牵头、各研究所所长组织、创新团队首席专家领衔、院部相关处室协同"四位一体"的组织框架和工作机制，为丛书的顺利出版提供了保障。

在此基础上，2015年到2018年期间，我院将组织编写出版60部左右上海社会科学院创新工程学术前沿重点教材，作为上海社科院"创新工程"建设中的重要成果展示平台，也为建院60周年献上一份厚礼。整个项目将分两阶段陆续完成。第一阶段，第二至四年，每年编辑、审定和正式出版学术前沿教材15本左右；第二阶段，后一至二年，结合院"创新工程"各团队标志性成果，新增若干部国内顶级、国际一流的重要系列成果，并对已经出版的前期学术前沿进行必要修订与再版。

　　本丛书得到王战院长、于信汇书记的全面指导,黄仁伟副院长和叶青副院长策划监督执行,参与本次组织工作的人员包括:朱平芳、佘凌、胡晓鹏、汤蕴懿、王晓丰、杨璇。

上海社会科学院哲学社会科学创新工程

学术前沿丛书编委会

执笔:汤蕴懿

2016 年元月 1 日

目　　录

第一部分　政治经济学

第二部分 经 济 思 想 史

第四部分　西方经济学

第一部分

政 治 经 济 学

第一章　政治经济学总论部分

第一节　方　法　论

一、问题的提出

政治经济学方法论的理论独特性毋庸置疑,但在兼顾学科本身独特性的同时,理论界对于政经方法论的思考也受到西方经济学思潮的影响,集中探究其他经济学科普遍适用的方法论,尤其是西方主流经济学采用的方法论,是否也可以应用于政治经济学的学科研究,是否与政治经济学存在着根本性分歧。讨论主要集中在研究方法、研究范式、研究工具、基本假设四个主要问题上,即政治经济学是否采用与所有学科一致的研究方法,是否可以采用与西方经济学一致的研究范式和研究工具、基本假设。

二、前沿理论分析

(一)研究方法

在政治经济学的研究方法问题上,学者关注政治经济学特有的唯物辩证法、历史唯物主义与一般抽象法之间的关系,邱海平(2012)[1]的观点极富代表性,他明确指出,马克思经济学根本的研究方法是唯物辩证法和历史唯物主义,抽象法并不是政治经济学所特有的研究方法,而是所有科学的一般方法和要求。

其他一些学者分析总结,作为经济学特有的方法论,辩证法和唯物主义在政治经济学批判中起着举足轻重的作用。户晓坤(2013)[2]认为,辩证法作为科

---

① 邱海平.再论中国政治经济学的创新问题——兼论"研究政治经济学"与"政治经济学研究"的关系[J].江苏行政学院学报,2012,(2).

② 户晓坤.马克思政治经济学批判的方法论基础及其当代意义[J].当代经济研究,2013,(5).

学的、革命的方法,在整个马克思主义体系中具有决定性的作用,一方面,承载着"在批判旧世界中发现新世界"的历史性重任;另一方面,使政治经济学批判建立在历史唯物主义的哲学基础之上。隽鸿飞(2013)[①]认为,唯物史观作为马克思思想的核心既是建立在政治经济学批判的基础之上的,同时,也是在政治经济学批判中得到进一步深化和发展的。正是通过政治经济学批判,马克思完成了哲学革命,确立了从现实的人及其实践活动出发阐释人类历史的基本原则和理论结构,从而创立了唯物史观。唯物史观的创立则使政治经济学批判超越了传统的政治经济学而成为一种社会历史批判。

(二)研究范式

有关政治经济学研究范式的问题,理论界重点探讨什么样的经济学范式是适合中国经济学研究的,政治经济学能否直接套用西方主流经济学的研究范式。多数学者对此持否定态度,认为政治经济学有其独特的范式。

于金富(2008)[②]认为,要坚持与发展马克思主义经济学,不仅必须否定传统社会主义的"生产关系范式"和西方主流经济学的"资源配置范式"这两种极端范式,而且必须扬弃"生产关系+资源配置范式"的折中范式,必须坚持以生产方式范畴为基础、以生产方式理论为核心的科学范式——"生产方式范式"。许光伟(2008)[③]提出,马克思主义政治经济学的总体分析框架可以概括为劳动过程→价值→资本→市场经济。宫敬才(2014)[④]认为,马克思的政治经济学研究范式由如下内容构成:(1)设定劳动人性论的逻辑前提;(2)主、客体两者之间关系的哲学分析框架;(3)多学科知识的综合贯通;(4)让当事人出场说话;(5)解剖典型。在比较的意义上说,马克思政治经济学的研究范式与西方主流经济学的研究范式形成鲜明对照,前者更科学合理和更具有人情味,探究符合社会历史和当下经验事实的规律时效率更高。

可见学界虽然认同政治经济学范式有其独特性,但对于政治经济学的研究范式究竟为何仍存在很多不同的理解,主要源于对"政治经济学范式"本身概念的理解差异,以及考察切入点的不同。

---

① 隽鸿飞.政治经济学批判与唯物史观[J].学习与探索,2013,(2).
② 于金富.生产方式理论:马克思主义经济学的科学范式[J].当代经济研究,2008,(4).
③ 许光伟.论社会主义市场经济的总体政治经济学分析范式[J].江汉论坛,2008,(4).
④ 宫敬才.比较视域中马克思政治经济学的研究范式论纲(一)[J].河北经贸大学学报,2014,(7).

（三）研究工具

在研究工具的使用上，理论界的讨论极为热烈，焦点集中在是否应将定量分析作为政治经济学的研究工具，学者们的意见分成鲜明的两派。

程恩富(2011)[①]明确支持政治经济学采用量化数学工具作为研究方法，他提出数学化是政治经济学现代化的发展方向之一，认为使用数学工具，一是可以为逻辑分析、抽象分析和定性分析等方法提供支撑；二是可以对现代社会中经济发展的经验材料进行更科学的归纳、整理和分析，并为经济决策提供依据；三是在马克思主义方法论的基础上，对现代市场现象进行数学解释，有利于马克思主义理论与西方理论的对比，从而增强人们的理论辨别力；四是可以使理论更严谨和清晰，易于表达，增强马克思主义经济学的学术解释力和说服力。同时，也提出并不能一味使用数学工具，为避免类似西方经济学过度运用数学工具而脱离现实的问题，需将数学方法建立在正确的分析前提上，即以唯物辩证法为指导，坚持以科学抽象法、逻辑方法和历史方法作为分析的基础。

在学科数学化的实践方面，上海财经大学出版社于2011年出版了《现代政治经济学数量分析》系列丛书，丛书包括《现代政治经济学数量分析》《价值转型理论研究》《劳动生产率与价值量关系新探》《虚拟价值理论与应用》《网络虚拟价值的理论分析与实证》《国际不平等交换多变量影响模型及衍生效应》。其中，马艳(2011)[②]的《现代政治经济学数量分析》把现代数学工具与现代马克思主义政治经济学前提假设和理论基础结合起来，进行马克思主义经济学原理的论证、阐述和发展，对于价值理论、地租理论、事业理论、再生产理论等进行了模型设定和实证分析，以弥补定性分析和规范分析的不足。

其他一些学者对于数理化持谨慎态度，丁晓钦、余斌(2008)[③]认为，要在合乎历史逻辑和现实逻辑、符合历史唯物主义和唯物辩证法的前提下利用数学工具，严防模型化过程对马克思主义经济学原理的扭曲。张忠任[④]坚决反对数学的滥用，认为必须坚持经济理论是第一性的，数学是第二性的。潘石(2008)[⑤]则明确反对政治经济学数学化，认为数学化已经将现代西方经济学引

① 程恩富.政治经济学现代化的四个学术方向[J].学术月刊,2011,(7).
② 马艳.现代政治经济学数理分析[M].上海财经大学出版社,2011.
③ 丁晓钦,余斌.马克思主义经济学研究中的数字应用问题[J].学习与探索,2008,(3).
④ 张忠任.政治经济学研究中的几个基本理论问题[J].学习与探索,2009,(5).
⑤ 潘石.数学化:中国政治经济学现代化的误区[J].经济学家,2008,(2).

入歧途,马克思主义政治经济学现代化切不可重蹈覆辙。

多数学者认同将数理工具作为政治经济学研究工具的发展趋势,但强调必须在马克思主义经济学基本研究范式的框架下审慎使用;同时,《现代政治经济学数量分析》系列丛书对于现代政治经济学研究的数学化提出了有益探索。

(四)基本假设

相比西方经济学理论中的基本假设前提,政治经济学并未有明确提出理论假设,我国理论界近年开始重视对马克思主义经济学关于假设方法的探讨,通过与西方经济学的参考和比较,分析挖掘政经理论中的基本假设。程恩富曾于2007年提出现代马克思主义政治经济学的四大理论假设:新的活劳动创造价值假设、利己和利他经济人假设、资源和需要双约束假设、公平与效率互促同向变动假设,这个"四大假设"引起了理论界的激烈讨论。

陈文通(2010)[①]认为,程的"四大假设"是试图将马克思的经济理论融入西方经济学的框架中,而马克思经济理论和西方经济学存在原则性分歧,不可能相互通约和吸收,这种发展违背了马克思的经济理论的观点,具体表现在:一是"新的活劳动创造价值假设"部分偏离了科学的劳动价值论;二是从人的本性理解"经济人"不是马克思主义的观点;三是马克思主义政治经济学不从抽象的资源和需求约束出发;四是经济公平和经济效率不构成人类社会的基本矛盾。

支持者则认为,程恩富的"四大假设"是政治经济学的积极创新。余斌(2010)[②]完全不同意陈文通对于程恩富的批评,认为以程恩富教授为代表的国内新马克思主义经济学派,力图超越马克思主义传统经济学观点,借鉴西方经济学中可以利用的形式,积极探索马克思主义经济学现代化的途径,并与现代西方经济学展开正面的论战。方兴起(2011)[③]不同意陈文通教授强调的马克思主义经济学与西方经济学的对立,认为这种片面性实际上是向传统政治经济学对西方经济学的完全否定的回归。认为对于马克思主义经典作家在一定历史环境中提出的经济学原理和当前的一些重大经济理论问题,程恩富教授

① 陈文通.关于马克思经济理论的几个重要问题:兼评《现代马克思主义政治经济学的四大理论假设》[J].政治经济学评论,2010,(2).

② 余斌.改革创新还是僵化退步:对陈文通教授关于程恩富教授四大理论假设的异议[J].政治经济学评论,2010,(4).

③ 方兴起.理论假设:发展马克思主义经济学的探讨:兼与陈文通教授商榷[J].华南师范大学学报(社会科学版),2011,(2).

以理论假设的形式进行探讨,不仅符合马克思主义的研究方法,而且赋予了马克思主义经济学鲜明的实践特色、民族特色和时代特色,从而推进了学科体系、学术观点和科研方法的创新。

其他一些学者专门探讨"经济人"假设上马克思主义政治经济学与西方经济学的异同。多数学者认为两者本质上是完全不同的:乔榛(2010)[①]指出马克思主义经济学把人假定为"社会经济人",而西方主流经济学把人假定为"经济人",两者是相互对立的。这种不同具体体现在两者存在的假定基础不同、包含的内容不同,也正是因为其假设的不同逻辑起点引起了理论体系的不同,而以社会经济人假定来构筑和发展马克思主义经济学体系,会出现一个较西方经济学更加丰富、更加现实、更具解释力的理论体系。刘凤义(2009)[②]认为,马克思主义经济学与西方经济学关于假设的本质区别,不在于分析工具层面,而是在经济世界观和理论硬核层面上,西方经济学是以唯心史观为基础,所以它的研究方法是从假设出发,而不是从对客观事物的科学抽象出发;而马克思主义经济学以唯物史观为出发点,所以它的研究方法是遵循从科学抽象到具体假设的研究思路。杨戈、杨玉生(2011)[③]认为,西方经济学的"经济人"假设与马克思关于"经济人"的思想,在作为经济调节手段的市场经济层面上,即在流通领域有关经济变量的分析上,存在一些共识;但两者在更深层次的本质的经济关系的分析上有着本质区别。王志东(2009)[④]则认为,两种理论对于"经济学人"的假设本质相同,但有细微差别:马克思的劳动者理论认为,社会主义社会的劳动者不可避免地具有私有者、理性人和追求利益最大化的主要特征,这些特征与西方主流经济学家所谓"经济人"特征没有本质区别。但是,在社会主义的"环境"下,劳动者必然地只能是"理想经济人"。

三、述　评

在研究方法、研究范式、研究工具和基本假设四个问题上,学者普遍认为

---

① 乔榛.马克思"社会经济人"假定与西方经济学"经济人"假定之比较[J].当代经济研究,2010,(4).

② 刘凤义.西方经济学与马克思主义经济学关于假设运用的本质区别[J].社会科学研究,2009,(3).

③ 杨戈,杨玉生.西方经济学"经济人"假设与马克思"经济人"思想比较研究[J].经济纵横,2011,(6).

④ 王志东.劳动者:马克思的理想经济人[J].学术论坛,2009,(11).

政治经济学具有自成一套完整体系的方法论,必须关注自身方法论的独特性,审慎采用西方主流经济学的分析方法和工具。同时,独特性并不意味着政治经济学可以摒弃所有学科普适性的方法论,一部分学者已经在政治经济学数理化、基本假设等领域开始了实践,尝试对于西方的研究工具和研究方法进行借鉴和超越。

在定量研究工具、基本假设等问题上,政治经济学与西方经济学是否存在着无法调和的根本性分歧,能否借鉴西方的工具和方法,以及如何科学地借鉴,都将成为理论界持续讨论的热点问题。虽然归根结底,政治经济学无法全盘接收西方经济学普适性的方法论,但这样的比较和梳理对于政治经济学在方法论方面的理论完善仍具有重大意义。

第二节　研　究　对　象

一、问 题 的 提 出

学科的研究对象,是学科理论体系中最基础性的问题,对于研究对象的理解将直接影响学科的建设和发展方向。而政治经济学的研究对象,其含义和范畴在理论界始终存在着讨论和争鸣。国内学者先后提出的生产力、生产方式、"生产力—生产方式—生产关系",以及"生产关系总体"等,都曾被列为政治经济学的研究对象而引发讨论,但至今仍未有统一结论。

这一对于学科理论体系基础性且有深远意义的问题尚待解决,近年来学者们也的确将政治经济学的研究对象作为讨论热点之一。近年来,理论界主要基于此前对于研究对象的提法展开讨论,深入剖析生产关系总体的理论范畴和内涵。

二、前沿理论分析

卫兴华(2010)[①]认为,生产关系中四环节的关系并不等于生产关系,不是研究对象的全部,因此,不应将政治经济学的研究对象限定于生产关系的三方面或四环节之中。同时,明确指出[②],《资本论》的研究对象范畴应界定为资本

---

① 卫兴华.关于生产力与生产关系理论问题的研究与争鸣评析[J].经济纵横,2010,(1).
② 卫兴华.政治经济学中的几个理论问题辨析[J].学术月刊,2012,(11).

与雇佣劳动相结合的资本主义生产方式以及和它相适应的生产关系和交换关系。胡钧(2009)从政经产生的历史入手,认为马克思的政治经济学继承了古典政治经济学所创立的政治经济学的科学方面,明确地把社会生产关系作为研究对象,即"资本主义生产方式"。

对于吴易风此前提出的"生产力—生产方式—生产关系原理",林金忠(2012)①、吴宣恭(2013)②等提出了不同意见,认为并不是生产力决定生产方式以及生产方式又决定生产关系,生产方式不能独立于生产关系之外作为生产力和生产关系的中介环节,而是生产力与生产关系的矛盾通过生产方式这一中介或平台得以转化,因此,生产方式的本质规定性在于它作为一个中介性范畴。

相似的,颜鹏飞、刘会闯(2013)③提出以生产力—中介范畴—生产关系模式为特征的研究对象总体论。生产力诸因素可以区分为"生产力的永恒因素"(自然条件、社会条件、活劳动、生产资料等)以及领先因素(科学、管理、信息等),生产关系诸因素可以区分为原生态生产关系和"派生来的、非原生的生产关系"。同时,生产关系不可能直接与生产力发生作用,它必须通过一系列中介范畴、中介环节和中介运动,才能与现实生产力相结合。

许光伟(2008)④认为,政治经济学研究对象包括基础范畴、中心范畴和运行范畴,是一个有机整体,即生产关系作为历史对象和基础范畴、社会生产关系作为社会对象和中心范畴、交换关系作为社会实现形式和运行方式,研究对象的总体性可以提炼为"基础论"与"中心论"的对接和统一,即确立以一定生产力为基础的社会生产关系。

三、述　评

在对于政治经济学研究对象的分析中,学者目前整体倾向于认为生产关系是一个有机整体,并由此进一步剖析其内部的层次含义:卫兴华(2010)、胡

---

① 林金忠.论如何整体把握政治经济学基本理论——基于生产方式的范畴[J].学习与探索,2012,(11).

② 吴宣恭.论作为政治经济学研究对象的生产方式范畴[J].当代经济研究,2013,(3).

③ 颜鹏飞,刘会闯.关于马克思主义政治经济学研究对象和研究方法的新思考[J].福建论坛(人文社会科学版),2013,(8).

④ 许光伟.从社会主义市场经济角度再谈政治经济学的研究对象——改革开放30年成功实践的理论启示[J].当代经济研究,2008,(10).

钧(2009)从学科本源出发界定了生产关系的含义;林金忠(2012)、吴宣恭(2013)、颜鹏飞、刘会闯(2013)、许光伟(2008)等人都支持研究对象总体性的思想,深入分析了作为研究对象的生产关系与生产力、生产方式之间的深层关系。即便尚未得出统一结论,这些争鸣的观点分析已愈发深入,深度剖析了研究对象内部的层次、关联和相互作用机制;这对于明确研究对象的内涵和外延,无疑具有积极的意义。

第三节 学科建设

一、问题的提出

在政治经济学受到西方经济学的冲击,学科地位弱化的背景之下,学科建设成为理论界关注的热点之一。学者们着眼于学科建设的流派化、体系化、创新化,从学科内部发展的情况着手,梳理现有学科内部流派情况,分析目前理论体系框架的缺陷,对学科未来创新发展方向提出建议,并讨论学科地位弱化的原因及巩固办法。主要集中在以下几个研究方向:(一)国内及国际政治经济学主要流派的梳理与总结;(二)理论体系框架建设;(三)学科未来创新发展方向;(四)学科地位的建设和巩固;(五)教材编写情况。

二、前沿理论分析

(一)流派

薛宇峰梳理总结了国内流派体系,其他一些学者介绍了西方马克思生态学、空间政治经济学、后马克思主义等不同流派的发展情况。

薛宇峰(2009)[1]总结出国内马克思主义政治经济学已形成的八个主要流派(正统的马克思主义经济学创新流派、新马克思主义经济学综合流派、经典的马克思主义经济学文本流派、马克思主义生态经济学流派、演化的马克思主义经济学流派、数理马克思主义经济学流派、转型经济理论的马克思主义经济学流派、后凯恩斯主义的马克思主义经济学流派)及其代表人物和主要观点,并指出今后流派的分歧和争论将不可避免的日益扩大,而多个流派的共存与

---

[1]　薛宇峰.当代中国马克思主义经济学的流派[J].经济纵横,2009,(1).

争鸣将有益于我国政治经济学的创新发展。

此外,一些学者介绍了西方马克思主义政治经济学不同流派的新发展。马克思主义生态经济学派方面,约翰·贝拉米·福斯特(2012)①讨论了马克思、恩格斯有关生态批判文章,同时,还包括后来的马克思主义者及一些激进政治经济学家的观点。指出马克思认为生态危机的根源在于资本主义的经济制度,但受限于时代条件,只分析了自由竞争阶段的生态问题的特点;后来的马克思主义者和激进政治经济学家,如凡勃伦、巴兰、斯威齐以及史奈伯格等人分析了垄断资本主义阶段的经济浪费等而导致的生态问题。万冬冬(2014)②对马克思生态学的主要代表人物伯克特的思想进行解读,认为伯克特对马克思生态思想的政治经济学解读,不仅捍卫和正确理解马克思的理论,而且对中国特色生态文明建设,具有重要的理论和现实意义。

武剑、林金忠(2013)③对于马克思主义空间政治经济学的经典代表理论:列斐伏尔的空间生产理论、卡斯特尔的空间集体消费理论、哈维的空间不平衡发展理论、苏贾等的历史—地理唯物主义方法论进行了梳理和归纳,并与目前西方主流的新古典空间经济学进行比较辨析。并从空间集体消费冲突、空间生产同质化、空间产品分配两极分化等方面,阐述了马克思主义空间政治经济学对中国具有的启示意义。

张旭、常庆欣(2013)④对于后马克思主义的代表人物拉克劳和墨菲及鲍尔斯从劳动力商品概念的批判入手,分析后马克思主义经济学者对于马克思经济学批判中所犯错误,认为后马克思主义经济学不算是对于马克思主义经济学的发展。

张开、杨静(2014)⑤梳理和总结了经济危机以来西方政治经济学的新进展,主要包括阶级分析学派、积累的社会结构学派、调节学派对危机的解读,以及《21世纪资本论》的相关内容。

---

① 约翰·贝拉米、福斯特、张峰.生态马克思主义政治经济学——从自有资本主义到垄断阶段的发展[J].马克思主义研究,2012,(5).
② 万冬冬.资本主义的双重环境危机:伯克特对马克思生态思想的政治经济学解读[J].当代经济研究,2014,(3).
③ 武剑,林金忠.马克思主义空间政治经济学:研究进展及中国启示[J].江苏社会科学,2013,(4).
④ 张旭,常庆欣.后马克思主义经济学研究反思——以劳动力商品概念分析为例[J].当代经济研究,2013,(7).
⑤ 张开,杨静.危机后西方政治经济学新进展及其启示[J].教学与研究,2014,(10).

（二）理论体系框架

在理论体系框架方面，多数学者明确提出现有理论架构仅是政治体系架构的一部分，应着重参考马克思政治经济学体系的整体思路对理论架构进行扩充，构建广义政治经济学体系。

孟锐峰（2014）[1]通过对《资本论》及其手稿的深入研究，从逻辑起点、辩证方法、哲学基础三个方面对马克思创作《资本论》方法的科学性和独特性进行梳理，阐明了马克思的方法对于理论体系形成的重要性，指出构建当代中国政治经济学的体系应着重借鉴马克思创作《资本论》的方法。

其他一些学者对于理论体系应包含的具体内容提出了自己的看法，庄宗明（2008）[2]根据马克思在写作"计划"中所表达的原意和当前经济全球化发展的时代要求，认为继承和发展马克思主义政治经济学，首要任务就是要构建马克思主义世界经济学。马克思主义政治经济学的完整体系应当包括研究一国市场经济运行机制的国民经济学和研究世界市场运行机制的世界经济学。

卢江、杨继国（2011）[3]提出，将过渡理论应作为广义政治经济学的重要组成部分，过渡理论可以界定为研究一定时期内一种社会形态向更高级社会形态演变的经济基础及上层建筑的表现形式。

于金富（2011）[4]认为，马克思、恩格斯不仅为构建广义政治经济学体系提供了世界观方法论的指导，而且为其奠定了理论基础与科学基础。同时，对于广义政治经济学体系架构提出了具体建议，建议将三种社会形式（生产力或社会的生产形式）和五种经济社会形态（生产的社会形式或生产关系）结合起来考虑作为逻辑主线，确立新结构，充实新内容。

张宇（2012）[5]提出，马克思主义经济学的理论框架应主要包括：关于社会经济发展的一般原理、关于资本主义经济的基本原理、关于社会主义经济的理论、关于世界经济的理论、关于前资本主义经济形态的理论以及关于经济发展的具体理论。只有从马克思主义理论的整体结构出发，才能对马克思主义经济学的本质作出全面和准确的概括。

① 孟锐峰.从《资本论》看马克思构建政治经济学体系的方法[J].青海社会科学,2014,(3).
② 庄宗明.构建马克思主义世界经济学[J].厦门大学学报(哲学社会科学版),2008,(1).
③ 卢江,杨继国.马克思主义过渡理论及其当代价值——从广义政治经济学角度的重新思考[J].经济学家,2011,(7).
④ 于金富.构建马克思主义广义政治经济学体系探索[J].马克思主义研究,2011,(9).
⑤ 张宇.论马克思主义经济学的本质与理论框架[J].学习与探索,2012,(3).

理论界一致认为,不应囿于现有理论框架,需参考马克思经典著作的思路构建广义政治经济学体系;其中,一些学者,如庄宗明(2008)、于金富(2011)、张宇(2012)等人对于广义理论体系架构提出了具体的创见,但学界对于广义政治经济学体系的具体架构尚未形成统一意见。

(三)创新发展方向

马克思主义经济学发展创新面临着当代资本主义的新发展、经济全球化进一步深化的新趋势以及中国经济改革发展进入新的历史阶段的时代背景。同时,20世纪以来西方经济学的新发展从学科竞争的角度构成对马克思主义经济学的严峻挑战,为此一些学者专门讨论政治经济学的发展和创新方向。

在学科整体发展方向上,程恩富(2011)[①]的对于学科创新的看法极富代表性,他认为,马克思主义政治经济学现代化应包含国际化、应用化、数学化和学派化四个学术方向,"国际化"的中心思想是实现"以我(国)为主"的双向交流;"应用化"不仅包括理论为社会实践服务,而且包括其渗透到其他社会科学的学科中去;"数学化"即要把数学分析与现代马克思主义政治经济学前提假设和理论基础结合起来;"学派化"可以体现研究成果的特色,形成争鸣,有利于政治经济学的传承和壮大。

除关注学科整体发展方向以外,其他一些学者也指出了政治经济学未来的创新点。周文、朱富强(2010)[②]认为,当代马克思主义经济学面临的现实问题是局限于特定的历史背景,仍停留在有关社会制度的宏观层面,而缺乏对微观制度的具体分析,因而当代马克思主义经济学的发展,应当吸收现代西方经济学新近发展起来的研究具体微观问题的工具、模型以及理论。刘方健(2011)[③]指出,中国社会由"富国"转向"民富"的背景下,应以人本主义经济学为切入点探察政治经济学的发展方向;从经济效率与社会公正的角度,展望中国政治经济学的未来构架。

(四)学科地位

针对国内近年在科研和教学上出现的"重西方经济学,轻政治经济学"的现象,学者首先着重讨论了论政治经济学与西方经济学在学科地位上孰轻孰

---

① 程恩富.政治经济学现代化的四个学术方向[J].学术月刊,2011,(7).
② 周文,朱富强.论当代马克思主义经济学及其发展[J].经济学家,2010,(12).
③ 刘方健.论政治经济学的发展方向:见物更要见人[J].经济学动态,2011,(8).

重的问题,分析了政治经济学学科弱化的原因,并对政治经济学教学和科研的改革方向提出了建议。

政治经济学与其他经济学科关系方面,谷书堂(2008)①分析了政治经济学和西方经济学的位置和功能,认为马克思主义政治经济学与西方经济学具有互补性,政治经济学与西方经济学应该是平等的学科地位,不宜采取片面的强制措施来扶一个压一个,而应兼收并蓄,为我所用。而另一派学者明确提出,应树立政治经济学的主体学科地位:程恩富、王朝科(2010)②认为,社会经济的发展和变革充分证明了马克思主义经济学的生命力和科学价值,不仅对社会经济实践具有指导意义,而且对深陷"学术殖民"的应用经济学创新具有引领导向价值,并对如何用现代发展的马克思主义经济学引领应用经济学创新进行了系统探讨;石晶莹、秦瑶、马赛(2013)③认为,与西方经济学相比,政治经济学的理论范式及主张更加符合中国国情、执政党执政理念以及高校培养社会主义建设者的需要。突出政治经济学在理论经济学学科建设中的主体地位,是促进理论经济学学科的整体建设,完成构建有中国特色社会主义经济理论体系的客观要求。

邱海平(2010)④详细分析了政治经济学在中国学术界被严重边缘化的原因,指出造成这种局面的原因是多方面的,除了世界的发展、中国社会的转型、政治经济学本身的学科性质、西方经济学的竞争与泛滥等外部原因,更应该着力反思中国政治经济学研究本身存在的内在缺陷,包括方法论上的教条主义和学术上的不规范;进而提出中国政治经济学的根本出路在于彻底摈弃教条主义,大力倡导科学精神,努力建立学术研究规范。

学界对于是否应树立政治经济学在理论经济学中的学科主体地位有一定分歧,但毋庸置疑的是政治经济学在中国理论经济学中占有重要位置。同时,其学科地位下降和弱化的现实也已充分引起学界的重视和反思。

(五)教材编写

2010 年以来,每年均有新出版的政治经济学教材,这些新出版的教材对政

---

① 谷书堂.论政治经济学、西方经济学的位置和功能[J].经济纵横,2008,(5).

② 程恩富,王朝科.用发展的马克思主义政治经济学引领应用经济学创新[J].教学与研究,2010,(2).

③ 石晶莹,秦瑶,马赛.突出"政治经济学"在理论经济学学科建设中的主体地位[J].当代经济研究,2013,(6).

④ 邱海平.中国政治经济学研究的主要缺陷与出路[J].马克思主义研究,2010,(6).

治经济学经典理论体系进行了丰富和完善,在理论体系创新上进行了更多有益探索。

由《马克思主义政治经济学概论》编写组(2011)编写的《马克思主义政治经济学概论》①,除阐述商品和货币理论、资本主义经济、社会主义经济外,还新增了经济全球化和对外开放背景下政治经济学的理论发展。伍柏麟、史正富、华民(2014)编著的《新编政治经济学》②以社会经济形态为主线,分为自然经济、商品市场经济、自由资本主义的形成、垄断资本主义经济、新技术革命时代的市场经济全球化发展进行阐述。

其他一些教材一改传统按照经济制度为主线的划分方法,按理论模块建立体系框架。如程恩富、冯金华、马艳(2011)③摈弃将政治经济学分作资本主义和社会主义两部分叙述的方法,依据马克思《资本论》体系和政治经济学六分册体系的精神,除了导论和尾论之外,第一编分析直接生产过程,第二编分析流通过程,第三编分析生产的总过程,第四编分析国家经济过程,第五编分析国际经济过程。将有交叉联系的经济制度、经济运行和经济发展分割为几部分,并在各部分中再分章叙述资本主义和社会主义的方法,而在每章内部均按照"范畴一般与范畴特殊分析法"来阐述。沈爱华(2013)④将资本主义和社会主义部分有机地结合起来,以理论模块的形式阐述政治经济学的基本原理和研究方法,分为劳动价值理论、剩余价值理论、资本运行理论、收入分配理论、市场经济理论、宏观调控理论和经济全球化理论七大理论模块。

三、述　评

政治经济学学科被削弱、被边缘化的趋势已充分引起理论界的注意,学者们已从体系框架、科研教学改革、创新发展方向等角度给出了加强学科建设的意见。但很多问题有待更深入的研究讨论,包括对于国内国际政治经济学学派的全面梳理和总结、广义政治经济学体系的具体架构等问题,都可能成为未

---

① 《马克思主义政治经济学概论》编写组.马克思主义政治经济学概论[M].北京:高等教育出版社,2011.

② 伍柏麟,史正富,华民(编者).新编政治经济学[M].上海:复旦大学出版社,2014.

③ 程恩富,冯金华,马艳(编者).现代政治经济学新编:通用版[M].上海:上海财经大学出版社,2011.

④ 沈爱华.政治经济学原理与实务(第2版)[M].北京:北京大学出版,2013.

来理论研究的前沿方向。

同时,近几年新出版教材也反映了理论界对于政治经济学教学和科研的改革实践,在吸收马克思经典体系框架精神的同时,教材多采用模块化的方式,更加具有开放性和灵活性,与时俱进地进行理论补充。此外,注重考察近期国内国际实践经验,大量加入开放经济和经济全球化、经济危机等相关内容,丰富和完善了理论体系。

第四节 比 较 研 究

一、问题的提出

政治经济学与西方经济理论有着根本性的差别和对立,与西方经济理论的比较,有助于对政治经济学理论进行深度挖掘、系统梳理和全面阐发,对于坚持和发展马克思主义政治经济学,正确借鉴西方经济理论,推动中国政治经济学的建设与发展具有重要意义。近年来,理论界的比较研究主要集中在与西方经济学和与新制度经济学两方面。

一是与西方经济学的比较。马克思主义经济学和西方经济学作为经济学研究的两大理论体系,在研究方法、理论范畴、基本原理和体系框架等方面均存在差异。如何以马克思主义政治经济学为指导,正确借鉴西方经济学思想,为社会主义市场经济服务,是我国经济理论必须解决的重大问题。因此,与西方经济学进行全面的学科比较具有其必要性。

二是与新制度经济学的比较。在西方经济学派中独树一帜的新制度经济学,其理论与马克思主义政治经济学理论在诸多方面具有共同点或相通性,然而作为两个不同的理论体系,两者又存在着许多根本性的差别。通过比较分析了解两者的对立性与互补性,探索两者学科综合的可能性,对进一步推进政治经济学的发展与创新有着重要意义。

二、前沿理论分析

(一)与西方经济学的比较研究

对于西方经济学和政治经济学两大理论体系的比较研究,2010 年后有两套比较重要的专著出版:吴易风主编的《马克思主义经济学与西方经济学比较研究》(共三卷)①对两大理论体系的几乎所有重大理论问题都进行了全面的比较分析,在与西方经济学的比较中,对马克思主义经济学的理论进行了深入挖掘、系统梳理和全面阐发。何爱平、宋宇主编的《马克思主义经济学与西方经济学的比较研究》(共三辑)②在全面比较研究外,还提出马克思主义经济学和西方经济学的比较和综合的基本思路,以期在比较和综合中促进马克思主义经济学创新,推动中国本土经济学范式的建立与发展。

其他一些针对马克思主义政治经济学和西方经济学的专题比较研究主要包括:杜朝晖的《马克思主义竞争理论与西方经济学竞争理论的比较》③、乔榛的《马克思"社会经济人"假定与西方经济学"经济人"假定之比较》、邵晓、任保平的《就业与工资关系的两种不同理论比较研究》(2009)④、宋宇的《马克思主义经济学与西方经济学的垄断理论比较》⑤、赵雅沁、石冀平的《马克思经济学与西方经济学市场经济基础理论的比较》⑥、朱楠的《马克思主义经济学与西方经济学社会保障理论比较研究》⑦。

(二)与新制度经济学的比较研究

马克思政治经济学与新制度经济学在研究对象等方面具有其相似性,许多学者以此为出发点对于两种理论进行了比较。

于金富(2008)⑧认为,马克思主义经济学研究本质性制度,但制度经济学属于表象性制度,缺乏对于生产方式与生产关系、经济基础与上层建筑等各种制度因素之间的内在联系与相互作用,没有阐明这些因素的本质联系。程恩富(2009)⑨持类似观点,认为马克思主义制度经济理论和西方新制度经济学虽然都以制度为研究对象,但这两种理论是建立在不同的世界观和价值观基础上的,因而它们研究的理论逻辑和得出的结论是完全不同的,这种不同具体表现在制度的重要性、私有制是否具有最高的效率、制度的现象与

① 吴易风.马克思主义经济学与西方经济学比较研究[M].中国人民大学出版社,2014.
② 何爱平,宋宇.马克思主义经济学与西方经济学的比较研究[M].中国经济出版社,2011.
③ 杜朝晖.马克思主义竞争理论与西方经济学竞争理论的比较[J].教学与研究,2008,(4).
④ 邵晓,任保平.就业与工资关系的两种不同理论比较研究[J].经济纵横,2009,(8).
⑤ 宋宇.马克思主义经济学与西方经济学的垄断理论比较[J].当代经济研究,2011,(1).
⑥ 赵雅沁,石冀平.马克思经济学与西方经济学市场经济基础理论的比较[J].经济纵横,2011,(4).
⑦ 朱楠.马克思主义经济学与西方经济学社会保障理论比较研究[J].经济纵横,2009,(7).
⑧ 于金富.马克思主义经济学与新制度经济学的主要区别与科学综合[J].经济纵横,2008,(8).
⑨ 程恩富.马克思主义制度经济理论探讨[J].学习与探索,2009,(3).

本质、制度范畴的内涵、制度范畴的研究重点及两类制度理论的基本结论等方面。

李怀、邵慰(2009)[1]关注了两种理论在研究方法上的差异,认为新制度经济学主要采用微观、个体主义的研究方法,以科斯定理和交易费用为理论基准;后者采用宏观、整体主义的研究方法,以劳动价值论和剩余价值理论作为参照系。

此外,一些学者将马克思主义经济学与制度经济学的理论专题进行比较,主要包括:产权理论方面,白云朴、惠宁的《马克思经济学与新制度经济学产权理论的比较》[2]、胡立法的《产权理论:马克思与科斯的比较中需要厘清的几个问题》[3]以及李灵燕、石高宏的《马克思主义政治经济学与新制度经济学的企业理论比较》[4]。

三、述 评

纵观近五年的成果,比较研究促进了政治经济学与经济学内部其他领域之间的深入对话,同时有利于中国经济学本土化、规范化和国际化发展。

与西方经济学的比较研究已渐成体系、逐步深入,尤其是两套与西方经济学全面比较的研究著作,覆盖全面,观点突出。可在这些研究成果的基础之上进行研究,一方面,以西方经济学已经比较系统全面的理论体系作为参照物,完善政治经济学的理论框架和体系;另一方面,针对有价值的热点、难点问题,在细分领域进行更加深入的比较分析,以期进一步的理论突破。与新制度经济学的比较方面,学者们普遍认为,马克思主义政治经济学与新制度经济学的研究对象虽然都是制度,但其内在含义和逻辑基础不同,相应的理论内容也有所差异。但两套理论体系仍存在一些相同之处,主要在于强调制度的作用,以及注重逻辑分析与历史分析相结合。多数学者认为,两个学科的相通性和互补性使学科综合成为可能,这一研究方向将有望成为未来比较研究中的前沿焦点之一。

---

① 李怀,邵慰.新制度经济学的研究方法解析[J].经济纵横,2009,(3).
② 白云朴,惠宁.马克思经济学与新制度经济学产权理论的比较[J].经济纵横,2013,(1).
③ 胡立法.产权理论:马克思与科斯的比较中需要厘清的几个问题[J].毛泽东邓小平理论研究,2009,(2).
④ 李灵燕,石高宏.马克思主义政治经济学与新制度经济学的企业理论比较[J].生产力研究,2012,(12).

第五节　与其他流派的关系

一、问题的提出

为了全面理解政治经济学的理论价值、本源与发展,政经与其他理论体系的渊源关系值得深入研究。最新的理论观点主要涉及的内容包括:(1)马克思主义政治经济学思想与古典经济学、哲学思想的历史渊源;(2)马克思主义政治经济学与西方经济学两大理论体系之间的相互影响;(3)西方马克思主义政治经济学批判对于马克思政治经济学思想的批判和继承关系。

二、前沿理论分析

(一)对古典政治经济学和哲学思想的继承发展

赵义良(2013)[①]从马克思主义理论整体性的维度研究马克思对古典政治经济学的继承与超越,认为马克思对古典政治经济学的继承与超越,主要表现在,通过赋予概念以新的含义,确立理论的逻辑起点,一是政治经济学理论研究的根本指向不是为了运用理论解释现实问题;二是为了改变社会现实而进行理论研究;三是唯物辩证法的运用。

周尚君、陈志勇(2010)[②]分析了从休谟、卢梭、斯密的古典政治经济学到黑格尔的法哲学,认为其思想演进过程是对"资本立法"原则的辩护,这不仅奠定了现代法治的市民社会基础与经济学逻辑,而且深刻暴露了这种逻辑背后的现代性问题,马克思的政治经济学批判及其法哲学建构就是从这一问题展开的。

马克思对于黑格尔法哲学的批判和继承方面,李金和(2012)[③]比较马克思《黑格尔法哲学批判》前后研究主题的转向,指出黑格尔《法哲学原理》的政治经济学建构从理论视阈、研究路径、思维方法三个方面直接启迪了马克思的政治经济学研究。王文臣(2013)[④]黑格尔在完成对英国古典政治经济学批判的

---

① 赵义良.整体性维度下马克思超越古典政治经济学的三重意蕴[J].人文杂志,2013,(9).
② 周尚君,陈志勇.马克思"政治经济学批判"的法哲学分析[J].学术探索,2010,(5).
③ 李金和.论黑格尔《法哲学原理》的政治经济学思想及其对马克思政治经济学研究的启迪[J].理论月刊,2012,(8).
④ 王文臣."需要—欲望"的政治经济学批判解读及其当代发现——以西方马克思主义政治经济学批判为路径[J].上海财经大学学报,2013,(5).

基础上用"需要—欲望"思辨机制构建精神思辨体系,而马克思谈论需要问题则是面向人类生存之根本并对前者构成批判。

(二)与西方经济学的相互影响

对于西方主流经济学对于我国政治经济学发展研究的影响,刘新庚、肖继军(2014)①认为,西方经济思想在中国的传播具有两面性,新自由主义经济学派的去意识形态论、鼓吹自由化和私有化等思想严重冲击了中国政治经济学;而凯恩斯经济学和新制度经济学的国家干预、福利国家、经济制度等思想对中国政治经济学的发展产生了积极的影响。徐梅、保建云(2010)②认为,当代马克思主义经济学与西方主流经济学之间存在着理论演变的历史相关性,两者之间在研究对象与目的、研究工具与方法、理论体系与逻辑结构方面差异显著,彼此之间在诸多领域存在着理论观点的对立、矛盾及持续不断的论争。认为当代马克思主义经济学能在与西方主流经济理论的竞争与相互借鉴过程中不断丰富、完善与发展。郭广迪、沈萌(2013)③关注新政治经济学对于马克思经济学的借鉴,指出新政治经济学将马克思视为新政治经济学的一位重要先驱者,所关注的实际上就是马克思的唯物史观在非经济领域中的运用,而且新政治经济学的理论成果已逐渐被西方主流经济学所接受。这些事实表明,现代西方经济学者实际上已经在一定范围内或程度上接受了马克思的唯物史观,尽管他们没有也不可能接受唯物史观的最终结论,但仍从一个侧面反映出马克思主义的强大生命力。

(三)与西方马克思主义政治经济学批判的关系

汪正龙(2014)④分析了从马克思思想到西方马克思主义政治经济学批判的发展路径和思想传承,认为马克思在政治经济学批判框架中已经注意到的商品交换的符号性和象征性,逐渐在列斐伏尔、鲍德里亚那里发展为符号政治经济学批判。但是大的方面列斐伏尔没有脱离马克思对于资本主义

① 刘新庚,肖继军.当代西方经济思想流派对中国政治经济学的影响[J].财经理论与实践,2014,(3).

② 徐梅,保建云.论当代马克思主义经济学与西方主流经济学的相互借鉴与演化发展[J].经济纵横,2010,(3).

③ 郭广迪,沈萌.现代西方新政治经济学视角中的马克思经济学[J].中南民族大学学报(人文社会科学版),2013,(2).

④ 汪正龙.从政治经济学批判到符号政治经济学批判——对马克思、列斐伏尔与鲍德里亚关系的一个考察[J].西南民族大学学报(人文社会科学版),2014,(1).

的政治经济学批判框架,鲍德里亚则走向对马克思思想本身的背离与修正。王文臣(2014)①通过分析西方马克思主义理论批判家卢卡奇、海德格尔和鲍德里亚对马克思批判理论的批判,得出结论,认为上述几位批判家要么回到纯粹思辨或走向虚无,要么抛弃人类生存的现实生活,最终都具有局限性。

在鲍德里亚符号政治经济学研究方面,刘维兰、刘维春(2010)②对鲍德里亚的符号政治经济学进行了介绍和分析,指出鲍德里亚的符号政治经济学是通过对商品使用价值、交换价值、人的需要和商品拜物教的否定,从而彻底否定了马克思的政治经济学。认为应该辩证的看待鲍德里亚的符号政治学理论,认为其具有其深刻性,但同时存在着局限性,对马克思政治经济学的严重误读和颠覆。林宏彬(2014)③对鲍德里亚《生产之境》一书的评议,认为其全面否定了历史唯物主义生成基础的政治经济学,试图颠覆生产逻辑而代之以符号/价值,用符号政治经济学批判取代马克思政治经济学批判,并指出鲍德里亚关于“生产之镜”以及符号与价值“断裂”的思想,不仅不是一场革命,而且最终走向了象征交换的虚幻的乌托邦世界。

三、述　评

对于西方马克思政治经济学批判的分析,学者们主要通过代表人物的思想发展梳理了对于马克思思想承袭和批判的发展路径,并一致认为西方马克思政治经济学批判具有局限性。但由于西方政经批判的框架主要在哲学范畴下,因此分析框架也相应的囿于哲学范畴之内,对于经济理论的批判继承方面几乎没有涉及。与西方经济学的相互影响方面,多数学者认为,西方经济学与政治经济学两大体系的论战是有益的,政治经济学吸收西方经济理论的部分观点,丰富完善了自身体系;同时,也有学者指出新政治经济学对于马克思政治经济学核心思想的认同和吸收,佐证了政治经济学思想的先进性。在对古典政治经济学和哲学思想的继承发展方面,学界比较一致地认为,马克思政治经济学的思想来自对古典政治经济学及黑格尔法哲学思想的继承和批判,同

① 王文臣.论西方马克思主义政治经济学批判的双重局限[J].上海财经大学学报,2014,(1).
② 刘维兰,刘维春.试论鲍德里亚的符号政治经济学批判——把马克思政治经济学全面推向符号[J].科学技术哲学研究,2010,(4).
③ 林宏彬.符号与价值的“断裂”是一场革命吗?——评鲍德里亚《生产之镜》对马克思政治经济学的批判[J].新视野,2014,(4).

时从根本上超越了前述思想;对于马克思政治经济学理论渊源的研究,有助于深化理解马克思主义政治经济学思想的批判性和科学性。

政治经济学与其他流派的渊源关系,理论界的研究维度已比较全面,包括从马克思主义经济学与前人的思想渊源,与西方主流经济学的相互影响,及后人对其的批判继承三个角度入手,这对于全面理解政治经济学在经济学理论中的整体地位、理论价值有着重要意义。

参考文献

[1] 邱海平.再论中国政治经济学的创新问题——兼论"研究政治经济学"与"政治经济学研究"的关系[J].江苏行政学院学报,2012,(2).

[2] 户晓坤.马克思政治经济学批判的方法论基础及其当代意义[J].当代经济研究,2013,(5).

[3] 隽鸿飞.政治经济学批判与唯物史观[J].学习与探索,2013,(2).

[4] 于金富.生产方式理论:马克思主义经济学的科学范式[J].当代经济研究,2008,(4).

[5] 许光伟.论社会主义市场经济的总体政治经济学分析范式[J].江汉论坛,2008,(4).

[6] 宫敬才.比较视域中马克思政治经济学的研究范式论纲(一)[J].河北经贸大学学报,2014,(7).

[7] 程恩富.政治经济学现代化的四个学术方向[J].学术月刊,2011,(7).

[8] 马艳.现代政治经济学数理分析[M].上海:上海财经大学出版社,2011.

[9] 丁晓钦,余斌.马克思主义经济学研究中的数字应用问题[J].学习与探索,2008,(3).

[10] 张忠任.政治经济学研究中的几个基本理论问题[J].学习与探索,2009,(5).

[11] 潘石.数学化:中国政治经济学现代化的误区[J].经济学家,2008,(2).

[12] 陈文通.关于马克思经济理论的几个重要问题:兼评《现代马克思主义政治经济学的四大理论假设》[J].政治经济学评论,2010,(2).

[13] 余斌.改革创新还是僵化退步:对陈文通教授关于程恩富教授四大理论假设的异议[J].政治经济学评论,2010,(4).

[14] 方兴起.理论假设:发展马克思主义经济学的探讨:兼与陈文通教授商榷[J].华南师范大学学报(社会科学版),2011,(2).

[15] 乔榛.马克思"社会经济人"假定与西方经济学"经济人"假定之比较[J].当代经济研究,2010,(4).

[16] 刘凤义.西方经济学与马克思主义经济学关于假设运用的本质区别[J].社会科学研究,2009,(3).

［17］杨戈，杨玉生.西方经济学"经济人"假设与马克思"经济人"思想比较研究［J］.经济纵横，2011，(6).

［18］王志东.劳动者：马克思的理想经济人［J］.学术论坛，2009，(11).

［19］卫兴华.关于生产力与生产关系理论问题的研究与争鸣评析［J］.经济纵横，2010，(1).

［20］卫兴华.政治经济学中的几个理论问题辨析［J］.学术月刊，2012，(11).

［21］林金忠.论如何整体把握政治经济学基本理论——基于生产方式的范畴［J］.学习与探索，2012，(11).

［22］吴宣恭.论作为政治经济学研究对象的生产方式范畴［J］.当代经济研究，2013，(3).

［23］颜鹏飞，刘会闯.关于马克思主义政治经济学研究对象和研究方法的新思考［J］.福建论坛(人文社会科学版)，2013，(8).

［24］许光伟.从社会主义市场经济角度再谈政治经济学的研究对象——改革开放30年成功实践的理论启示［J］.当代经济研究，2008，(10).

［25］薛宇峰.当代中国马克思主义经济学的流派［J］.经济纵横，2009，(1).

［26］约翰·贝拉米、福斯特、张峰.生态马克思主义政治经济学——从自有资本主义到垄断阶段的发展［J］.马克思主义研究，2012，(5).

［27］万冬冬.资本主义的双重环境危机：伯克特对马克思生态思想的政治经济学解读［J］.当代经济研究，2014，(3).

［28］武剑，林金忠.马克思主义空间政治经济学：研究进展及中国启示［J］.江苏社会科学，2013，(4).

［29］张旭，常庆欣.后马克思主义经济学研究反思——以劳动力商品概念分析为例［J］.当代经济研究，2013，(7).

［30］张开，杨静.危机后西方政治经济学新进展及其启示［J］.教学与研究，2014，(10).

［31］孟锐峰.从《资本论》看马克思构建政治经济学体系的方法［J］.青海社会科学，2014，(3).

［32］庄宗明.构建马克思主义世界经济学［J］.厦门大学学报(哲学社会科学版)，2008，(1).

［33］卢江，杨继国.马克思主义过渡理论及其当代价值——从广义政治经济学角度的重新思考［J］.经济学家，2011，(7).

［34］于金富.构建马克思主义广义政治经济学体系探索［J］.马克思主义研究，2011，(9).

［35］张宇.论马克思主义经济学的本质与理论框架［J］.学习与探索，2012，(3).

［36］程恩富.政治经济学现代化的四个学术方向［J］.学术月刊，2011，(7).

［37］周文，朱富强.论当代马克思主义经济学及其发展［J］.经济学家，2010，(12).

[38] 刘方健.论政治经济学的发展方向:见物更要见人[J].经济学动态,2011,(8).

[39] 谷书堂.论政治经济学、西方经济学的位置和功能[J].经济纵横,2008,(5).

[40] 程恩富,王朝科.用发展的马克思主义政治经济学引领应用经济学创新[J].教学与研究,2010,(2).

[41] 石晶莹,秦瑶,马赛.突出"政治经济学"在理论经济学学科建设中的主体地位[J].当代经济研究,2013,(6).

[42] 邱海平.中国政治经济学研究的主要缺陷与出路[J].马克思主义研究,2010,(6).

[43]《马克思主义政治经济学概论》编写组.马克思主义政治经济学概论[M].北京:高等教育出版社,2011.

[44] 伍柏麟,史正富,华民(编者).新编政治经济学[M].上海:复旦大学出版社,2014.

[45] 程恩富,冯金华,马艳(编者).现代政治经济学新编:通用版[M].上海财经大学出版社,2011.

[46] 沈爱华.政治经济学原理与实务(第2版)[M].北京:北京大学出版,2013.

[47] 吴易风.马克思主义经济学与西方经济学比较研究[M].北京:中国人民大学出版社,2014.

[48] 何爱平,宋宇.马克思主义经济学与西方经济学的比较研究[M].中国经济出版社,2011.

[49] 杜朝晖.马克思主义竞争理论与西方经济学竞争理论的比较[J].教学与研究,2008,(4).

[50] 邵晓,任保平.就业与工资关系的两种不同理论比较研究[J].经济纵横,2009,(8).

[51] 宋宇.马克思主义经济学与西方经济学的垄断理论比较[J].当代经济研究,2011,(1).

[52] 赵雅沁,石冀平.马克思经济学与西方经济学市场经济基础理论的比较[J].经济纵横,2011,(4).

[53] 朱楠.马克思主义经济学与西方经济学社会保障理论比较研究[J].经济纵横,2009,(7).

[54] 于金富.马克思主义经济学与新制度经济学的主要区别与科学综合[J].经济纵横,2008,(8).

[55] 程恩富.马克思主义制度经济理论探讨[J].学习与探索,2009,(3).

[56] 李怀,邵慰.新制度经济学的研究方法解析[J].经济纵横,2009,(3).

[57] 白云朴,惠宁.马克思经济学与新制度经济学产权理论的比较[J].经济纵横,2013,(1).

[58] 胡立法.产权理论:马克思与科斯的比较中需要厘清的几个问题[J].毛泽东邓小平理论研究,2009,(2).

[59] 李灵燕,石高宏.马克思主义政治经济学与新制度经济学的企业理论比较[J].生产力研究,2012,(12).

[60] 赵义良.整体性维度下马克思超越古典政治经济学的三重意蕴[J].人文杂志,2013,(9).

[61] 周尚君,陈志勇.马克思"政治经济学批判"的法哲学分析[J].学术探索,2010,(5).

[62] 李金和.论黑格尔《法哲学原理》的政治经济学思想及其对马克思政治经济学研究的启迪[J].理论月刊,2012,(8).

[63] 王文臣."需要—欲望"的政治经济学批判解读及其当代发现——以西方马克思主义政治经济学批判为路径[J].上海财经大学学报,2013,(5).

[64] 刘新庚,肖继军.当代西方经济思想流派对中国政治经济学的影响[J].财经理论与实践,2014,(3).

[65] 徐梅,保建云.论当代马克思主义经济学与西方主流经济学的相互借鉴与演化发展[J].经济纵横,2010,(3).

[66] 郭广迪,沈萌.现代西方新政治经济学视角中的马克思经济学[J].中南民族大学学报(人文社会科学版),2013,(2).

[67] 汪正龙.从政治经济学批判到符号政治经济学批判——对马克思、列斐伏尔与鲍德里亚关系的一个考察[J].西南民族大学学报(人文社会科学版),2014,(1).

[68] 王文臣.论西方马克思主义政治经济学批判的双重局限[J].上海财经大学学报,2014,(1).

[69] 刘维兰,刘维春.试论鲍德里亚的符号政治经济学批判——把马克思政治经济学全面推向符号[J].科学技术哲学研究,2010,(4).

[70] 林宏彬.符号与价值的"断裂"是一场革命吗?——评鲍德里亚《生产之镜》对马克思政治经济学的批判[J].新视野,2014,(4).

第二章 资本主义部分

第一节 价格与价值理论

一、西方马克思主义价值理论研究

我国学者对西方马克思主义的研究,可以看作中国学者对西方马克思主义理论发展的回应,对西方马克思主义存在的主要问题,中国学者进行了研究和思考。其中,包括以下的问题:马克思主义价值理论的交换理论是否可以成为马克思理论进一步发展的方向,不平等交换理论是否可以成为国际价值理论的前提和基础,国际资本流动是否蕴藏了各个国家之间交换的不平等。

李应志(2011)介绍了斯皮瓦克对马克思价值论的研究,斯皮瓦克认为,西方马克思主义文化批评和意识形态批评的目的应该是配合劳动价值论,用以揭示经济剥削关系。目的是为了"去蔽":不是要为资本主义社会中的商品交换提供价值和价格在数量上的衡量标准,而是要指出社会财富的真正来源,即生产性的身体——劳动。因为资本主义的商品交换是以交换价值的面目在市场供给的作用下进行"公平交易",因此从单一的交换行为中,我们已经很难看到其中的生产劳动和工人的身体。从这个角度看,斯皮瓦克认为,马克思成功地把工人的劳动问题放到了商品交换和资本循环的前台,并得出了他的"非凡的结论":资本消费着劳动力的使用价值。货币所预示的对等交换,与富豪领域中的能指和所指的对等关系一样,都建立在其自身的"透明特性"假设上。斯皮瓦克指出,正因为如此,西方发达国家才可能把计算机、远程通信等高等技术作为一种新的统治意识形态,并把电子脉冲作为一种替代货币的新金融和资本符号去实现危机控制。如果我们仍旧从科学和实证的眼光、从追求可见性出发,那么技术作为一种新意识形态所具有的掩盖作用、西方发达国家的人权政治、经济援助、民主输出等"可见"行为背后隐藏的经济关系就无法得到实质说明。

谢富胜、李安(2010)也介绍了西方学者对马克思国际价值理论的深入研究,特别是不平等交换理论。不平等交换理论在形式上接受了李嘉图的比较成本模型,但却是建立在不同的假设之上。不平等交换理论认为李嘉图的假设并不符合国际经济现实,并进行了修正。第一,在世界上,资本具有足够的流动性,并且基本可以保证在国际范围内形成平均利润率;第二,劳动力不具有流动性,并由此形成了发达地区与不发达地区之间足够大的工资水平差异,而且这个差异大于生产率水平上的差异;第三,有机构成高的部门集中在发达地区,有机构成低的部门集中在不发达地区,且每个地区都是某种商品的唯一生产者。不平等交换理论将《资本论》第3卷中的价值转型模型运用在世界市场上,建立了世界市场上平均利润率和生产价格的形成模型,并揭示了等价交换背后的不平等性。

1970年代,美国学者谢克认为,不平等交换理论没有从根本上撼动李嘉图的比较成本理论,由于货币数量论的存在,李嘉图当初的模型存在问题,在葡萄牙和英格兰的贸易中,葡萄牙的毛呢和酒存在比较优势,这使得英格兰输出黄金,进口葡萄牙的这两样商品,而葡萄牙则因为输入了货币从而使利率走低,进一步刺激了生产,所以葡萄牙将始终在国际贸易中具有优势。

谢克主要从不发达资本主义地区的现代化进程角度考察了生产资本的国际流动——即对外直接投资——的影响。他将现代化进程区分为两个方向:内部现代化和外部现代化。在仅有商品资本流通的情况下,不发达资本主义地区的资本家有可能引进先进的生产方式,从而开启内部现代化进程。但是,不发达资本主义地区的一些不利因素将阻碍内部现代化进程,包括引进先进技术和生产方式的高成本和大规模,配合某项新技术而必须改造其他技术的成本和复杂性,以及劳动过程的重新组织等。此外,发达资本主义地区的先进资本还会试图阻止不发达资本主义地区改变自己地位的努力。结果,不发达资本主义地区的内部现代化可能会让位于由发达资本主义地区的先进资本主导的外部现代化。

谢克区分了两种价值转移:对于同一部门,生产率高于世界平均生产率的资本将获得超额剩余价值;对于不同部门,有机构成高于世界平均有机构成的部门将获得来自其他部门的价值转移,反之则反是。从而,对于任何地区或国家来说,价值转移的净效应取决于两者之和。

评价:近年来我国学者对西方马克思主义价值和价格理论发展进行了一些介绍,并站在马克思主义学说史的发展上,对各种西方马克思主义思潮进行了评析和分析,这些研究深化了对马克思主义价值和价格理论的理解,拓展了我国学者在马克思主义价值理论发展上的思路。

二、马克思主义价值论的深化研究

我国学者对马克思主义价值理论的发展集中在这样几个问题。一是马克思主义价值论是否可以被数学化,如果可以应该如何数学化;二是马克思的价值理论是否能推导出市场一般均衡;三是如何在当前的政治经济环境中理解马克思经典理论;四是马克思理论与古典经济理论比较,有何创新,并如何在此方向上对马克思经典理论进行深化。马克思理论的研究是否可以吸取现代经济学的方法,从宏观和微观两个维度进行思考。

王今朝、龙斧(2012)重新思考了马克思劳动价值论作为价格决定理论的可能性,并对马克思价值决定价格理论进行了数理揭示。作者通过区别应然价格和实然价格(即市场价格),在一一映射和利润率相等的假设下,证明了应然价格应该是价值的截距为 0 的仿射变换。由价值所决定的应然价格应该成为衡量任何一个社会实然价格合理性的标尺。并进而得出结论认为,马克思的价值决定价格的理论,应该也完全可以成为中国未来进行价格管理制度安排的理论基础。

冯金华(2012)尝试建立一套马克思主义的一般均衡理论。作者认为,根据马克思的劳动价值论可以证明,在假定社会总产品的价格总量等于价值总量、平均利润总量等于剩余价值总量的条件下,必然有且仅有一个恰好等于相应价值向量的一般均衡价格向量。这意味着,一般均衡理论完全可以建立在劳动价值论的基础之上。作者根据马克思关于两大部类社会总产品构成的理论,建立包括技术关系在内的价值体系和相应的价格体系,并说明在价格体系中存在有无穷多的一般均衡价格向量,最后从无穷多的一般均衡价格向量中确定一个"标准"的价格向量,同时证明这个标准价格向量必然等于相应的价值向量。

沈开艳(2010)对马克思剩余价值理论的相关问题进行了分析研究,并在六个方面提出了看法。在价值构成问题上,活劳动和物化劳动都是价值的构成要素,但是活劳动的地位高于物化劳动,因为活劳动才是生产过程中唯一的主体性、能动性的因素。在活劳动内涵上,作者认为,由于时代限制,马克思在分析作为价值源泉之活劳动的内涵时也大多限于生产性直接劳动,尽管他提出了非体力劳动对创造价值的作用,但研究和分析中还是忽视或无法预测到后来愈益频繁出现的经营性劳动、服务性劳动、管理性劳动等劳动形态。但是复杂劳动是倍加的简单劳动,而知识劳动所形成的活劳动就是倍加的复杂劳动。在剩余价值来源问题上,作者认为,各种活劳动形式不仅在创造价值中的作用是不同的,其在创造的剩余价值中的作用也是不同的。物化劳动、或以物化劳动为特征的生产要素在剩余价值创造过程中也具有极其重要的作用。活劳动必须与物化劳动——生产资料相结合,从而才能使活劳动真正成为创造剩余产品、剩余价值的主要力量。在价值分配问题上,随着经济的发展,整个社会由最初的资本稀缺、劳动充足逐渐发展到当代的资本充足、劳动稀缺,这样作为生产要素的科学技术和组织管理以及作为拥有科学技术和组织管理才能的知识劳动者在价值分配中必将分取更多的份额。在剩余价值归属问题上,作者认为,对剩余价值的无偿占有在目前的社会形态下有一定合理性,此外还必须澄清经营管理等技术劳动在分配过程中的误解。在社会主义社会剩余价值归属问题上,作者认为,社会主义社会剥削的形式也是多种多样的,但是某些剥削形式的存在在资本积累阶段有一定合理性,但是部分剥削形式应该坚决制止。社会主义市场经济应该通过制度保障使剥削程度减轻。

杨圣明(2012)认为马克思在古典经济学的价值理论的基础上作出了十大创新:一是以商品为起点,研究分析价值问题,特别是劳动创造价值问题。二是开创了使用价值与价值辩证统一的理论。表明商品由使用价值与价值两个因素构成,缺一不可;表明商品具有二重性质,使用价值表明商品的自然属性,而价值则表明商品的社会属性;表明商品具有二重作用,既可以满足商品所有者自身的需求,又可将商品卖掉取得收入;表明使用价值同时又是交换价值(价值)的物质承担者。三是开创了体现在商品中的劳动二重性理论,即劳动包括具体劳动和抽象劳动。四是研究了价值形式及其发展的理论,马克思主要考察了四种价值形式,或者说价值形式发展的四个历史阶段。这就是:简单的、个别的或偶然的价值形式,总和的或扩大的价值形式,一般价值形式,货币形式或者价格形式。五是提出了商品的拜物教性质及其秘密理论。他认为,商品世界的拜物教,其根源在于私有制。六是他提出了商品价值量及其如何确定的理论。七是讨论了商品价值结构问题。八是讨论了劳动力商品的使用价值与价值理论。九是研究了价值转型(生产价格)理论。十是将他的劳动价值理论,应用于国际贸易和世界市场,创立了科学的国际价值理论。马克思认为,每一个国家都有一个中等的劳动强度,在这个强度以下的劳动在生产一种商品时耗费的时间要多于社会必要劳动时间。所以不能算作正常质量的劳动,在一个国家内,只有超过国民平均水平的强度,才会改变单纯以劳动的持续时间来计量的价值尺度。在以各个国家作为组成部分的世界市场上,情形就不同了。国家不同,劳动的中等强度也就不同,有的国家高些,有的国家低些。于是,各国的平均数形成一个阶梯,它的计量单位是世界劳动的平均单位。因此,强度较大的国民劳动比强度较小的国民劳动,会在同一时间内生产出更多的价值,而这又表现为更多的货币。

刘佳、夏从亚(2013)对马克思主义价值理论进行二维视界的理论探讨,作者主要是分别从宏观和微观两个视角深入剖析马克思主义关于价值的思想理论"宏观视界是以人的价值问题为主线,旨在从整体上、从更本原的视阈下理解人的本质、异化理论以及人的全面自由发展等思想,从而提炼出马克思主义价值理论所要解决的根本问题;微观视界则侧重于从人类实践——认识的活动出发,努力在实践哲学中加深对马克思主义价值概念和价值理论的认知"。

评价:我国学者对马克思主义价值论的深化研究意义重大。王今朝、龙斧的研究使劳动价值论的可操作和应用性得以增强,为马克思劳动价值论引入我国进行价格管理制度提供了可能。沈开艳的研究把马克思对劳动价值论的研究放到了当代国内国际经济发展的背景下,对马克思劳动价值论的某些局限性进行了反思,并指出我们对马克思价值理论的一些误解。冯金华的研究试图以马克思劳动价值论推导一般均衡理论,这种尝试具有开创性和独特性,这也为建构社会主义市场经济理论体系作出了贡献。杨圣明的研究重申了马克思劳动价值论的开创性贡献,及其对主流经济学理论的补充意义。刘佳、夏从亚则从两个视角出发,对马克思价值论进行了分析,把经济学和哲学结合在一起进行思考。

三、对经济学各种价值理论的比较研究

马克思主义价值理论是西方经济学发展中的重要组成部分,如何从与其他主流价值理论的比较中,对其进行定位? 这是我国学者比较关心的问题。

孟奎(2013)对经济学界的三大价值理论——马克思劳动价值论、新古典均衡价值理论以及斯拉法价值理论进行比较,并从其产生的时代背景、思想渊源、研究目的、研究方法以及价值的本质、度量等多个方面进行分析。作者指出,虽然根本观点有所不同甚至对立,但三者也有许多相似的符合经济运行现象的推论。马克思劳动价值理论虽然对资本主义的经济现象作了深刻论述,但它对某些市场现象尚缺乏解释力。新古典均衡价值理论虽然能以数理模型来解释各种市场现象,但与马克思劳动价值论相比,这种解释主要还是对市场现象的数理化描述,而没有作出更为深刻的分析。而从斯拉法的分析过程来看,虽然没有使用边际分析法,但通过固定生产要素比例,同样得到新古典均衡价值理论的相似结论。

评价:孟奎的研究通过对三种价值论的比较,有利于我们更好地把握马克思劳动价值论在西方经济学说发展过程中的意义。

第二节　危机理论

一、对 2008 年经济危机成因的分析

由于 2008 年国际金融危机爆发,所以我国学者重新重视对危机理论的研究,特别是应用马克思经典理论对本次危机进行解释。而我国学者关注 2008 年以来经济危机的焦点在于,是否对于当前发生的世界范围内的经济危机来说,马克思主义经典学说中的危机理论依然有效?同时,从什么角度运用马克思主义危机理论对 2008 年以来的金融危机和经济危机进行解释,又在这种解释过程中,是否可以进一步发展马克思主义危机理论。

刘小英(2008)认为,目前资本主义经济危机仍然是资本主义固有矛盾的体现,但是资本主义社会发生了一些新变化,国际垄断资本主义为了缓解资本主义矛盾,在创造资本主义世界经济体系的同时,也把资本主义的内在矛盾扩展到全球范围内。此外,在当代科技革命和全球一体化的新形势下,资本主义向社会主义的过渡形式也发生了微妙的变化,已经由暴力革命转变为和平演化。资本主义危机可能不会变化为社会危机,但是资本主义向社会主义过渡将会是个漫长曲折的历史过程。

刘永佶(2009)认为,现代资本主义危机的根源是利润不可实现,造成这一

问题的原因在于自由竞争的资本在投资、生产、经营上的无政府状态以及资本和经济的虚拟化。资本主义政治经济学从根本上是反人本质的。

马艳(2009)指出,马克思有关经济危机的理论具有两个层面,即,本质层面和表现层面,而这适用于对2008年爆发的金融危机和经济危机的分析。本次危机的本质是由于房地产市场产能过剩而引发的经济危机,其表现是金融危机。

邵传林、张存刚(2009)认为,根据马克思的理论,资本家剥削劳动者,使劳动者陷入相对贫困,这种相对的贫困,导致社会的相对有限的购买力(即市场的相对狭小),从而必然造成社会总供给超过社会总需求,从而导致危机的爆发。同时,作者运用马克思有关信用二重性的思想解释虚拟经济发展如何导致金融危机。

王志伟(2010)在解释经济危机时,用马克思有关货币经济中买卖脱节导致危机的论述进行解释,并由此分析了目前金融危机的成因。他认为,2008年以来,美国金融危机一方面是生产领域出现问题,住宅生产相对过剩而消费者有效需求不足,一方面是由于当今世界金融信用过度发展。

陆晓禾(2010)认为,信用制度和银行制度扬弃了资本的私人性质,在社会生产组织和执行职能方面,提供了向新生产形态过渡的基础,但它"并没有克服财富作为社会财富的性质和作为私人财富的性质之间的对立",因此,处在这种"过渡点"上,如何使社会利益得到伸张,也就是如何使社会资本为社会生产,是值得研究的。

刘佑铭(2012)用剩余价值在时间和空间上的扩张来解释经济危机。剩余价值扩张类似于主流经济学所说的输出产能过剩。即资本主义在生产过程中创造出大量的剩余价值,为获取这些剩余价值,必须使更多的人消费掉这些剩余价值。于是通过金融工具,使在当前或当期不具购买力的消费者通过使用未来的购买力,消费掉当期的剩余价值,这是剩余价值在时间上的扩张。通过将剩余价值输出到新兴国家等新市场,剩余价值实现了空间上的扩张。作者认为,金融的符号化、数字化以及信息技术的发展使剩余价值时空扩张成为可能。

评价:刘小英从全球科技革命的全球一体化的角度解释资本主义经济危机。刘永佶试图从利润不可实现的角度解释经济危机。马艳试图从本质层面和表现层面把握2008年以来的国际金融危机。邵传林、张存刚从资本主义剥削到之后贫富分化推动经济危机的角度对资本主义经济危机进行了解释。应该说这些研究都着重于马克思主义经济学危机理论的某个方面,从一个特定视角审视 2008 年以来的国际金融和经济危机。刘佑铭的贡献在于使用马克思主义的概念工具和话语方式对资本主义经济危机进行了描述。然而,其剩余价值扩张理论仍然没有超越有关输出产能过剩的理论。

二、对马克思危机理论的重新解释

我国学者对马克思主义经济学的危机理论进行研究的同时也关注到这样的问题,即马克思认为资本主义经济危机对资本主义体系而言具有修复作用,在危机理论中马克思是否否定了市场经济,而市场经济与经济危机的关系究竟如何。这一问题成为我国学者关注的对象。

除了运用马克思理论对危机进行解释以外,一些作者对马克思经典理论进行了重新解释。孟捷(2009)对马克思经典著作的研究颇为引人注目,他从演化经济学的角度出发重新诠释了马克思有关危机的理论,作者认为,马克思并没有从周期性危机出发,直接得出资本主义经济崩溃的结论。相反,他提出了危机必然发生、又必然渡过的假设。危机事实上承担了一种特殊的协调功能,即使得整个经济中已遭破坏的内在联系强制性地得到恢复。这样一来,资本主义经济的波动就归结为两种力量的周期性的此消彼长,用马克思的话说:"不同生产领域的这种保持平衡的经常趋势,只不过是对这种平衡经常遭到破坏的一种反作用。"孟捷认为,把产品创新引入马克思主义资本积累理论,认为产品创新为资本创造了对等价值的新源泉。孟捷还认为,马克思主义政治经济学忽视了对资本主义多样性的分析,这导致了马克思主义传统政治经济学在否定新自由主义经济学有关规范市场理论的同时,也否定了不同的社会、文化和政治制度都嵌入了其独特的市场经济形式。孟捷认为,马克思主义者不应该仅仅停留于对资本主义经济的病理学分析上,还必须面对其他由时代提出的重要问题。不能因为通过对危机的研究否定新自由主义,就等同于否定市场经济,未来的中国经济学是马克思主义经济学和演化经济学的某种融合的原因。

此外,中国的学者还介绍了西方思想家对马克思有关危机理论的研究。万冬冬(2014)介绍了美国经济学家保罗·伯克特从生态危机的角度诠释马克思有关资本主义危机的思想。伯克特认为,资本主义危机受困与双重危机,一是资本积累的危机,即随着资本积累,会出现农产品短缺、农作物价格走高、农业短缺危及资本积累所需的物质条件。因此,资本主义制度同合理的农业相矛盾。要解决资本生产的物质需求与原料生产的自然条件之间的不平衡,只能通过生产和物质需求量的革命性转变,合理控制联合起来的生产者,从而全面控制原料的生产。二是人类社会发展危机,资本主义发展伴随着工业化和城市化,而这将导致资本主义农业和城市工业对劳动力和自然条件的破坏,从而引起物质和生命力循环的扰乱。伯克特认为,资本主义的历史极限是为利润而生产与为人类需要而生产之间基本矛盾的必然产物,它不仅包含马克思指出的资本趋向于过度积累和利润率下降,而且也包含资本主义生产关系的全面危机。资本主义的环境危机是资本主义生产关系的历史危机的表现。伯克特认为,为了实现更少限制、更亲生态的人类发展,需要的不是社会的瓦解,而是共产主义革命,用共产主义联合生产代替资本主义生产。在马克思对资本主义危机的批判中,伯克特揭示了由资本主义固有矛盾而导致的经济发展与生态之间的矛盾,并将之视为资本主义危机的一个表现,并提出了一套计划的方式以解决这个问题。但是,问题在于从当前资本主义发展看,资本主义生态危机并不明显,西方资本主义国家,特别是欧洲资本主义国家通过较好的调节方式使生态建设和经济发展相互适应。此外,完全计划的方式已经被证明存在许多问题,政治经济学更应该思考符合社会主义市场经济发展的生态治理方式。

评价:孟捷的研究和思考突破了传统马克思经典理论的框架,注意到了一些不为人注意的问题,并通过与西方一些经济思潮相结合,重新对马克思经典理论进行思考,并对其内涵加以重新解释。这对于进一步发展马克思政治经济学而言,是一种有益的尝试。万冬冬的研究聚焦于西方马克思主义经济学的发展,把马克思有关资本主义经济危机的理论拓展到生态领域,这是基于区域经济学和城市经济学发展的成果,然而,万冬冬并没有指出伯克特的研究强调通过社会革命解决西方危机存在的问题,是否这一解决方式是合理的,这需要谨慎对待。

三、对政府在危机作用的分析

马克思是站在资本主义固有经济矛盾的基础上理解经济危机,那么如何摆脱经济危机,特别是政府在经济危机的发生、缓解、摆脱的过程中是否能发挥作用,或者能够发挥怎样程度的作用,这是我国学者比较关注的问题。

聂圣平(2012)指出,新自由主义政府观消极保守式的政治经济主张已无法适应风险社会的要求,这是国际金融危机爆发的根源之一"政府积极有为才是应对风险社会和抗击金融危机的根本之道"。但在政府积极有为的过程中,需时刻防范"利维坦"的出现。

评价:聂胜平涉及了政府在危机处理中的作用,视角比较独特。但是其结论却略显空泛,新自由主义政府观的消极特点恰恰是西方经济发展的原因,在西方经济出现危机时,自然无力解决现实中存在的问题。作者意识到积极有为政府可能导致"利维坦"的出现,但是"利维坦"会否带来一个繁荣的西方资本主义经济呢,这就构成了一种悖论。

第三节 国际政治经济学部分

一、国内国外国际政治经济学的发展

国际政治经济学是我国政治经济科学研究中的新兴领域,我国学者首先关注的是这一领域在我国的发展历程是怎样的,其学科研究的演变历程是怎样的。同时,中国学者也很自然地会以中国为中心,建构国际政治经济学,那么在此视角下,国际政治学的中心议题是什么,研究路径是什么,这也成为必须面对的问题。在建构中国国际政治经济学的时候,也必须考虑它与西方国家国际政治学的区别,那么这种区别到底何在,这也是值得思考的。

钟飞腾、门洪华(2010)对中国国际政治经济学学科的发展历程进行了回溯。把中国国际政治经济学的发展划分为三个阶段,即铺垫阶段(1978年—1980年代末)、制度化阶段(1991—2003年)、中国意识崛起阶段(2003年至今)。文章认为,中国经济学界日益重视国际经济体系变动对中国国内经济的影响,国际关系学界则强烈感受到中国经济总量上升和国际利益增多对国际体系的影响,这两类研究力量的沟通与互补不仅提升了专业训练水平,而且促进了对分析性工具的掌握。随着国内国际两个大局互动的加强,以中国对外关系为核心的战略分析成为借鉴国际政治经济学成果的绝佳领地。中国的东亚地位、世界影响成为全球关注的重心,如何推进中国东亚战略、"走出去"战略的研究,如何把握因为中国海外利益增多所引动的国内外政治变革,是国际政治经济学研究中国化所必须重点研究的核心议题。进一步说,如何锻造总结中国经验的话语体系,将是中国国际问题研究在很长时间内面临的难题。毫无疑问,如同马克思主义中国化一样,国际问题研究的中国化工程不仅需要,而且必须由参与中国改革开放进程的中国人自己来实现。以此为基点,推进中国的国际政治经济学学科建设和深入研究,不仅具有重要的学理意义,更具有紧迫的现实价值。

宋国友(2011)认为,应该重视基于中国的国际政治经济研究,首先,确定基于中国国际政治经济研究的核心议题,包括生产、贸易、货币、金融;其次,确定研究路径。一是国内政治路径,分析一国内部政治结构和政治制度对于对外经济政策的塑造;二是双边互动路径,因为双边经济关系中的政治因素影响很难用从国际到国内或者从国内到国际来描述,因此应单独划为一类为宜。作者认为,中国IPE学者必须结合变化了的中国与国际政治经济体系的关系,突出中国学者的主体性和能动性,增加IPE研究的本土性和国家性,反思以往IPE研究中视角和立足点方面可能存在的偏差和误区,争取实现从以西方为中心到以基于中国的研究思路转变。基于中国的IPE研究具体表现为在IPE实证研究中要注重对中国问题的关注,在理论突破中要考虑中国特质的存在。

为推进基于中国的IPE研究的必要知识储备,中国学者还要回到IPE的学科交叉本质进行学科弥合,重视对国际政治和国际经济知识的双重把握。中国IPE学术共同体如果能够在基于中国的IPE研究领域取得显著效果,不仅能够缩小与西方IPE研究的差距,帮助提升中国学者在国际IPE学界的地位,而且也将为构建国际IPE领域的中国学派甚至是整个国际关系理论中的中国学派提供有力的支持。

徐秀军(2014)则对西方国家国际政治经济学的发展进行了分析。文章分析了近年来西方国际政治经济学研究中美国学派和英国学派的区别:在本体论上,美国学派奉行国家中心主义,将主权国家置于其他利益单元之上;而英国学派坚持国家只是众多的行为体之一。美国学派认为,国际政治经济学本质上是国际关系的一个次领域,核心问题局限于国家行为与体系治理问题,理论的主要目的是解释即确定因果关系。英国学派将国际政治经济学作为一门跨领域学科,因而更具包容性,理论的主要目的是判断,即确定不公正的行为。美国学派追求传统社会科学的客观性,而英国学派注重实用主义传统和古典道德哲学的规范性。在认识论上,美国学派坚持自然科学模型的实证主义和经验主义两个核心原则,而英国学派本质上是制度主义和历史主义的,并且在语气上侧重于阐释性。

文章指出,随着全球化的深入发展,国家之间的相互依赖日益加深,东西方世界日益融合成一个统一市场,国际社会日益呈现如下特征:国家与市场利益的进一步统一,不对称相互依赖与"民族主义"持续存在,国际经济行为主体的多元化,以及均势的"无政府状态"与国际政治经济的"制度化"。在此背景下,在美英国际政治经济学界,各自加快了从传统国际政治经济学研究向新兴范式的转型。而当前的国际政治经济学发展趋势是,在美国学派与英国学派的论争中催生出一种可通约的、更具包容性的分析范式。而这催生了新国际政治经济学的理论范式。

新政治经济学日益以新古典经济学方法论和分析工具为基础,不断拓展新古典经济学的研究视域。主要理论有以下六种:一是经济学中的制度——组织方法;二是经济学和经济史中的制度和经济变迁的比较理论;三是社会学中的结构化理论和战略关系理论;四是国际关系的批判理论;五是新公共选择理论;六是文化政治和认同理论。

在目前国际政治经济学发展过程中出现了折中主义倾向。这种主义有以下三个主要特征:一是研究问题的开放性,它将各种复杂的现象囊括其中,而不是寻求扩大或弥合不同范式之间的分歧;二是中观的因果解释,它吸纳了至少来自两种范式的不同原理和逻辑;三是实用主义的研究成果和理论观点,它既包含纯粹的学术辩论,也包含了决策者或实践者的现实困境。

钟飞腾(2010)从学术史的角度对西方国际政治经济学中的霸权稳定论进行了研究。霸权稳定论即认为国家间权力的霸权式分布有利于国际经济秩序稳定。

作者认为,霸权稳定论有三个特点值得重视,一是从研究对象看,霸权稳定论从三个不同的问题领域,即直接投资、贸易和货币,这推进了国际政治经济学研究。三个问题领域除了经济学基础不同之外,它们和国内利益集团的关系也不同。从政策变化带给国内集团的成本收益来看,贸易政策的特性是收益集中而成本分散,这也是为什么总是容易引起关注、有利益集团不断游说政府改变政策的原因所在。而投资政策相对而言成本和收益都集中,因此,国内集团的斗争最为针锋相对,政策的改变也相对困难得多。汇率政策的特性是成本与收益都分散,因此,不仅不容易引起国内利益集团的关注,也不太容易进入大众的视野,从而成为国家政策制定者最容易控制的政策。二是从学科角度,国际政治学家和国际经济学家的相互批评对于推进国际政治经济学研究相当重要。跨学科交流的特性是保证国际政治经济学研究前沿性的一个重要条件。三是尽管霸权稳定论已经不再是继续推动国际政治经济学的动力源,但是众多参与霸权稳定论辩论的学者接受并扩展了政治与经济相互联系的思想。霸权稳定论的深化离不开学者之间的学术分工与合作。

评价:我国学者对我国和西方国际政治经济学发展进行了充分的梳理和介绍,其评价是中肯、客观的,对建构具有中国特色的国际政治经济学作出了巨大贡献。

二、国际政治经济学的应用性研究

我国学者也利用国际政治经济学进行了许多应用性研究,其中,包括如何解释欧债危机、如何理解全球化、如何在国际政治经济学视角下,理解政府在国际竞争中的作用及其与市场的关系。

秦卫波(2013)在国际政治经济学的框架下研究了欧债危机,他认为,首先,在不完全具备"最优货币区理论"构建条件下,特别是区内生产要素不能实现自由流动和区域内各国经济发展水平差异大、产业结构趋同性不强时,统一的货币政策就需要统一的财政政策配合。但是欧元区内生产要素未能实现完全自由流动,特别是劳动力,且南北欧经济发展水平差异大,欧洲央行实行统一的货币政策时,各国独立的财政政策使欧债危机爆发和蔓延的主要原因。其次,成熟的货币区应该有一个设计科学的退出机制。欧元从诞生起就缺乏退出机制,因此,缺乏机制灵活性,货币区的不断发展也相应缺乏生机和活力。第三,区域货币一体化是渐进过程,基础是统一的区域大市场和各国经济结构的协同。统一的区域大市场要求生产要素的完全自由流动,包括资金、技术、劳动力。

王正毅(2010)通过对国际政治经济学过去 40 年国内政治和国际政治经济两个领域研究议题、核心概念以及分析性工具的使用进行总结分析,得出结论认为,全球化促使人们对"国家利益"进行重新界定并深化具体的研究议题,例如,国家利益并不是抽象的,而是由国内不同的阶级和行业集团的偏好所决定的;全球化也促使人们对制度设计和谈判进行思考,通过制度设计来阻止国际体系中的"搭便车"现象,并通过谈判在国际体系中进行合理的"利益分配"。

核心概念和研究议题的确定和认同使得国际政治经济学在国际学术界形成了一个相对成熟的知识共同体。

　　同时,国际政治经济学的产生及其理论演进,不仅与国际关系的现实变革密切相关,也与国际关系的理论论战相关联。在过去40多年的国际关系理论发展历程中,曾经历过四次理论论战,而后三次论战(1970年代自由主义挑战现实主义、1980年代新自由主义/自由制度主义与新现实主义的论战、1990年代理性主义与社会建构主义的论战)一直左右着国际政治经济学的发展。就像二十世纪七八十年代的自由主义和现实主义相互论战但不断彼此吸收对方理论养分而修正自己一样,1990年代以来,尽管理性主义和建构主义在最初的论战中也都强调双方的差异性,如理性主义强调偏好、信息、战略和共同知识,而建构主义强调认同、规范、知识和利益,但双方却都承认自身的局限性,理性主义承认无法解释共同知识的来源,而建构主义承认没有提出解释战略的理论。随着论战的深入,双方都意识到各自在认识世界政治的局限性以及双方之间的互补性。坚持理性主义的学者认识到,如要解释共同知识的来源,就必须了解行为体的社会规范,而这正是建构主义的范式;建构主义也认识到,如要解释利益的社会化过程,就必须了解行为体的偏好,而这正是理性主义的范畴。理性主义和建构主义的这种互补性为问题之辩逐渐取代范式之争奠定了方向性基础。

　　此外,通过使用分析性工具来拓展和深化具体的研究议题,进而使得国际政治经济学在现实的具体问题领域具有可操作性,这是1990年代以来“第二代”国际政治经济学者的另一个重要贡献。博弈论作为一种分析工具,可以在一定程度上阐明理性主义与建构主义之间的分歧,如理性主义假设行为体的偏好和共同知识是既定的,因而可以进行战略性讨价还价;而建构主义假设行为体的身份是给定的,因而可以在环境中进行讨价还价。但博弈论同时也为理性主义和建构主义未来进一步的融合提供了分析工具,如理性主义认为,为促进物质利益而建立的制度可以产生规范结构;而建构主义认为,规范可以确定博弈者的选择范围并决定他们的偏好。博弈论作为理性主义和建构主义共同认可的分析工具,为国际政治经济学研究的可检验性和可操作性提供了一种切实可行的路径。

　　易文彬(2011)则从国际政治经济学视角研究了国家与市场的关系,他指出,国家与市场在国际政治经济学视角下既存在对立也存在依存性,对立性体现在国家与市场的组织性质不同、实现方式不同、成本不同、受益主体不同、扩张力不同;依存性体现在市场存在于社会政治体系和制度中,市场是激活经济创造社会财富的基础。

评价:秦卫波的研究引入了西方经济学发展的许多成果。王正毅的研究分析了国际政治经济学长期发展的情况,为中国国际政治经济学发展进行了框架性的整理,指出了中国国际政治经济学发展的可能路径。易文彬把国家和市场的关系放到国际政治经济学视角下讨论,其视角独特,但是在理论建树上略显简单。

三、马克思主义国际政治经济学研究

中国学者也很自然地站在马克思主义的立场上对国际政治经济学进行研究。马克思主义国际政治经济学要面对的问题首先是,推动国际经济的本质是什么? 在国际经济交流中,各国之间是否是平等的,如果是这样,不平等的原因是怎么造成的。

李翀(2008)认为,国际经济的本质是资本的跨国流动,要从商品资本、生产资本、货币资本的跨国流动三个方面来构建马克思主义国际经济学。在商品资本跨国流动方面,要从国际价值、生产价格和垄断价格等基本范畴处罚,分析国际贸易的原因、流向和利益分配。在生产资本的跨国流动方面,要从生产资本本质角度重构直接投资的原因、流向和利益分配。在货币资本的跨国流动方面,需要用国际金融资本的虚拟价值重新解释汇率形成的基础和货币资本流动的原因。此外,还需要揭示世界商品市场和金融市场的形成和发展,进而论证世界资本主义经济体系的命运。

李真、马艳(2009)通过回溯马克思经典理论,将国际不平等交换的原因归结为劳动生产率的差异和技术上的垄断,理论的前提暗含着科技进步主要作用于劳动客观条件这一事实。在当代经济全球化发展的背景下,这一前提假设已发展为技术进步同时对劳动主观条件和劳动客观条件产生影响,继而交错影响单位商品价值量。国际不平等交换应从形式和本质两个层面加以定义和讨论,国家间的技术差异、国际经济规则和制度制定权差异成为国际贸易中不平等交换的主要原因。

郭锐(2009)指出,近年来,马克思主义国际政治经济学正朝着建立其理论边界的方向快速发展。与许多西方学者继续突出经济全球化的重要性,甚至一些学者鼓吹全球经济已经变得"缺乏层次"而日益均衡地分布的观点截然不同,马克思主义国政治经济学认为全球经济仍旧主要由少数特定区域(北美、西欧和东亚)及其相互作用构成,世界大部分地区仍然处于经济活动的外围地带。全球经济活动的不均衡分布,使发达国家与发展中国家间的发展失衡问题非但没有缩小,反而持续拉大。虽然经济开放使世界范围的贫困开始缓慢减少,但与之相伴的发展中国家社会内部以及各国间的不平等现象却大为增加。这些国际政治经济中的重大变化,成为马克思主义国际政治经济学所必须面对和解决的一系列研究课题。

评价:李翀从商品资本、生产资本、货币资本的跨国流动三个方面来分析了马克思主义国际经济学,论述较为全面。李真、马艳实际上讨论了马克思主义国际政治经济学在当今国际政治经济发展条件下是否依然具有解释力的问题,并得出了正面的结论,为马克思主义国际政治经济学的深化研究提供了可能。郭锐则指出了当前马克思主义政治经济学深化发展所必须面对的问题。

第四节 生产力和生产关系理论

一、马克思经典理论的诠释和发展

生产力和生产关系理论是马克思主义经典理论的重要组成部分,对马克思主义学说中这一部分理论的研究主要集中在,我国生产力和生产关系理论的研究情况是怎样的,生产力和生产关系理论究竟在马克思主义理论体系中具有怎样的地位,同时如何理解这一理论。这是我国马克思主义理论工作者近年来的兴趣所在。

卫兴华(2010)对新中国成立以来我国学术界关于生产力和生产关系理论问题的研究和争鸣历史进行简要梳理和评介,对生产力的概括性表述问题、生产力的要素问题、生产力发展的动力问题、生产关系内涵问题、斯大林的生产关系三方面和马克思再生产四环节问题进行了理论是非的分析与评论。作者认为,应该突破生产力二要素和三要素的争论,而代之以生产力多要素论,主张生产力发展有其自身的内在动力,主张拓宽生产关系的内涵,不应将政治经济学的研究对象限定于生产关系的三方面或四环节之中。作者还认为,生产力发展的动力是先进的新生产关系,生产关系必须适应生产力发展需要。

陈如东(2011)认为,作为理解马克思整个学说体系的一个基本思想,生产关系概念及其范畴的创立,具有一个逻辑上不断演进"理论上不断完善的过程"。他通过回溯马克思相关文献的发展,对马克思原著的逻辑发展轨迹进行了解读。他认为,首先,应该确认的是马克思的"生产关系"是在交往中物质利益基础上形成;其次,应该承认马克思交往范畴具有比生产关系范畴更为广泛、特殊的意义。

程启智(2013)通过对马克思经典文献的研究,认为马克思生产关系理论实际上是一个由所有制和依赖关系构成的二维理论体系,二维生产关系理论是正宗的马克思的理论。但是由于受到苏联所有制教条的影响,长期以来我们仅仅重视前者,而忽视后者,导致生产关系理论存在重大缺憾,因此,应该研究和发展马克思依赖关系理论。作者发现,二维生产关系理论在马克思早期论著中就已经具备思想雏形,但是在他与恩格斯合作的《德意志意识形态》中才正式形成,最后是在《1857—1858年经济学手稿》中得以完善。然而,即便是在《资本论》中,卡科斯仍然运用了依赖理论。所有制理论的主要任务是揭示资本主义经济社会产生、发展和灭亡的规律,从而为社会主义革命提供理论武器,而依赖理论的主要任务是揭示人们在生产中的交往和合作关系的规律,从而为经济社会的有序运行提供理论解答。而后者对于我国经济社会转型来说具有重要理论意义。

评价:卫兴华对我国建国以来的生产力和生产关系理论进行了梳理,在对其发展脉络进行理论分析的同时,也指出理论发展的现实背景和政治背景,全面揭示了我国生产力和生产关系理论发展的状况和成因。陈如东对马克思经典理论进行了细致的解读,并在一个更大的视域下考察生产关系问题。程启智通过对马克思著作的比照,提出了一个新的解释框架,对深入认识马克思生产力和生产关系理论进行了有益的尝试。

二、劳资关系理论

劳资关系是生产力和生产关系理论引申出来的一个问题。我国学者在此领域比较关注以下问题:劳资关系理论在马克思主义经典理论中是如何阐发的,马克思有关劳资关系的论述具有什么特征,资本主义国家的劳资关系发展是怎样的。

钱昌照(2008)指出,《资本论》实质上就是一种劳资关系理论。剩余价值生产过程中的劳资关系理论,是研究《资本论》中剩余价值理论的核心。剩余价值生产过程中的劳资关系,体现着资本主义制度下劳资关系的本质。人格化的资本和被异化的劳动是资本主义雇佣劳动关系的基本内容。劳资关系的本质不是平等,而是雇佣;不是自由,而是专制。

韩金华(2009)将马克思劳资关系理论主要特征归纳为:一是劳资关系的历史性和暂时性;二是劳资关系在交换领域形式上的平等性和实质上的不平等性;三是劳资关系在生产领域的对立统一性。

顾光青(2009)认为,资本主义国家劳资关系历经了一系列的变化,在冲突、斗争、妥协中维系和发展,由劳资对抗发展到劳资合作并进一步追求劳资双赢。作者认为,发生这一变化是由于战后资本主义社会发生了一些内生性变化,资本主义社会的理念、法制保障、劳动参与情况、社会协调以及政府干预都发生了变化。在资本主义社会劳资关系中出现了一些趋向协调的现象,如健全完善的劳动法律体系、建立行之有效的劳资关系协调机制、独立、作用强大的工会参与制度的产生、建立相对公平的利益平衡系统、出现了灵活多样的劳资争议处理方式。而劳资关系理论也发生了变化,西方学者提出,资本掌握劳动过程控制权导致资本与劳动的矛盾,劳动抗争改变资本管理策略,采用福利激励是因资本须依赖劳动的能力和潜力,引导劳动与资本的利益认同等观点,而这些都起到了缓和劳资矛盾的作用。

韩喜平、徐景一(2012)认为,马克思论述了在生产、交换与分配领域中劳动与资本的必然对立与冲突,同时,马克思看到在劳资对立关系中,也蕴含着一定条件下劳动与资本合作的可能。作者认为,劳动与资本互为前提,不可分割。同时,劳动与资本在分工协作中形成的集体生产力,创造财富。此外,作者认为,马克思描绘了劳资合作应该坚持的基本原则与可能形式。

评价:钱昌照指出,资本主义劳资关系的实质是雇佣和专制,这对于正确理解由生产关系理论引申出来的劳资关系理论有重要意义。韩金华在历史唯物主义和辩证法视角下对马克思劳资关系理论的特征进行归纳。顾光青则对资本主义社会劳资关系的演变进行梳理,并对其变化进行历史性和理论性的解释,特别是论述劳资关系和谐化发展趋势是具有新意的。韩喜平、徐景一也注意到资本主义劳资关系中具有合作的可能,并认为马克思本人也不排除这样的可能。

三、西方马克思主义生产力和生产关系理论研究

西方马克思主义对马克思主义经典理论进行了发展,这种发展路径是否合理,这是我国学者在研究西方马克思主义生产关系和生产力理论中要探讨的问题。更细致讲,从马克思主义经典理论出发,如果生产关系束缚生产力,那么对经济社会发展还会起到怎样的影响,是否马克思以后的资本主义发展史印证了生产关系对生产力产生影响的判断。

何京(2011)介绍了柯亨利用分析哲学、理性选择理论等方法对生产关系束缚生产力发展的问题进行了深入分析。柯亨意图重建历史唯物主义的微观机制,以回答生产力受到落后的生产关系的束缚后会发生什么样的变化、生产力的发展是怎样导致革命爆发的、人们参与革命的动机是什么以及与之相关的生产力、生产关系、阶级、剥削等概念相对精确的定义等一系列问题。柯亨,一方面,将分析哲学和理性选择理论等方法论引入历史无误主义研究,建构了"一个适当的束缚概念";另一方面,在论证"利用束缚"时利用理性选择理论提出并反复强调了"变革的发生是因为能够实现的事情与正在实现的事情之间的差异,而不是因为能力增进的有多快和它能被增进的有多快之间的差异"的观点。从而,以生产力的发展和生产关系对生产力发展的束缚为主线展开对社会历史的分析。

李志祥(2014)年对法兰克福学派,特别是霍克海默以后的西方马克思主义经济批判理论进行了分析研究,他认为,自霍克海默以后,经济批判理论偏离了生产关系批判道路,逐步走向了生产力批判。在生产关系批判理论看来,资本主义生产关系是资本主义经济恶的起源,它直接导致资本主义剥削、奴役以及物化等问题,因此,通过无产阶级革命,改造资本主义生产关系,才能走向理想社会。然而在生产力批判理论看来,资本主义生产力是资本主义一切社会问题的根源,以科技为代表,人对自然的控制直接导致了控制、顺从以及极权等现象。由于这种控制深入人们经济生活的各个方面,摆脱控制走向自由独立的可能减小。生产力批判理论正是由于关注生产力发展对社会的影响而产生了大量经济批判理论成果,也正是由于错误地将生产力批判置于经济批判的理论核心,使法兰克福学派没有意识到生产关系才是各种社会问题的产生根源,因此,法兰克福学派不能找到解决各种经济社会问题的办法。

孙莹(2014)对马克思生产关系理论和哈贝马斯交往理论进行了比较研

究,作者认为,成于晚期资本主义社会的哈贝马斯交往行动理论,对形成于早期资本主义社会的马克思历史唯物主义,体现出的是一种正向的批判关系,即承认其内在的现代性机理的前提下,将交往从劳动领域移至生活领域,将交往内涵的中心从人与自然的关系移至人与人的关系上,因此,是一种逻辑的延伸和批判性拓展。

评价:何京就柯亨对马克思生产力和生产关系理论的发展进行介绍,但是遗憾的是由于分析哲学和公共选择理论本身具有一定难度,其介绍不能完全展示这两种理论对柯亨理论建构的意义,同时,缺乏对柯亨理论的学术史定位。李志祥对法兰克福学派和马克思经典理论的比较是具有新意的,对把握西方马克思主义生产力和生产关系理论的发展有清晰的描述。孙莹将哈贝马斯和马克思理论进行比较,从中揭示了哈贝马斯与马克思之间的继承发展关系。

第五节　所有制理论

一、马克思经典著作中所有制理论的解读

我国学者对马克思经典学说中的所有制理论进行诠释,但是我国的社会主义市场经济实践,使我国学者能从一种独特的视角审视马克思经典理论,在我国多种所有制发展的今天,马克思有关所有制的论述是否依然有效,多种所有制相互之间应该保持怎样的关系,如何理解重构个人所有制的论述,这些问题对于我国学者不仅具有理论意义,也将指导我国社会主义市场经济改革。

吴宣恭(2013)回顾马克思对拉萨尔错误观点的批判,拉萨尔认为劳动是一切财富的源泉,马克思指出这个说法回避生产资料所有制的重要性,掩盖资本主义和其他一切剥削的根源,是资产阶级的说法。作者认为,资产阶级占据统治地位以后的经济理论,都极力掩盖资本主义剥削的根源,讳言生产资料所有制。连标榜研究经济制度的新制度经济学,也是避开资本主义最根本的制度——生产资料所有制,只局限在经济运行层次的具体产权上做文章。究其原委,就是为了掩盖资产阶级利用他们独占的生产资料剥削劳动者的关系。

王胜利(2013)研究了马克思主义所有制多样性理论,作者认为,一定国家所有制及其实现形式的发展变化是多样的,这是由该国家生产方式、上层建筑

和外部影响等共同作用的结果。在作者看来,马克思主义所有制多样性理论认为,一定国家主导性所有制形式多样性表现在两个层次,第一层次是该主导性所有制形式发展变化是多样的,第二层次是该主导性所有制的实现形式发展变化是多样的。主导型所有制形式多样性的原因有三个,一是生产方式变化;二是上层建筑反作用;三是战争征服等外部因素。

周兴会、秦在东(2014)指出,对马克思"重新建立个人所有制"的理解要把握生产力和消除异化这两个标准,只有把这两个标准统一起来才能更好地实现马克思所追求的未来美好的共产主义社会,才能实现人的全面而自由的发展马克思的重建个人所有制,是在资本主义社会化大生产基础上重建的公有制,这种公有制体现着科学标准和价值标准的内在统一性科学标准就是生产力标准。在资本主义社会化大生产基础上,建立的公有制意味着创造了比资本主义更高的生产力水平;价值标准就是能够逐步减少甚至消除异化,实现生产资料与劳动者的直接结合,实现人的全面而自由的发展。

评价:吴宣恭通过对马克思主义经济学发展史的回顾,说明了马克思所有制理论的意图,及其对马克思主义经济学的贡献。王胜利则进一步分析了马克思所有制多样性理论的成因。周兴会、秦在东明确了正确理解马克思"重新建立个人所有制"的条件,并对马克思所有制理论的重要意义进行了说明。

二、马克思所有制理论与西方经济学主要流派比较研究

马克思主义所有制理论与西方经济学主要流派中其他理论等都有相似之处,特别是科斯的产权理论,所有制理论和产权理论如何进行辨识,及其在各自理论体系的意义,是我国学者所关注的问题。

胡立法(2009)对马克思和科斯的理论进行了比较研究,他认为,这两种理论必须厘清"所有制与产权""生产关系与交易关系""经济学产权与法学产权""公有产权与私有产权"等几个主要问题。在所有制和产权的问题上,马克思也有产权理论,但是他的产权理论是所有制理论,并通过所有制角度讨论法律上的产权。而科斯的产权侧重于使用某种物品的权利。如果获得某种物品而不能有效地行使对该种物品的行为权力,那么获得这种物品的利益就大大降低。在生产关系与交易关系上,马克思产权理论论证了生产力与生产关系的相互关系,在此基础上指出资本主义私有制下的生产关系现在已经变成了生产力发展的桎梏,它必将为社会主义的生产关系所代替。科斯产权理论试图

提出并回答的核心问题是产权界定或产权清晰与经济效率的关系,力图通过产权的清楚界定消除经济交易中的成本与摩擦其产权理论是一种交易关系理论。在经济学产权与法学产权问题上,在马克思看来是经济关系决定法律关系,而不是相反。从科斯定理内容来看,它强调产权的法律界定对经济效率——资源配置等的决定作用,他的产权属于法学产权范畴。在公有产权与私有产权问题上,马克思认为,在与财产有关的一系列权利中,决定性的是所有权。科斯产权理论的逻辑是,市场经济体制下权利的清楚界定能提高经济效率,只有私有产权才能提高经济效率。

评价:胡立法对马克思和科斯的理论进行了较为细致的研究,指明了研究二者理论的关键问题,并通过大量文献研究说明了马克思和科斯的区别,具有一定的学说史研究意义,也为我们正确把握马克思所有制理论提供帮助。

第六节　垄断与竞争理论

一、马克思主义经济学与西方经济学垄断与竞争理论的比较研究

垄断与竞争是资本主义发展的重要议题,在社会主义市场经济建设大步迈进的今天,我国学者依然关注垄断与竞争问题对社会主义市场经济的影响,因为这几乎成为市场经济不可回避的话题。我国学者关注的问题包括:垄断产生的原因是什么,马克思有关资本主义垄断的论述与西方主流经济学对于垄断现象的论述有何不同。

杜朝晖(2008)对马克思主义和西方经济学各自的竞争理论进行了比较研究。他首先对马克思主义经济学和西方经济学的竞争理论发展分别进行了梳理。马克思的竞争理论认为,经济变革和增长的原动力在于资本主义企业追求增长与扩张的目标。企业之间的动态竞争产生了经济增长与发展,也造成老企业的衰退和资本集中,从而使竞争更加激烈。马克思认为,在竞争过程中,企业不是被动的接受者,它们能够根据竞争对手可能作出的反应,积极地寻求改组生产和市场活动。它们是价格或数量的设定者,其市场价格随竞争对手的反应而调整。在不均衡条件下,即使同一种产品也存在着价格差异。列宁分析了自由竞争,认为在以私有制为基础的商品经济中,商品生产者为争取有利的产销条件而进行的不受限制的竞争,称为自由竞争。在简单商品经

济中,自由竞争促使商品生产者向两极分化。在资本主义条件下,自由竞争成为一种普遍现象并扩展到各个领域。资本家为了获得超额利润,必然要增加积累、扩大生产和采用新技术,以求降低商品的价格,在竞争中击败对方。列宁还分析了竞争和垄断之间的关系。他认为,资本家之间自由竞争必然导致大资本吞并小资本,引起生产和资本的集中。这种集中达到一定程度,就形成垄断。希法亭认为,垄断的形成阻碍了自由竞争,垄断产生的主要原因有三个:工业的集中、资本流动性限制的增多以及市场合谋行为的出现。这三个原因造成垄断价格,以及产业间和不同规模企业间利润率的差异。当代西方马克思主义学者则从产业竞争与公司价格及利润确定之间的关系、竞争与技术变革和创新的关系、竞争形成平均利润率等方面发展竞争理论。

在西方经济学这边,瓦尔拉斯、帕雷托和马歇尔等人研究了完全竞争问题,完全竞争理论建立在两组基本假定之上,即经济处于静止状态和具备完全竞争的条件。熊彼特认为,资本主义经济发展过程是一个创造性的毁灭过程。企业家通过创新,即引入新产品、新市场、新技术、新原料与其他投入、新的组织形式,打破原有经济循环流程和市场均衡。其结果是比传统价格竞争更为重要的,以成本与质量优势为基础的动态竞争成为资本主义经济过程创造性毁灭的基础。与价格竞争相比,创新能使企业获得更大的竞争优势。克拉克认为,有效竞争是由"突进行动"和"追踪反应"两个相互交替的阶段构成的一个动态过程,"突进行动"阶段由"先锋企业"首先进行创新,获得优先利润,在竞争中占优势地位。随后的"追踪反应"阶段是与先锋企业处于竞争关系中的其他企业作出反应,模仿和追随先锋企业,以获得优先利润或避免利润下降。此外,张伯伦等人提出垄断竞争理论。

作者认为,马克思主义竞争理论注重对竞争的实质和竞争过程内在规律的研究,在竞争与垄断的关系上强调两者之间的内在联系;在竞争作用上,不仅研究竞争的积极作用,而且分析其消极影响,更加全面客观。西方经济学竞争理论则注重对竞争的外部表现形式,以及企业在市场竞争过程中的具体对策和手段的研究,在竞争与垄断的关系上,将两者割裂开来;在竞争的作用上,只强调竞争对经济生活的积极作用,失之偏颇。但西方经济学对竞争的新形式和新手段以及竞争优势来源的分析,对于深刻认识当今世界竞争格局和竞争优势来源的变化具有现实意义。

宋宇(2010)对马克思主义经济学的垄断理论和西方经济学垄断理论进行

了比较研究。他认为,马克思把垄断分为"封建垄断"和"现代垄断",并运用其理论巨大的逻辑力量论述自由竞争走向垄断的必然性。西方经济学的垄断理论始终把垄断看作一种经济表象,没有给垄断下一个科学定义,对于垄断利润最大化行为的制度原因也没有深层次的说明。近期的新制度经济学垄断理论虽然把制度、契约和环境因素纳入分析,研究信息不对称、交易费用问题对垄断的影响,但仍然缺乏对垄断本质关系的分析。不过,相对而言,马克思对垄断形成的主观原因分析深刻,而对其客观条件(如科技革命的作用等)关注不够,对垄断与竞争互动关系的宏观描述较多,而对其微观层面探讨较少。西方经济学说明了规模经济、范围经济和创新经济等垄断形成的经济学基础,对于市场领域和企业层面的竞争与垄断关系也有一些有价值的研究。在对垄断的社会经济组织形式研究上,西方经济学主要是从垄断的技术层面加以展开。马克思主义经济学在对垄断行为的各种表象完整把握的基础上进行制度分析,明确阐述垄断研究的本质层面,如从生产过程和企业组织变化角度,而不限于从市场结构角度解释垄断企业的行为。

评价:垄断和竞争理论其实类似于一枚硬币的两面,两者关系紧密。杜朝晖和宋宇的研究恰恰分别关注了这枚硬币的两面。杜朝晖的研究对马克思主义和西方经济学分别进行了学术史梳理,但是遗憾的是没有指明其发展脉络和两种学说内部各家作者之间的相互关系。宋宇的研究对马克思主义经济学和西方经济学垄断理论进行了多维度比较,他的研究应该更明确地指出马克思主义经济学对垄断现象有着明确的价值判断,这是与西方经济学垄断理论有着根本区别的。

二、马克思经典理论中垄断与竞争理论同其他理论的相关性研究

在马克思主义政治经济学体系内部,垄断与竞争理论作为一个重要组成部分与其他理论的关系是怎样的,它与其他各理论在逻辑上是否具有一致性,也是研究马克思主义政治经济学必须厘清的问题。

鲍金红、郭广迪(2008)认为,在马克思市场经济理论体系中,价值理论同垄断与竞争理论有紧密的逻辑相关性。马克思劳动价值论有两层含义,一是社会平均的劳动熟练程度和劳动强度下制造某种使用价值所需要的劳动时间;二是商品总量包含着为生产它所必需的社会劳动,并且这个总量的价值等于它的市场价值。由这两层含义决定了价值规律的两个作用:一是自发地刺

激商品生产者改进技术、提高劳动生产率;二是自发地调节社会劳动在各个部门之间的分配。价值规律的这两个作用是通过马克思所说的竞争的两种基本形式——部门内部的竞争和部门之间的竞争而实现的。这两种竞争形势与超额利润的两种基本形式密切相关,即由商品的个别生产价格(或个别价值)和它的社会生产价格(或社会价值)之间的差额所构成的超额利润;以及由商品的社会生产价格(或社会价值)和它的市场价格之间的差额所构成的超额利润。而从超额利润的两种基本形式又可以推导出垄断的两种基本形式,即技术垄断和市场垄断。作者认为,马克思从两种垄断的基本形式又引出了地租的两种基本形式,即,级差地租和绝对地租。

评价:鲍金红、郭广迪的研究从马克思理论中整理出由价值理论到垄断理论的逻辑链条,并把这一分析运用到对地租的研究上。通过这个逻辑链条,作者展现了马克思经典理论中价值理论、垄断理论以及地租理论之间的密切联系。

参考文献

[1] 姜运仓.东亚区域经济合作研究:一种国际政治经济学视角[M].北京:中共中央党校出版社,2008.

[2] 尹德洪.产权理论及其法律制度的经济学分析[M].北京:对外经济贸易大学出版社,2008.

[3] 张泽一.马克思的产权理论与国企改革[M].北京:冶金出版社,2008.

[4] 李滨.国际政治经济学:全球视野下的市场与国家[M].南京:南京大学出版社,2008.

[5] 彭五堂.马克思主义产权理论研究[M].上海:上海财经大学出版社,2008.

[6] 刘小玄.奠定中国市场经济的微观基础:企业革命30年[M].上海:上海人民出版社,2008.

[7] 邝梅.国际政治经济学:国际经济关系的政治因素分析[M].北京:中国社会科学出版社,2008.

[8]《经典作家所有制和分配理论基本观点研究》课题组,张燕喜,石霞,李继文,曹立,李鹏.国内外关于经典作家所有制理论的争论[J].中共中央党校学报,2008,(01).

[9] 朱奎,冯金华.TSS学派单一分期体系与价值转形问题再研究[J].求索,2008,(02).

[10] 王中保.公有制是可持续的科学发展的经济基础[J].马克思主义研究,2008,(02).

[11] 李翀.论国际剩余价值的生产与分配[J].当代经济研究,2008,(03).

[12] 严海波.美国金融危机转嫁的政治经济学分析[J].马克思主义与现实,2008,(04).

[13] 陈文通.我国所有制变革的理论与实践[J].科学社会主义,2008,(04).

[14] 刘小英.马克思关于资本主义危机理论的当代视角[J].武汉大学学报(人文科学版),2008,(06).

[15] 李翀.关于马克思主义国际经济学的构建[J].学术月刊,2008,(06).

[16] 黄河,吴能全.组织文化形成强弱的影响因素——不同所有制企业比较研究[J].科学学与科学技术管理,2008,(06).

[17] 朱奎.利润率的决定机制及其变动趋势研究——基于劳动价值论的新解释[J].财经研究,2008,(07).

[18] 张耀伟.双重垄断下中国垄断行业改革:逻辑次序与路径选择[J].经济理论与经济管理,2008,(08).

[19] 叶林祥,李实,罗楚亮.行业垄断、所有制与企业工资收入差距——基于第一次全国经济普查企业数据的实证研究[J].管理世界,2008,(09).

[20] 吴宏洛.论我国私营企业和谐劳资关系的构建——基于马克思资本与雇佣劳动关系的论述[J].马克思主义研究,2008,(10).

[21] 李新,刘军梅.经济转型比较制度分析[M].上海:复旦大学出版社,2009.

[22] 李丽.转轨国家经济自由化与市场开放研究[M].北京:中国社会科学出版社,2009.

[23] 邵传林,张存刚.美国次贷危机成因的深层次思考:述评与探讨[J].中国特色社会主义研究,2009,(01).

[24] 沈民鸣.论价值转形中利润率与剩余价值率的关系[J].马克思主义研究,2009,(01).

[25] 林毅夫,余淼杰.我国价格剪刀差的政治经济学分析:理论模型与计量实证[J].经济研究,2009,(01).

[26] 王浩斌.经济危机与马克思的政治经济学批判[J].江海学刊,2009,(02).

[27] 胡立法.产权理论:马克思与科斯的比较中需要厘清的几个问题[J].毛泽东邓小平理论研究,2009,(02).

[28] 孟捷.危机与机遇:再论马克思主义经济学的创造性转化[J].经济学动态,2009,(03).

[29] 方军雄.所有制、市场化进程与经营绩效——来自中国工业行业统计数据的发现[J].产业经济研究,2009,(03).

[30] 简新华.当前世界金融和经济危机的经济学反思与启示[J].中国经济问题,2009,(04).

[31] 李真,马艳.国际不平等交换理论的再探索[J].当代经济研究,2009,(04).

[32] 马艳.金融危机与经济危机相互关系的理论分析——基于马克思主义经济学的视

角[J].华南师范大学学报(社会科学学报),2009,(05).

[33] 王天义,王睿.社会主义所有制理论与我国所有制结构创新[J].科学社会主义,2009,(05).

[34] 荣兆梓.相对剩余价值长期趋势与劳动力价值决定[J].马克思主义研究,2009,(07).

[35] 李慧中,胡志平.新中国 60 年稳定物价的政治经济学分析[J].上海金融,2009,(09).

[36] 魏锋,沈坤荣.所有制、债权人保护与企业信用贷款[J].金融研究,2009,(09).

[37] 钟懿辉.金融危机下我国外向型企业劳资关系问题的思考[J].经济与管理研究经济与管理研究,2009,(10).

[38] 裴小革.国际金融危机与马克思主义[J].经济研究,2009,(11).

[39] 韩金华.马克思劳动关系理论的主要特征及其现实价值[J].当代经济研究,2009,(12).

[40] 蒋珠燕.美国对华贸易政策的政治经济学分析[J].经济问题探索,2009,(12).

[41] 科恩,本杰明·J.国际政治经济学:学科思想史[M].上海:上海人民出版社,2010.

[42] 李勤昌.农产品贸易保护制度的政治经济学[M].北京:科学出版社,2010.

[43] 陆晓禾.社会资本为社会生产——对美国金融危机与资本信用的一点思考[J].上海财经大学学报,2010,(01).

[44] 王志伟.世界性经济危机:理论和现实的思考[J].社会科学研究,2010,(02).

[45] 彭必源.对莱博维奇责难马克思相对剩余价值理论的分析[J].当代经济研究,2010,(02).

[46] 黄文忠,傅尔基.从六个方面划清社会主义初级阶段的基本经济制度与私有化和单一公有制的界限[J].毛泽东邓小平理论研究,2010,(02).

[47] 冒佩华.多种所有制经济共同发展与完善基本经济制度[J].毛泽东邓小平理论研究,2010,(02).

[48] 李春涛,宋敏.中国制造业企业的创新活动:所有制和 CEO 激励的作用[J].经济研究,2010,(05).

[49] 黄知伟.异化劳动的概念拓展及其政治经济学意义[J].求索,2010,(06).

[50] 李松龄,岳文焕.资本利润和剩余价值的理论探索[J].求索,2010,(09).

[51] 陈承明,韦艳.论基本经济制度与划清两个根本界限[J].当代经济研究,2010,(09).

[52] 李炳炎.商品价值量的决定规律新探——论社会必要劳动时间的四层含义[J].经济学家,2010,(10).

[53] 沈开艳.对马克思剩余价值理论的若干新思考[J].上海经济研究,2010,(12).

[54] 李维安,钱先航.终极控制人的两权分离、所有制与经理层治理[J].金融研究,2010,(12).

[55] 吉尔平.国际关系政治经济学[M].上海:上海人民出版社,2011.

[56] 姜英梅.中东金融体系发展研究:国际政治经济学的视角[M].北京:中国社会科学出版社,2011.

[57] 门洪华.国际政治经济学导论[M].北京:北京大学出版社,2011.

[58] 黄维健.农村综合改革利益主题和政策主题问题研究[M].北京:中国财政经济出版社,2011.

[59] 王星.技术的政治经济学基于马克思主义劳动过程理论的思考[J].社会,2011,(01).

[60] 宋宇.马克思主义经济学与西方经济学的垄断理论比较[J].当代经济研究,2011,(01).

[61] 吴宣恭.阶级分析在我国政治经济学中的地位[J].政治经济学评论,2011,(02).

[62] 李太淼.论中国共产党对马克思主义所有制理论的继承、发展和创新[J].中州学刊,2011,(04).

[63] 刘振兴,金祥荣.出口企业更优秀吗——基于生产率视角的考察[J].国际贸易问题,2011,(05).

[64] 朱殊洋.超额剩余价值是转移来的吗[J].当代经济研究,2011,(07).

[65] 聂辉华,贾瑞雪.中国制造业企业生产率与资源误置[J].世界经济,2011,(07).

[66] 李子联.政治与汇率:人民币升值的政治经济学分析[J].世界经济与政治,2011,(09).

[67] 胡志平.非均衡走向均衡:农村公共服务供给的政治经济学[M].北京:法律出版社,2012.

[68] 黄新华.公共政策的政治经济学[M].北京:中国社会科学出版社,2012.

[69] 金祥荣.新政治经济学[M].北京:经济科学出版社,2012.

[70] 李若晶.失衡的依赖:美国对中东石油外交的国际政治经济学解读[M].北京:中国社会科学出版社,2012.

[71] 刘涛,金洪飞.汇率政治经济学研究:一个文献综述[J].世界经济文汇,2012,(01).

[72] 王峰明.历史唯物主义的方法论意义——以政治经济学的价值理论为例[J].教学与研究,2012,(01).

[73] 黎文靖.所有权类型、政治寻租与公司社会责任报告:一个分析性框架[J].会计研究,2012,(01).

[74] 刘佑铭.基于剩余价值时空扩张视角的资本主义金融危机分析[J].马克思主义研究,2012,(02).

[75] 郑宝银.欧元区主权债务危机的政治经济学分析[J].国际商务(对外经济贸易大学学报),2012,(02).

[76] 李怡乐.关于中国劳动力市场分割的政治经济学解读[J].科学经济社会,2012,(02).

[77] 刘建华,丁重扬.马克思主义经济学的贫困理论及其当代价值[J].政治经济学评论,2012,(02).

[78] 刘瑞娜.国有企业私有化集中理论依据的谬误[J].政治经济学评论,2012,(03).

[79] 王汉儒.后危机时代世界经济失衡根源与再平衡困局——基于国际货币体系的视角[J].财经问题研究,2012,(05).

[80] 约翰·贝拉米,福斯特,张峰.生态马克思主义政治经济学——从自有资本主义到垄断阶段的发展[J].马克思主义研究,2012,(05).

[81] 马双,张劼,朱喜.最低工资对中国就业和工资水平的影响[J].经济研究,2012,(05).

[82] 裴小革.马克思剩余价值理论的应用与创新发展问题[J].华南师范大学学报(社会科学版),2012,(06).

[83] 孟捷,李怡乐.关于劳动力市场分割动因的三种解释——评述与拓展[J].当代财经,2012,(06).

[84] 江凌.技术性贸易壁垒形成的政治经济学解释——基于国家间及国内利益集团间博弈的视角[J].生态经济,2012,(06).

[85] 王汉儒.国际货币体系视角下世界经济失衡与纠偏——兼论欧债危机爆发的根源[J].当代经济研究,2012,(07).

[86] 卢仁祥.政治经济学视角下国际贸易政策内生性理论分析[J].商业时代,2012,(09).

[87] 刘银国,张琛.自由现金流与在职消费——基于所有制和公司治理的实证研究[J].管理评论,2012,(10).

[88] 黎文靖.基于政治干预视角的企业社会责任研究:来自新政治经济学理论的解读[M].吉林:东北财经大学出版社,2013.

[89] 黎文靖.基于政治干预视角的企业社会责任研究:来自新政治经济学理论的解读[M].吉林:东北财经大学出版社,2013.

[90] 科什纳.货币与强制:国际货币权力的政治经济学[M].上海:上海人民出版社,2013.

[91] 沈阳.比较:制度经济和产权理论[M].北京:中国书籍出版社,2013.

[92] 黄秋菊.经济转型进程中的国家制度能力演进:中俄转型的比较政治经济学分析[M].北京:经济管理出版社,2013.

[93] 何干强.也谈国际价值规律及其作用的特征[J].政治经济学评论,2013,(01).

[94] 任保平,岳永.政治经济学价值判断的追溯与理性回归[J].政治经济学评论,2013,(01).

[95] 丁声振,刘海静.马克思的危机理论:作为一种世界市场危机理论[J].马克思主义与现实,2013,(02).

[96] 刘涛.汇率偏好、游说竞争及中国主要产业部门的汇率政策影响力评估[J].金融研究,2013,(02).

[97] 刘晓辉.汇率制度选择的新政治经济学研究综述[J].世界经济,2013,(02).

[98] 王柏杰,何炼成.房地产价格高涨的政治经济学解释[J].西北农林科技大学学报(社会科学版),2013,(02).

[99] 和军.按劳分配的比例范围不等同于公有制的比例范围[J].现代经济探讨,2013,(02).

[100] 孙代尧,刘洪刚.马克思过渡时期所有制理论再认识[J].科学社会主义,2013,(02).

[101] 石涛.新中国成立以来中国共产党对所有制实现形式的探析[J].求实,2013,(03).

[102] 李健,陈传明.企业家政治关联、所有制与企业债务期限结构——基于转型经济制度背景的实证研究[J].金融研究,2013,(03).

[103] 陈雪娟.近期政治经济学重大问题研究评述——金融危机背景下的中国特色社会主义经济理论与模式问题[J].经济学动态,2013,(05).

[104] 吴宣恭.马克思主义所有制理论是政治经济学分析的基础[J].马克思主义研究,2013,(07).

[105] 王胜利.新中国公有制经济发展历程回顾——基于马克思主义所有制多样性理论[J].社会科学家,2013,(07).

[106] 吴宣恭.当前阶段我国所有制和经济规律的变化[J].经济纵横,2013,(08).

[107] 徐浩然.社会主义所有制形式的决定因素及变化发展[J].科学社会主义,2013,(08).

[108] 李勇,魏婕,王满仓.市场化水平、所有制结构和企业微观动态效率——来自于面板门限模型的经验证据[J].产业经济研究,2013,(09).

[109] 黄娟,李敏伦.中美生态博弈的政治经济学分析[J].马克思主义研究,2013,(12).

[110] 曾祥炎.宏观产权理论专著:源起、架构与应用[M].北京:经济管理出版社,2014.

[111] 傅辉煌.古典产权制度向现代产权制度的演进:现代产权理论的核心与产权制度的发展趋势[M].北京:经济科学出版社,2014.

[112] 刘灿.完善社会主义市场经济体制与公民财产权利研究[M].北京:经济科学出

版社,2014.

[113] 周兴会,秦在东.论马克思所有制理论标准的两重性[J].马克思主义与现实,2014,(01).

[114] 万冬冬.资本主义的双重环境危机:伯克特对马克思生态思想的政治经济学解读[J].当代经济研究,2014,(03).

[115] 李文洲,冉茂盛,黄俊.所有制、政治关联与企业超额信贷[J].经济评论,2014,(03).

[116] 关利欣.不同所有制企业对中国产业集聚的影响[J].国际经济合作,2014,(06).

[117] 郭英杰,邓淑华.新中国建立后党的第一代领导集体对马恩所有制内涵的探索[J].毛泽东思想研究,2014,(07).

[118] 李晓华.所有制与战略性新兴产业的匹配研究[J].中国科技论坛,2014,(10).

[119] 张开,杨静.危机后西方政治经济学新进展及其启示[J].教学与研究,2014,(10).

[120] 谭泓.转型期政府调整劳资关系的理念转变与角色定位[J].科学社会主义,2014,(10).

第三章　社会主义部分

第一节　所有制理论

所有制理论是马克思主义基本原理的重要构成内容，是建立在对资本主义生产方式发展规律科学分析基础上的。十八届三中全会以来，发展国有资本、集体资本、非公有资本等交叉持股、相互融合的混合所有制经济成为改革重点。所有制研究也成为学者们研究的热点。

在 1990 年代关于未来社会所有制的分歧很大，主要集中于社会所有制内涵、社会所有制的前提问题、社会所有制的必然结果等内容。学者们纷纷提出种种观点并进行阐述。对马克思的社会所有制，学者们有许多不同的看法：有的认为社会所有制就是公有制；有的认为社会所有制就是全民所有制和集体所有制；有的认为社会所有制就是社会主义所有制；还有的人认为股份制也是社会所有制。最具代表性的人物是于光远、王学东、丁建中、智效和、何伟、侯孝国等。

通过对 2010 年来文献的梳理发现，目前研究的争论或聚焦点主要集中在以下几个问题：一、马克思所有制理论研究内涵价值及其与其他学派的比较；二、关于公有制、私有制的争鸣；三、关于"重建个人所有制"的争鸣；四、马克思所有制理论是如何中国化且其有哪些创新点。

一、马克思所有制理论的内涵价值及比较

（一）内涵价值

关于马克思所有制理论的内涵的研究较多，"所有制理论是马克思政治经济学核心，而生产资料的所有制则是所有制理论的核心"的观点较为集中。以此为立足点，学者们从不同的视角与立场对其进行了阐述，代表性的有以下几

种观点:马克思的所有制概念三层次说(即生产资料的归属,生产过程中生产资料和劳动者的结合方式,包括生产、交换、分配、消费各个关节在内的生产总过程中体现出来的人与人之间"生产关系的总和"),以王欢(2010)为代表①;三位一体的经济制度设想说(即以所有制为核心,形成计划生产、社会所有制、按劳分配三位一体的经济制度设想),以马耀鹏、马天(2012)为代表②;五阶段说(即揭示所有制的经济关系本质、从主客体方面考察所有制关系、确定所有制在生产关系中的地位和作用、对生产资料所有制关系体系的阐述、马克思所有制理论的具体运用与完善),以张永辉(2013)为代表③。值得一提的是,劳动力的所有制的重要性在研究中逐渐提升,持此类观点的学者以伍柏麟、史正富、华民(2014)为代表。他们认为,依据马克思主义关于生产力中人是决定性因素的观点,提出所有制概念中应包括劳动力所有制问题,劳动力的所有制是生产资料所有制的决定性因素。④

对马克思所有制理论的当代价值判断,国内学者给予了较高的评价,如徐桂华(2014)。他认为,所有制问题是我国由计划经济向市场经济转型过程中面临的最重要的理论问题和实际问题。只有不断深入进行所有制结构的调整和完善,才能适应社会主义市场经济的需要,才能适应建设有中国特色社会主义的需要。李石(2011)认为,加强马克思所有制理论研究,有利于深化对社会主义所有制的认识,有利于深化国有企业改革,有利于促进非公有制经济的发展。⑤

(二)与其他理论学派的比较

公有制与私有制作为人类社会发展至今出现的两种所有制形式,是经济学研究的重要课题。研究马克思所有制理论与其他学派的异同具有重要意义。在与制度经济学的理论比较主要集中于公有制与私有制的内涵与效率、财产权与效益等方面。关于此类研究有代表性的是顾钰民(2010)、李文华(2013)、王胜利(2013)。顾钰民(2010)认为,马克思与阿尔奇安在"强调公有制最根本的特征是公有财产的整体性,公有制体现的是财产占有关系上的平

---

① 王欢.马克思主义所有制理论探析[J].中共乐山市委党校学报(新论),2010,(7).
② 马耀鹏,马天.马克思所有制理论的实质内涵及当代意蕴[J].科学·经济·社会,2012,(1).
③ 张永辉.论马克思所有制理论发展脉络[J].商业经济,2013,(2):3—6.
④ 伍伯麟,史正富,华民.新编政治经济学[M].复旦大学出版社,2014.
⑤ 李石.马克思所有制理论与我国所有制制度的完善[J].环渤海经济瞭望,2011,(8).

等,私有制体现的是财产占有关系上的不平等"的观点上是一致的,但马克思主义经济学对公有制与私有制的分析始终以生产力发展要求为基本线索,以财产的归属作为根本标准来界定公有制和私有制的性质①。李文华(2013)在研究中指出,马克思认为财产权是一种法权,或产权的法律形态,最终由所有制决定。所有制是生产资料归谁所有的经济制度,所有权是财产归谁所有的法律制度。所有制体现人们在生产资料方面形成的经济关系。所有权是所有制的法律形态,对所有制来说,有决定意义的是实际占有。新制度经济学是在把资本主义私有制作为外生条件的基础上来研究产权问题,认为资本主义产权制度是最有效率的产权制度②。王胜利(2013)认为,资本主义所有制多样性是内外系统共同作用结果,为认识当代各国资本主义所有制多样性发展提供了新的视角,也对于纠正过分依据一般规律指导具体国家所有制建设具有重要意义。③

二、关于社会主义与公有制、私有制的争鸣

关于这方面的研究多,争论也多,尤其是近年来伴随着市场化推进与国企改革的深入,公有制与私有制在国民经济中的地位的争鸣越发激烈。2009 年,《南方周末》丘戴志勇发表了《国有经济何妨正名为"非私经济"》一文,更将这一争鸣掀起了高潮④。杨帆(2012)研究指出,关于"所有制"的争论,理论界左翼划不清"公有制"和"国有制"的界限。把国有制当成是公有制的最高形式,不能把公有制和市场经济结合起来,目的是恢复计划经济下的单一国有制度理论界。右翼认为私有制效率最高,主张全盘推行私有化。⑤

(一)公有资产数量比重问题

关于公有资产数量比重问题主要有两种观点:一种观点认为,公有资产在数量比重上必须占优势;另一种观点认为,国有经济所占比重应参照发达资本主义国家的经验。王占阳(2012)认为,目前非公有制经济产出占国内生产总

---

① 顾钰民.马克思主义经济学与新制度经济学的所有制理论比较研究[J].经济纵横,2010,(7):20—26.

② 李文华.马克思主义与新制度经济学研究领域内的财权权与所有制[J].《东方企业方化》,2013.7.

③ 王胜利.演化经济学所有制多样性理论的探讨,理论月刊,2013(12).

④ 戴志勇.国有经济何妨正名为"非私经济"的说法.南方周末,2009.8.19.

⑤ 杨帆.论国有资产改革必须超越左右翼,福建论坛人文社会科学版,2012(5).

值的 65％以上,其他指标所占比重更高,据此判断"公有制为主体"名不符实,主张把它改为"公有制为主导"。这种观点和主张有一定的代表性,不仅某些理论工作者表示赞同,而且有的地方已经不提公有制为主体。谭劲松等人(2010)认为,公有资产应当是属于国家和集体所有的经营性资产、资源性资产和公益性资产的总和,提出公有制为主体要求公有资产在社会资源性资产中占 100％,在公益性资产中占 75％,在经营性资产中占 51％。赵华荃(2012)完全撇开资源性资产,提出公有制为主体的临界值是公有经营性资产占社会经营性资产总量的 60％～80％。他主张坚持公有制为主体,大力发展国有企业。这也是一种有代表性的观点和主张,有些学者基于类似判断,主张限制非公有制经济,以恢复和巩固公有制的主体地位。简新华认为,不能再下降了,中国公有制经济的比重已经下降到了底线。如果继续下降,公有制经济掌握的对国民经济的控制力也会丧失,必将从根本上改变中国社会主义的性质①。

(二)国有经济控制力问题

对国有经济控制力的理解也主要有两种代表性观点:一种观点认为,国有经济只控制涉及国民经济命脉的重要行业和关键领域,在竞争性行业应实行"国退民进",以吴敬琏(2010)等为代表。吴敬琏认为,之所以应当重启改革议程,是因为初步建立起来的市场经济体制还很不完善,这种不完善性国有经济仍然控制着国民经济命脉,国有企业在石油、电信、铁道、金融等重要行业中继续处于垄断地位;在全民所有制经济即国有经济的范围内,没有不同的产权主体,也就不可能有不同产权主体之间的市场交换;国有企业和国有控股企业无法改善治理。吴敬琏说,"在国有独资和绝对控股的企业中建立有效的公司治理,即便不是完全不可能,难度也极大"②。

刘国光(2010)等则持另一观点。他们认为,在社会主义初级阶段,公有制为主体、多种经济成分共同发展,原来私有制成分少,私有制加快发展速度,比重会提高,公有制经济和国有经济速度相对慢些点,比重也会降低,这是一个客观的过程,但是要有一个限度。关于股份合作制,本来讲的是劳动者的劳资联合和资本联合,资本联合大体上平均,如果经营者持大股,那就变成卖给经

---

① 简新华.在发展私有制经济的同时必须壮大公有制经济[J]内蒙古社会科学(汉文版),2014,(7).

② 吴敬琏,马国川.重启改革议程——中国经济改革二十讲[M].北京:生活·读书·新知三联书店,2013.

营者了,股份合作制就会变质。认为,国有经济控制力的范畴需要扩大:在关系国民经济命脉的重要行业和关键领域必须占有支配地位,在竞争性领域要"提高素质""优胜劣汰""加强重点"。也就是说,通过市场公平竞争实行优胜劣汰,提高国有经济竞争力,而不是人为退出。他们认为,在95%的工业行业都是竞争性较强的行业在市场结构下实行"国退民进",几乎等于全面私有化。顾新城(2010)认为,经过二十多年的发展,非公有制经济在整个国民经济中的比重已超过50%,国有经济已下降到不足30%,而且下降趋势仍在继续,出现了公有制经济丧失主体地位的危险。①

李杰(2013)认为,坚持公有制主体地位的衡量标准必须多维度,主要包括:根据现实状况全面科学认定公有制的范畴,公有资产数量优势的测算依据和方法,国有经济的主导作用如何体现,实际分配方式是否体现公有制性质,社会主义宏观调控目标实现程度以及国家宏观调控能力的强弱②。

(三)私有制与私有化的争鸣

有些学者主张由私有经济取代公有制经济的主体地位,认为主体地位不是谁封的,哪种经济成分行,就应该由它占据主体地位,而私有制经济"效率高",理所当然应该由它取代公有制成为国民经济的主体。戴志勇(2009)认为,今天的私有制经济代表着先进生产力……何不名正言顺,别再用非公经济来称呼它,直呼其名为私营经济。

2010年1月,吴敬琏研究员的《当代中国经济改革教程》出版;2013年1月,北京三联书店出版了由吴敬琏、马国川合作撰写的《中国经济改革二十讲》。书中充分肯定了私有制、非公经济在国民经济发展中的作用与地位,也引起了学术界对其提出的"社会主义模式"的大讨论。仅《管理学刊》就分别在2012年4月、6月和2014年发表了夏小林研究员("普世价值"的"欧美模式"不能救中国——四评吴敬琏"社会主义模式论")上下两文、李济广研究员(析吴敬琏彻底私有化的经济改革主张——评《重启改革议程——中国经济改革二十讲》)一文对此予以反驳。顾钰民(2010)指出,主张私有制的观点,核心问题是认为公有制在根本上不如私有制有动力、有效率,这是私有化观点最深层次的理论依据。这一观点的根本错误在于简单地把公有制与低效率画等号,

---

①　周新城.中国特色社会主义经济制度化和单一公有制的界限[J].中共石家庄市委党校学报,2010,(1).

②　李杰.坚持我国公有制主体地位的多维思考[J].西南民族大学学报,2013,(1).

把私有制与高效率画等号。坚持马克思主义、坚持社会主义的价值取向决定了我们必须选择公有制而不是私有制。把由各种复杂因素造成的企业经营状况的不同,都简单地归结为是公有制或私有制的原因,这在实践中根本不能得到验证。以公有制不如私有制有动力、有效率的观点来为实行私有化开辟道路,无论在理论上还是实践上都是不能成立的①。

有些学者则从所有制公与私的视角来区分资本主义与社会主义,如蒋新民、齐红兵(2012)。他们认为,马克思主义立公破私的目的就是实现社会主义本质,这就必然使我们认识到是社会主义本质的所有制才是公有制。反之,非社会主义本质的所有制就是私有制。这因是马克思主义创始人本意中的,即马克思主义实质性的,所以才是马克思主义的所有制基本原理。②周新城(2010)认为,社会主义公有制是与生产力的社会性质相适应的。私有性质的非公有制经济成分的存在和发展,是由社会主义初级阶段生产力的状况决定的,而不是永恒的。公有制经济占主体地位决定了我国社会的社会主义性质。非公有制经济的积极作用只有在公有制为主体的条件下才能显现出来。如果让资本主义私有制占据主体地位,那就必然导致生产社会性和资本主义私人占有之间的矛盾日益尖锐化,社会就会出现生产无政府状态,而且两极分化会越来越严重,资产阶级与无产阶级的对立和斗争会越来越加剧③。杨永华(2011)则认为,公有制和私有制一样有许多实现形式。为了使公有制能与市场经济相容必须寻找公有制的实现形式。与市场经济相容性不能划分在所有制的公或私的社会性质上,而只能划分在公有制和私有制的某种实现形式上④。

三、"重建个人所有制"与"生产资料私有制的社会化"的争鸣

马克思在《资本论》中提出的社会主要"重新建立个人所有制",是一个需要探讨和研究的学术性的理论问题,学术界看法不一,时有争论。目前学术界对马克思"重建个人所有制"的解释有以下几种观点:(一)比较传统的观点,认为"重建个人所有制"是指建立生活资料的个人所有制。这种观点的主要依据

---

① 顾钰民.坚持社会主义基本经济制度的三大理论支点[J].高校理论战线,2010,(8).
② 蒋新民,齐红兵.准确认识马克思主义所有制基本原理为社会主义所有制奠定科学的理论基础[J].理论界,2012,(7).
③ 顾珏民.坚持社会主义基本经济制度的三大理论支点[J].高校理论战线,2010,(8).
④ 杨永华.中国模式的理论基础:市场经济与公有制相容性华南师范大学学报(社会科学版),2011,(2).

是恩格斯在《反杜林论》中的阐述。（二）"重建个人所有制"是指建立生产资料社会主义公有制。（三）"重建个人所有制"既包括生产资料社会主义公有制，也包括消费资料个人所有制，还包括劳动力的个人所有制。（四）关注自由人联合体中的个人，充分满足自身的需要。（五）"重建个人所有制"是指建立生产资料人人皆有的私有制。①其中，主张"重建个人所有制"是指重建生产资料公有制，和主张"重建个人所有制"是指重建生活资料个人所有制的两种理论观点之争尤为激烈。

其中，交锋最为激烈的莫过于王成稼与卫兴华两先生，仅从《三论"重建个人所有制"逐步实现"共同富裕"——复卫兴华教授的第二次批评与指正》《按马克思的原意理解马克思"重建个人所有制"的理论观点——复卫兴华教授的第三次批评与提问》《究竟怎样理解马克思提出的"重建个人所有制"的理论观点——再评王成稼先生的有关见解和辩驳》几文中就可见一斑。王成稼先生(2007)(2009)认为，"重新建立个人所有制"的内涵是在生产资料公有制的基础上重建生活资料个人所有制，而不是重建生产资料个人所有制。而卫兴华(2010)认为，马克思的本意是重建被资本主义否定了的劳动者的生产资料个人所有制，而不是消费资料的个人所有制，而且结合我国公有制体制的改革，认为马克思讲的在生产资料公有制的基础上建立联合起来的社会的个人的所有制，具有重要理论和实际意义，建议应将马克思关于社会主义公有制与个人所有制的统一，作为我国公有制实现形式改革中的指导思想。

胡培兆教授(2010)主张在我国实行"生产资料私有制的社会化"。他认为，生产资料私有制的社会化途径可以有两条：实行公有制或股份制。社会主义国家通过剥夺和赎买把资本家的财产收回以后，有条件的可以实行公有制，没有条件的可以实行股份制。或者先实行股份制，将来时机成熟了再实行公有制。

付宇(2013)主张"重建个人所有制"是指在生产资料公有制的基础上重新建立生活资料个人所有制，其精神实质是重新实现劳动和所有权的直接同一。在马克思的语言背景下，重建个人所有制的基础是建立生产资料的社会主义公有制，重建个人所有制的侧重点就是重建消费资料的个人所有制。重建个人所有制的总体目标是实现劳动和所有权在公有制基础上的直接同一。今

---

① 付宇."重建个人所有制"与让人民共享改革发展成果[J].当代经济研究,2011,(3).

天,我们将马克思"重建个人所有制",重新诠释为重建消费资料个人所有制,有利于明确我国所有制改革的方向,从根本上解决收入分配差距问题,让人民共享改革发展的成果。

李军强(2013)认为,"重建个人所有制"的基础是公有制和社会所有制,其基本内容是个人的三项经济权利(对生产资料的实际占有权、对消费资料的所有权、对自己在劳动能力的实际支配权),在性质上属于公有制的范畴("社会所有制"和"重建的个人所有制"是"公有制"的重要内容,是公有制发展到高级阶段的产物。"社会所有制"是标志"公有制"公有化水平的表述,"重建的个人所有制"是把两者统一所必需的具体的所有形式)"重建个人所有制"是马克思关于未来共产主义社会公有制发展的论断,而我国正处于社会主义初级阶段,不具备"重建个人所有制"的完整基础。[1]

改革开放以来,随着我国所有制结构改革的不断深化,有学者把"重建个人所有制"理论与股份制相联系,把股份制看成是"重建个人所有制"的理想形式。更有学者认为,"股票这种占有方式,是以现代生产资料的本性为基础的产品占有方式",股票,体现了社会所有与个人所有的统一,公有制与私有制的统一,生产资料与生活资料的统一。厉以宁曾经指出:"我们还不能认为目前正在建立的公众持股的股份公司已经等同于'重新建立个人所有制'了。但可以肯定的是:建立公众持股的股份公司、发展公共投资基金、设立和发展社会保障基金等,是走向作为社会主义经济基础的'重建的'个人所有制的重要的一步。方向是正确的,但实际情况同所要实现的目标还有相当大的差距。"

四、发 展 前 景

马克思所有制理论是马克思经济理论的重要内容,是马克思整个经济学体系的重要组成部分。它对当前我国所有制改革与完善社会主义市场经济体制具有重要的理论和现实意义。从研究的对象上来说,马克思主义所有制理论中国化研究主要集中在对党的几代领导集体为代表的所有制结构理论和分配制度理论思想研究。目前,中国共产党确立的社会主义基本经济制度即"以

① 李军强.马克思"重建个人所有制"的内涵及理论运用问题——兼与几种观点商榷[J].福建论坛·人文社会科学版,2013,(9).

公有制为主体、多种经济成分共同发展"的所有制结构,是在中国特色社会主义建设实践中形成和发展的中国化的马克思主义所有制理论。这一理论成果的取得,标志着马克思所有制理论发展到了中国化马克思主义的阶段。

总体而言,学术界多年来的研究基本明确了马克思所有制理论的内涵与意义,确定了中国化马克思主义所有制理论的渊源,总结了中国共产党的中国特色社会主义所有制理论的基本内容,所有制结构演变的历程、原因及其影响、公有制实现形式以及调整和完善所有制结构,阐述了中国共产党改革开放以来所有制理论对中国改革开放以前的各种所有制思想的继承和超越之处,在基于马克思主义所有制结构的基础上的分配制度理论研究也更加丰富起来。

中国的社会主义实践道路是漫长的,所有制理论的发展始终要做到与时俱进。中国特色社会主义建设是我们共同肩负起的历史责任,在不断探索发展中,以马克思所有制理论的分析方法为指导,在把握马克思所有制理论基本思想的基础上,结合我国所有制改革的历史经验和教训,与时俱进、大胆创新,深入研究马克思的所有制理论。只有这样,我们才在学习和利用马克思所有制理论指导我们具体实践的同时,进一步丰富马克思的所有制理论,才能更好的为当前我国的所有制改革与完善社会主义市场经济体制服务。

第二节 经济发展与增长理论

经济增长和经济发展是世界各国推进工业化、现代化进程的必然要求。经济增长其内涵就是社会物质财富不断增加的过程,是一般社会再生产动态的共性本质,是人类社会存在和发展的基础。经济发展则是一个伴随着经济增长而出现的经济、社会和政治结构以及观念习俗的变化过程。从发展本身的内涵可分为经济、政治、社会、生态环境、人的发展等几个方面。经济发展具有明显的阶段性,而经济增长则没有明显的阶段性[①]。

政治经济学在研究经济发展与增长理论方面,有着许多可供发挥的领域和空间。我国学者在此领域有许多独特的学术视角,如以社会主义市场经济制度、税收政策、国际竞争、创新等视角为基础,研究经济发展与增长的内在动

---

① 刘娟.马克思经济增长理论与我国经济发展方式转变问题研究[D].西北师范大学,2012,(5).

力等方面,并取得丰硕的研究成果和价值。

一、马克思经济增长理论和西方经济增长理论的比较研究

马克思吸收了重农学派的本质和亚当·斯密关于资本和劳动生产率对经济增长的作用,着重于从生产关系的角度对经济增长的诸要素进行分析,并提出一些观点。马克思的经济增长理论包括资本主义经济实现稳定增长的条件,资本主义经济增长取决于剩余价值的积累率、剩余价值率和资本有机构成,资本主义经济增长的方式有外延扩大再生产和内涵扩大再生产。马克思主义经济增长理论在社会主义国家得到了实践和发展。如列宁、斯大林对马克思主义经济增长理论的发展集中于体现他的生产资料优先增长理论,中国经济增长的成功从实践认为而对其有了根本的突破。①

马克思经济增长理论和西方经济增长理论都是关于如何实现经济的理论,然而,由于分析方法与研究视角的不同,就导致两者存在许多方面的差异。②

（一）关于经济增长方式与影响因素的比较

马克思和西方经济学家在研究经济增长时都十分重视对影响经济增长的要素的研究。马克思之前的古典经济学家基本上都是把劳动、人口、资本以及自然资源等作为促进经济增长的要素。马克思吸收了古典经济理论中有关影响经济增长因素的思想,认为资本、劳动、自然资源在经济增长中有着不可取代的作用,同时,他强调科学技术和制度在经济增长中的巨大作用。西方的经济增长理论的共同趋势即将传统增长经济学完全未重视的因素如知识产权、贸易改革、教育、法制、社会基础设施和政治稳定等要素逐一纳入增长因素系列中并进入模型加以内生化。

（二）关于经济增长内容的比较

首先,马克思的经济增长模型是以价值补偿和实物替换两方面来进行分析的,西方经济学的经济增长模型完全以价格来进行分析。其次,马克思的经济增长理论不仅分析了物质资料的扩大再生产,而且分析了生产关系的扩大再生产。而西方经济学的增长理论只分析物质资料的增长,是见物不见人,这就使他们不可能认识到资本主义再生产的实质。最后,马克思的经济增长理

---

① 潘蒙红.马克思经济增长理论与西方经济增长理论的比较[J].中国电子商务,2010,(10).
② 张永辉.马克思经济增长理论及其与西方经济增长理论的比较[J].前沿,2013,(1).

论既分析了单个资本的再生产,又分析了社会总资本的再生产,而且把两者联系起来进行分析,这就使理论本身具有很强的整体性;而西方经济学的经济增长理论则往往侧重于微观层次的分析,即使不同的学者分别对经济增长理论作了微观的或宏观的分析,但却很少能把两者结合起来进行考察,因此整体性地缺乏在所难免。

（三）关于经济增长分析方法的比较

首先,马克思增长理论和西方经济增长理论都是采用从实证分析到规范分析的方法。其次,在马克思以及之前的经济学家那里,虽然有时也会用到某些数学工具对经济理论进行分析,但整体上还都是以文字叙述为主。而现代西方经济学家大多运用数学工具及其分析框架,将经济增长理论置于数学模型之中。这两种方法各有长处,比如文字叙述全面、易懂,数学模型则精确、严密、逻辑性强。

二、收入分配与经济增长

收入分配与经济增长关系的研究是近年来研究的新热点。学者在探讨经济增长理论的关系时,都注意到了其双向的关系,即科学合理的分配方式可以促进经济增长,同时,经济的增长也要求收入分配方式进行不断地变革。

高保中(2014)[①]以中国为主要研究视野,根据中国改革开放以来经济发展的情况,在对经济增长与收入分配相关的国内外理论和文献进行分析和评价的基础上,探索经济增长对收入分配的影响,以及收入分配对经济增长的作用机制,并尝试进行理论解释,通过探讨收入分配与经济增长"良性互动"的条件,建立收入分配差距的动态评价体系。

高霖宇(2013)[②]认为,从历史经验来看,经济增长并不能解决一切社会问题。只有兼顾公平的经济增长才是可持续的。陆万军(2012)[③]也认为,过大的收入差距会严重影响经济的可持续增长。收入分配与经济增长应该建立良性互动关系。

也有学者将腐败等社会因素纳入收入分配与经济增长的关系这一体系

---

①　高保中.收入分配与经济增长稳态转换[M].社会科学文献出版,2014.

②　高霖宇.中国收入分配差距与经济增长的关系研究[M].经济科学出版社,2013.

③　陆万军.收入分配对经济增长的影响机理与传导机制[J].经济学家,2012,(5).

中,通过定量分析的方法来确定腐败对经济发展和收入水平增长的影响,代表性学者为陈刚和李树(2010)①。他们基于中国 2000—2007 年的官方统计数据,考察了腐败的收入分配效应,发现腐败是造成城镇居民收入差距的最主要原因,就本区间内而言,腐败对城镇居民收入差距的贡献要远远高于除去经济增长外的其他影响因素。据此,可以看到腐败严重干扰了经济增长和收入分配的良性互动。过低的收入水平和不合理的收入分配状况影响了经济的增长。

三、经济制度与经济增长

经济制度(包括其他社会制度)是经济增长与发展的"软基础"。针对制度对经济发展的作用,许多学者已经做出了比较成熟的研究成果。制度因素已经成为许多学者的研究工具。而对于制度主义分析范式的研究有于金富、张诗悦(2012)②等。于、张认为,古典政治经济学十分重视制度结构对经济发展的重要作用,创造了经济发展的制度主义分析范式;马克思经济学正确阐释了经济发展中制度结构与制度变革问题,确立了科学的制度主义分析范式;结构主义经济发展理论利用制度分析工具,提出了结构刚性和制度刚性。根据其他经济学流派的相关理论,应该创立完善以马克思经济学为核心的制度主义分析范式。

同样重视现有制度重要性的还有胡乐明、宁阳(2013)③。根据我国现有的经济基础,他们认为,转变经济发展方式,实现经济平稳较快发展,不仅要坚持以公有制为主体、多种所有制经济共同发展的基本经济制度,还要巩固和完善社会主义初级阶段经济运行制度,实现市场调节、政府调节和社会调节的有机结合。理顺市场、政府、社会三者关系,明确各自边际,发挥各自优势。在加强市场配置资源基础性作用的基础上,强化政府调节作用和伦理调节功能,弥补市场失灵和政府失灵。同时,在政治、社会、文化、生态等领域,也要坚持和完善政府的主导作用,调节市场的作用范围,避免全面市场化。

与上述学者的研究视角有所不同,黄亚生(2013)④基于大量文献和一定的

---

① 陈刚,李树.中国的腐败、收入分配和收入差距[J].经济科学,2010,(2).
② 于金富,张诗悦.经济发展理论的制度主义分析范式及其比较[J].经济纵横,2012,(9).
③ 胡乐明,宁阳.巩固和完善社会主义初级阶段经济运行制度[J].毛泽邓小平理论研究,2013,(1).
④ 黄亚生.中国经济是如何起飞的?[J].经济社会体制比较,2013,(2).

数据研究,他认为,私有经济、金融自由化、产权的安全性甚至政治制度的改革实际上在中国经济起飞过程中起了核心作用。但是许多研究结果也表明,中国在1980年代开始实施的一些行之有效的改革措施,比如在农村的金融开放,在1990年代全部被逆转了。1990年代发生的中国农村改革的逆转对中国经济增长的构成和中国向市场经济的转型步伐产生了巨大的影响。马颖、陈波(2009)①把改革开放以来中国的金融发展与经济增长过程置于经济体制改革背景之下,探讨经济体制改革何以使分权化体制下的金融资源得以释放的同时,通过金融体制改革形成了市场导向的金融体系,从而促进经济增长的过程。他们在相关文献中验证了经济体制改革、金融发展与经济增长之间的正向关系。通过分析发现,在分权化背景下,金融体制改革和财政体制改革在促进国内生产总值增长方面作用不同:金融体制改革促进经济增长的作用显著,而财政体制改革为经济增长提供了一个分权化的制度环境,但它本身对国内生产总值增长的效应是含糊的。

四、消费拉动增长的理论②

虽然马克思没有关于消费理论的专门论著.但他在《资本论》等著作中,通过对资本主义生产过程的研究,从不同的侧面对消费理论进行了系统阐述,形成了马克思消费理论。马克思认为:没有生产,就没有消费;但是,没有消费,也就没有生产。因为消费创造新的生产需要,也就是创造出生产的观念上的内在的动机,后者是生产的前提。消费创造出生产的动力,它也创造出在生产中作为决定目的的东西而发生作用的对象。也就是说消费既是生产的目的,又是生产的动力,要转变经济发展方式,就要转变经济发展的目的。在不断提高居民消费能力的同时,更要开发生产的演进,生产必然经历外延扩大再生产向内涵扩大再生产转化,进而带动消费的转变。也就是说消费应该分为外延型发展和内涵型发展,从外延和内涵两个角度同时促进消费增长,会更有效地带动经济的发展。

邢玉升、褚良子(2010)根据马克思理解的生产和消费的关系以及外延型发展和内涵型发展的相互关系,一国(或地区)的消费发展必定历经由"量"到

---

①　马颖,陈波.改革开放以来中国经济体制改革、金融发展与经济增长[J].经济评论,2009,(1).

②　邢玉升,褚良子.基于马克思消费理论视角的我国扩大内需分析[J].求是学刊,2010,(11).

"质"的跨越。但这种消费理论并不是主张消费完全依靠"质"的提高,而是在"量"的不断增长过程中,增加"质"需求。将马克思理论应用到我国的消费政策中,可以从两方面来理解,一是在原有的基础上继续扩大有效消费需求与消费基数,挖掘潜在的消费群体;二是促进新需求的产生,鼓励新兴产业部门的建设,形成高水平、个性化的需求。这是一个如何确保我国国民经济高速增长的可持续性、实现国民经济有效发展的内在机制的问题。在协调城乡统筹发展的同时,也要针对城乡的不同特点制定不同的促消费政策。

五、创新与经济增长

目前,关于技术创新概念的理解主要有三种,第一种是强调技术创新的整个过程;第二种是重视技术创新的商业应用,特别突出了首次商业化应用;第三种是强调技术创新的效应,特别突出了技术创新的经济和社会价值。从经济学的角度看,多数学者同意以下观点:第一,技术创新是对生产要素的重新组合,或者是对企业、产业的生产函数作出某种变动;第二,技术创新是新产品和新工艺的创造、研究和开发;第三,技术创新是科技成果首次商业化应用;第四,技术创新泛指从新思路的形成到向市场推出产品的整个过程;第五,强调以新技术创造出尽可能多的经济效益,并获得最大企业利润。

国内对技术创新促进经济增长问题的研究,主要体现在两方面:其一,研究技术创新促进经济增长的机理;其二,采用实证方法来研究技术创新对经济增长的推动效应。

在机理研究方面,代表性文献张文建(2011),林兰英、陈鑫(2012),刘宇航、潘忠志(2014)等。张文建(2011)认为,随着我国旅游经济和产业的转型升级,现代旅游业的生产性服务领域和新业态正在不断产生。旅游业态的外在表现形式虽然呈多样化特征,但旅游业态的创新过程却有其内在机理:它应包括市场创新、技术创新、生产经营方式创新、组织创新、供应流通渠道创新、制度创新等重要内容。现代旅游业的功能拓展及新增长点主要反映在会展旅游、奖励旅游、商务旅游、咨询旅游、培训旅游、考察旅游、疗养旅游和修学旅游等领域。林兰英,陈鑫(2012)完善的创新管理体制是中小企业应对复杂多变的市场环境,获得并保持优势竞争地位的有力武器。从政产学研用协同创新内涵出发,通过分析中小企业目前遭遇的创新瓶颈,以及现有的几种协同创新模式,提出了一种与政府部门、企业集团、高等院校、科研机构、目标用户、中介机构等行为主体相互依存、共同发展的全方位协同创新新模式——"六位一体"模型。详细阐述了该模型的运行机理,以期对我国中小企业的创新发展有所借鉴。刘宇航、潘忠志(2014)认为,高技术企业集群的发展动力是持续不断地创新,高技术企业集群有其独特的信息体制和创新治理机制,集群的创新治理是一种基于创新网络的治理机制,创新治理的目标是为了促进集群创新,在集群内建立集体学习机制和创新合作网络,促进和加快集群内的信息技术流动。在集群内部,存在着组织和制度方面的创新,其目的是为了降低交易成本。

何伟(2013)[1]早期的经济增长理论只认为,资本和劳动力要素的投入是经济增长的源泉,按照该理论,仅仅依靠要素的投入,无法避免规模报酬递减的规律,从而失去长期增长的动力。但事实上,全球投资在工业革命后一直在增加,说明了技术变化在经济增长中的重要作用。因此,现代经济增长理论引入了技术进步,来解释经济增长中无法由资本和劳动力解释的部分。中国社科院经济研究所"我国经济结构战略性调整与增长方式转变"课题组实证分析了创新与经济增长的关系,研究发现以研发经费代表的自主创新与产出之间存在显著正的长期均衡关系,而且研发投入每增加1%,GDP则相应增长0.16%,2000—2006年研发经费占GDP比重与同期经济增长率之间的相关性达到了0.97,另外,国外技术引进每增加1%,GDP则提升0.08%。研究还证实,直接从国外引进技术对经济增长的贡献要小于自主研发对经济增长的贡献。胡鞍钢(2010)认为,中国经济转型的根本任务是通过技术创新促进产业的优化升级。

协同创新成为创新发展的新方向。吕静等学者(2011)在研究中指出,协同创新是指集群创新企业与群外环境之间既相互竞争、制约,又相互协同、受益,通过复杂的非线性相互作用产生企业自身所无法实现的整体协同效应的过程。从实践现状来看,协同创新大多表现为各行为主体内部形成的思想、资源、技术、方法等信息互通体系,它的参与者有着共同目标和内在动力,在新型信息技术构建的资源共享平台上进行多方位、多样化的交流与协作,是一种依靠企业内部要素和外部力量进行的创新活动,具有创新效率的高效性、创新资源的易得性、创新成果的共享性等特点。林兰英,陈鑫(2012)以中小企业为核

---

[1]　何伟.科技创新:经济增长的动力源泉[J].时代经贸,2013,(5).

心,通过政府部门的宏观调控,企业之间的资源互补,高等院校、科研机构的协助研发,目标用户的评价反馈,以及其他服务机构的服务来实现不同要素、不同主体间的优势互补、资源共享和共同发展,构建出保障中小企业政产学研用相结合的资源网络平台,最终达到全面的协同创新。

六、包容性增长对马克思主义经济增长理论的继承与发展

随着全球化进程中经济、社会与环境等问题的日益融合,贫富差距扩大与环境生态恶化对世界经济社会可持续发展造成了越来越严重的负面影响,包容性增长与可持续发展成为政府和学界关心的重点。

谢俊玉、李燕凌(2012)认为,包容性增长作为一种新理念,坚持马克思主义经济增长理论的指导地位,不但是一种经济增长理念,更是一种社会发展理念;既是对马克思主义经济增长理论的实现与继承,又是对马克思主义经济增长理论的丰富与发展,是实现稳定经济发展和构建和谐社会的重要保证,对我国经济社会发展有着深远的理论意义和现实意义。[①]

邢小强等(2015)认为,包容性创新把技术、商业、贫困治理与环境保护联系在一起,强调给予穷人平等参与市场的机会进行价值共创,在创造经济价值的同时以缓解贫困和保护生态的方式创造出社会与环境价值,是对传统创新研究领域的拓展与丰富。[②]

七、经济增长与通货膨胀

徐跃华(2010)认为,国内关于经济增长和通货膨胀之间关系的研究,主要有通货膨胀与经济增长正相关论、负相关论和不相关论。在方法论上,基本沿用了外国学者的分析方法和分析框架。上述成果对研究和解决我国的通货膨胀与经济增长的关系问题具有重要启示,但仍存在缺陷。借用马克思再生产分析框架机理分析替代黑箱分析,根据广州某区两大部类经济增的数据,对增长——物价关系进行仿真,得出以下结论:(一)提高劳动增长率可以提高产出,同时又没有提高物价增长率,所以提高内禀劳动增长率是保证经济增长和物价增长率良好平衡的重要手段。(二)提高劳动密集度可以提高产出,同时

---

① 谢俊玉,李燕凌.包容性增长对马克思经济增长理论的继承与发展[J].产业与科技论坛,2012,(11).

② 邢小强,薛飞,涂俊.包容性创新理论溯源、主要特征与研究框架[J].科技进步与对策,2015(2).

保持物价的稳定。这意味着提高劳动密集度是保证经济增长和物价增长率良好平衡的重要手段。(三)提高产出效率(技术进步的成本效应)会引起产出的提高,同时保持物价的稳定。这说明提高产出效率是保证经济增长和物价增长率良好平衡的重要手段。(四)提高品质和品种(技术进步的效用效应)会引起产出的提高,但是也会引起物价增长率有较大幅度的提高。这意味着在收入较高的条件下,提高技术进步的效用效应是保证经济增长和物价增长率良好平衡的手段。①

八、发 展 前 景

综合来看,国内大部分学者都将主要经济领域的市场化,放松对经济主体的管制作为经济发展与增长的内生动力。同时,制度因素尤其是经济制度对经济体本身的增长也有着至关重要的影响。针对中国当前的经济发展水平,放松制度约束,减少不必要的经济制度运行成本成为多数人的共识。类似地,收入分配是否科学合理也与经济体的良好发展息息相关。这不仅仅涉及我国能否进行可持续发展,也影响着未来中国经济的发展路径,即能否顺利跨过"中等收入陷阱"。在影响经济增长的诸多因素中,科学技术是在历史上起越来越重要的作用的力量,是经济增长发生质的飞跃的关键;工资的提高降低了经济增长率,却未必是一件坏事;资本表现为第一推动力,也是持续的推动力;劳动是最本质的力量,是蕴藏着主观能动性的内因。

如何继承和丰富马克思主义经济增长理论是帮助我们克服社会转型期时所遇到的问题的新方法,是实现稳定经济发展和构建和谐社会的重要保证,对我国经济社会发展有着深远的理论意义和现实意义。

第三节 产 权 理 论

产权理论是现代经济学基础理论之一,也是目前国内外经济理论问题研究热点之一。我国产权制度改革面临的问题很多,任务艰巨,需要正确的产权理论来指导。中国学术界对马克思产权理论的研究,始于 1990 年代,随着改

① 徐跃华.经济增长与通货膨胀的平衡——基于马克思经济理论框架下的研究[J].广东行政学院学报,2010,(6).

革的推进,关于马克思产权理论的著作、文章大量涌现,国内众多专家学者对该问题有所著述,如程恩富、吴宣恭、吴易风、林岗等。最初的研究多集中于产权的起源、私有制产权历史演变、产权演进动力、产权结构与体系、产权市场环境、产权效率等内容。①随着经济的发展,国内学者对产权理论的研究逐渐从理论本身走向了与实践的结合。

通过对 2010 年以来参考文献的梳理来看,主要集中与以下几个问题:一、马克思产权理论研究及与西方产权理论的比较;二、马克思产权理论中国化;三、以产权理论为视角看改革,涉及国家改革的方方面面,如企业改革、土地改革、劳动产权等。

一、在产权理论研究上的历史分歧②

产权制度改革,长期以来一直是经济理论界所关注的一个重要问题,其理论成果对我国的经济体制改革起到了一定的推动作用。然而,多年来关于产权和产权理论的争论一直没有停止,对产权以及马克思产权理论的认识还存在分歧,凝聚广泛共识的科学产权理论体系尚未形成,因此理论对实践的指导作用也大打折扣,这在一定程度上影响了我国产权制度改革的成效。

(一)对"产权"界定的争论

学术界形成了以下几种理论观点:第一,产权等同于财产权。刘诗白在他的专著《产权新论》中认为:"财产权简称产权,是主体拥有的对物和对象的最高的、排他的占有权。"第二,产权等同于所有权论。于光远认为:"产权(财产权)也就是所有权,它是某个主体拥有作为财产的某个客体所得到的法律上的承认和保护。"第三,产权大于所有权论。第四,产权与所有权无关论。第五,结构产权论③。就目前而言,较有代表性的观点认为,产权与所有权是同一概念;而西方学者认为,产权和所有权是不同的。在我国,产权是构成社会经济制度的基础性要素,是市场交易得以正常运行的根本,是我国建立特色社会主义市场经济体制的重要内容,也是中国特色社会主义市场经济理论研究中的重要课题。

---

① 董君.马克思产权理论的国内研究综述——兼与西方产权理论的比较[J].内蒙古财经学院学报,2010,(3).
② 余兴.产权理论争鸣与科学产权理论的构建[J].苏州教育学院学报,2012,(8).
③ 张媛.国内马克思产权理论研究述评[J].现代商业,2013,(3).

（二）对马克思产权理论及范式的不同认识

马克思是否有产权理论，产权理论的创始人是马克思还是科斯，这在理论界也存在着分歧。一些受西方理论影响的学者认为，马克思根本就没有产权理论；甚至有些人认为，马克思的著作中连"产权"一词都未出现过。他们因此提出，要实行产权制度改革就必须引入现代西方的产权理论，并认为实行私有化是中国产权改革的唯一出路。另一些学者对这种观点提出了批评，认为马克思已经构筑了科学产权理论的牢固体系，"科斯的产权理论在深度和广度上都无法与马克思相提并论"。

关于产权问题的研究，我国经济理论界认为，有两个基本的范式，即马克思的产权理论和西方的产权理论。这两种理论范式无论从概念的界定、研究的方法，还是从逻辑基础与理论观点来看都是不同的，他们是建立在完全不同价值观基础上形成的两种对立的理论体系。在国内，主流思想认为要遵从马克思主义产权理论，当然也有部分学者根据科斯定理指出，产权明晰化就是要使私有产权明晰化，简单的说产权完全明晰化就是要彻底私有。以王义勇（2013）、孙飞（2010）为代表的一批学者认为，马克思主义产权理论研究的基本特点是以生产力发展为线索来研究产权关系，即把生产力的发展作为产权关系研究的出发点，并对所有权和收益分配权继承等问题进行了研究。①认为马克思理论中产权的性质具有二重性。马克思对产权问题的研究是从经济学和法学两个视角展开的。经济学对产权问题的研究是作为经济关系的产权，法学对产权问题的研究则是作为法权关系的产权。前者是根本性的，后者决定于前者。②

二、马克思产权理论及与西方产权理论的比较研究

虽然马克思主义与西方新制度经济学的产权思想在某些方面存在一致性，但两者有着本质的区别。

孙拥军（2010）、尹德洪③等认为，马克思主义的所有制理论和西方的产权理论都是以产权和制度为研究对象的，两种理论有许多共同的地方，比如，两者都把产权关系看作人与人之间的一种经济关系，把利益问题当做产权关系

---

① 王义勇.马克思主义产权理论与国有企业产权制度改革[D],合肥工业大学,2013.

② 孙飞.解析马克思产权理论的三个关键点[J].经济纵横,2010,(2):21—25.

③ 贾娜.产权理论研究综述[J].法制与社会,2010,(7):18.

的核心问题;都强调产权和制度现象的重要性,把制度安排当做影响经济绩效的重要因素等等。[1]

孙拥军认为,马克思产权理论及与西方产权理论是建立在完全不同的基础上的,运用完全不同的方法、概念和理论逻辑。马克思旨在揭示财产权和所有权的本质,因而是在生产关系的层面上研究产权,其对于历史上各种财产形式的考察和对于资本主义财产形式的研究,都在于揭示其生产关系的性质;西方现代产权理论研究的视点落在了产权安排与资源配置效率上,旨在阐明产权制度与经济效率的关系。毋庸置疑,两种产权理论在经济科学上各自都作出了自己独特的贡献,各自都有其科学的价值,同时,又都需要得到进一步的发展。李文华(2013)认为,马克思的产权范畴包括经济和法律二重形态。所有制表现为经济形态的产权,所有权表现为法律形态的产权,马克思着重对前者进行了研究。新制度经济学的产权理论对资本主义所有制的探讨并不多,其内含的逻辑思路是法律决定了产权,产权决定了社会经济关系[2]。贾娜(2010)研究中指出由于两者建立在根本相对的世界观与价值观上,产生的时代背景、研究的目的(马克思产权理论目的在于揭露资本主义根本产权制度的本质,为社会主义公有制的建立指明道路。现代西方产权理论研究的主要目的是为维护自由的市场制度,提高其运行的效率)、研究方法、变革的动因、现实关注的问题不同。[3]

三、马克思产权理论价值与意义

陈晓(2012)认为,马克思的产权理论不仅为我国国企改革指明了方向,而且指明了具体的道路。这个具体道路就是按照权利分离的原则解决国有企业的产权问题。即市场经济中的所有者和经营者既可以统一,又可以分离。[4]杨娅姨(2010)认为,产权权项相互独立及其权能分离结构的形成是社会化生产和商品经济深化发展的内在要求,产权的权项各有其自身的功能,权能分离的

① 孙拥军.不同视域中的权利——简评马克思所有制理论与西方产权理论[J].理论学刊,2010 (7):50—53.

② 李文华.马克思主义与新制度经济学研究领域内的财产权与所有制[J].东方企业方化, 2013,(7).

③ 汪善一.马克思产权理论对我国现代企业产权制度改革的启示[D].新疆师范大学,2012.

④ 陈晓,李德平.马克思产权理论及其对我国国有企业产权改革的启示[J].现代营销,2012, (1):97.

结构有利于各个权项功能的发挥并彼此相互制约,形成财产权利的结构分工,提高财产运营和权利运用的效率。这些对中国的产权改革具有指导意义。①孙飞(2010)认为,马克思产权理论是国有企业产权制度改革的理论依据,是坚持走社会主义道路的理论源泉。②李罗(2012)认为,进入新世纪,马克思的产权理论对高速发展的中国经济仍有着非常重要的理论价值和实践意义。认真的分析、领会马克思的产权理论,将有助于我国在所有制改革中,坚持公有制多种实现形式的改革方向,从而为实现"十二五"计划奠定坚实的基础③。邓大才(2014)认为,产权对政治具有五种功能,即产权保护功能、权力分配功能、国家形塑功能、政权构造功能、制度创制功能,同时也能够发现产权的政治功能或者产权对政治的影响是非线性的、非均质的,产权对不同层次、不同规模的政治实体的影响是不同的,而且随着时间的推移,产权对政治的影响也在发生变化。④钟武强认为,联合产权理论⑤强调从马克思主义产权理论的整体观与世界生产力发展的整体性角度来研究我国企业产权制度变迁的规律,探索了马克思主义产权理论中国化的整体性的理论思维与研究方法。联合产权理论强调从知识劳动者阶层在当代世界生产力总体结构中的地位转换及利益的角度考察我国企业产权制度的发展趋势,探索了马克思主义产权理论关地知识劳动者产权中国化的实现路径。联合产权是一种过渡性产权,随着世界生产力的发展,必定向以劳动联合为主的社会主义产权进而向零产权的共产主义过渡,结合我国企业产权改革的实践,探索了马克思主义产权理论中国本土化的过渡形式。⑥

四、以产权理论为视角看改革

通过梳理五年里研究,以产权理论为视角涉及经济社会生活的方方面面,其中,土地改革、企业改革是热点中的热点。郑和平、段龙龙(2013)认为,应该

---

① 杨娅婕.马克思产权理论的现实意义[J].经济研究导刊,2011,(8):1—2.

② 孙飞,齐珊.马克思产权理论的当代价值[J].当代经济研究,2010,(3):14—17.

③ 李罗.新时期我国产权制度改革的理论根源——马克思产权理论的当代应用[J].现代营销,2012,(3):81—82.

④ 邓大才.产权的政治逻辑:产权怎样、如何影响政治——从产权政治的功能视角考察[J].学习与探索,2014,(9).

⑤ 联合产权理论由刘桂斌教授于1989年首次提出.

⑥ 钟武强.马克思主义产权理论的中国化:联合产权理论的核心[J].湘潭大学学报(哲学社会科学版),2009,(7):76—80.

强化产权、"构筑新型集体经济组织多维治理机制"、改革行政体制以保障产权排他性。①

（一）企业产权改革

许多学者认为,可以运用现代产权理论来指改革。如有学者就认为,交易费用理论是现代产权理论中最基础,最重要的概念,也是最基本的分析方法和工具,在国有企业改革不断推进的今天,对于科学的判断企业兼并、重组、再造以及组建企业集团是否能取得满意的结果,现代产权理论的交易费用理论为我们提供了经济分析的思路、理论、方法和工具。还有学者认为,现阶段我国需要借助于现代产权理论来实现我国国有资产的优化,指出产权主体虚设、产权边界模糊、产权关系不顺、国有资产经营缺乏有效的监督、国有企业控制权和剩余索取权不匹配是目前国有资产管理存在的主要问题,未来在国有资产运营与管理中要实现国有资产的资本化、产权市场化、国有企业国有产权结构的多元化是未来改革的方向。同时,还有学者强调,不能让西方产权理论来误导我国国有企业产权改革,我国国有产权改革的正确思路是要以马克思主义产权理论为指导来制定我国国有企业产权改革的方案,保障国家所有权,落实企业经营权,毫不动摇地发展公有制经济,并坚定地鼓励、支持和引导非公有制经济。

陈彦勋(2011)从产权理论和代理理论出发的研究主张,只有私有制才使产权明晰和高效率,忽略了其他因素的影响。认为,目前对于国有企业产权改革的研究视角过于单一和狭隘。现有的研究从经济学的视角出发,又仅仅考虑了企业的负债、利润、上交税收等变量。但事实上,产权改革前的国营企业承担了较多的对员工的福利保障、就业保障以及社会管理等职能。一些国有企业私有化之后,从表面上看,在职工人的平均工资得到了提高,企业利润增加。但为了取得这些效益,往往是以裁减员工、减少职工的社会性福利、使用派遣工、农民工等方式降低了企业自身的劳动力成本。但这些降低的部分在很大程度上甩给了社会,要花费社会资源消化掉这些代价。因此,不考虑这些代价,研究就有很大的片面性。②

（二）土地产权理论

马克思土地产权理论包括以下几个方面的内容:土地所有权、土地占有

---

① 郑和平,段龙龙.中国农村土地产权权能弱化论析[J].四川大学学报(哲学社会科学版),2013,(6).
② 陈彦勋.国有企业产权改革研究反思[J].河北经贸大学学报,2011,(3).

权、土地使用权、土地处分权和土地收益权等权能。农村土地的三权指土地的所有权、承包权和经营权,三权是我国农村土地的特有属性,以马克思土地产权理论和三权分离的视角分析土地流转是建立土地流转模式的基础①。现阶段我国农地产权制度的缺陷主要表现在:其一,土地所有权归属不清晰,即土地所有权界限模糊不清、农地集体所有权主体虚置和缺位、土地所有权内容不完善;其二,家庭承包经营权制度不完善,主要有土地承包经营权性质模糊、权能不清,长期存在物权与债权之争,土地承包权属不充分,难以实现土地流转,影响资源的配置效率。

洪名勇(2012)认为,马克思土地产权制度变迁模型除重视土地法律、法规所涉及的土地所有权外在土地产权制度外,还非常重视非正式制度(土地习惯、习俗等级)在农地产权制度中的作用,强调国家(政府)在制度变迁过程中所发挥的重要作用。②国内学者普遍认为,现阶段我国的农地产权制度取得了巨大的绩效,但也存在着诸多的缺陷,需要进一步的改革完善。程雪阳(2012)主张,以"按份共有"的原则重建我国的集体土地制度,最大限度地尊重、保护农民集体成员的创造性、自主性和主体性。③

还有观点认为,中国现行农村土地制度改革方向的目标选择的最佳方案应当是国家所有、私人经营。实行土地国有清晰界定了农村土地的产权归国家所有,实行私人经营则可以使农业生产者通过租赁等形式实现经营的长期化,其对土地的关切程度也将提高到前所未有的高度。有学者则重点强调,在现行农地产权制度下农民土地权益的保障问题;认为,现有的农地产权制度存在诸多漏洞,这些漏洞直接导致了以农民土地所有权为核心,包括农民的土地使用权、生地收益权和土地转让权等一系列土地权益的多方受侵,最终造成了农民的普遍贫困。必须大胆地对农地产权制度进行改革和创新,使农民各项土地权益落到实处。

(三)劳动力(人力资本)产权

张秋惠、于桂兰(2010)认为,从社会主义计划经济向社会主义市场经济转型的过程中,资本和劳动的关系问题不可回避地被提了出来。我国学者从两

---

① 刘若江.马克思土地产权理论对我国农村土地流转的启示——以三权分离的视角[J].西北大学学报(哲学社会科学版),2015,(3).

② 洪名勇.中国农地产权制度变迁:一个马克思的分析模型[J].经济学家,2012,(7).

③ 程雪阳.中国土地制度的反思与变革——基于公法的视角[D].郑州大学,2012.

条路径分别对此进行了探索：一是从马克思的劳动价值论出发，逐渐将研究聚焦到劳动力产权制度上，认为由"劳动力产权"和"物质财产产权制度"合作构成的"双产权制度"是社会主义市场经济制度的基本产权特征；另一条路径是从人力资本理论出发，将企业理解为人力资本所有者和物质资本所有者的产权交易契约，两种产权的所有者都在追求其产权价值的实现，只有人力资本与物质资本合作的"双产权制度"，才能在企业中实现共赢。两条路径的汇合表明，从冲突型单一产权制度理论到合作型双产权制度理论的演化，为我们建立社会主义市场经济条件下的合作型劳资关系，奠定了产权理论基础①。

孙永生（2012）总结了以往学者的研究观点，指出有学者认为在马克思的经典著作《资本论》中蕴含着丰富的劳动力产权思想，马克思的劳动力产权是劳动力所有权和劳动力收益权的统一。马克思的劳动力产权理论具有重要的现实意义，是建立和发展劳动力市场的前提和基础，有利于实现按劳分配，有利于加快现代企业制度建立的步伐，有利于促进人力资源的优化配置。也有学者指出，劳动力产权不是作为单一的权利而存在，而是一组权利的复合体。它不仅包括劳动力的所有权，而且还包括劳动力的占有权、支配权、使用权、收益权和索取权。这些权利的实现必须具备一定的条件，这些条件实际上就是劳动力产权中收益权的实现条件。最基本的条件就是劳动力的所有者必须是生产资料的所有者，即掌握生产资料产权。劳动力产权实现的制度模式只能是以社会主义公有制为主体的混合所有制经济②。

五、发展前景

从中国产权的发展来看，中国的产权理论的理论基础源于马克思的产权理论，而不是源于西方产权理论。马克思产权理论由于自身受到历史局限性的限制，就要求我们在实践中不断的去丰富和完善马克思产权理论。

在我国产权制度改革中，一方面，要坚持马克思主义产权理论的指导，坚守马克思主义产权理论的基本精神和核心内涵，批判马克思无产权理论和马克思产权理论"过时论"；另一方面，也要根据改革实践的需要，丰富和发展马克思主义产权理论，把马克思主义产权理论纳入马克思主义科学理论体系中，

① 张秋惠,于桂兰.劳资关系的产权理论演化研究[J].南京农业大学学报(社会科学版)2010.(6).
② 孙永生,陈维政.人力资本产权理论:前沿述评与研究展望[J].科技进步与对策,2012,(5):152—156.

并保持其与时俱进的特征。这种丰富和发展,除了要在我国的改革实践中不断总结新的经验,上升为科学理论外,还应用辩证的眼光,对西方的产权理论进行实事求是的分析,吸取西方产权理论中的有用成分,经过改造,融合到马克思主义产权理论中,构成符合我国国情的有中国特色的科学产权理论体系。

第四节　关于政府与市场

政府与市场作为两种基本的资源配置方式,在促进经济增长和社会进步方面各自扮演着重要的角色,长期以来,政府与市场问题一直是学界所关注的热门研究领域。在对政府与市场理论研究中,马克思主义经典理论家对政府与市场的认识经历了漫长的演变过程。不同历史时期,马克思主义经典理论家对政府与市场的认识有不同的侧重点,其理论观点也有较大的变化。新一轮关于政府与市场的讨论起因源于两大背景,从国际视野看,在现时期的经济发展中,各国的政府与市场都面临着许多前所未有的矛盾与挑战,世界经济发生了急剧的变化,政府与市场关系是导致各国经济出现不同发展态势的重要影响因素之一;从国内视野看,我国正处于经济转型的关键时期,十八届三中全会特别强调"经济体制改革是全面深化改革的重点,核心问题是处理好政府市场的关系,使市场在资源配置中起决定性作用和更好发挥政府作用"。在上述两大背景下,我国学者掀起了新一轮市场与政府理论研究高潮。

概括起来,最新的理论观点和争议主要聚焦在两大领域:一是市场与政府作用范围的新界定;二是如何实现市场在资源配置中起决定性作用和更好发挥政府作用。

一、关于市场与政府作用范围新界定

有学者从资源配置宏观微观层次角度展开讨论,有学者从收入分配角度展开讨论,还有学者认为市场和政府作用范围是动态调整的。代表学者与观点如下:刘国光(2014)认为,"资源配置有宏观、微观不同层次,还有许多不同领域的资源配置"。市场的决定作用应限于微观层次,宏观层次的资源配置以及涉及国家社会安全、民生福利(住房、教育、医疗)等领域的资源配置,则需要政府加强计划调控和管理,不能由市场自发决定。卫兴华(2014)认为,在资源配置中政府与市场的关系,是由市场而不是由政府起决定性作用。但政府有

监管的作用,不但要监管市场和着力于建立现代市场体系,而且要监管安全生产,防止和减少事故频发,保护职工权益。政府职能和宏观调控的另一个层面,是整个经济、社会、文化、生态文明等建设方面的作用。这方面已远远超出了资源配置的范围,不能都由市场决定。许小年(2012)认为,政府在资源配置中的作用就是"不作用"——政府退出,让出空间由市场自由配置,但在二次资源配置中,政府一定要发挥作用。合理的发挥作用,不是政府培育一个参与市场竞争的"央企",而是通过财税制度来实现。程恩富(2014)认为,中国特色社会主义市场决定有着独特特点,一是与国家宏观调控和微观规制并存;二是限于一般资源的短期配置,而非地下资源等特殊资源和一般资源的长期配置;三是文化、教育等某些非物质资源配置,只是引进适合本领域的市场机制,而非市场决定;四是公有制为主体、国有经济为主导,并体现在市场经济体系和市场活动中;五是在财富和收入分配领域由市场和政府各自发挥应有的调节作用,国民收入初次分配中市场作用大些,再分配中政府作用大些。张卓元(2014)认为,凡是依靠市场机制能够带来较高效率和效益,并且不会损害社会公平和正义的,都要交给市场。张开(2014)认为,市场与政府关系的动态调整本来就是一条贯穿世界各国经济改革的主线,政府和市场都只是解放和发展生产力的手段而非目的,因此,应"根据不同的发展阶段,动态调整政府和市场的边界,最终达到共同富裕"。洪银兴(2014)提出,"在分清政府与市场作用的边界时,不能以为强市场就一定是弱政府。只要两者不是作用于同一资源配置领域、同一层面,政府和市场就不会冲突,不会有强政府和强市场此消彼长的对立"。还有一些学者从中国经济社会发展面临的一系列深层问题着手展开研究,间接界定政府与市场关系的作用范围,如佟玉华(2013)认为,"中国今天经济社会发展面临的一系列深层问题,其最大的问题是政府的越位、缺位、错位,从而带来的市场主体和社会主体地位不平等,机会不均等问题"。王国跃(2014)等认为,当前中国政府和市场关系存在的突出问题,这些矛盾和问题在政府层面体现为缺位、越位以及潜规则问题,同时法律法规层面不健全。导致市场发育受影响。

二、关于如何实现市场在资源配置中
起决定性作用和更好发挥政府作用

在政府如何改革方面,争议较大。代表学者与观点如下:吴敬琏(2013)认

为,政府权力过大,必然产生腐败。改革的核心问题是政府自身的改革。在与市场的关系上,需要一个有限的和有效的政府。必须把直接控制经济的全能型政府改造为提供公共服务的服务型政府,并将各级党政机关和官员置于民众的监督之下。当前,政府改革迫切需要解决的确保公民的基本权利不受侵犯、政府要严格遵守宪法和法律,实现依法行政、培育公民社会,提升社会的自组织能力。优先考虑加快法治建设。张卓元(2013)也指出,"价格改革和企业改革作为经济改革的两条主线,这个阶段已经过去了,现在经济改革的重点已经不是市场改革,而是政府改革"。陈志武(2014)认为,转变增长方式"必须进行限制政府权力的改革","社会矛盾的恶化也源于政治体制改革落后",因而"政治体制改革不能再拖了"。具体内容是"让全国人大发挥中国宪法赋予的各种权力,尤其要使征税权、财政权都受到实质性制约","并推动民有化与私有化改革"。刘国光(2014)则强调,改革中微观层次资源配置的"市场决定"与宏观层次政府加强调控和管理应当并行,但政府职能如行政审批等的缩减,主要发生在微观领域。程恩富(2014)认为,今后应将市场决定作用和更好发挥政府作用看作一个有机整体,"从而形成高效市场和高效政府的'双高'格局"。在具体的推进路径上,刘金山(2014)提出,"当前最重要的问题是破除行政性垄断。行政性垄断就是一种特权经济,特权是'市场决定价格'的天敌"。迟福林(2014)认为,"经济体制改革未来应是以'放权'为基本思路,以行政审批为重点,全面理顺政府与市场关系"。姚广利(2014)提出,应该坚持市场主导的改革方向,发挥政府推进改革、培育市场、宏观调控和社会治理的作用。高帆,汪亚楠(2014)提出,为了达成高效的市场和有为的政府,我国应凸显市场发展对政府职能的塑造作用,并加快不同层级政府关系的改善、财政制度改革的深化以及自生性经济组织的发育。李淮安(2013)提出,理顺政府与市场关系时,我们除了应该长期坚持政府的"扶持之手"和"无为之手"外,还应该加强权力的制度建设,规制好政府的"掠夺之手","将权力关在制度的笼子里"。而要规制政府的"掠夺之手",则需要把完善官员治理作为突破口。

三、述评与前景展望

从近五年市场与政府理论研究的最新进展看,有比较大影响力的理论观点多发表于十八届三中全会明确提出"市场在资源配置中起决定性作用和更好发挥政府作用"后,学者们在市场与政府范围新界定,以及如何更好地发挥市场的决定性作用以及更好发挥政府作用方面,进行了广泛深入的研究,形成了一些非常有价值的研究成果。总体看,关于市场与政府关系新界定,代表学者主要是从不同角度对市场与政府范围界定提出了相应观点,如有学者认为,国防军事工业、战略性新兴产业、基本公共服务体系建设等特定领域的资源配置,应主要由政府决定。有学者认为,微观层面由市场决定,宏观层面由政府决定。有学者进一步明确,政府应推进改革、培育市场、宏观调控和社会治理方面发挥作用,等等。在如何进行政府改革方面,争议较大,有学者认为政治体制改革为先,有学者认为破除行政垄断为先,有学者认为市场和政府应为有机整体是打造有限和有效政府的本源,等等,这些理论对丰富马克思主义理论和促进世界经济的科学发展具有重要的意义。

从未来看,市场在资源配置中如何发挥决定性作用和政府如何更好发挥作用方面,应该更广泛而深入的寻求突破口和着力点,另外,目前理论界提到的一些改革的可能突破口,也大有深化研究的必要。这些领域的深化和突破将成为政治经济学政府与市场理论中新一轮前沿焦点。

第五节　收入分配理论

收入和财富分配是经济理论永恒的研究主题之一。收入和财富分配状况不仅决定着社会各成员的物质福利水平,同时,作为经济生活中的重要环节,收入和财富分配状况直接影响经济健康发展,也关系到国家政治的稳定。马克思对收入分配理论研究由来已久,经济制度变动是决定收入分配机制的观点,是马克思对经济发展和收入分配关联研究所作出的重要贡献,在其后漫长的过程中,其理论研究也在不断向前推进。不同发展时期,其理论研究的侧重点也有所不同。新一轮关于收入分配理论的热议源起两大背景,一是中国收入差距呈不断扩大趋势;二是 2011 年《"十二五"规划纲》提出合理调整收入分配关系政策目标,2013 年初国务院批转《关于深化收入分配制度改革的若干意见》,提出了收入分配改革的原则性方案,三中全会进一步提出"紧紧围绕更好保障和改善民生、促进社会公平正义深化社会体制改革,改革收入分配制度,促进共同富裕",进而"形成合理有序的收入分配格局"。

概括起来,最新的理论观点和争议主要聚焦在两大领域。一是收入分配原则的讨论;二是收入分配制度改革。其中,收入分配原则讨论主要聚焦在国民收入分配之公平与效率关系及公平与效率关系处理。收入分配制度改革主要聚焦在收入差距现状、根源以及如何制度突破。

一、关于收入分配原则讨论

代表学者及观点如下：张桂文（2013）认为，收入分配的平均主义会影响经济效率，收入差距过大会抑制有效需求，导致社会冲突，从而严重影响经济的正常运行。应存在一个使公平与效率相互促进的收入差距适度区间。处理公平与效率的关系，应以发展的观点看待和分析问题。在经济发展初期，生产力发展水平较低，产品供给能力严重不足；劳动力供给充分，资本要素稀缺。这一阶段的主要任务是通过资本积累带动劳动就业，提高产品供给能力。因此，在公平与效率的权衡上通常会更加重视效率。进入中等收入阶段以后，一方面，产品供给能力大幅度提升；另一方面，收入分配差距过大会制约消费需求的增长、影响社会稳定。因此，无论保持经济持续健康增长还是促进社会和谐发展，在公平与效率的权衡上都要求更加注重公平。正确处理收入分配中公平与效率的关系，在初次分配领域，首先应保证生产要素所有者参与市场竞争的起点公平、过程公平，完善要素参与分配的市场机制。进而通过再分配弥补初次分配的不足，把收入差距控制在有利于效率与公平相互促进的适度区间，并尽可能促进起点公平。陈光亨（2013）指出，对社会主义来说，公平和效率是不可或缺的。我国收入分配制度的改革，从根本上说就是要改革有损于公平和效率的不合理的制度安排，建立适应社会主义市场经济发展要求的收入分配制度，实现公平与效率的协调统一。在社会主义市场经济中，收入分配过程由微观收入分配过程和宏观收入调节过程构成，微观收入分配过程和宏观收入调节过程既相对独立，又相互联系，共同作用于社会主义市场经济的收入分配过程。在微观收入分配和宏观收入调节两个过程中，都需要正确处理公平与效率之间的关系。微观领域能否实现公平与效率的协调统一，关键在于能否实现生产条件在不同社会成员之间和不同部门之间的均衡分配。我国收入分配差距的扩大，很大程度上源自生产条件的不公平、不合理分配，这种不合理扩大不是追求效率的结果，也不可能带来效率的提高。只有实现生产条件在不同社会成员之间和不同部门之间均衡分配，才能促进公平与效率的协调统一。在宏观收入调节中，权力制衡是确保公平与效率协调统一必不可少的条件，因为只有在权力制衡的情况下，政府才能真正追求社会的公平目标和效率目标,避免追求自身的利益和特权阶层的利益目标而偏离社会公平与效率的目标。卫兴华(2013)认为,讨论效率与公平问题,应区分两个不同的层次:一是分配领域中的效率与公平关系;二是经济社会整体领域中的效率与公平的关系。改革开放以来的一个长时期中,有关论述主要是从第一个层次即分配领域层次上着眼的,十八大报告则明确拓宽了效率与公平关系的范围。卫兴华进一步质疑了"优先,兼顾"提法的科学性,认为效率和公平都要重视。邹广文(2013)提出,改革开放初期提出的"效率优先"原则,是基于中国落后的经济发展现实所提出的,因此,强调发展才是硬道理,要提到效率把"蛋糕"做大。而在改革进入中期阶段,"效率优先,兼顾公平"的新思路,则是根据新的发展形势和主要矛盾,强调要实现效率与公平的协调。现阶段,改革进入深水区,应该调整过去社会发展的粗放理念——要由"量"的扩张转向更加重视"质"的提升。其中,"质"主要就是指社会的公平正义这一基本品质。由此,"公平"与"效率"两者的关系,应该进一步调整,甚至可以转向"公平优先,兼顾效率",也就是说,应该将提升社会的公平正义放在当前社会经济发展的首要位置。蔡继明(2014)则认为,追求公平或公平优先是天经地义的,但强调"效率优先、兼顾平等"也无可非议。居民收入差距的扩大,笼统地归咎于"效率优先、兼顾平等"或按生产要素贡献分配的原则,因为具体分析我国居民收入差距过大的表现,无论是贫富差距过大、城乡居民收入差距过大、地区收入差距过大,还是垄断行业收入过高、官员腐败和灰色收入过高,究其原因,恰恰是既没有兼顾平等,也没有优先效率,更没有贯彻按生产要素贡献分配的原则。针对如何改善当前的收入分配关系,他同时指出,要合理调整和改善现阶段的收入分配关系,就要更加坚定不移地贯彻效率优先、兼顾平等和按生产要素贡献分配的原则:一方面,在初次分配领域完善要素市场,打破行业垄断和地区封锁,促进公平竞争和要素的自由流动,改革户籍制度,降低农民进城的门槛,这在促进效率提高的同时,必然会缩小前述城乡、地区和行业之间不合理的收入差距;另一方面,在再分配领域,要加强对高收入阶层的所得税征缴,尽快制定遗产法,加大对垄断行业的监管,推进农村土地制度和征地制度改革,加快城市化进程,加大对落后地区、基本农田保护地区、生态保护地区的转移支付,所有这些,都有助于在提高效率的同时缩小不合理的收入差距,从而促进社会的公平。朱玲、魏众认为,决定人们收入水平的,有偶然性和随机性的因素,但这种偶然性和随机性本身并不涉及公平与否的属性,只有那些强化或使之永久化的制度才是真正不公正的。因此,公平与效率之间讨价还价的范围和实施这类组合的社会制度的设计,都反映着政治力量的平衡,而不仅仅是经济学问题。所以,批判现实中市场分配的公平性,最重要的是要对支配和影响个人禀赋分配的制度的公平性进行评判。而再分配则是一种个人对不平等的社会反感的"社会偏好"。中国社会主义市场经济制度下的"共同富裕"构成了其基本的"制度性偏好"。中国的经济转轨,必须"创造一个确保所有社会成员平等实现其基本权利的制度环境,以促进市场经济自由(效率)与社会均衡(公平)的兼容"。胡怀国(2013)认为,收入分配应区分为功能性收入分配和规模性收入分配两个层次。其中,功能性收入分配强调初次分配领域各种生产要素按各自在生产过程中的贡献获得相应的份额,它同生产的效率和分配的公正直接相关;而规模性收入分配则直接以不同个体或群体最终得到的收入水平和收入差异为考察对象,同人们的生活水平和生活质量密切相关,不仅涉及初次分配,更涉及收入再分配。功能性收入分配有助于探讨经济增长和结构调整中的效率与公平,规模性收入分配有助于探讨社会经济发展过程中的民生改善,而包括社会保障在内的再分配政策则有助于在两者之间打造一支纽带,提供某种缓冲机制。武晓峰(2011)认为,劳动不公平导致劳动者收入偏低,这一问题的实质是劳动者主体地位的下降和按劳分配主体地位的弱化。据此,要实现分配正义必须坚持按劳分配的主体地位,确保劳动机会均等、劳动关系和谐,提高普通劳动者收入。分配公平问题在一定程度上需要借助于再分配政策,但是不同群体对再分配政策的支持程度存在不同的倾向。陈宗胜(2011)等通过构造一个由经济利益、风险规避、公平信念和声誉理想四类动机决定的再分配倾向决定模型,从人们的决策动力出发,使用中国社会调查数据,系统性地研究了中国居民对再分配政策支持与否的决定因素。彭焕才(2012)认为,就收入分配领域而言,社会公平正义主要体现在如下几个方面:首先,收入分配必须是平等的;其次,收入分配应该保持合理的差别;第三,按公平原则对收入分配进行调节。保障包括老弱病残等弱势群体在内的所有社会成员的基本生存需求,"使处于最不利地位的人获得最大利益"。在实现"起点公平"和"过程公平"的前提下,通过社会再分配,立足于社会的整体利益,向弱势群体倾斜,对初次分配后的利益格局进行调整,使社会成员能普遍获得由发展而带来的收入利益,不断提高生活水平,从而实现"结果公平",达到共享和普惠。

二、关于收入分配制度改革的讨论

代表学者及观点如下:厉以宁(2013)认为,收入分配制度改革应以初次分配为重点,初次分配是基础性的,二次分配是在初次分配的基础上进行的。现阶段中国收入分配制度改革启动前的初次分配实际状况。与"收入初次分配应以市场调节为基础性调节"这一经济学原则还有相当大的距离。二次分配没有缩小初次分配的收入差距,反而扩大了收入分配差距。吴敬琏(2014)认为,分配差距扩大的缘由,是过去几年中分配改革的注意力过分集中于发挥政府的再分配功能,没有能够从初次分配着手,堵塞中国收入分配差距过大的源头。此外,对初次分配造成扭曲的,还有以不受约束的权力为背景的行政垄断、寻租腐败。初次分配的一个重要问题,是如何增加民众的"财产性收入",包括来自土地财产、金融资产的收入。张车伟等(2013)发现,在初次分配后的收入差距中中国和大多数发达国家并无太大不同,但再分配后,发达国家收入差距大大降低,而中国的收入差距状况基本上没有什么变化;无法通过再分配手段缩小收入差距是当前中国收入差距难以缩小的重要原因。然而,中国收入分配问题并不仅仅是收入差距过大,更关键的问题还在于分配不公,其来源主要是要素资本化过程中的收益没有被合理分享,部分人群过度占有公有资产收益损害了全体国民的利益,也造成了社会阶层的分化。解决收入分配问题需要在优先消除分配不公的基础上,通过完善再分配手段逐渐缩小收入差距,从而形成既公平又合理的收入分配格局。针对如何分配改革操作思路,吴敬琏(2014)认为,分配改革不能止于政府抑富扶贫的零散措施,而应是一整套完善经济和社会体制的系统努力,它至少包括:一是改变粗放经济发展模式,转而依靠知识、技术创新和劳动效率;二是政府依法行政,取缔非法设立的行政许可和行政审批,铲除寻租的制度基础;三是下决心破除特权既得利益和传统意识形态的阻碍,继续推进国有经济的改革,把被少数人和少数企业占用的社会资源从垄断部门的行政垄断下解放出来,通过企业之间的平等竞争实现有效配置,为社会大众创造财富;四是完善财税体制,为社会低成本地提供公共物品和实现公共服务的均等化;五是建立能够持续运转的社会保障体系,为全民提供基本的医疗、养老等保障;六是改善教育体系,使每一个要求上进的公民都有通过学习提高自己的知识和能力的机会。常修泽(2013)认为,只有社会形成一个劳方—资方—政府三方制衡的"金三角"结构,才能从制度上为克服"向非劳动者倾斜"的问题提供支撑。杨宜勇(2010)指出,收入差距过大,体现在城乡收入差距仍然过大。农村区域间收入差距过大。行业收入差距过大的状况没有得到根本改善。成因在于收入分配关系没有理顺,初次分配差距扩大。其次是制约机制缺失,对收入差距的调节不力。我国的个人所得税和社会保障制度还不健全,限制了其调节收入分配功能的发挥。深化收入分配制度改革,关键在于整顿和规范初次分配秩序。推进城乡发展一体化,积极促进农民增加收入。促进区域协调发展,逐步缩小地区收入差距。完善收入再分配机制,缩小收入分配差距。王小鲁(2013)认为,收入分配的影响因素涉及整个经济制度,也涉及政治和社会体制,远不仅仅是收入分配制度,因此,只有推进全面改革才能解决收入分配问题。

三、述评与前景展望

从近五年收入分配理论研究的最新研究进展看,收入分配理论研究呈现出系统化、深入化以及更加理论化等特点,学者们在研究我国收入差距不断扩大现象的同时,更注重挖掘其背后深层次的原因以及对整个经济社会发展的影响。总体看来,最新的比较有影响力的观点主要聚焦在收入分配原则以及收入分配制度改革讨论,其中,针对收入分配原则的讨论,学者们主要是围绕公平效率之间关系以及如何处理两者之间关系展开讨论。一些学者认为,收入分配原则应坚持公平效率兼重,但在不同发展阶段,公平效率的优先有所不同。有学者质疑当前"优先,兼顾"提法的科学性,也有学者认为当前阶段"优先,兼顾"提法,符合当前发展阶段特点。还有些学者围绕社会公平正义在收入分配领域的体现等进行了探讨。针对收入分配制度改革的讨论,学者们在以初次分配作为重点,还是以二次分配作为重点尚有诸多争议,同时,实现分配公平以及相关制度创新等方面也存在诸多分歧。由于理论研究是一个不断深化的过程,在理论研究方面我们还有许多需要解释的问题,收入差距扩大表现出的形式可以进行简单化处理,但是其背后的深层次的原因应是非常复杂的,虽然我们知道中国收入差距扩大的原因存在诸多关联因素,如经济因素、体制因素等。但是这些因素通过何种机制发生作用以及其作用程度的大小的度量。另外,收入差距不断扩大的规律性问题也需要进一步探讨。另外,在收入差距与社会稳定关系方面,对这一问题作出有说服力的经验研究成果也是未来可以进一步突破的方面。

第六节　关于经济体制改革方向

经济体制改革是我国经济发展的首要问题。关于经济体制改革方向一直是学界热议的领域。新一轮经济体制改革热议起因，一是适逢我国改革开放30年，很多学者开始关注改革开放30年的总结；一是十八大报告提出深化经济体制改革坚持社会主义市场经济的改革方向和十八届三中全会指出经济体制改革是全面深化改革的重点。

概括起来，近五年最新的研究成果和观点争议主要聚焦在四个方面：一是关于经济体制改革成效和经验的讨论；二是关于现行经济体制改革存在的问题的讨论；三是关于经济体制改革重点方向的讨论；四是关于深化经济体制改革突破口的讨论。

一、关于经济体制改革的成效和经验的讨论

代表学者及观点如下：樊刚等（2014），通过目标一致性评估法和综合积分卡法对2003—2012年10年中国经济体制改革进行评价认为，党的十六大所确立、十六届三中全会所设计"建成完善社会主义市场经济体制和更具活力、更加开放的经济体系"总目标基本实现，各项主要任务基本完成，综合完成率高达89.7%，获得巨大成功，为未来10年全面深化经济体制改革积累了丰富宝贵的经验，打下了坚实的重要基础，增强了全面深化改革的决心信心。厉以宁（2013）认为，从1980年代到2012年已经有30多年的中国产权改革取得了可喜的成绩。这些成绩可以大体归结为五个方面的内容：一是国有企业大部分已经改制为股份制企业，其中一部分已改制为上市公司；民营企业自1990年代起开始大发展，它们给经济生活带来巨大变化，并逐步被承认是中国国民经济的重要组成部分；三是集体所有制企业几乎全部在1990年代以后进行了改制，成为产权清晰的股份制、股份合作制或民间资本经营的企业、混合所有制企业越来越多、名副其实的合作社同样是改革开放以后的成果。厉以宁（2013）同时指出，总结1979年至今30多年的改革与发展实践，中国在推行双重转型过程中积累了一些经验，可以把这些经验归结为八项。一为体制转型是双重转型的重点；二是思想先行；三是产权是最重要的改革；四是在经济增长的同时改善民生；五是必须不断自主创新、产业升级；六是不断不断提高经

济质量;七是城镇化是今后若干年内最有潜力的投资机会;八是大力发展民营经济。

二、关于现行经济体制改革存在的问题的讨论

代表学者及观点如下:刘国光(2015)认为,目前社会主义市场经济还不够充分、不够完善,还有一些不到位的地方,如资源要素市场、资本金融市场等,都还需要进一步发展到位。此外,还有因经验不足,犯了市场幼稚病,从而导致过度市场化的地方,如在教育、医疗、住宅等不该市场化的领域也搞市场化,以至于发展到对市场迷信的地步,带来一系列不良后果。吴敬琏(2014)认为,体制性障碍导致传统的经济发展方式难以突破。同时,也造成了腐败的根源。张鹏(2014)认为,现行经济体制改革存在的主要问题,一是市场经济秩序仍不够规范。相关市场主体在市场竞争中不是依靠效率来取得竞争优势,而是以不正当手段谋取经济利益。二是生产要素市场发展滞后。我国的生产要素市场发展滞后,要素闲置和大量有效需求得不到满足并存。三是市场规则不统一。我国部门保护主义和地方保护主义仍大量存在,并对市场产生较大扭曲。四是产业结构优化的动力不强。我国当前的问题很大程度上是"市场竞争不充分"的问题。市场竞争不充分的原因既包括机制上的,又包括结构上的。机制上的竞争不充分主要受到市场秩序和市场规则的影响;而结构上的市场竞争不充分主要是市场缺乏有效的奖优汰劣机制,从而导致资源的沉淀、没有效率和过度消耗,并导致我国产业结构调整缺乏动力和压力,并影响了产业升级所需要的资源支撑和市场空间。除了上述内容以外,我国经济体制还存在科技创新能力不强、发展方式粗放、城乡区域发展差距和居民收入分配差距较大等问题。胡鞍钢等(2014)强调,"我国改革已经进入攻坚期和深水区"。主要是:发展中不平衡、不协调、不可持续问题依然突出,科技创新能力不强,产业结构不合理,生态环境形势日益严峻,减排节能压力不断加重,收入分配矛盾仍很突出,政府职能仍未到位或越位,经济整体竞争力不强等问题。其重要原因是我国处于社会主义初级阶段,社会主义基本经济制度和市场经济体制完善还需要一个相当长的过程,生产力发展、保持社会和谐稳定仍面临诸多机制性障碍。

三、关于经济体制改革方向

代表学者及观点如下:刘国光(2015)认为,现在是到了继续坚持市场取

向改革的同时加强宏观计划调控的作用,强调国家计划在宏观调控中的指导作用的时候了。强调国家计划在宏观调控中的导向作用,不同于过去"传统计划经济",而是计划与市场在更高层次上的新的结合。其主要表现:一是现在的计划不是既管宏观又管微观、无所不包的计划,而是只管宏观层面,微观的事情主要由市场调节。二是现在资源配置的基础性手段是市场,计划是弥补市场缺陷与不足的必要手段。三是现在的计划主要不再是行政指令性的,而是指导性、战略性、预测性的计划,同时,又要有必要的约束和问责的功能。国家计划导向下的宏观调控,是中国特色社会主义市场经济的应有之义,不能把"计划性"排除在社会主义市场经济含义之外。逄锦聚(2013)认为,在坚持社会主义市场经济的改革方向的问题上,存在两种值得注意的观点。一种是只讲市场经济取向不讲社会主义制度基础;另一种是只讲社会主义而不讲发展市场经济。前者忽视或者放弃了社会主义,虽然可能在某一阶段经济发展了,社会财富增多了,但财富集中到少数人手中,大多数人日益增长的物质和文化需要不能很好地得到满足。后者只讲社会主义而不讲发展市场经济,很可能使经济发展失去效率,改革走回头路,也不可能达到改革的根本目的。要实现改革的根本目的,就一定要坚持改革开放的正确方向,既不僵化保守,也不改旗易帜,而是坚定不移地走中国特色社会主义改革道路。黄茂兴(2013)指出,当前经济体制改革的重点方向,围绕推动经济转型深化改革,以经济结构战略性调整为主攻方向,促进需求结构调整和产业结构升级;围绕生态文明建设深化改革,以完善资源要素价格形成机制为着力点,推进资源节约型、环境友好型社会建设;围绕改善民生深化改革,以实现基本公共服务均等化为重点,从顶层优化制度安排,显著增强我国民生保障能力;围绕创新驱动深化科技体制改革,以健全科技创新体系为核心,促进要素投入结构调整优化,增强科技创新能力。刘尚希(2012)认为,深化经济体制改革的基本方向是市场化、法治化和民主化,其目标依然是建立健全社会主义市场经济体制。深化经济体制改革,必须处理好政府与市场、政府与社会的关系,价格与规制的关系,公共产权与私人产权的关系,垄断与竞争的关系,金融经济与实体经济的关系,排斥与包容的关系。深化经济体制改革的基本思路和着力点是:以公共产权制度改革为核心,完善基本经济制度;以价格改革为先导,深化改革资源配置方式;围绕市场与社会、企业与社会组织关系的重塑,加快推进社会体制改革;从市场经济体制的完整性出发,深化行政管理体制改革。

四、关于经济体制改革的突破口

代表学者及观点如下：迟福林（2011）认为，改革突破口应在关联性强、需要中央政府协调推进的领域，具体指出了以下三个领域：收入分配制度改革、就业优先的体制机制以及"让农民工成为历史"的相关体制改革。逄锦聚（2013）认为，以人民群众的根本利益为核心选择深化改革的着力点。以民为本实现经济体制改革的新突破，需要在五个方面着力深化改革并取得突破：一是深化所有制领域的改革。二是深化分配领域改革。三是深化宏观领域改革，着力解决国民经济全面协调可持续发展问题。加快改革财税体制，完善公共财政体系，构建地方税体系以及深化金融体制改革。四是健全现代市场体系，着力妥善处理市场与政府的关系。五是加强经济体制改革与政治体制改革、文化体制改革、社会体制改革和生态文明制度改革、建设的协调与配合，使之相互促进，相得益彰。石军（2013）认为，经济体制改革应以营造活力企业为突破口，倒逼经济体制改革。主要理由有三点：一是马克思主义基本原理告诉我们：生产关系必须跟上生产力发展的要求，上层建筑必须适应经济基础发展的需要。要发展生产力，就必须营造活力企业；要营造活力企业，生产关系就要"跟上"，上层建筑就要"适应"。二是现在是国际激烈竞争倒逼增强企业活力，增强企业活力倒逼经济体制改革，我们只有搞好经济体制改革，才能营造活力企业，也才能适应国际竞争的要求。三是过去30多年的改革，就是以企业这个市场主体为突破口倒逼经济改革的。现在我们应当认真总结实行家庭联产承包和推行现代企业制度等微观改革倒逼重要领域改革的经验，以营造活力企业为突破口，倒逼经济体制改革。首先，要按照保证企业依法平等使用生产要素的要求，加快推进要素市场化改革；第二，要按照保证企业公平参与市场竞争的要求，正确处理政府与市场的关系；第三，要按照保证企业同等受到法律保护的要求，加快建立完善法律体系。刘进军（2014）认为，经济体制改革由易而难、由外围向核心推进，利益冲突、利益摩擦在不断增加，改革的难度也越来越大，改革中组织与环境之间的关系趋于复杂化，客观需要以必要的制度和法律来保障改革，通过建立推动经济体制改革的良好环境，形成有利于深化改革、保护改革、促进改革、减少改革风险、提高改革效率的运行调控和安全保障机制。建立经济体制改革的运行监测与调控机制、建立健全有利于深化改革的利益协调与补偿机制、建立有利于深化改革的动力和约束机制、着力凝聚和蓄积改革的正能量。

五、述评与前景展望

近年,中国经济在快速发展过程中逐渐显露不平衡、不协调、不可持续的问题,长期粗放扩张带来的资源和环境瓶颈制约越来越突出,面临从追求数量、扩张规模到追求质量、讲求效率转变的迫切任务。经济转型和发展方式需要靠深化改革、形成激励经济转型和发展方式转变的体制机制。十八届三中全会也明确了经济体制改革作为全面深化改革的重点。

从近五年经济体制改革方向方面的最新研究成果看,围绕经济体制改革体制政策改革的效果、当前经济体制改革存在的问题及经济体制改革重点方向和突破口的讨论,学界热议很多,产生了很多有价值的研究成果,如刘国光提出,新时期坚持社会主义市场方向,强调国家计划在宏观调控中的导向作用,不同于过去"传统计划经济",而是计划与市场在更高层次上的新的结合。迟福林提出,深化改革强调关联性,需要中央地方政府协调推进。一些学者针对当前经济体制改革存在的突出问题进行了深度解析。还有些学者对改革的突破口也给出了一些建议。这些理论观点对丰富政治经济学经济体制改革理论具有重要的价值。

中国的经济体制改革已经过去了 30 年,今天正处在新的历史起点上。就经济体制改革而言,也处在非常关键的时刻,下一步经济体制改革推进思路、具体突破路径方面需要作深入的研究。

第七节 区域经济理论

新一轮区域经济理论热议,源起近年随着中国市场化改革的深入、区域经济差异不断扩大、地方利益冲突加剧等问题,已经成为影响国民经济健康运行的重要问题,引起专家学者和政府部门的研究和思考。

概括起来,近五年区域经济理论最新的研究成果,焦点和争议主要聚焦于:一是中国区域发展模式评价;二是中国区域经济协调发展;三是区域经济增长的关联因素分析。

一、关于区域发展模式的评价

代表学者及观点如下：徐现祥等（2011）认为，改革开放 30 年来，中国区域内发展迅速、区域间矛盾突出。这种发展模式存在内在逻辑一致的政治经济学解释。具体而言，改革开放后，中央政府开始把发展经济当作首要目标，通过财政和人事干部体制改革从财政激励和政治激励等方面把地方官员的职业发展、辖区财政收入与其辖区发展捆绑在一起。地方官员对激励作出反应，逐渐成为维护市场型或强化市场型的地方官员，既致力于市场经济取向的经济体制改革、致力于辖区发展，也主动或被动参与辖区间的标尺竞争，致力于取得比其他辖区更好的经济发展绩效，以期在竞争中胜出。地方官员这种既致力于发展辖区经济又致力于拉开辖区间差距的行为，在宏观上表现为区域内发展迅速、区域间矛盾突出。纪玉俊、张鹏（2014）从产业集聚与扩散的角度提出了协调发展的大国雁阵模式，并采用系统 GMM 估计方法对这一模式进行了检验。结果表明，新世纪之后作为"头雁"的东部地区已经不具备劳动力比较优势，而以此为基础的制造业集聚对区域发展也体现出负向作用，也就是东部地区亟须形成新的比较优势实现产业升级；而中西部地区在具有劳动力比较优势的情况下没有较好地承接东部地区的产业扩散，也就是缺乏与东部地区"反哺"实现对接的相关条件。李国璋、张唯实（2011）认为，东部地区制度变量的成效比全国平均和中西部要高，全国和区域的制度差异对社会经济发展差异有一定的影响且制度差异与区域经济增长变量之间都存在长期均衡关系。

二、关于中国区域经济协调发展研究

代表学者及观点如下：周绍杰等（2010）认为，改革开放以来，中国区域间的发展不平衡以及经济增长过程中的环境代价要求建立区域经济协调发展机制，这是中国经济实现可持续发展和均衡发展的必要条件。区域协调实现机制应有三个方面，即完善市场体制、促进跨区治理以及优化协调体制。具体的政策建议是，改变当前以经济增长为主的晋升考核制度，鼓励区域经济合作，完善发展规划体制，发挥财政政策的导向作用。张红梅（2010）认为，形成我国区域经济差异的重要因素是制度。制度供给和制度创新是我国东西部地区经济差距的根源，主要表现在市场化程度等方面。国家应通过加快中西部地区的市场化产权制度建设,来实现区域经济协调发展。王保安(2010)认为,当前中国存在城乡差距进一步扩大,区域经济发展不平衡深度演进等经济结构失衡特征,其根本原因在于经济发展的体制机制障碍。国家要从根本上解决结构失衡问题,需要创新和完善促进科学发展的制度环境与体制保障。如深化财税体制改革,加快构建有利于科学发展的财税体制机制。左剑君(2012)认为,区域经济协调发展涉及社会关系的调整,需要强有力的法律制度来保障。国家应该重视法律制度的作用,加强经济立法,不断完善区域经济法律体系,解决好法律规制中存在的缺陷和问题,为区域经济协调发展提供法律和制度性保障。夏茂森等(2012)对财政分权、户籍制度与区域经济增长之间的影响关系进行了实证检验,发现户籍制度对经济增长的负面影响显著,已逐渐成为了经济增长的瓶颈。郭剑平(2012)认为,由于我国户籍管理制度长期以来存在城乡二元分割,这就将劳动力市场分割成城市与农村两个市场,以及衍生出城乡二元分割的社会福利等社会保障制度,造成了就业歧视和福利排他等制度性障碍,致使社会福利在不同人群和不同区域之间有着巨大差异。在城乡二元分割的户籍管理制度制约下,不同区域劳动力因体制性的原因无法自由流动,从而阻碍了区域协调发展所需要的区域人口合理分布格局的形成。

三、关于区域经济增长的关联因素研究

代表学者及主要观点如下:李敬等(2014)发现,一是中国区域经济增长空间网络具有稳定性和多重叠加性,共存在179个空间关联关系;二是中国区域经济可分四个功能板块。第一板块是"双向溢出板块",主要由东部发达地区组成;第二板块是"经纪人板块",由具有较强经济增长活力的省份组成;第三板块是"主受益板块",由中西部发展较快的地区组成;第四板块是"净受益板块",由中西部落后地区组成;三是中国区域经济增长溢出效应具有明显梯度特征。第一板块是经济增长的发动机,它将经济增长的动能传给第二板块,第二板块又将动能传给第三和第四板块;四是中国区域经济增长在空间关联上具有"近水楼台先得月"和"门当户对"特征,地理位置的空间相邻、投资消费结构和产业结构的相似可以解释50.2%的空间关联。杨上广等(2011)通过实证指出,目前,长三角区域地方政府的行为,在区域资源配置效率上的绩效是明显的,但除了为企业提供一些外部的激励条件外,很难直接证明它提高了决定经济长期和持续增长的生产效率。在理论上,生产效率只有靠市场经营主体

通过(广义的)技术进步提高单位资源生产效率才能获得。陆铭、陈钊等(2011)通过考察政策对工业经济集聚的影响后发现:对外开放政策对工业集聚有推动作用进而扩大区域差距,且政府经济活动的参与政策程度越高,越不利于经济集聚。在关于交通基础设施对区域经济增长的讨论方面,张学良(2012)认为,基础设施建设能够有效地促进区域经济发展。交通基础设施建设既能够通过投资直接促进本区域的经济增长,同时,又可以通过其他区域的经济增长对本区域产生溢出效应达到间接地促进本区域经济增长的目的。也有学者认为,交通基础设施的修建在一定时期内可能会促使区域经济在一定时期内的爆发式增长,但一旦过度会导致挤出效应。张光南等研究发现"交通式扶贫"的等级公路因过度投资导致边际收益递减、挤出效应和交通腐败等经济损失,减缓了区域经济趋同速度。

四、述评与前景展望

从近五年的最新研究成果看,我国区域经济的理论与实践更加关注区域发展差距,区域经济发展体制机制建设,区域经济一体化,区域经济共生与包容性增长等。对这些研究前沿和热点关注的目的是要实现区域协调发展。而要在一国范围内实现区域发展的协调统筹并非易事,协调本身内在要求打破旧有的分配格局与利益格局,而无论哪种格局都蕴藏着深刻的历史根源、制度根源、文化根源与社会根源。所以,在研究中更具有挑战性。

展望未来,从中国区域发展的政治经济学视角看,今后需要我们关注的有,一是根据中国区域发展的典型特征,构建中国区域发展新模型;二是如何实现区域协调发展。如何利用市场和政府两重力量协调发展。

参考文献

[1] 虞东方.改革开放以来马克思主义所有制理论的中国化研究[D],沈阳理工大学,2012.

[2] 王胜利.新中国公有制经济发展历程回顾——基于马克思主义所有制多样性理论[J].社会科学家,2013,(7).

[3] 张永辉.马克思所有制理论及其对当代中国经济体制改革的启示[D].苏州大学,2010.

[4] 顾钰民.中国化马克思主义所有制理论的创新与发展[J].江苏行政学院学报,

2011,(2).

[5] 吴宣恭.重视所有制研究,学好用好政治经济学[J].政治经济学评论,2015,(1).

[6] 王欢.马克思主义所有制理论探析[J].中共乐山市委党校学报(新论),2010,(7).

[7] 刘国光.关于政府和市场在资源配置中的作用[J].当代经济研究,2014,(3).

[8] 刘国光、程恩富.全面准确理解市场与政府的关系[J].毛泽东邓小平理论研究,2014,(2).

[9] 卫兴华.把握新一轮深化经济体制改革的理论指导和战略部署[J].党政干部学刊,2014,(1).

[10] 许小年.政府需退出让出空间让市场自由配置[N/OL].腾讯网(财经),http://finance.qq.com/a/20120325/000831.htm,20120325.

[11] 张卓元.混合所有制经济是什么样的经济[J].求是,2014,(8).

[12] 张开.动态调整政府和市场的边界[N].中国社会科学报,2014,(1).

[13] 洪银兴.市场对资源配置起决定性作用后政府作用的优化[N].光明日报,2014,(1).

[14] 佟玉华.发挥市场的决定性作用必须加快政府职能转变[J].党政干部学刊,2013,(12).

[15] 王国跃,李家凯.中国政府与市场关系变革30年回顾与展望[J].决策与信息,2014,(10).

[16] [吴敬琏:改革核心问题是处理好政府和市场的关系[N].投资时报,2013,(11).

[17] 张卓元.混合所有制经济是基本经济制度的重要实现形式[N].经济日报,2013,(11).

[18] 陈志武.政治体制改革是经济持续增长的前提,厉以宁、林毅夫、周其仁等:读懂中国改革[M].北京:中信出版社,2014.

[19] 刘金山.市场决定价格:市场经济最核心共识[N].南方日报,2014,(1).

[20] 迟福林主编.市场决定:十八届三中全会后的改革大考[M].北京:中国经济出版社,2014.

[21] 姚广利,改革中政府与市场的角色定位——基于政府与市场关系演变的研究[J].人民论坛,2014,(20).

[22] 高帆,汪亚楠.多维视角下政府与市场的经济关联[J].探索与争鸣2014,(8).

[23] 李淮安,政府与市场关系改革的突破口:完善官员治理[J].南开管理评论,2013,(12).

[24] 张桂文.正确处理收入分配中公平与效率的关系[N].人民日报,2013-6-3.

[25] 陈享光.论建立公平与效率协调统一的收入分配制度[J].经济理论与经济管理,2013,(1).

［26］卫兴华.近年来关于效率与公平关系的不同解读和观点评析［J］.教学与研究，2013，(7).

［27］曾国安.国民收入分配中的公平与效率:政策演进与理论发展［M］.北京:人民出版社，2013.

［28］邹广文.不妨"公平优先，兼顾效率"［J］.人民论坛，2013，(1).

［29］蔡继明.公平、平等与效率:何者优先，何者兼顾［N］.中国青年报，2014-03-03.

［30］朱玲，魏众.包容性发展与社会公平政策的选择［M］.北京:经济管理出版社，2012.

［31］胡怀国.功能性收入分配与规模性收入分配:一种解说［J］.经济学动态，2013，(8).

［32］武晓峰.现阶段分配正义及其实现条件［J］.经济问题，2011，(5).

［33］陈宗胜，李清彬.再分配倾向决定框架模型及经验验证［J］.经济社会体制比较，2011，(4).

［34］彭焕才，从社会公平正义看收入分配结构调整，中国改革论坛网，http://www.qstheory.cn/jj/jjggyfz/201203/t20120302_142678.htm.

［35］厉以宁.收入分配制度改革应以初次分配为重点［J］.经济研究，2013，(3).

［36］吴敬琏，缩小收入差距不单靠再分配，凤凰网，http://finance.ifeng.com/news/20110725/4307129.shtml.

［37］张车伟，程杰，收入分配问题与要素资本化——我国收入分配问题的"症结"在哪里？［J］.经济学动态，2013，(4).

［38］常修泽(2013)认为，只有社会形成一个劳方—资方—政府三方制衡的"金三角"结构，才能从制度上为克服"向非劳动者倾斜"的问题提供支撑.

［39］张卓元，市场化改革的三个着力点［N］.深圳特区报，2012年6月26日.

［40］杨宜勇，收入分配领域的主要问题及其应对［N］.人民日报，2010-09-06.

［41］王小鲁.推进改革才能解决收入分配问题［J］.新产经，2013，(2).

［42］胡鞍钢，唐啸，鄢一龙.中国经济体制改革十年(2003—2012):进展与评估［J］.国家行政学院学报，2014，(1).

［43］厉以宁.中国经济的双重转型之路［M］.北京:中国人民大学出版社，2013.

［44］刘国光.中国经济体制改革的方向问题［M］.北京:社会科学文献出版社，2015.

［45］胡舒立.新常态改变中国［M］.北京:民主与建设出版社，2014.

［46］张鹏.经济体制改革的基本逻辑［J］.中国财政，2014，(3).

［47］逄锦聚.以民为本实现经济体制改革的新突破［N］. 2013-02-01.

［48］黄茂兴.当前经济体制改革的重点方向［N］.光明日报，2013-11-01.

［49］刘尚希.经济体制改革的总体态势及其着力点［J］.重庆社会科学，2012，(4).

［50］石军.经济体制改革应以营造活力企业为突破口［N］.人民政协报，2013-07-03.

［51］刘进军.构建深化经济体制改革的动力与约束机制［N］.光明日报，2014-08-13.

[52] 改革杂志社专题研究部.顶层设计的宏观情境及其若干可能性[J].改革,2011,(11).

[53] 徐现祥,王贤彬,高元骅.中国区域发展的政治经济学[J].世界经济文汇,2011,(3).

[54] 纪玉俊,张鹏.我国区域经济协调发展的大国雁阵模式——个产业集聚与扩散的视角[J].产业经济评论,2014,(1).

[55] 李国璋,张唯实.制度差异与中国区域经济发展研究[J].统计与决策,2011.

[56] 周绍杰,王有强,殷存毅.区域经济协调发展:功能界定与机制分析[J].清华大学学报:哲学社会科学版 2010,(2).

[57] 张红梅.我国区域经济协调发展的制度分析[J].宏观经济管理,2010,(9).

[58] 王保安.中国经济结构失衡:基本特征、深层原因与对策建议[J].财贸经济,2010,(7).

[59] 左剑君.区域经济协调发展法律规制的研究[J].前沿,2012,(12).

[60] 叶必丰.区域经济一体化的法律治理[J].中国社会科学,2012,(8).

[61] 王燕梅.我国区域经济协调发展的制度分析[J].宏观经济管理,2010,(9).

[62] 夏茂森、朱宪辰、江玲玲.中国财政分权、户籍制度与区域经济增长[J].生产力研究,2012,(1).

[63] 郭剑平.关于中国区域发展不平衡与实现区域协调发展的制度思考[J].改革与发展,2012,(5).

[64] 李敬,陈澍,万广华,付陈梅.中国区域经济增长的空间关联及其解释——基于网络分析方法[J].经济研究,2014,(11).

[65] 杨上广,吴柏均,沈晗耀.我国区域经济发展中政府作用研究——基于长三角的调查与思考[J].科学发展,2011,(7).

[66] 陆铭,陈钊等.中国区域经济发展回顾与展望[M].上海:上海人民出版社,2011.

[67] 张学良.中国交通基础设施促进了区域经济增长吗——兼论交通基础设施的空间溢出效应[J].中国社会科学,2012,(3).

[68] 刘生龙,胡鞍钢.交通基础设施与经济增长:中国区域差距的视角[J].中国工业经济,2010,(4).

[69] 张光南,张海辉,杨全发.中国"交通扶贫"与地区经济差距——来自 1989—2008 年省级面板数据的研究[J].财经研究,2011,(8).

第四章　国际政治经济学与新政治经济学

第一节　国际政治经济学理论

　　国际政治经济学是在一定的国际政治经济背景下产生的,与传统国际政治学理论(国际关系理论)、政治经济学理论、国际经济学理论有着复杂渊源关系的新型交叉学科。作为一门新型学科,其理论研究近年引起广泛关注。新一轮国际政治经济学理论讨论源起背景,一是全球市场一体化的纵深发展,特别是 2008 年国际金融危机爆发后,国际社会涌现出一系列新问题;二中国与外部世界的互动日益深入,特别是中国在全球政治经济版图中的重新复兴成为 21 世纪最为重要的历史事件之一;三是国外大量国际政治经济学著作的中译本的出版,英国学派与美国学派学者围绕国际政治经济学研究的相关问题展开论战。

　　概括起来,近五年的最新研究成果,焦点和争议主要聚焦在:一是国际政治经济学理论演进及存在的问题;二是涉及中国国际政治经济关系的重要领域的研究。如国际金融与货币的政治经济学、跨国资本流动的政治经济学、区域合作的政治经济学等。

一、国际政治经济学理论演进

　　代表学者的观点如下:王正毅(2010)指出,对国际政治经济学过去 40 年在两个研究领域(国内政治与国际政治经济的相互作用、国际体系)研究议题、核心概念以及分析性工具的使用进行总结,至少可以得出三个一般性结论。第一,核心概念的确定和认同。将"利益"与"制度"作为国际政治经济学不可还原的两个核心范畴,并在此基础上构建一个既有学理性又有可操作性的国际政治经济学分析框架,这是 1990 年代以来"第二代"国际政治经济学者在理论研究上的重要贡献。第二,问题之辩逐渐取代范式之争。理性主义和建构主义的互补性为问题之辩逐渐取代范式之争奠定了方向性基础。第三,寻求共同的分析工具。通过使用分析性工具来拓展和深化具体的研究议题,进而使得国际政治经济学在现实的具体问题领域具有可操作性,这是 1990 年代以来"第二代"国际政治经济学者的另一个重要贡献。博弈论作为理性主义和建构主义共同认可的分析工具,为国际政治经济学研究的可检验性和可操作性提供了一种切实可行的路径。保建云(2010)认为,当代国际政治经济学理论研究缺乏严密的假设前提与逻辑起点,理论解释也缺乏坚实的微观基础。建立在可认识、可评价与可选择行动集合基础上的国际行为主体行为目标与方式的设定,是当代国际政治经济学理论研究的逻辑起点,也是理论建构的微观基础。国际行为主体间相互依赖的方式与机制、国际活动外部性内部化方式与机制、国际公共治理等问题共同构成了当代国际政治经济学理论研究的主要内容。关于国际政治经济学理论研究存在的问题,宋国友(2011)认为,中国国际政治经济学研究仍存在着较为突出的"脱离中国"现象,这在实证研究和理论研究方面均有所体现。他提出一种基于中国的国际政治经济学研究思路。该思路主要由问题领域、理论突破和学科弥合三个方面组成。问题领域通过核心议题和研究路径相结合加以确定,理论突破主要围绕着有别于西方特质的中国特质展开,学科弥合则是实现前两者必须具有的知识结构。基于中国的国际政治经济学研究不仅能够缩小与西方国际政治经济学研究的差距,而且也能为构建国际政治经济学领域的中国学派甚至是整个国际关系理论中的中国学派提供有力的支持。关于国际政治经济学研究议题新趋势,徐秀军(2014)认为,2008 年国际金融危机爆发后,国际政治经济学研究议题不断拓展,金融危机的政治根源、全球治理的合法性、全球不平衡问题、全球金融治理与监管、新兴经济体崛起与全球秩序转型等问题备受关注,这使得问题导向型的研究拥有了更为广阔的空间,国际政治经济学也随之成为一门更加兼容并蓄的学科。刘玮(2012)认为,金融危机后的国际政治经济学研究议题多元化。金融危机之后,国际金融监管改革成为全球公共政策的核心,也成为国际政治经济学研究的重要方向。私人部门在国际政治经济中的作用在此次金融危机后得到了重视。货币政治研究在金融危机之后日益凸显。尤其体现在全球金融危机为国际政治经济学者提供了重新审视美国在国际货币和金融体系中的主导地位及其成因的机会。新兴经济体的崛起和全球治理转型也成为重要的研究课题。

二、关于中国国际政治经济关系重要领域的研究

代表学者及观点如下：关于转轨经济，张丽（2010）指出，经济转轨研究存在多种理论范式，但研究目标多指向经济转轨中的社会因素、政治因素和国际因素。国际政治经济学理论范式综合考量这些因素，通过利益—制度这一对核心概念来研究国际—国内、国家—社会框架内国家政治经济发展进程。从此视角来看，经济转轨是处于国际体系中的国家政府整合国内社会行为体利益偏好，从而形成新的国家经济制度的过程。在经济转轨发生以后的若干年里，转轨经济稳定发展的关键依然是对于国内结构的把握。在实践中，国家偏好与社会行为体利益偏好的整合受到多种国际力量的冲击，政府面临对偏好来源的界定与整合的双重任务，政府协调利益体矛盾的能力受到考验。关于对外直接投资，钟飞腾等（2010）指出，进行对外直接投资的国际政治经济学研究时，既要注重经济利益在国内国际分配引发的政治结果，也要看到跨国公司依然在政治框架内运作，民族国家规范这种流动的政策将起相当重要的作用。因此，除了利益分配，还需要结合对外直接投资政策所具有的牵动国内国际的关联特性，从更为均衡的角度考察投资流动与制度变革之间的关系。由于对外直接投资的作用以及国家应对外资冲击的能力本身都非常复杂，仅仅提供了一种分析框架。要进一步理解对外直接投资的政治经济学，无论是探讨对外直接投资的政治起源，还是对外直接投资的政治结果，都需要界定更为清晰的政治变量。关于跨境资本流动的政策选择，韩剑、高海红（2012）认为，发达市场国家利益集团的偏好和选举周期影响了资本流动的政策选择，因此应对资本流动产生的跨国溢出效应进行有效的国际协调，构建反映新的实力分配的全球治理框架，从而寻找到集体利益和本国利益的平衡点。关于区域合作，谢晓光（2010）等指出，欧盟的经验告诉我们，在相同或相近的政治体制、经济运行机制、经济水平、意识形态或是价值观乃至互为依存的安全保障体制的基础上，才可能形成一个具有真正内在关联的区域共同体。关于区域一体化的动因，郭秋梅（2010）认为，随着国家间复合相互依赖的增强，国际政治经济学视角下的区域合作已成为主权国家追求权力、获取财富的重要机制和手段。王铁昕、李祥茂（2012）认为，在欧洲经济一体化进程中，各成员国将其经济主权让渡给带有超国家性质的欧盟机构是推动其区域经济一体化进程的关键手

段之一。特别是在 2010 年欧洲主权债务危机爆发后,以"财政契约"签署为代表成员国将财政主权进一步让渡给欧盟成为欧盟能否挺过此次危机的核心要素。关于区域一体化的成本与收益,学界也进行了广泛讨论。关于国际经济与国家安全,张丽(2010)认为,国际经济相互依存现象日益加强,国际力量不仅影响国家行为,而且更深入国家内部结构。国家经济政策处于应对国际经济力量和国内社会行为体利益偏好的双重约束中。受此影响,经济全球化背景下维护对外开放经济体的国家安全的重要环节在于国内政治过程。符合社会需求的决策机制是国家安全的基础,也是经济顺利运行的重要保障。

三、述评与前景展望

国际政治经济学作为一门新型的交叉性学科,近年与政治经济学交叉领域——有关全球层面问题的研究、有关区域层面的研究、有关国家层面的研究及所涉及的关联性研究等,都取得了一些进展。特别是在中国对外直接投资、跨境资本流动、区域化合作、转型问题、经济安全问题研究方面积累了很多研究成果。还有些学者关注了各种理论体系和流派间的交流、比较与综合,并进行了积极探索,案例分析、实证研究与计量分析方法被应用到国际政治经济现象的短期问题、微观问题与个量问题的研究之中,取得了一系列成果,这些研究成果拓展与丰富了传统国际关系理论与政治经济学理论的研究视野和内容。但是作为一个新型交叉学科,其理论体系与研究范式处于进一步构建与完善之中。其研究热点也常随着国际政治经济形势动态变化有所不同。

从未来看,在结合变化了的中国与国际政治经济体系关系,我国学者应更加增加本土性和国家性,更加注重对中国问题的研究。在新一轮国际政治经济研究多元议题中,可以考虑全球治理的合法性、全球不平衡问题、全球金融治理与监管、新兴经济体崛起与全球治理等领域的理论突破中更多考虑中国特质的存在。

第二节 新政治经济学理论

20 世纪六七十年代,政治经济学在西方学术界复兴,诞生了一门政治学与经济学整合研究的交叉学科——新政治经济学(New Political Economy)。新政治经济学"反对把政治学与经济学隔绝,强调政治过程中的经济行为和经济过程中的政治行为",认为个人在政治领域和经济运行过程中均以寻求利益最大化为目的,两者的区别仅在于国家与市场所带来的机会和附带的约束不同。[①]20世纪末至21世纪初以来,国内开始关注新政治经济学的研究,相关文献评述了新政治经济学的兴起、流派与主题。

随着全球化、信息化和知识经济时代的来临以及西方国家的政治、经济、文化环境的变化,西方社会科学跨学科、交叉研究以及整体化发展趋势不断加强,新政治经济学理论得到了广泛的发展,逐渐成为国内外学者关注的热点。新政治经济学作为经济学领域一个比较新的交叉学科,有着不同于以往学科的研究范畴和方法。它在研究传统的经济发展、资源配置等问题时,并不排斥法律、意识形态和制度等客观社会因素。这使得国内学者有了更多的可以用于解释新的经济问题的方法与视角。

一、学科研究范畴与分析框架

目前国内学者关于新政治经济学的专著和论文主要集中于针对现实的社会、经济问题,运用学科视角和方法论进行了分析并提出建议。而针对新政治经济学学科研究范畴和研究对象的界定,主要有汪丁丁(2014)[②]编写的《新政治经济学讲义:在中国思索正义、效率与公共选择》,其汇集了多年来从经济学视角出发来解决当前热点社会问题和经济问题的主要成果。更重要的是,本书也界定了正义作为新政治经济学的研究核心,与公共理性、政治民主的关系,并以此将全部的探讨应用于对中国当下热点问题的分析。

杨龙(2010)[③]从林德布洛姆的比较政治经济理论入手,对新政治经济学的主要流派进行系统地分析。在此基础上,作者通过探讨政治与经济的关系、政治学与经济学的关系,指出在经济全球化背景下政治与经济互动的新特点,以及新政治经济学在中国的政治经济分析中的适用性。

陈振明(2010)[④]的《新政治经济学导论》对"新政治经济学"的兴起、流派及理论主题进行了介绍。涉及"新政治经济学"的兴起与意义、新制度学派、历史制度主义、公共选择理论、国际政治经济学、世界体系论、规制的政治经济学、

① 黄新华.新政治经济学论析:概念、领域与意义[J].学习论坛,2012,(11).
② 汪丁丁.新政治经济学讲义[M].上海人民出版社,2014.
③ 杨龙.新政治经济学导论[M].中国人民大学出版社,2010.
④ 陈振明.新政治经济学导论[M].中国人民大学出版社,2010.

法律经济学发展的政治经济学等主题。比较全面地梳理了新政治经济学涵盖的相关领域。

王建勤(2008)①着眼于新政治经济学中的宏观分析框架,认为政府、政策和政治三个角度搭建了宏观新政治经济学的宏观分析框架。对于政府,要分析其是善良的还是邪恶的、抽象的还是具体的、机会主义的还是党派型的;对于政治部分,主要涉及利益集团、改革和非民主整体问题。

二、创 新 方 向

进入21世纪,伴随着全球经济的发展,各种需要经济学与其他学科融合来解决的问题越来越多。随着"公民社会"意识的觉醒,将传统的政治学与经济学相融合来解决民主政治与公共选择等问题已经成为一种潮流,经济如何影响政治、政治又如何影响经济,已经成为很多学者关注的学术问题,由此,也产生了许多学术领域上的创新。

宏观层面上,曹胜(2012)②以政党选举为分析样本,认为政治上的选举活动也可以看作一个市场。在这个市场上,选民在进行成本—收益计算之后决定是否参与投票,而政党的意识形态则构成了降低选民政治成本的有效工具。政党与选民的关系可以通过建立在选民偏好判断基础上的偏好适应模型和偏好塑造模型进行解释。在偏好适应模型中,选民偏好利益对政党制度和政策选择有着决定性影响,政党采取适应或迎合选民偏好的方式来获得选民的支持;在偏好塑造模型中,政党则通过意识形态的灌输或社会政治权力的运用对选民的偏好进行塑造和影响,以取得选民的政治认同。当前,政党普遍呈现出"去意识形态化"和"政策选择趋同化"的倾向,这对政党政治乃至民主政治的存在意义形成了巨大的冲击。

同样将研究视角放在政治与经济的关系上的还有郭广珍、张军(2014)③。他们利用定量分析的方法,拓展分析了 Acemoglu 和 Robinson 所忽略的平民革命组织的集体行动问题,认为革命组织的集权领导是解决其集体行动问题

① 王建勤.新政治经济学中的宏观分析框架[J].山西财经大学学报,2008,(7).
② 曹胜.政治互动中的理性选民与政党组织——一种新政治经济学的观点[J].学习与探索,2012,(11).
③ 郭广珍,张军.组织内部结构与社会体制变迁:一个新政治经济学的分析[J].南开经济研究,2014,(1).

的一个方法,并且这种集权决策会对革命后的政治体制选择产生重大影响。比较分析表明,在组织集权决策的约束下,革命组织的集权决策导致民主化更难以阻止革命的发生,而更容易产生一个新的集权体制社会。赵宏(2008)[1]则将视野转移到利益集团上来。他依据新政治经济学中贸易政策的形成机理的理论,对中国利益集团的特点及其对贸易政策影响方式的特殊性进行分析,探讨如何使政策更好地反映利益集团的不同诉求以提高政策的有效性。

针对整个经济体制的改革,张桂文(2011)[2]用新政治经济学的视角,对我国二元经济结构转换进行了探索性研究:二元经济结构是发展中国家在赶超发达国家的过程中的一个必经阶段,这反映了发展中国家在经济结构上的先天不足。而发展中国家工业化的任务之一就是使异质的二元经济结构转换为同质的现代化的一元结构。

介于宏观与微观层面之间,有不少学者基于地方政府财政收入角度,着重研究了财政能力与地方经济发展水平之间的关系。如胡洪曙、魏福成(2012)[3]认为,地方政府的财政能力直接决定了当地公共物品的供给水平,而后者则对人们经济活动的积极性有着深远影响,这也直接影响到经济发展水平。且这种积极性既可以促进经济发展,也可以成为经济健康发展的阻碍。因此,地方政府财政能力过弱或过强都不利于当地的经济发展。余家凤和易发云(2009)[4]则认为,异质性是新政治经济学的首要假定。我国各级政府之间在利益差别上均有异质性,使财政转移支付在政治利益驱动下的出现地区性偏差,而仅靠传统的经济学手段无法解决这一问题。因此,只能靠新政治经济学的分析框架来弥补这一差异。

刘晓辉(2013)[5]则从汇率制度的选择上进行分析。作者回顾了近20年来在新政治经济学视角下展开的汇率制度选择的理论和经验,考察了利益集团、政治党派、民主制度、选举制度和政治不稳定性等政治因素对汇率制度选择的影响。由于每一个政治变量对汇率制度选择的影响机制并不唯一,因此,每一个政治变量对汇率制度选择的影响都不确定。同样的政治变量既可以导致一

①　赵宏.中国的利益集团与贸易政策[J].中国经济问题,2008,(3).
②　张桂文.中国二元经济结构转换的政治经济学分析[M].经济科学出版社,2011.
③　胡洪曙,魏福成.地方财政能力与经济绩效:基于新政治经济学的视角[J].财政研究,2012,(11).
④　余家凤,易发云.浅析我国财政转移支付的政治经济学[J].统计与决策.2009,(24).
⑤　刘晓辉.汇率制度选择的新政治经济学研究综述[J].世界经济,2013,(2).

国选择浮动汇率制度,也可能导致一国选择固定汇率。并且,经验证据对各政治变量的影响也不能给出一致而明确的结论。

在微观层面上,黎文靖(2012)①根据西方社会责任报告的理论基础,结合中国转轨经济的制度特征,利用新政治经济学中的寻租理论,构建我国公司社会责任报告的分析性框架。作者认为,我国的公司社会责任报告与信息披露,可以看作是新兴市场中政府干预下企业进行政治寻租的行为,企业的所有权结构对其有影响作用。同样关注微观层面的还有胡进(2008)②,他认为,作为新政治经济学在公司治理领域的应用,公司治理的新政治经济学的核心议题就是研究"公司治理的政治性决定因素"。在新政治经济学视野里,公司作为一个政治约束的经济体,利益不一致性必不可少,当然解决利益冲突的机制就不可能是新古典经济学中的单纯的市场解决机制,而表现出更多的政治机制。这些政治性因素包括利益集团之间政治权力角逐及投票行为、共同代理人(政治家或者政府官员)行为偏好与选举体制等都深刻地影响了公司治理的政治均衡,从而影响各种利益相关者(股东和雇员)权利保护制度、公司内部权力平衡及其治理模式。

三、学 科 定 位

作为一个新兴的交叉学科,认同利用政治学与经济学的交叉优势,用经济学的理论来对研究政策的制定以及相关内容进行解释这种观点的代表学者有李增刚、时家贤等。

李增刚(2009)③认为,广义上,新政治经济学至少包含三个方面:(一)经济对政治的影响;(二)政治对经济的影响;(三)采用现代经济学的工具、理论和方法研究政治、制度、意识形态等问题。当然,新政治经济学也可以包括新制度经济学、公共选择理论。狭义的新政治经济学就是公共选择理论。同时作者也认为④,新政治经济学的方法论也应该包括三个方面:一是方法论个人主义;二是经济人和理性选择假定;三是将政治看作交易关系或交换关系。

① 黎文靖.所有权类型、政治寻租与公司社会责任报告:一个分析性框架[J].会计研究,2012,(1).
② 胡进.基于新政治经济学分析框架的公司治理研究综述[J].经济评论,2008,(6).
③ 李增刚.关于新政治经济学的学科定位[J].学术月刊,2009,(3).
④ 李增刚.新政治经济学的学科含义与方法论特征[J].教学与研究,2009,(1).

时家贤、武巍(2013)①则认为,新政治经济学的学科范围至少包括新制度主义经济学、法律经济学、国际政治经济学、公共选择理论等。可见,新政治经济学是一个相当宽泛的理论体系,不是一个严格意义上的经济学流派,它是1970年代以后在经济学和政治学等研究领域中重新占有主流地位的一系列方法的集合,它的学科方向和地位尚处于凝练之中。新政治经济学的真正意义并不在于其理论体系的广博性,而在于其研究取向或学术旨趣。其学术旨趣为观察、分析中国经济问题和马克思主义经济学的发展带来诸多有益的启示。

四、发 展 前 景

新政治经济学是当前学术研究的一个重要领域。它着重关注政治与经济的相互作用,拓展了政治与经济的分析范围,促进了社会科学不同领域的交流与合作,具有很强的政策性、实践性、应用性和解决现实社会问题的能力,为许多国家解决现实性问题提供了理论依据。它在我国市场经济改革的现实中无疑也将具有强大的生命力,对我国社会主义建设实践有可资借鉴之处,值得深入探讨。但不可否认,与传统的马克思主义政治经济学以及古典政治经济学相比,新政治经济学还属于一个新兴的年轻学科,许多架构与方法仍有待进一步的完善与发展,其理论体系中仍存在一些不尽合理之处。因此,我们对新政治经济学要有客观、辩证的态度批判地看待其理论给我国改革带来的启示。我国学术界也应重视对新政治经济学的研究,以更好地服务于有中国特色的社会主义建设。

参考文献

[1] 王正毅.全球化与国际政治经济学:超越"范式"之争?[J].世界经济与政治,2010(10).

[2] 保建云.论当代国际政治经济学理论研究的局限性、逻辑起点与微观基础[J].经济理论与经济管理,2010,(1).

[3] 宋国友.基于中国的国际政治经济学研究——问题领域、理论突破和学科弥合[J].世界经济与政治,2011,(1).

[4] 徐秀军.金融危机后的国际政治经济学:学派、范式与议题[J].国际政治研究,

① 时家贤,武巍.新政治经济学的学术旨趣[J].江汉论坛,2013,(3).

2014,(12).

　　[5] 刘玮.金融危机后的国际政治经济学:研究议题多元化[J].中国社会科学报,2012-12-12.

　　[6] 张丽.经济转轨研究的国际政治经济学视角[J].当代经济研究,2010,(9).

　　[7] 李巍.货币竞争的政治基础——基于国际政治经济学的研究路径[J].外交评论,2011,(3).

　　[8] 钟飞腾,门洪华.中国国际政治经济学学科的发展历程[J].教学与研究,2010,(6).

　　[9] 韩剑,高海红.跨境资本自由流动的政治经济学分析[J].世界经济与政治,2012,(6).

　　[10] 谢晓光,杨玉霞.关于东亚区域合作的困境与方向:基于国际政治经济学视角的分析[J].社会科学辑刊,2010,(2).

　　[11] 郭秋梅.印度推动印度—东盟自由贸易区建设的动因探析——基于国际政治经济学的分析[J].南亚研究季刊,2010,(3).

　　[12] 王轶昕李祥茂.经济主权让渡对欧洲经济一体化的推动作用研究——基于国际政治经济学(IPE)视角[J].现代经济探讨,2012,(7).

　　[13] 沈铭辉.跨太平洋伙伴关系协议(TPP)的成本收益分析:中国的视角[J].当代亚太,2012,(1).

　　[14] 孟夏.中国参与区域经济合作的政治经济分析[J].南开学报,2010,(4).

　　[15] 张丽.国际经济与国家安全分析——国际政治经济学视角[J].财经问题研究,2010,(12).

第二部分

经济思想史

  经济思想史是理论经济学一级学科下属的二级学科之一,排名仅次于政治经济学,列在第二位。作为一门学科,经济思想史有广义和狭义之分,广义的经济思想史可以包括中国经济思想史、西方经济学说史、马克思主义经济思想史等;狭义的经济思想史则主要指中国经济思想史。由于西方经济学说史更多地被西方经济学的研究者所关注和研究,而马克思主义经济思想史也已成为马克思主义理论研究的重要组成部分,所以本章所分析的经济思想史学科前沿情况,主要围绕中国经济思想史,适当涉及西方经济思想史的学术研究而展开。本章的内容共有四部分:首先,对近五年来的学科研究情况进行总体考察,分析其特点和趋势,这是梳理出学科前沿问题的基础和前提;其次,对若干重要的研究成果进行重点介绍和评价,以显示本学科在创新和攻克难点方面达到的水平;第三,对涉及学科发展的基础性问题讨论予以展示,包括讨论的进程、范围、观点和意义,以期助力学科拓展和深化;最后,围绕学科体系和写法问题作一简介和前瞻。部分文献的目录附在末尾。

第一章 总论:近五年来的研究情况分析

严格地说,分析学科理论前沿是一项要求很高的学术研究工作,与一般的撰写学科近况或学术综述是有区别的,但两者又有着密切的联系,没有客观地对学科发展概况的整体了解,就无法梳理和判断哪些问题属于学科研究的前沿,要作进一步的分析和评价就更加困难了。在这个意义上,依据一定的时限和认定标准,对经济思想史近五年来发表和出版的论著作一鸟瞰,是必要的。

根据学术界形成的共识,在权威、重要的刊物上发表或被转载的论文,产生一定社会影响和得到学术界好评的公开出版的专著,是考察一门学科研究状况和理论水平的主要依据。就经济思想史学科而言,需要重点关注的刊物有《中国社会科学》《中国经济史研究》《经济学动态》《学术月刊》等,《人大复印资料(经济史)》等转载的论文和提供的篇目也很有分析价值。

关于近几年经济思想史已发表的研究成果,可以从主题、角度、方法、资料和西方经济思想史等五个方面进行概括分析。

第一节 选题重心

就经济思想史研究主题而论,有明显的向工业化思想研究倾斜的趋势。如向明亮的《20 世纪 30—40 年代工业分散化思想述论》[①],通过对史料的分析,指出这些区域协调发展的思想,为我国构建区域经济学理论、实现经济的可持续发展提供了一次难得的实践参考,其不足之处是依托于传统农业社会结构的手工业经济的改造将无法也无力支撑一个大国的现代化发展;另外,从

---

① 向明亮.20 世纪 30—40 年代工业分散化思想述论[J].华中科技大学学报(社会科学版),2010,(3).

区位经济学来看,实现工业的分散化也是要有条件的,首先必须设法使资金流入内地和农村,其次要有动力设备和便利的交通,政府作用也至关重要,因为现代技术的下乡、人才的培养、合作运动的推动以及资金的投入,无一不需要政府。彭南生、金东的《论费孝通的乡村工业化思想》①展现了费氏经济思想的演变过程,根据当时中国的国情,费孝通认为要先解决农村贫穷落后的困境,首先要以乡村工业化做起,以乡村工业发展带动小城镇工业化,继而促进区域工业化,最终实现中国的工业化。这一思维链条凸显了乡村工业化思想在费氏富民构想中理论基石的重要位置。吴传清的《陈振汉的工业区位经济思想研究》②以经济思想史上西学中用为视角,主要从陈振汉关于西方工业区位经济思想史研究、我国实际国情形势出发形成的中国工业区位经济理论等来揭示其理论价值,通过整理陈振汉的中英文版论文和论著,提炼出他对西方国家在工业区位经济方面的理论脉络梳理和研究结论,然后分析他基于中国当时的历史背景,在战前战后不同历史时期提出的不同主张,呈现了西方工业区位经济理论在中国传播和实际应用、理论拓展演变的历程。另外,还有熊金武的《近代中国经济思想主动现代化过程中的经世派知识分子——以金安清的经济思想为例》③等。

与此同时,研究农村经济改革题材的论文也有增加。如韩丽娟和李忠的《金融监督思想与农村金融的内在成长(1927—1949)》④、王先明的《百年中国乡村发展理论论争的历史思考》⑤、赵晓阳的《解决农村经济问题的路径差异与思想根源——陈翰笙和卜凯经济思想比较研究》⑥等,这些论文对城乡融合、乡村改革均有新的探讨和积极建议。

第二节 分 析 角 度

论文的分析,呈现出多重维度与视角的发展态势,在时间、地域、学科、文

---

① 彭南生,金东.论费孝通的乡村工业化思想[J].史学月刊,2010,(11).

② 吴传清.陈振汉的工业区位经济思想研究[J].贵州财经学院学报,2010,(6).

③ 熊金武.近代中国经济思想主动现代化过程中的经世派知识分——以金安清的经济思想为例[J].重庆工商大学学报,2011,(2).

④ 韩丽娟,李忠.金融监督思想与农村金融的内在成长(1927—1949)[J].贵州社会科学,2014,(1).

⑤ 王先明.百年中国乡村发展理论论争的历史思考[J].山西高等学校社会科学学报,2014,(1).

⑥ 赵晓阳.解决农村经济问题的路径差异与思想根源——陈翰笙和卜凯经济思想比较研究[J].经济学动态,2014,(1).

化上有所突破,如在时间上偏向中长期历史考察,使经济思想动态演变脉络分析明晰而生动;在学科上结合伦理、文化、社会形态的参照,为史料分析提供更广阔的语境空间和语义解读;而在哲学意义上的反思、批判的眼光,又有助于深层理解经济思想史的转折关键点。

叶坦的《学术创新与中国经济史学的发展——以中国经济思想史为中心》①一文考察时段长、思路开阔、资料详实、论述深入,对中国经济思想史的学科发展进行了全方面、多层次的回顾和分析,提出了一系列涉及学科研究基础问题的新观点。这篇论文的具体内容将在后面详细讨论。邹进文和黄爱兰的《移植与创新:中国近代经济学百年变迁鸟瞰》②从新的角度审视从鸦片战争到新中国成立之间中国经济思想史的发展脉络。作者认为,1840年爆发的鸦片战争既是一次侵略与反侵略的战争,也是一次古老农耕文明与现代工商业文明的文明对决。这场战争就其规模来说,无论在世界战争史上,还是在中国战争史上都不算太大,但它却既改变了中国农耕文明的演进路径,也改变了中国经济思想文明的演进路径,成为中国近代史的开端,也是中国近代经济思想由传统步入近代的起点。鸦片战争以后,中国经济思想在西方经济思想文明的影响下开始了近代转型,这一转型过程既存在传统经济思想与现代经济思想的冲突,也包含马克思主义经济思想与西方经济思想的冲突,其转型过程的艰巨性、曲折性在世界大国近代经济思想变迁的历史上是少见的。中国经济学者在移植西方经济学的同时,在经济思想方面取得了不少跻身世界经济学学术之林的研究成果。

王文胜和白勇的《〈大学〉的经济思想及儒家经济观新释》③提出,儒家经济观与西方"理性经济人"研究都不可或缺,这对解决我国目前面临的人与自然、人与人、个人内在的问题等不无裨益。周建波的《〈中庸〉〈大学〉的经济思想暨与现代西方经济学的耦合》④认为,儒家的中庸之道、折中之理与西方均衡理论、税收财政思想,从本质上来说是趋于一致的;东、西方经济思想存在契合之处,将古代经济思想与西方经济理论融合,可以创生出适用于中国经济发展的

---

① 叶坦.学术创新与中国经济史学的发展——以中国经济思想史为中心[J].河北学刊,2010,(4).
② 邹进文,黄爱兰.移植与创新:中国近代经济学百年变迁鸟瞰[J].江汉论坛,2013,(6).
③ 王文胜,白勇.《大学》的经济思想及儒家经济观新释[J].贵州财经学院学报,2010,(5).
④ 周建波.《中庸》、《大学》的经济思想暨与现代西方经济学的耦合[J].黑龙江社会科学,2010,(1).

新的经济理论。绲文的《中国近代经济发展道路的早期探索:清季重商思想再评估》①运用哲学中的语境与语义的概念及关系,阐释了近代中国重商主义思想中的"重商"的内涵;通过从局部到整体的全局观,系统分析近代重商思想,将其放在更为广阔的语境范畴来探讨它对现代发展经济学的启蒙意义和深刻影响。

　　钟祥财在《张东荪经济思想的近代意义》②中,以文化理念为视角,阐述了张东荪曾为自由主义者,后来深受工具理性影响,导致后期思想转向计划经济。赵晓阳的《解决农村经济问题的路径差异与思想根源——陈翰笙和卜凯经济思想比较研究》③则是以陈、卜二人不同的身份为视角,发现二人乡村考察的初衷不同,故有不同的调查结论,尽管调查方法基本一致。龙文玲的《〈盐铁论〉引书用书蠡测》④以外延效应为视角,基于对《盐铁论》引书用书的历史辨析考证,拓展了对那个时代社会思潮的考察范围,澄清了一些存疑的问题,也为深入分析西汉时期经济思想的上下传承提供了一个更为清晰的历史视野。张海英的《明清商业思想发展及其转型困境》⑤认为,明清时期我国工商业经济已有萌芽,但终究未成气候,以形成中国的资本主义。作者通过传统伦理文化、思想遗产的局限和制度缺陷的制约三个方面进行深入的剖析和阐释,指出在重农抑商的传统思维惯式、官本位的世风下,中国商人的地位始终得不到应有的认可,也因此决定其无法独立,终究要依附于政府,没有自我生发的觉醒,中国商人也就走不出自然经济的藩篱;在道德伦理的钳制下,商人难以探究真正意义的工商业经营活动和资本运作理论,故中国也未能步入资本主义时代。

　　张申和程霖的《近代中国工业化思想形成发展的外在动力和内在演化——基于涵化视角的考察》⑥运用人类社会学的涵化概念,分析近代中国工业经济思想发展路径,清晰明了地展示出中国在 1840—1949 年期间,从被动接受西方工业经济思想到我国工业经济思想萌芽,从确立工业立国到中国工

---

①　绲文.中国近代经济发展道路的早期探索:清季重商思想再评估[J].思想战线,2012,(2).

②　钟祥财.张东荪经济思想的近代意义[J].社会科学,2011,(1).

③　赵晓阳.解决农村经济问题的路径差异与思想根源——陈翰笙和卜凯经济思想比较研究[J].经济学动态,2014,(1).

④　龙文玲.《盐铁论》引书用书蠡测[J].中国典籍与文化,2010,(1).

⑤　张海英.明清商业思想发展及其转型困境[J].社会科学,2010,(2).

⑥　张申,程霖.近代中国工业化思想形成发展的外在动力和内在演化——基于涵化视角的考察[J].财经研究,2013,(12).

业经济思想寻求突破，实现自我创新的历史发展过程。这其中，西方工业经济思想作为异质文化是施予者，而中国作为接受者，涵化过程与西方工业经济思想在中国传播、影响并最终形成中国自己的工业经济思想，涵化路径与工业思想演进两者步骤是一一对应的，使用涵化视角分析，外在动力与内在演化之间的关系更加明朗准确。

第三节　方　法　特　点

关于研究方法，大致有五大类别，各具特点。

一、注重历史资料的解析及考辨

这种研究方法遵循的程序是：先搜集、整理史料，将研究对象涉及相关史料进行分析比较，还原历史情景，依循时间、地点、人物、事件几大要素之间的相关性、逻辑性、常规推理，去伪存真，在保证史料真实性和准确性的基础上，对其提出者的经济思想作进一步的研究。叶世昌的《对晚清若干经济思想史文献的辨误》[1]，通过对晚清相关文献涉及研究内容的时间、人物、地点和事件始末的逻辑关系分析与推理，强调要防止选用史料信息上的以讹传讹。例如，论文分析了郑观应的《救时揭要》的序、跋以及正文内容，推证《救时揭要》只能出版于同治十二年；查阅清代档案中无容闳提及许应骙和张荫桓上过关于银行设立相关奏折，查《翁文恭公日记》，无支持容闳建议表述，证明容闳在《西学东渐记》中记述建议办银行"并不全是真实的"。吴敏超的《"中国经济派"考》[2]，立足论战相关史料进行分析考证，认为参与论战的人无意派别之分，后世研究者发挥想象空间，塑造出一个"中国经济派"，成为"中国农村派"对立阵营，作者通过比较论战主要人物所持观点的异同，指出派别定性问题尚需进一步细化研究，认为从两派人物都信奉的唯物史观来分析，比从单纯的革命政治立场角度的分析更好。由此可见，科学考察历史文献、资料内容的准确性，对史料记载信息进行辨误，是一项非常有意义和有难度的工作，唯有辨史料之"真"，方可求其"理"。这一方法虽然不算创新，对学科发展仍然具有重要的基

---

① 叶世昌.对晚清若干经济思想史文献的辨误[J].复旦学报,2013,(1).

② 吴敏超."中国经济派"考[J].近代史研究,2010,(6).

础性意义。

有些论文对已有史料进行了新的分析。如黄今言与万义广合写的《汉代农业生态思想的践行模式》[①]、武玉环的《论金朝的防灾救灾思想》[②]、李博的《明代商税思想初探》[③]、黄日初的《中唐元载理财事迹考》[④]等。黄日初在文中以政治、经济环境为视角,着力于阐明元载主持江淮财赋事宜之所以实施高压财政政策的历史背景,以及战后元载物色刘晏代其掌管财政事务,维持财政体系,以逃避罢相厄运和巩固其中枢权位的前因后果,重点分析元载、刘晏和第五琦之间的关系角力,结合当时实际国情、民情与政治因素的分析,给予元载的财政思想一个客观评价,认为战时"白著"是其应军备力量扩充战备之需,尽管造成民变与起义,也是过不掩功;战后起用刘晏,凭借权威和优势,保障了财政改革的重要成果并维系财政体制,巩固发展了唐后期的财政经济。

二、理论流派和个人研究均有深化

前者有刘辉的《新中国成立前后经济学界对新民主主义的理论思考》[⑤],集中展示了建国初期经济学界对新民主主义的广泛和深刻的思考及思想的历史局限,从一个侧面真实反映出新中国经济思想发展史上的一段波折经历。王先明的《百年中国乡村发展理论论争的历史思考》[⑥]分析了"三农"问题解决途径与城市发展之间的关系,提出农村的现代化绝对不是孤立发展的,而是与城市化、现代化、工业化举头并进的。岳清唐和周建波的《民国时期西方经济学在中国的传播及其影响》[⑦]提出,与晚清相比,民国时期西方经济学在中国的传播有三大变化:一是传播媒介、渠道和方式更为丰富化,除译书、教会报纸等传统形式外,著书、自办报纸杂志、讲学、社团、新式教育机构等各种途径不断涌现或加强;二是传播主体和动力更加本土化,留学归国人员成为主导和主动力量;三是传播内容更为多样化,包括古典与新古典经济学、德国历史学派、马克思经济学、凯恩斯理论等西方主要经济学说在中国百家争鸣。民国时期西方

① 黄今言,万义广.汉代农业生态思想的践行模式[J].农业考古,2014,(4).
② 武玉环.论金朝的防灾救灾思想[J].史学集刊,2010,(3).
③ 李博.明代商税思想初探[J].中州学刊,2012,(2).
④ 黄日初.中唐元载理财事迹考[J].云南财经大学学报,2014,(5).
⑤ 刘辉.新中国成立前后经济学界对新民主主义的理论思考[J].中共党史研究,2013,(1).
⑥ 王先明.百年中国乡村发展理论论争的历史思考[J].山西高等学校社会科学学报,2014,(1).
⑦ 岳清唐,周建波.民国时期西方经济学在中国的传播及其影响[J].贵州社会科学,2014,(9).

经济学在中国知识阶层、学生、官员和工商业者中的广泛传播,推动了中国人强国富民思想观念的解放和变革,影响了时人对现实经济问题的思考和行动。邹进文和李俊的《发展经济学在中国的三次发展》[①]提出,发展经济学是近代以来中国学者影响世界的学科领域。中国经济学者在世界发展经济学的萌芽期、高潮期和退潮期都作出过重要的学术贡献。张培刚的《农业与工业化》是发展经济学的奠基性著作之一,费景汉与古斯塔夫·拉尼斯对刘易斯模型的修正是继刘易斯著名的"无限制劳动供给"模式之后最有名的经济发展理论,在发展经济学的退潮期,中国学者继续寻求开辟发展经济学发展的新路径。杨辉建的《"基本经济区"分析理路的学术史回顾》[②]提出:1936 年冀朝鼎的英文博士论文《中国历史上的基本经济区与水利事业的发展》出版,其在前人基础上提出的"基本经济区"分析理路逐渐受到学者关注,魏特夫、吴景超、杨联陞、张荫麟、费孝通、胡适皆给予不同角度的评论。在朱诗鳌翻译的中文译本出版后,该书影响力更广,国内如庄辉明等学者皆运用过"基本经济区"分析理路尝试进行新的研究。而鲁西奇教授则对"基本经济区"分析理路进行了最为系统的反思与修正,并在"基本经济区"基础上提出了"核心区"的分析概念,延续了"基本经济区"的学术生命力。李丹的《晚清西方经济学财富学说在华传播研究——以在华西人著述活动为中心的考察》[③]认为,西方古典经济学中的财富、劳动、分工、生产三要素等概念及原理,在 19 世纪主要通过在华西人著述活动、中外人士之交游、国内外学校经济学课程教育等方式逐渐输入中国,其中,在华西人的论著首将财富学说较全面地引介至中国,文章详细梳理了"财富"相关概念、原理的翻译及输入的其他细节,借此展现财富学说在华传播的主要内容,并探讨了西方财富学说在当时中西财富观念差异较大情况下对中国思想界的冲击与影响。

在古代部分,马卫东的《战国农学理论五大流派刍议》[④]从横向比较的角度,分析战国时期五大农学理论流派的思想异同,通过阐释各流派的思想内涵,梳理出相互之间的思想传承关系以及关注点不同之处。对于不同之处的

①　邹进文,李俊.发展经济学在中国的三次发展[J].经济学动态,2012,(2).
②　杨辉建."基本经济区"分析理路的学术史回顾[J].中国社会经济史研究,2013,(4).
③　李丹.晚清西方经济学财富学说在华传播研究——以在华西人著述活动为中心的考察[J].中国经济史研究,2015,(3).
④　马卫东.战国农学理论五大流派刍议[J].西北农林科技大学学报(社会科学版),2012,(3).

比较,也注意从流派代表人物的身份背景来考察,具体而言,李悝的"尽地力之教"理论,强调政府指导下的科学种田,通过提高劳动生产率来发展农业生产;商鞅学派鼓吹农战思想,通过奖励耕战来实现富国强兵;孟轲的"制民之产"理论,强调维护小农经济,保障小农生产和再生产的基本条件;管仲学派主张五谷桑麻六畜并举,重视经济作物和农副产品的生产;《吕氏春秋》全面吸收先秦农业科技成果,提出了体系完整的传统农学理论,体现了集大成的特色。方建国的《先秦诸子百家民生经济思想探析:结构变迁的视角》①认为,春秋战国时期是我国经济、政治、社会的结构大转型时期,"民""本"观念也随之发生了变化,其政治和经济意义也日益凸显出来,从而影响和导致了民生方式和利益结构的变革。在此条件下,先秦诸子百家对民生概念和内涵有了新的认识和发展,对"富"有了个量和总量、量和质的认知,他们当中大多数人注重从富民的角度来探索民生问题,并从民生在农、民生在勤、民生在民、民生在于节用爱人和保护土地私有制等五个方面提出了关于民生的经济主张。他们的思想和主张奠定了中国农业社会的民生框架。但在自然经济形态和封建专制主义下,民生内涵也受制于此而不包含个人自由而全面的发展权利,因而真正的富民是难以实现的。

至于个人经济思想的研究,角度和方法更为多样。叶世昌、欧阳文和的《许涤新在民主革命时期的经济思想》②认为,许涤新在那一时期的经济思想有许多特点和贡献,如主张政治经济学中国化,提出经济研究要尽量吸取中国经济史实,从中找出它的规律性,将中国经济发展的特殊规律和世界各国社会经济发展的一般规律相结合,反对"中国经济学"的提法,认为把国籍标出来,反而会损害政治经济学的科学性,等等。叶世昌的《陈翰笙在民主革命时期的经济思想》③分析了陈翰笙在中国农村调查、土地问题、农村生产关系以及社会性质等方面的理论研究,积极评价了他提出的土地所有和土地使用的矛盾是现代中国土地问题的核心、半殖民地半封建的国家不可能实现工业化、国民党统治区的农村合作社是以集体的高利贷代替了个人的高利贷等观点,以及官僚资本的批评。钟祥财的《张东荪经济思想的近代意义》一文,透过对张东荪的

① 方建国.先秦诸子百家民生经济思想探析:结构变迁的视角[J].中国经济史研究,2015,(3).

② 叶世昌,欧阳文和.许涤新在民主革命时期的经济思想[J].复旦学报,2014,(4).

③ 叶世昌.陈翰笙在民主革命时期的经济思想[C].中央财经大学财政史研究史编.财政史研究,第7辑.北京:中国财政经济出版社,2014.

经济思想的分析,揭示了那个时代西方文化传入所引起的中国思想的矛盾和经济思潮的动态变化,为审视历史和思考未来提供了新的视角。赵瑶丹、方如金的《论陈亮"农商相籍"的重商思想及经商自救活动》阐述"农商相籍"重商思想产生缘由,陈述其重商经济思想的具体实践活动,通过陈亮富有批判性的重商思想、维护商人利益、批驳"为富不仁"等陈腐俗见,凸显其思想的开创性和先进性。苏全有的《黄遵宪经济思想新探》[①]指出黄遵宪的创新之处有二:一是提出通过外交手段保护国内民族企业和国外华商的贸易往来;二是强调在经济上学习西方需要循序兴工。论文从五个方面分析了黄遵宪循序兴工思想的具体内容。

三、深化经济思想的比较研究

经济思想史学科的比较研究包括中西经济思想的比较研究和中国经济思想不同派别的比较研究。在中外比较方面,马涛的《中国的哈耶克:顾准的市场经济思想与比较》[②]认为,顾准是倡导社会主义市场经济的第一人,他的市场经济思想对中国 20 世纪中后期的改革开放在思想上产生了重要的影响。比较分析顾准的市场经济思想和奥地利学派的代表性人物米塞斯和哈耶克经济思想的共同点和差异性,对于总结 20 世纪中后期中国市场经济思想的变迁以及思考中国未来市场经济的发展,都具有重要意义。论文不仅分析了顾准在 1950 年代提出的经济观点,而且对他二十世纪六七十年代的学术研究和思想发展进行了连续性考察,作出了评价。喻小航的《重农与轻商的中西比较》[③]以哲学的思辨方式,从不同历史时期中西方比较的角度对中西方对工商业的态度进行比照分析,指出中国的轻商观分化呈现出缺乏经济理性的显著的两极化趋势,反观西方,基本上保持在一般重农轻商思想的历史合理范围内。西方国家以殖民和征服的外向性强化了商业活动的经济必要性,另一方面奴隶制度决定了作为工商活动主体的奴隶群体的低贱性,这就是早期西方之所以保持了轻商而不抑商的产业思想的历史根源所在。后来奴隶制度走向衰落,轻商观失去了社会政治意义。到了中古中期的西方世界,城市复兴,工商活动再次进入活跃期,同时,封建制度已经确立,抑商政策没有可

① 苏全有.黄遵宪经济思想新探[J].河南师范大学学报,2012,(3).
② 马涛.中国的哈耶克:顾准的市场经济思想与比较[J].福建论坛(人文社会科学版),2010,(10).
③ 喻小航.重农与轻商的中西比较[J].西南大学学报,2012,(4).

行性。在中国古代历史中,抑商主张者无不肯定商业的积极经济作用,所指向的主要不是商业的经济属性或农商产业关系,而是聚焦于国家官府与商业势力的博弈关系。这已为中国古代经济思想史上从未间断的抑商主张与反抑商主张的论争所清楚而充分地证明。反抑商主张之所以不能成为统治思想的正统,就在于只看到了商业活动的一般经济合理性而忽视了抑商政策在具体社会政治范畴中的特殊合理性。反轻商抑商的观念和主张没有为中国近世形成资本主义精神作出有效贡献,很重要的一个原因是这些观念和主张被挤入了非主流非正统的行列。汪海波的《中外产业结构升级的历史考察与启示——经济史和思想史相结合的视角》[①]旨在以史上产业结构升级的理论和进程为鉴,来理解当代我国产业结构升级的举措和具体实践结果。文章结合经济史和经济思想史学科的视角,先回顾世界产业结构升级的历史,验证了马克思关于消费促进生产,进而促进经济发展,带来产业结构从第一产业向第二产业的升级理论,然后分析新中国自成立以来的产业结构升级历史,针对产业结构层次低和协调不顺畅的问题,根据产业结构升级理论指出,只有进一步深化改革,才能促进产业结构的成功升级,实现由资本经济向知识经济的转变。

在中国经济思想史的流派比较和综合分析方面,钟祥财的《中国古代贫富差别思想述评》[②]认为,中国古代各派思想家对贫富差别的原因分析较为全面,其中有些观点不乏理论深度,如关于国家应对贫富差别的职能定位和缩小贫富差别的诉求,显示了文化理性和道德力量,中国历史上的富民主张是我们今天发展市场经济的可贵思想资源,但在治理贫富差别的政策设计和思想方法上,传统观念存在着妨碍经济秩序自然扩展的不足。刘方健的《中国历史上的救灾思想与政策》[③]对中国的救灾思想和政策进行了从古至今的全盘梳理,作者认为,随着时代变迁、经济和技术发展,救灾思想也表现出从古代消极救灾到近现代的积极预防和理性救助的演进趋势,总览过去的救灾政策和实施效果,无论从政府救助角度还是从老百姓自救出发,都为我国将来救灾和抗灾提供了可资借鉴的宝贵经验和启发。

① 汪海波.中外产业结构升级的历史考察与启示——经济史和思想史相结合的视角[J].经济学动态,2014,(6).
② 钟祥财.中国古代贫富差别思想述评[J].社会科学,2010,(1).
③ 刘方健.中国历史上的救灾思想与政策[J].福建论坛(人文社会科学版),2010,(10).

四、关于研究方法论的探索

新中国成立后,马克思主义的政治经济学和历史唯物主义作为经济思想史研究的指导思想和基本方法,是明确和牢固的。在此基础上,随着改革开放的不断推进和深化,随着社会主义市场经济的建立和发展,为了更加科学地展开经济思想史研究,把中国历史上的思想资源与中国未来发展结合起来,如何运用更加多样的研究方法成为人们思考和探索的问题。这方面的论文数量不多,但值得关注。赵麦茹在《论中国经济思想史研究方法创新问题》①中指出,常用的中国经济思想史研究方法有文献研究法、唯物史观研究法、中外比较研究法、个案研究法、交叉研究法,由于学科具有跨学科性、"中介"作用、历史沉淀的可借鉴作用和东方文化等独特之处,决定了中国经济思想史研究方法具有异质性,需要结合运用普适性的归纳和演绎相结合的研究方法,对历史资料和思想遗产进行科学扬弃。作者提醒研究人员要尽量避免研究方法的路径依赖的负面影响,努力吸取其他学科的优秀理念,探索经济思想史新的研究视角和方法。钟祥财的《经济思想史上对价值理性的工具性解释》②认为,影响人类社会发展的经济理性分为两种,一是工具理性;一是价值理性。工具理性是指人类在追求功利的动机驱使下,借助于科学、技术、知识等工具以达到预期的效果最大化目的的本能和意识。价值理性则不同,它是指人类行为中与功利目的相关性不那么紧密的观念崇尚和价值标准,强调动机的纯正、手段的恰当以及敬畏和自律等,难以完全用现有的知识系统加以实证的、有逻辑性的表述。试图对价值理性作工具性解释不成功、不可能、无必要,而且还可能有负面作用。不同的价值理性能引导人们运用分析工具对同一种经济现象作出不同的判断,形成不同的对策,进而对人类社会经济发展产生重大影响。他在《经济思想史的可能谱系》③一文中认为在各种经济学方法论中,个人主义和整体主义方法论具有基础性意义。基于这种经济学方法论的视角,可以发现经济思想史上各种观点的内在联系和根本规定,进而勾勒出经济思想史的谱系。这一谱系预示了人类社会经济发展的当下任务和未来难题:如何在常态的条件下,实现由整体主义方法论的思想惯性向个人主义方法论的转型;如何在遇

---

① 赵麦茹.论中国经济思想史研究方法创新问题[J].陕西师范大学学报,2014,(4).
② 钟祥财.经济思想史上对价值理性的工具性解释[J].学术月刊,2011,(2).
③ 钟祥财.经济思想史的可能谱系[J].社会科学,2013,(9).

到巨大的不确定风险,需要采取集体行动的时候,启动由个人主义方法论向整体主义方法论的应用,并防止这种应用形成一种后续的路径依赖。杨虎涛的《经济学方法论的个体主义、集体主义及其超越》①指出,方法论个体主义和方法论集体主义的分歧源于社会理论中的能动性与结构问题。方法论个体主义体现了一个极端,即强调行为主体而不是社会结构,是一种试图仅用个体相关的方式处理社会结构、制度和其他总体现象的方式。方法论集体主义体现了另一个极端,强调整体结构而不是个体,认为所有个体倾向或行为能够也应当从社会的、结构的、文化的或者制度的现象中得到解释。这两个极端都有其缺陷:个体主义否定结构影响,不承认多层次系统中存在着不同的"质"层级,集体主义对改变个体的过程和机制也未给予充分的关注。而对这两者的超越与综合则包括了结构化理论、批判实在论、凡勃伦制度主义、奥地利传统的互动主义以及基于现代系统论的系统主义等。结构化理论和批判实在论试图从实体层次上分离能动性与结构;凡勃伦制度主义和互动主义试图从不同的角度解释能动性与结构之间的双向因果关系;系统主义则采用系统论的思考方式,强调不同层级和不同网络中的循环因果关系。

五、对海外学者关于中国经济思想史研究成果的分析等

叶坦的《海外叶适经济思想研究论析——百年典案:从哥大到京大经济研究中的叶适》②认为,在研究中国经济思想时,需要关注海外学界对于中国经济思想研究的情况,如此方可全方位把握研究进展情况,多视角考察中国经济思想。作者抽取美国和日本对叶适的研究进展作为论述对象,开篇首先介绍陈焕章在美国发表的《孔门理财学》中对叶适经济思想的评析,之后详细陈述日本学者对中国经济思想研究的热衷,以及对叶适经济思想的探究。从国外学者的角度,从而明确中国经济思想在世界占有一席之位,以及叶适的历史高位及其思想深度和学术成就。宋丽智的《20世纪30年代经济大萧条的东方回应》③则考察了中国学者对外部事件的关注和研究。作者认为,从经济思想史的角度回顾1930年代世界经济大萧条在当时中国经济思想界的反响,深入分

① 杨虎涛.经济学方法论的个体主义、集体主义及其超越[J].学术月刊,2012,(3).
② 叶坦.海外叶适经济思想研究论析——百年典案:从哥大到京大经济研究中的叶适[J].中国经济史研究,2011,(1).
③ 宋丽智.20世纪30年代经济大萧条的东方回应[J].经济学动态,2011,(7).

析国人对那次大萧条性质与原因的认识，有助于人们完整把握和理解当时统制经济思潮与自由主义思潮的争论，以及中国经济与世界经济发展的互相关系。

第四节 资 料 运 用

随着研究视野的拓宽，一批新资料得到整理、分析。严清华和李詹的《民国时期经济期刊的经济思想文献述评》①认为，经济期刊是各种经济思想得以展现的一大载体。民国时期的经济期刊多达 534 种，通过综合统计与取样分析表明，面临内忧外患的复杂境况与社会转型的历史背景，当时经济期刊所载文献大都偏重探讨中国的实际经济问题，其中，经济状况与经济政策、金融是各期刊中最重要的研究主题，宏观经济政策是最主要的研究热点，各期刊还促成学术界掀起了一股学习外国经验以改造中国经济的思想热潮。对民国时期经济期刊文献进行梳理和研究，有助于从总体上认识民国时期经济思想的基本内容、本质特征与理论贡献，为今日中国的经济理论发展与经济建设实践提供有益的经验借鉴与历史启示。宋丽智的《近代会计思想的西学东渐研究——以〈会计杂志〉为中心的考察》②考察了近代会计思想的西学东渐过程，通过逐一论述分析该刊物中对西方会计思想的翻译与评介、学习与运用等内容，勾勒出西方经济管理思想的一个重要分支在中国引进和传播的脉络，并探讨其社会影响和历史启示。

除专业学术文献外，宗教类典籍、碑文、墓志、医书等其他文献也被纳入研究素材之列。如尹世玮的《回族崇商思想的历史形成脉络与现代审视》③通过整理回族崇商、善商和乐商思想，从而揭示出回民融而不同、和而有异的崇商思想的形成路径，结合当今回族的崇商思想的具体实际，揭示了传统资料对于今天回民经济活动迈向更高层次具有的积极意义和作用。袁名泽与盖建民的《〈太上妙法本相经〉农学思想考论》④把道家所蕴藏的农学思想概括为五个方

---

① 严清华,李詹.民国时期经济期刊的经济思想文献述评[J].经济学动态,2012,(7).

② 宋丽智.近代会计思想的西学东渐研究——以《会计杂志》为中心的考察[J].中国经济史研究,2010,(4).

③ 尹世玮.回族崇商思想的历史形成脉络与现代审视[J].现代财经(天津财经大学学报),2010,(5).

④ 袁名泽,盖建民.《太上妙法本相经》农学思想考论[J].宗教学研究,2012,(1).

面:顺物道而行的农业哲学观、勤劳为本的农事观、时宜土宜观、工具适用于农作的农业技术观、可持续发展的农业生态观,经过分析显现出道教典籍所涵有的农学思想,以及对西北农业发展的重要贡献。陈学文的《晚明经济思想史上的一大发展——〈崇邑蔡候去思亭记〉的评释》[①],通过碑文记载的关于四民平等观、消费促生产、徽商的崇德等三方面内容,推导出当时社会对商人的评价甚高,对民生消费与生产之间关系的清晰认知,这在中国古代经济思想史上是一个值得重视的现象,也给出了当时的工商业何以会出现一定程度繁荣的原因。龚静的《反映唐代义商与唐人财富观的三方墓志》[②]提出,从墓志记录的唐代富人轶事中,可以窥见唐代崇尚的财富观,与以往普遍认为的为富不仁的观点截然相反,这是中国古代经济思想多样性的一个明证。沈端民的《钱味甘大热有毒——张说的货币思想》[③]以七术制药中蕴含的"道、德、义、礼、仁、信、智"等内涵为例,提醒人们正确认识货币和使用货币,分析独特,说理有趣,体现出经济思想史研究中史料运用的扩展。

第五节　对西方经济思想史的研究

这方面的内容不是本章的重点,之所以放在这里加以分析,是由于研究者的学术视野和关注焦点不同程度上与中国的问题相关。钟祥财的《萨伊经济思想再议》[④]指出,在建立和发展社会主义市场经济的进程中,分析和评价萨伊的经济思想,既是深化经济思想史学科研究的需要,也具有促进经济发展方式转变的现实意义。马克思否定了萨伊对资本主义生产方式特殊性的辩护,但这并不意味着萨伊对这种生产方式一般性规律的揭示就毫无价值。传统的政治经济学说史在很大程度上是用马克思对萨伊关于社会经济特殊性理论的批评取代了对其理论的全面评价,而从市场经济这一人类文明更为深广的视野着眼,萨伊经济思想的内在价值是不难发现和理解的。马涛、龚海林的《演化经济学与主流经济学研究范式的比较与互补》[⑤]认为,演化经济学与新古典经

---

① 陈学文.晚明经济思想史上的一大发展——《崇邑蔡候去思亭记》的评释[J].天中学刊,2010,(1).
② 龚静.反映唐代义商与唐人财富观的三方墓志[J].考古与文物,2010,(2).
③ 沈端民.钱味甘大热有毒——张说的货币思想[J].湖南商学院学报,2014,(2).
④ 钟祥财.萨伊经济思想再议[J].贵州社会科学,2010,(4).
⑤ 马涛,龚海林.演化经济学与主流经济学研究范式的比较与互补[J].福建论坛(人文社会科学版),2012,(1).

济学的研究范式颇像中医和西医处于两极,两极之中一极范式的缺陷正可以通过另一极范式的优势加以互补。他们指出,演化经济学和主流经济学研究范式可相互结合形成优势互补,这既有利于对现实经济现象认识的深化,更有利于现代经济学理论的创新发展。钟祥财在《凯恩斯经济学说的思想史考察》[1]一文中认为,《通论》的理论具有逻辑性、建构性和目的性的特点。这些特点是凯恩斯学术研究中遵循科学主义和整体主义思想方法的必然结果,这种思想方法深受其家庭环境和教育背景的影响。凯恩斯的成功是工具理性时代的选择,这一选择有其必然性和局限性。从思想史角度考察凯恩斯的经济学说,有助于得出某些有益于人类社会经济可持续发展的新看法。马涛、王宏磊的《从萨缪尔森的经济学论经济学理论发展的范式逻辑》[2]通过对萨缪尔森经济学理论特点的分析,探讨了经济学理论发展中综合创新这一范式逻辑运动的形式,提出“综合”是沟通旧理论和新理论的桥梁之一,新理论完全可以从旧理论的“综合”中创造出来,经济思想史上经济学范式的运动和发展也必然会表现为综合创新这一运动形式。作者认为,“综合”创新还是经济学家构建自己新理论体系的一种重要方法。

　　钟祥财的《计划经济的技术和市场经济的价值》[3]结合西方经济思想史和中国经济思想史的资料分析,指出计划经济在传统政治经济学理论中有其特定的价值含义,但由于这一体制的人性假设过于高远,具有理想化的特点,实际支撑这一体制的经济理论大部分属于数量测算和技术控制,是价值的技术化、工具化。把人作为技术的对象、达到某种目的的手段,体现了计划经济的价值缺失。正是在审视和思考计划经济缺陷的过程中,人们不断丰富和深化着对市场经济内在价值的认识。首先,由于以人类关心自身利益的本性为基本假设,因此以自由竞争为特征的市场经济符合真的价值要求;其次,由于认识到人类的知识是分散的、有限的,只有通过自然扩展的交易、合作等途径才能使各种资源禀赋得到配置优化和不断改进,所以市场经济符合善的价值要求;第三,由于我们生活的世界无时不在变化,充满不确定性,只有多样性、独立性以及责任权益对等才能把社会经济的风险控制在局部和阶段的范围内,

　　[1]　钟祥财.凯恩斯经济学说的思想史考察[J].上海经济研究,2012,(9).
　　[2]　马涛,王宏磊.从萨缪尔森的经济学论经济学理论发展的范式逻辑[J].世界经济文汇,2010,(3).
　　[3]　钟祥财.计划经济的技术和市场经济的价值[J].学术月刊,2012,(4).

避免人类走上整体危机的歧途，所以市场经济符合美的价值要求。从知识论的角度看，计划经济的前提是人类能够掌握社会经济运行的全部规律，而市场经济则隐含人类认知的有限性，进而把经济发展视为一个不断发现知识、不断完善制度的过程。显然，后者更有益于人类的生存和发展。

第二章 分论一、学科研究的重要突破和创新

由于中国经济思想史研究属于基础性的理论探索,要取得重大突破和理论创新需要学术积累和时间检验,难度较大。尽管如此,若干篇重要论文或填补了某一领域的研究空白,或涉及一些重要学术问题的讨论和创新,显示出厚重的学术分量和价值。前者可以邹进文、韦森、马涛等人的论文为例。

第一节 对中国近代出国留学生的经济学学位论文的整体研究

邹进文在《近代中国经济学的发展——来自留学生博士论文的考察》[1]中认为,中国现代经济学不是内生的,而是从西方移植过来的。在早期移植西方经济理论的过程中,近代留学生群体对中国现代经济学的产生、发展起了极其重要的作用。他们一方面运用现代经济理论分析中国经济问题,促进经济学的中国化、本土化,为解决中国经济问题寻求答案;另一方面敏锐把握经济学发展的时代脉搏,勇于创新,努力跻身世界经济学学术之林。

根据作者的梳理,国内学术界关于近代留学生群体经济理论的研究是不够的,已出版的著作只有李翠莲的《留美生与中国经济学》和孙大权的《中国经济学的成长:中国经济学社研究(1923—1953)》等,而且侧重于近代留学生回国以后对中国经济学教学和科研方面贡献的研究。邹进文认为,对中国近代出国留学生留学期间的经济学研究缺乏系统、深入研究的主要原因在于,有关资料全部为英、法、德等外文资料,不仅获取不便,而且利用起来也难度极大。另外,经济思想史学界长期以来对中国近代留学生留学期间的经济学研究成

---

[1] 邹进文.近代中国经济学的发展——来自留学生博士论文的考察[J].中国社会科学,2010,(5).

果评价较低,也是造成相关研究严重不足的重要原因。他举例说,新中国成立后最早开展民国经济思想史研究的胡寄窗教授曾表示,没有必要将这方面的成果作为经济理论上的贡献而纳入我国经济思想史的范畴之中,因为它们的绝大多数均以研究中国现实的或过去的经济问题为主题,这些论述中国现实经济问题的论著,比方说,论述民间的自由互助储蓄的组织、现代银行或旧钱庄的制度以及其他的类似著作,对西洋经济学界来说都是以往未有的新课题,可能借此而取得博士学位甚至可能予以出版,但对于国内而言,即使还不是家喻户晓的常识,至少总不是理论上的创见,不值得纳入中国经济思想的史的论述之中。邹进文谈到的上述情况,还可能具有更深层次的原因,就是在新中国成立后,由于特定的历史条件,中国经济思想史的研究者对西方经济学理论长期持有避免过多阐述、即使涉及也以批判为主的态度。

邹进文简要回顾了中国历史上经济思想的对外交往情况,他写到:"从演变趋势看,17 世纪的中国经济思想已进入下行轨道,直到 19 世纪中叶,主要是对传统的反刍,少有创新。而这一时期的西欧已突破中世纪的藩篱,资本主义经济体制不断完善,市场经济日益成熟,与此相适应,西方近代市场经济思想开始产生、发展,重商学派、重农学派崛起。18 世纪,中国的经济思想开始逐渐落后于西方,向西方学习开始变为中国经济思想的时代课题。但是,当时中国的知识界并没有意识到中西经济思想发展地位的这一历史性逆转,加之高类思和杨德望的兴趣并非经济学,所以不仅他们没有在杜尔阁的影响下开始经济学研究,而且对传播西方经济学也没有兴趣,倒是西方学者,特别是法国经济学家,通过他们从中国传统经济思想中吸取的养料,丰富了法国重农学派的经济思想。"1930 年代中期,唐庆增的《中国经济思想史》(上卷)已就中国古代经济思想对欧洲重农学派的影响给予了关注,并有明确的肯定。1990 年代,谈敏的博士论文《法国重农学派的中国渊源》对此作了深入研究。邹进文的提及,意在说明中国传统经济思想在主动关心外部情况、接受西方影响方面存在的问题,以显示近代留学生走出国门、以开放心态学习西方经济学理论的不易和价值。

邹进文分四个阶段考察了中国近代留学生经济学研读的情况:(1)清末(1912 以前);(2)北洋政府时期(1912—1926);(3)南京国民政府前期(1927—1937);(4)南京国民政府后期(1938—1949)。他把清末及以前的留学情况分为三个时期,第一时期是留学欧洲(如前叙)。

第二时期是留学日本,第三时期是留学美国。关于第二时期,作者写道:当时,立宪运动的兴起使清政府开始认识到学习宪政知识的重要性,加之科举制度的废除,知识分子为求仕途或者担任新式学堂教师,必须出国深造。由于留学日本有路近、费省、文同等优势,加上日俄战争后中国人对日本刮目相看的心理影响,从 20 世纪初开始,留日成为一股热潮,所学专业也由原来的偏重理工转向以法政、师范和商科为主。另一方面,从 1860 年代起,日本经济思想开始"脱亚入欧",引进西方经济学,并经历了从学习荷兰到学习英国,最后转向学习德国的历程。在邹进文看来,清末留日学生的主要经济学贡献有两个方面:一是引进了大量的经济学名词,使中国经济思想的表达形式开始现代化。中国近代知识体系的变迁路径与西方不同,是一种典型的移植性变迁。在这一过程中,传统的知识体系在清末发生了断裂,中国固有学术向西式分科转型,形成了至今中国人观念世界与行为规范的基本框架;二是翻译了大量的日文经济学著作。清末中国人对现代经济学的引进经历的是一条"导源西籍,取径东瀛"的道路。日本的经济理论对中国经济学的早期近代化起了非常关键的作用。近代中国的启蒙是一连续体,不是在一次发动中完成的。晚清这一笔由日本引入的思想资源固然不像新文化运动那样轰轰烈烈,不过它的重要性却不可忽视。它透过各种门类的基本书籍或是上自大学、下至中小学的教科书,奠定了新的"文化基层结构"。清末留日学生在传播西方经济学方面的贡献亦应作如是观。据统计,从 1901 年到 1911 年,我国所谓经济学原理书约 38 种,来自日本的就占了 30 种,至于由留日学生翻译的日文应用经济学著作则更多。

第三时期是和后面的北洋政府阶段联系在一起的,即清末民初。这一时期,大批留学日本的留学生学成归国,或执教于新式学堂,或出任政府官员,或编书办报,通过各种途径传播他们在国外学到的经济学知识,成为中国经济学由传统向现代转型的重要推动者。此后留学的国家开始由日本转向欧美,经济学高端留学生逐渐向欧美集中,他们大多进入欧美大学和研究院,以攻读硕士、博士学位为目标,其中,有为数不少的人获得了博士学位。这一时期留学生经济学博士论文具有以下几个值得注意的特点:其一,博士论文的研究内容以应用经济学居多,理论经济学甚少。这主要是由两方面的原因造成的,一方面,当时中国国内财政困难、币制混乱,严重影响了国家的现代化进程,作为经世致用的经济学理应为国家的现实经济困难出谋划策;另一方面,当时中国的经济学研究水平相对比较落后,中国留学生在经济理论研究方面取得突破非常困难,因此他们往往是介绍外国先进的财政经济制度以为中国殷鉴。其二,部分论文达到国际学术前沿水平,显示出中国年轻留学生在经济学学术研究方面的勃勃生机,其代表作有杨汝梅的《商誉及其他无形资产》。其三,留学生的博士论文内容与美国大学的特色有关。例如,康奈尔大学是当时美国农业经济研究最强的大学,这一时期康奈尔大学中国留学生的经济学博士论文内容全部为农业经济问题。再如,当时的哥伦比亚大学有财政学泰斗塞利格曼,财政学科的发展在当时的美国独步一时,那一时期哥伦比亚的中国留学生经济学博士论文大多是研究财政问题。此外,那一时期留学欧美的经济学博士学成以后几乎都立即回国,他们有的进入军政界,有的投身实业,更多的献身学术,为推动中国高等教育、特别是经济学教育的现代化和政治、经济的现代化作出了杰出贡献。如陈达回国后长期执教于清华大学,从事人口和劳工问题的研究和教学,是现代中国人口学的开拓者之一;陈岱孙回国后先后担任清华大学经济学教授、经济系主任、法学院院长,成为中国经济学一代宗师;何廉回国后任私立南开大学教授、财政系主任、经济学院院长,他以伦敦经济学院为样板,创立南开经济研究所,独立探讨和评价中国的社会、经济和工业存在的实际问题。

第三个阶段和第四个阶段都是南京国民政府统治时期。就第三阶段的社会背景而言,邹进文认为:1927年至1937年是中国经济现代化的黄金时期,这一时期虽然世界经历了1929年至1933年的大萧条,但中国经济却保持了增长态势。当时无论是政府还是民间社会都热衷于发展经济,"实业救国"蔚然成风,经济学传播和发展的土壤良好。加上这一时期中国结束了军阀混战的局面,文化教育事业的发展获得了中央政府的强有力支持,因此,留学教育、包括经济学的留学教育获得空前的发展。由于这一时期中日关系持续紧张,留日运动式微,留学欧美占据绝对主导地位,数量大大超过以前,这反映了中国对现代经济学的认知水准上升到了一个新台阶。从这一时期留学生的经济学博士论文的情况看,无论是数量,还是研究的领域,都大大超过前一时期,特别是留学欧洲的经济学博士有超过美国的趋势,这是欧洲国家推行积极吸纳中国留学生政策(如从1933年起,英国仿效美国开始考选中英庚款留学生)的结果,更是南京国民政府的亲德政策所致。邹进文指出:"南京国民政府成立以后,比较了西方各种主义,认为德国的法西斯主义最适合中国。因此,南京国民政府积极推进留德教育,抗日战争爆发以前留德生人数急剧上升。留德生中虽然绝大部分选择理工专业,但也有部分致力于经济学研究。此外,自第一次世界大战以来中国持续升温的赴法勤工俭学运动,也是推动这一时期出现留学'欧洲热'兴起的重要因素。"至于研究内容的变化,邹进文分析说,1930年代中国最主要的经济现实问题是改革币制,实现由金属货币向信用货币的转变。因此,这一时期经济学博士论文内容最为集中的是货币金融问题,以期为中国的币制改革寻找良方。这方面的成果既有外国货币银行及其比较等方面的研究,也有中国货币银行历史和现实的考察,其数量达到30多篇。另一方面,中国是一个传统的农业国,工业化过程中引发了一系列农业、农村和农民问题。南京国民政府前期农业、农村和农民问题成为政府和学术界比较关注的领域。受此影响,这一时期中国在欧美的留学生选择"三农"问题作为博士论文选题的也不少,内容涉及农业规划、土地税、农村金融、租佃关系、农民生活、粮食问题、水利建设、农业合作以及国外农业发展等诸多方面。有些论文达到了很高的研究水准,如冀朝鼎的《中国历史上基本经济区与水利事业的发展》。

在第四个阶段,由于中国经历了持续的战争,现代化进程中断,西方世界也经历了第二次世界大战,中国面向西方的留学运动遭受挫折,特别是在受战乱影响很深的欧洲大陆,中国的出国留学生数量明显减少。只是因为前一时期规模宏大的留学余波的影响及中西经济学交流的加深,这一时期中国海外留学生的博士论文虽然数量减少,质量反而有所提高,有些论文甚至可以跻身世界经济学学术之林。如张培刚的《农业与工业化》对经济发展问题特别是农业与工业化的关系问题作了系统理论阐述,在中外学术界获得了极高声誉,好评如潮,获得了当时国际上最有影响的经济学殊荣——哈佛大学大卫·威尔士经济论文奖(1946—1947)。

作为上述研究的延续,邹进文、李俊后来又发表了《留学生与中国经济学的发展——基于20世纪50年代的考察》①一文,文中提到,1950年代,中国有不少学生留学欧美,其博士论文主要研究经济理论及欧美、东南亚经济问题,其中,尤其是在发展经济学方面成就巨大。不少1950年代回到国内的经济学

---

① 邹进文,李俊.留学生与中国经济学的发展——基于20世纪50年代的考察[J].中南财经政法大学学报,2014,(6).

博士,在 1980 年代以后成为中国经济学再次走向世界的领军人物,在计量经济学、发展经济学、经济史及西方经济学名著的翻译等方面作出了杰出贡献。这篇论文注明是"国家社会科学基金资助项目《海外留学生与中国经济学的发展》"(12BJL016)的成果之一。

从学科创新的角度来看,邹进文的上述论著体现了中国经济思想史学科在改革开放的时代背景下,更加注重对中外经济思想交流融合的研究探讨的趋势。正如作者在学术回顾中所说,进行这一课题的研究,面临着资料运用和理论分析的双重难度,但这又是学科研究深化和为现实服务的历史任务所决定必须进行的工作。邹进文的这一研究,资料扎实,分析严谨,由于选题具有重要理论价值和现实意义,其成果受到学术界关注和肯定,作者及其团队的其他相关论文相继发表,而且由国家社科基金批准立项的课题成果也已完成。

这类研究的前沿性还表现在其他学者的成果中。张亚光、陈博凯的《近代归国留学生与北京大学经济学科的发展(1898—1937)》[①]立足于宏观学术史与微观群体间的互动关系视角,研讨了近代留学归国学者对北大经济学科发展的贡献与影响。论文运用分析史学中以问题为导向的研究范式,重点关注现代学术发展与教育的关联历程。全文根据对北京大学相关史料的考订与对既有研究成果的梳理,从留学生群体与北大经济学系科的设立和发展、北大经济学科留学生群体的学术思想脉络等方面逐层展开分析,为当前中国经济学科发展所面临的一些问题提供了有益的历史借鉴。张亚光、李雨纱的《燕京大学的经济学教育与研究——以学位论文为对象(1924—1951)》[②]以燕京大学经济学学位论文为研究对象和线索,统计分析了 1924 年至 1951 年间燕京大学经济学学位论文的分类数量、结构比例等特点,并运用历史的、比较的研究方法梳理了燕京大学经济学学术思想脉络,总结出学位论文所反映的立足现实、主流前沿、水准卓越等特征。孙大全的《张培刚学术与思想几个问题的探析》[③]对张培刚早期学术与思想几个被误读、被忽视的问题进行了探析。第一,在《农业与工业化》中,张培刚强调工业化驱动农业发展,还没有提出"农业对工业化

① 张亚光,陈博凯.近代归国留学生与北京大学经济学科的发展(1898—1937)[J].经济科学,2012,(2).

② 张亚光,李雨纱.燕京大学的经济学教育与研究——以学位论文为对象(1924—1951)[J].经济学动态,2013,(2).

③ 孙大全.张培刚学术与思想几个问题的探析[J].复旦学报,2015,(1).

四大贡献理论"，他的工业化定义也没有重视发展农业的思想。第二，《清苑的农家经济》是张培刚的一篇较长论文，并不是他的第一本专著。陈翰笙不认可张培刚整理出版的保定（清苑）调查，原因是张培刚主要采用了与陈翰笙对立营垒的卜凯的农村经济研究方法。第三，张培刚重视经济制度的研究，提出中国应建立"管制性的双重经济制度"，认为双重经济制度下存在双重价格制度。他可能是中国最早研究价格双轨制的经济学家。

第二节　对哈耶克、凯恩斯经济理论论战的研究

　　韦森的《哈耶克与凯恩斯的论战：来龙去脉与理论遗产——读韦普肖特的〈凯恩斯大战哈耶克〉及其补正》①是一篇长文，《学术月刊》分两期刊载。作者在论文的摘要中写到：凯恩斯和哈耶克是影响了 20 世纪全人类经济社会发展进程、现代经济学理论和各国经济政策的两大经济学家。1930 年代，哈耶克与凯恩斯之间发生过一场影响深远的理论论战。这场理论论战不仅推动了人类对包含越来越复杂的金融和货币市场体系的现代市场经济运行的认识，也实际上催生了经济学理论中的"凯恩斯革命"，从而产生了现代宏观经济学。多年来，在世界上曾出现了研究凯恩斯和哈耶克思想和生平的大量专著和文章，但到目前为止，对这两大经济学家之间理论争论的问题和实质的研究还比较欠缺。结合对英国传记作家韦普肖特的《凯恩斯大战哈耶克》一书的评论，可以从史实和理论上较全面理解哈耶克与凯恩斯理论论战的来龙去脉和理论争论的核心问题。哈耶克与凯恩斯论战在当代世界各国经济发展以及在 21 世纪经济学发展中，具有现实意义和理论意义。全文共有六部分：一、引言；二、哈耶克初识凯恩斯：论战未雨绸缪；三、哈耶克论战凯恩斯：从公开论战到私下交流；四、哈耶克与凯恩斯的论战催生了《通论》的写作与问世？五、在《通论》的理论重炮下，为什么哈耶克沉默了？六、哈耶克与凯恩斯论战的理论遗产。

　　根据韦森的梳理，在 1931 年之前，哈耶克最重要的论文是《储蓄的悖论》，这是一篇与两位美国经济学家撰写的《节俭的悖论》商榷的文章，后者认为，在现代市场经济中，经济衰退的原因是人们储蓄太多而商品和劳务需求不足所

---

　　① 韦森.哈耶克与凯恩斯的论战：来龙去脉与理论遗产——读韦普肖特的"凯恩斯大战哈耶克"及其补正[J].学术月刊,2014(2)、(3).

导致的,因而他们主张在经济衰退期间,政府要加大公共项目投资,以刺激社会需求和就业;哈耶克却认为,让政府为经济体系注入货币来刺激需求的办法,或许能暂时预防危机,但长期而言,这样操纵经济,更大的可能是"将给整个经济系统带来更加严重的干扰和混乱"。认识到哈耶克的观点是对付正在成形的凯恩斯理论的"重磅炸弹",罗宾斯邀请哈耶克到伦敦经济学院做了四场学术讲座,据此写成的《价格与生产》成为哈耶克获得诺贝尔经济学奖的主要著作。

1930 年底,凯恩斯费时七年写成的《货币论》出版,立即遭到哈耶克的尖锐批评。在《对凯恩斯先生的货币纯理论的反思》一文中,哈耶克认为,凯恩斯"完全忽略了魏克赛尔理论的一般基础"。在《货币论》中,凯恩斯认为,经济体内的物价是否稳定与经济是否均衡,取决于投资与储蓄是否相等,而投资与储蓄是否相等,又取决于市场利率与自然利率是否一致。投资与储蓄的背离,是当时英国持续了几十年的经济萧条的主要原因,政府应该对银行体系实行金融管理,操纵并调节利率,去影响投资率,使投资与储蓄相等,使经济恢复均衡。哈耶克的书评分为上、下篇(分别发表于 1931 年 8 月和 1932 年 2 月的伦敦经济学院院刊《经济学人》),共有 50 多页。他表示,凯恩斯关于银行利率一般理论的阐释,即通过货币供给的变动来影响价格和生产的思路,根本解决不了银行利率与均衡利率是如何偏离的问题,因为凯恩斯没有看到,银行利率的变动,首先影响的是固定资本的价值,而不是投资,凯恩斯把两者搞混淆了。哈耶克强调,"资本化并不直接影响受利率的影响。更真实的情形是,利率和资本化均受一个共同的原有影响,即相对于这些生产资料需求而言的可用投资的生产资料的稀缺和富足程度。假如相应均衡利率变动而发生银行利率变动,这只是(一个经济体系内)相对稀缺的表现,而相对稀缺与利率的变动无关";"在储蓄与投资之间出现非均衡的最主要原因,是有效流通的变化,而不是货币数量的变动,或者说仅仅在于流通速度的有效性"。在韦森看来,哈耶克的这些思想都是非常深刻的,在理论上也是正确的。

韦森认为,哈耶克对凯恩斯《货币论》的抨击和商榷,无疑刺激了凯恩斯去进一步理清他自己的思想和术语,去写作《通论》这部 20 世纪最伟大的经济学著作。尽管在《通论》中,凯恩斯提到哈耶克的名字总共只有四五处,与哈耶克观点正面商榷的,大约只有三处,"然而,只有深入了解哈耶克与凯恩斯的上、下两篇的商榷文章和凯恩斯的回应的背景和其中涉及的问题,才能解读出整本《通论》都好像自始至终均是在与哈耶克进行深入的理论论战这一点。在当今世界经济思想史学界，好像并没有多少人能够认识和体悟到这一问题"。韦森写到，如果说哈耶克对凯恩斯的理论论战不是凯恩斯写作出《通论》的原动力的话，也是最重要的推动力或者促动力量，或至少我们今天可以认为，凯恩斯在《通论》中所形成和阐发出来的最主要的经济学思想，是在哈耶克的步步紧逼式的商榷和批评下形成和明晰起来的，凯恩斯的《通论》很大程度上是哈耶克与凯恩斯论战的结果。例如，在《通论》中，凯恩斯已经不再使用魏克赛尔式的"自然利率"的概念，取而代之的是"资本边际效率"这一术语，他的结论是："有鉴于资本边际效率日益为甚的下降，我支持旨在由社会控制投资量的政策；而与此同时，我也支持各种提高消费倾向的所有政策。其原因在于，在现有消费倾向下，不论我们对投资采取任何措施，想维持充分就业均是不可能的。因而，存在着用两种政策同时操作的空间——既促进投资，同时又促进消费。"韦森指出：到这个阶段上，主张政府在经济萧条中应主动通过积极的货币政策和财政政策来干预经济，使经济体系从萧条中复苏的凯恩斯经济学理论和政策主张就基本形成了。

那么，哈耶克为何在《通论》问世后却选择了沉默？根据哈耶克研究者考德威尔的梳理，除了哈耶克本人在此后数十年间曾经提到的几个原因，如他觉得凯恩斯经常改变自己的观点，他对论战感到厌倦，他正忙于构建自己的理论框架外；可能的原因还有，在《通论》出版后的一段时间里，凯恩斯和哈耶克的私人友谊有了改善，更重要的是，"随着哈耶克在 20 世纪 30 年代对中央计划经济可行性的批判，随着他对经济学与知识问题的研究，他在怀疑自己与凯恩斯论战时所坚持的经济学方法论基础了"。韦森指出：在殚精竭虑地写完《资本纯理论》后，哈耶克没有继续写他计划中的《货币纯理论》，而是转移了研究领域，去写《通向奴役之路》和《个人主义与经济秩序》中的一些文章了，甚至去研究和撰写心理学的著作了。这似乎也可以从另一个侧面佐证了考德威尔的这一猜测。

韦森意识到，在米塞斯的《货币与信用原理》和哈耶克的《价格与生产》中所构建出来的奥地利学派"货币和商业周期理论"，可能在理论上一方面假定企业家和所有市场参与者都能对价格信息（货币的价格为利息）作出即时的理性反应，另一方面又假定市场中的可用资源是无限的，如果是这样，他们的理论从自身的逻辑来看是自洽的，但是用现在的经济学的话语来说，实际上是从微观层面上假定企业和市场参与者对政府和银行的"宏观总量"的刺激政策作短期的"理性"反应来论证奥地利学派的危机理论,这实际上假定了各个企业家和市场参与者既理性、又短视,对政府的误导性的宏观政策作出了即时的反应,即作出了长期来看并不合宜的经济决策(盲目和过度乐观),从而导致整个体系发生周期性的繁荣和萧条。另一方面,凯恩斯只从宏观经济的总量反映上来进行理论推理,认为人们的流动性偏好和边际消费倾向等是受文化决定的自变量,这些自变量决定了资本的边际效率下降,从而导致经济的突然崩溃。由此可见,双方的理论都存在有待进一步论证的缺环,"实际上也是哈耶克与凯恩斯这 20 世纪的两大思想巨擘经过论战谁也说服不了谁的最深层原因。"

通过对这场论战的过程分析,韦森提出了自己的研究结论。他认为,凯恩斯经济学的总量分析,从思想渊源上来看,与哈耶克一样均来自魏克赛尔,基于货币市场的均衡和产品世界的均衡相互作用的分析理路,凯恩斯经济学最主要的贡献是他在"货币三论"中研究和论证了现代市场经济中货币和银行体系的运作,以及货币在现代经济增长中的作用。由此也可以认为,凯恩斯主要是一个货币经济学家,而后才是一个创新的理论经济学家。但是到目前为止,世界上的绝大多数宏观经济学教科书理论并没有真正把凯恩斯的货币理论完全吸纳进去,而只是把凯恩斯《通论》中所新创的一些术语,如边际消费倾向、有效需求、乘数、流动性偏好等概念以及总量分析方法和政策理论主张放在教科书里作了一些规范化的处理。韦森指出,尽管希克斯、汉森等人试图把从魏克赛尔到凯恩斯的现代市场经济中的货币市场均衡与产品市场均衡统一起来,但由于他们把深邃繁复的凯恩斯的经济学思想简单化了,使我们今天所看到的流行的宏观经济学的框架实际上还是一个没有货币和金融市场的产品世界均衡的分析框架。"流行的宏观经济学不能很好地解释现代经济的运行,没能预测到 2007—2009 年全球金融风暴以来的这次世界性的经济衰退,以至于在西方各国陷入经济衰退后,几乎所有的经济学家都不能给出管用的经济复苏的良方,这在今天我们就可以完全理解了。"

韦森写到:除了凯恩斯,哈耶克在二十世纪二三十年代经过艰苦和缜密的经济学推理而形成的货币和商业周期理论,尤其是他的资本纯理论,显然也有大量的有价值的金矿闲在那里而少有人问津。此外,在 1970 年代后,哈耶克对他与凯恩斯论战的理论反思中,尤其是在他晚年所撰写的几本关于货币和通货膨胀问题的小册子中,都有很多闪亮的思想需要进一步挖掘,且哈耶克的这些经济学思想在今天可能仍有切实的现实意义。他发问道,人类经济社会在当代仍然自在地运行、发展和成长着,世界各国在不断地进行着生产、科技、金融、组织和制度的创新,尤其是互联网的广泛运用和"数字货币时代"到来,使人类社会的诸经济体的运行尤其是银行和金融系统发生巨大的变化,这些演化中的经济运行,迄今为止不能被经济理论在整体上完全理解,其波动和演变方向也不能完全预测,未来的经济学发展,是更需要凯恩斯,还是更需要哈耶克? 在韦森这一提问的背后,是更深层次的思考和选择:货币金融以及越来越先进的技术工具在现代市场经济出现和运用,是对人类已有经济学理论的创新倒逼,还是要求人们在新的历史条件下加深认识这种经济学的思想精髓?

　　韦森对哈耶克、凯恩斯经济理论论战的研究属于西方经济学说史的范畴,涉及的史料和知识繁多、深奥,通过辨析史实,梳理脉络,作者揭示了回顾这一论战的现实意义,即不局限于凯恩斯的宏观经济学与哈耶克的奥地利经济学的派别之争,凸显了对货币和金融在现代市场经济中作用的研究,为人们思考和应对当前的世界经济困境提供启迪。这一研究颇具理论价值,如能结合经济学方法论的考察,将更有学术意义。

　　在西方经济学的范式结构及其演变的研究方面,马涛的《西方经济学的范式结构及其演变》[①]认为,在西方主流经济学的范式结构中,经济学价值观念的基本判断居于核心,反映经济学理论逻辑空间的方法论和基础假设则居于外围,它们共同构成经济学范式的"硬核",硬核之外的辅助性假设则为"保护带"。西方经济学的范式运动通常有五种形式:为坚持"硬核"而调整"保护带"、"硬核"的局部调整、主流经济学内部不同学派的综合、不同学派研究范式的交汇以及主流经济学与其他学科的交叉开放。其发展的历史逻辑,表现为范式结构通过理论危机实现转换,动力源自各时代社会实践面临的重大经济问题对既有理论的挑战。

　　马涛写道,经济思想史是经济学各学派研究成果随时间序列的汇集,这些具有代表性的成果是经济学家各自创造的观察和解释经济活动的知识,人类社会在各个历史时期都产生过与之相适应的经济学说。如何对待这些知识?他提出,经济思想史的基本脉络,既要运用历史的和阶级的分析方法,也需在

---

① 马涛.西方经济学的范式结构及其演变[J].中国社会科学,2014,(10).

此基础上,注意对学科内部范畴发展逻辑的分析。在马涛看来,国内以往的研究成果多集中在前者,对后者的研究尚十分薄弱。为此,他的工作就是借助于20世纪下半叶尤其是1980年代以来,科学哲学所提供的范式分析的方法,在唯物史观的基础上,以经济学范式运动的发展逻辑为主线,对西方主流经济思想史相对独立的各学说之间发展变化的联系,进行规律性的探讨。这一探讨之所以可能,是因为,如果说经济学是一门科学,那么,从科学哲学的观点看,任何科学的发展都会呈现出"范式→常规科学→危机→革命→新范式"这样一种逻辑演进模式。这一模式的核心就是范式的形成和转换。科学哲学的这一范式理论对当代西方经济学理论的发展,产生了广泛而深远的影响,为考察和评价西方经济学发展史,提供了一个全新并颇具说服力的视角。

关于西方主流经济学的范式结构,马涛指出,从系统论的角度看,所谓范式是一个有层次结构的系统,包括观念范式、方法规则和基础假设三个层面。其中,观念范式是核心,方法规则和基础假设则居于"外围"。与此相应,经济学范式结构也可分为不同的层次。核心层次由经济学观念的基本判断构成,反映特定历史时期的经济学知识体系的价值观念。例如,西方主流经济学的"理性经济人"观念和历史制度学派的"制度文化人"观念,就分别构成了西方经济学内部主流和非主流学派在这一层面的主要区别。外围层次则反映了经济学理论的逻辑空间,由核心层次演绎出的经济学方法论和基础假设的命题组成。例如,古典与新古典经济学倡导的理性演绎的均衡分析法和历史学派倡导的历史归纳的分析法,新古典经济学的"效用价值论"和历史学派的"生产力"理论,分别构成了西方经济学主流和非主流在范式外围层面上的主要区别。凯恩斯学派的"需求决定供给"的"有效需求不足原理"与古典学派的"供给会自动创造需求"的"萨伊定律",分别构成了西方主流经济学内部在范式外围层面的主要区别。在经济学范式的结构层次中,核心决定着外围的逻辑空间,并构成不同经济学派思想体系演绎的前提。借鉴拉卡斯托的"科学研究纲领",马涛又把经济学的范式结构分为"硬核"和"保护带","硬核"是范式中比较稳定的部分,包括前面所讲的核心和外围两个层面,而"保护带"是一种辅助性假设,有可进行调整的弹性。

马涛认为,由经济学观念的基本判断构成的核心层面是相对稳定的,经济学某一范式的确立,基于既有的逻辑体系和方法论原则在一定的经济分析工具帮助下,能够相对合理地解释经济现象。随着实际经济发展过程的变化,新情况、新问题在原有范式的逻辑空间之外不断发生和积累，导致原有的经济学知识结构对现实的解释力和预测力减退，范式转换就会到来。另一方面，在"常规经济学的发展"中，在既有的理论假说被新的经验检验时，一旦发生"反常"案例的反驳，具有调节功能的"保护带"可以向外延伸或向内收缩，以担负保护"硬核"的任务，进而推迟范式转换的发生。例如，关于经济发展不确定的研究，西方主流经济学家先是用完全信息假说，将其转化为确定性，被证伪后，理性预期学派则将不确定条件下的经济决策，转化为通过一定概率进行选择的确定性决策，以这一新的"保护带"来捍卫其理性"硬核"。又如，自 1970 年代起，凯恩斯经济学受到来自挥之不去的"滞胀"现象，对菲利普斯曲线的否定等反常问题的挑战，凯恩斯主义者不断修改其辅助性假设，试图更好地解释这些反常现象，以巩固和发展凯恩斯的经济学理论。

关于西方主流经济学范式运动的形式，马涛归纳为以下几种：一、对已有范式的继承，即继承传统经济学"经济人"假设的核心"硬核"，调整其"保护带"。例如，新制度经济学的创立者科斯，在坚持"经济人"这一"硬核"的基础上，修改了新古典经济学中市场无交易成本的假设，开创了产权经济学研究的新领域，在科斯的影响下，西方经济学的重要分支企业理论的每一次进步，也都始于对传统企业理论假设前提向现实还原的修正。二、表现为范式内部的部分调整，使其在逐步接近现实方面不断完善。如西蒙提出经济学家应把理论关注的焦点放在"人的社会行为的理性方面与非理性方面的界限"，经济人的"完全理性"应修改为"有限理性"。三、表现为主流经济学科内部不同学派的理论，通过兼收并蓄的方法，以一个统一的新经济学框架体系，将它们融汇其中。例如，在穆勒生活的时代，资本主义的各种矛盾已达到非常尖锐的程度，穆勒一方面维护斯密的"看不见的手"的市场经济原理，一方面又试图吸收李嘉图学派和西尼尔的理论成果，提出通过收入再分配的改革，改良资本主义的市场经济，据此写出了《政治经济学原理》。马歇尔的《经济学原理》、萨缪尔森的《经济学》也都属于这种情况。四、表现为不同学派研究范式的交汇。例如，以科斯为代表的新制度经济学派就是两种范式——新古典的边际分析与制度学派的制度演化分析——相交汇的理论产物，相对于以凡勃伦和加尔布雷斯为代表的美国旧制度学派而言，它沿用和承袭了新古典经济学诸如理性人假设、稳定偏好、均衡和最大化分析的核心假设、方法和工具，又汲取了前者强调制度研究的传统及其演化的分析范式。五、经济学范式的"自我拓展疆域",表现为主流经济学研究中引入其他学科的方法,新兴的行为经济学、实验经济学、演化经济学和发展经济学中的"社会资本理论"即属此例。

关于西方主流经济学发展的历史逻辑,马涛认为,从经济思想史的发展看,一种新的范式形成并取代旧的范式,需要满足两个条件,其一,新范式蕴含的逻辑空间比原来的旧范式宽泛;其二,新范式要同范式转换时期的社会经济发展水平,以及社会既得利益格局相适应,使新范式的理论观点获得当时多数人的拥护。他写到:"现实经济实践发展的历史性与必然性,蕴含着经济学范式演进的历史性和必然性,经济学理论不可能超越历史的真实,凭空设计问题和对象,经济学永远是一门不断创新的历史学科,不同经济学流派所依据的不同经济学范式,应被视为它们各自的主观条件对现实实践及时空差异的一种反映。人类经济史的社会实践是复杂多变的,它们与经济学范式及经济思想发展逻辑之间的关系,也必然是复杂、反复(倒退)而非单一、直线发展的,需要一代又一代人无止境地艰苦探索。"他相信,21世纪西方经济学的发展,必将打破人为设置的学科壁垒,加强经济学与其他学科之间的交流,摒弃传统理性主义封闭的局部性思维,确立向整个社会文化开放的综合性的思维方式,顺应复杂科学发展观的新趋势,以便在一定程度上适应人类社会的整体发展。

马涛具有哲学的教育背景和知识积累,在从事中国经济思想史的研究和教学工作的同时,也开展西方经济学说史的学术研究,撰写过相关教材,发表过多篇论文。他对西方经济学的范式结构及其演化的分析,资料翔实,论证严密,在一个抽象度很高的层次上梳理了西方经济学理论的发展脉络,提出了独到的,具有说服力的研究结论。选题前沿,阐述深刻,体现了国内学者在这一问题上的较高水平。他的研究尚未涉及对西方经济学范式中的"硬核"分析,这给学术界进一步的探讨留下了空间。

第三章　分论二、关于"经济史学"问题的探讨

　　相对于学科研究在某些领域的扩展,有关学科发展的基础理论问题的思考更带有前沿意义,因为它事关学科发展的空间、前景、方法和价值。在这一方面,学者们就"经济史学"展开的探讨值得加以详细分析。

　　2010 年,叶坦发表《学术创新与中国经济史学的发展——以中国经济思想史为中心》[①]一文,《新华文摘》2010 年第 18 期予以转载。2013 年,她又发表《经济史学及其学理关联——基于史实与逻辑的视域》[②]一文,继续就这一问题提出自己的见解。2015 年,钟祥财发表《关于经济史学的几个问题》[③],参与了这一问题的讨论。

第一节　经济史学的定义

　　在《学术创新与中国经济史学的发展——以中国经济思想史为中心》一文中,叶坦认为,一般说来,"经济史学"主要包括经济史(含部门经济史、比较经济史、国别、民族或区域经济史、经济管理史以及专门史、断代史、通史等)与经济思想史(含通史、专史、理论史、观念史、断代史、国别、民族或区域史、经济哲学、经济伦理以及比较、管理思想史等)。也有学者将经济史学与经济史等同或再细分,而将经济思想史作为经济史的一个分支。构成经济史学的两部分的确有着若干不同于其他学科的特殊关联,但也有重要的区别。

　　在她看来,"经济思想史"是理论经济学的独立学科,具备特有的学科性质与研究对象。从学科设置看,经济思想史在中国是"经济学"的二级学科,主要

---

① 叶坦.学术创新与中国经济史学的发展——以中国经济思想史为中心[J].河北学刊,2010,(4).
② 叶坦.经济史学及其学理关联——基于史实与逻辑的视域[J].经济学动态,2013,(10).
③ 钟祥财.关于经济史学的几个问题[J].上海经济研究,2015,(1).

由三部分构成：中国经济思想史、西方经济学说史（或称"西方经济思想史"）和马克思主义经济思想史，均设在经济系；而"经济史"除了经济系开设外，在历史系的专门史中也可能设置。就两者的研究对象看，或可概述为：经济史主要研究经济现象与人类的经济活动、经济关系以及社会经济制度、资源配置和经济形态的发生、发展、演变的过程及其规律；经济思想史则主要研究人类进行经济活动（包括制定经济政策、解决经济问题等）的思想、主张、学说、观念和理论。经济思想史是以经济思想或学说本身为研究对象的，研究它们的产生、发展及其规律性以及对现实的作用和对后世的影响等。巫宝三提出："经济思想史的研究对象，总的说来，是研究经济观念和学说的产生、发展及其相互关系的历史。"进而指出："经济思想大致可分为三类，一为经济哲学思想；二为见解、意见、主张等政策性思想；三为对经济现象和问题的分析和说明的理论。"于此不难看出经济思想史与经济史的区别。

在《经济史学及其学理关联——基于史实与逻辑的视域》一文中，叶坦写到，"经济史学"概念的运用相当普遍，但对于到底什么是"经济史学"，学者的看法并不一致，即便在现今中国学界也并非能将其作为"共识性"学术概念来用。不少研究经济史的学者以之直接等同于"经济史"，在他们看来经济史学就是研究经济史的学问或学科，以致将经济思想史也作为经济史的一个分支。重视经济史学理论追求的学者，则对这一基本概念探讨阐释，提出了一些不同的认识。如赵德馨教授认为经济史学科包括两个部分，即"经济史学"和"经济史概论"，经济史学中包括经济史和经济史论。此外，如李伯重教授指出："本文所指称的'经济史学'，不仅包括经济史，还包括社会经济史乃至社会史。"他不否认在严格意义上这三个概念有差别，而且对于什么是'经济史'亦无定论，强调"对于什么是经济史，无论在中国或者西方学界，至今也没有一个大家都接受的定义。"

叶坦的看法是，在一般意义上，"经济史学"主要包括经济史（含部门经济史、比较经济史、国别、民族或区域经济史、经济管理史以及专门史、断代史、通史等）与经济思想史（含通史、专史、理论史、范畴史、观念史、断代史、国别、民族或区域史、经济哲学、经济伦理以及各类比较、管理思想史等）。西方经济思想史一般称为学说史，此外还应包括经济学史、经济学术史等与经济相关的史学研究。概括言之，"经济史学"的两大主干就是经济史和经济思想史，而后者常常被经济史学者忘却，或将其视为经济史的一个分支。实际上，经济思想史不仅重要,且具若干独立学科特质,尤其是理论性特色,使之在经济史学中有着无可替代的作用,中国经济思想史更为典型。她强调,经济史与经济思想史两者不仅都重要,而且有着不同于其他学科间的特殊学术关联,蕴涵内在的学理逻辑基础。

钟祥财概括说,关于经济史学的含义,学术界大致有以下几种:一、是指与经济学、中国经济史相并列的学科;二、是对经济思想史和经济史两个学科的统称;三、主要指经济史,也涉及经济思想史;四、专指经济史;五、指经济学与经济史的有机结合。他对这些提法进行了简要的学术回顾:在我国学术界,最早提出经济史学这一概念的是王亚南。他在 1940 年代指出,研究中国经济需要依据三种科学,即经济学、经济史学和中国经济史。关于经济史学,王亚南写到:"现代经济史学是在经济学成立之后许久才逐渐形成的,严格地讲,是由批判经济学所引出或导来的。经济学研究对象的资本主义经济,是比较发达的经济形态,我们是在这种经济方面研究出了许多法则,才探知以前社会的经济形态,亦有其法则;并还探知由前一社会经济形态过渡到其次一社会形态,亦有其法则",经济史学与广义经济学的区别在于,"广义经济学所着重的是原理,是各别历史社会的经济法则,而经济史学所着重的则是史实及各别历史社会相续转变的法则",两者都有助于对落后社会的经济形态的研究,只是经济史学"已经成功为一种较完整科学"。

率先使用第二种概念的是陈绍闻。他在 1985 年撰写《中国经济史学之回顾与展望》一文,明确表示:"中国经济史学包括中国经济史和中国经济思想史。"在次年发表的一篇文章中,陈绍闻写到:"为了发展和提高中国经济史学,有必要开展中外经济史学的比较研究。""比较经济史学作为一门科学出现已经有百余年的历史了,其创始人为德国历史学派经济学家罗雪尔(1817—1894),主张采用历史方法研究国民经济发展的历史,强调经济与法制、政治、文化等的联系,并比较各国国民经济发展的特点。"

马伯煌的情况属于第三种。在他主编的《中国经济政策思想史》一书的序言中,马伯煌一方面把经济史学与经济思想史并列起来,如说:"经济史学的研究对象主要应是经济发展的历史,而不是历史存在的经济。对于经济思想史来说,也是这样。"另一方面,在界定这部书的研究内容时实际上又涉及了经济史和经济思想史两个学科:"关于《中国经济政策思想史》的研究,既是对中国历史上封建统治阶级经济政策思想的论析,也是对与之相关的社会经济文化生活方式的反映。"

第四种观点影响很大。在一些学者的论著中,经济史学和经济史同一个意思,经济史学只是经济史的另一种叫法。如朱伯康指出:"经济史是宏观经济科学的一个分支,是历史学和经济学的边缘学科,是在时间上研究经济变化和发展的科学,亦可说是经济范围内的历史科学。它所研究的是经济如何变化和发展……再进一步可以说是:一个国家的政策决定者要发展本国的经济,如何应用发展规律?吸取哪些经验教训?避免哪些错误,才能制定出符合历史发展规律、切合实际而有成效的政策?要发展经济有哪些需要配合的因素和条件?在什么环境下才能影响和促进经济发展达到成功?怎样才能达到目的?这些都是经济史学研究的范围和任务。经济史学的实用性就在于它的科学性,它明确指出经济变化和发展的必然性、规律性,及其因果关系和发展的连锁性,提供现代人在长途行程中一枚指针。"

在长达数十年的中国经济史教学研究过程中,赵德馨对经济史学研究形成了系统的看法。总体来说,他认为经济史学就是经济史,但在不同场合,他对经济史学的定义又有所区别。其一,经济史学就是经济史,如《关于经济史学历史问题的一点补充意见》一文中说:"经济史是社会生产力和生产关系发展的客观过程。研究这个过程的经济学科称为'经济史学'(Economic History)。在我国,在日常的习惯用语中,有时就把这门学科简称为'经济史'。经济史学研究的领域包括生产力和生产关系以及两者之间的关系之演变过程,举凡农业史、纺织史、水利史、土地制度史、对外经济关系史、人口经济史等,都是经济史学包括的内容。由于财政和经济的关系密切,财政涉及国民收入的再分配,财政史一般也列入经济史学范畴之内。"其二,经济史学是经济史学科发展中的一个"混合型"种类,他在《经济史学思维方式的特征与养成》一文中指出,目前经济史研究存在三种样式,"历史学思维方式的产品——历史学中的经济史;经济学思维方式的产品——经济学中的经济史;经济史学思维方式的产品——形态独立的经济史","在经济史学发展过程中,三种经济史保持相对独立性,三者并存的局面一直维持到今天。美、英等国如此,中国亦如此。"其三,作为经济史学科组成部分之一的经济史学,他在《经济史学科的分类与研究方法》一文中写到:"从学科研究对象区分,经济史学科分为两大类。一类是以人类经济生活演变过程及其规律为研究对象的经济史学;另一类是以经济史学为研究对象的经济史学概论(或简称'经济史论')。"

吴承明在 2001 年发表的《经济史:历史观与方法论》一文中,第一节历史观的第一小节的题目就是"引子:经济史学小史",其中写道:"在西方,经济史作为一门独立学科,是 19 世纪后期从历史学中分立出来的。其分立,是因为经济学已发展成为系统的理论,原来历史学中的经济内容,可以用经济学的理论来分析和解说了。"

陈振汉对经济史学概念的使用属于第五种。他在《熊彼特与经济史学》一文中说:"熊彼特从来没有以经济史学家著称。但在当代著名的资产阶级经济学家中,能够对于经济理论和经济史两方面都有贡献和重大影响的,熊彼特大概是第一人。熊彼特对于经济史学的影响可以归纳为三方面:(1)把经济史看为一门经济学工具学问的思想;(2)创新理论;(3)社会学理论。"这意味着,经济史学是对经济学和经济史研究进行有机结合的一门学科。

钟祥财认为,经济史学作为一种新的学科概念是深化学术研究的需要和趋势,因为,"经济史研究中的许多问题需要运用更高层次的方法论,而这种方法论通过经济思想史学科研究不难发现,因此,经济史和经济思想史的有机融合存在必然性"。也就是说,经济史学可以定义为一个融经济史与经济思想史两个学科为一体的,拥有新的统一的研究方法的新学科。

第二节　经济史学的价值

叶坦在《学术创新与中国经济史学的发展——以中国经济思想史为中心》一文中指出,无论前人(包括多位诺贝尔经济学奖得主)怎样重视和肯定经济史学,它在现今中国经济学诸学科中仍属"冷门"。在诸多原因中,不能充分了解经济史学的学术价值与学理优势是重要原因。实际上"只有民族的才是世界的",中国经济史学不仅具有本国经济学术特色和科研历史传承,而且最早在西方经济学坛崭露头角,并涵蕴着未来发展的强劲生命力。而中国经济史学中的中国经济思想史,具有综合性、交叉性等跨学科特征,兼具社会经济与思想文化内聚的一体性,进行这一学科的研究可以总结中国自古及今经济思想和理论的发展规律,打通经济理论从传统到现代的学术链接和转型"。

对经济理论的发展,中国资料也有独特的研究价值和现代意义。叶坦指出,作为发展中国家,中国不仅可以成为发展经济学的典型案例,而且"中国特色"的经济理论对于理论经济学具有特殊意义。中国经济思想史学科的研究可以为创新中国的经济科学提供借鉴,同时又能丰富和发展经济学的基础理论。在她看来,中国经济思想约 80 年的系统研究史,在非西方国家中是很突出的,具备填补空白的优势,也可能成为中国对世界的又一重要贡献。她还强调:中国经济思想史对现代化发展也有着独特意义。在有别于西方的东亚地区,拥有着儒学传承与历史积淀的一些共性,中国远早于西方就很发达的经济事象和学说理论中,蕴涵着有别于西方的经济学说和理论,这对东亚各国具有普遍的影响力。研究中国经济思想具有研究东亚经济思想之"源"的意义,有利于从深层结构中探究东亚不同于西方现代化的发展模式,为东亚经济思想史奠定理论基础。

在《经济史学及其学理关联——基于史实与逻辑的视域》一文中,叶坦认为,经济史与经济思想史虽然是各有学科特点,但两者的密切联系更值得重视。先来看经济史,任何经济现象、经济活动、经济关系以及社会经济制度等,都是以"人"为出发点和归著点的;而人的经济行为受思想观念、消费偏好、政策措施等所支配,这些指导或制约经济活动的经济思想、主张、学说,不正是经济思想史的内容吗?而且,经济史并非简单"描述"或"还原"经济事实或现象,研究的是经济运行的机制、效果和规律,这就离不开理论方法,而经济理论与方法正是经济思想史的特质。再来看经济思想史,经济思想不同于一般的其他思想,它是经济现象与经济活动等的能动反映,并直接作用于经济活动与实践;经济思想史研究直接作用于经济活动的思想学说,又提炼和总结源于经济实践的经验与理论。换言之,经济史是经济思想史之根基,离开了前者,后者就成了"无本之木";经济思想史是经济史的理论体现(熊彼特说过"经济史本身就需要理论的帮助"),离开前者,后者也成为"无光之星";两者密不可分,研究其一难以深化。这里需要对叶坦的观点作一补充,即经济思想除了是经济史的能动反映,它还是经济史的原因,因为人是经济行为的主体,而人的行为是由思想动机支配的,无论是微观层面的个人,还是社会运动的整体,都存在这种不应忽视的因果关系。

钟祥财认为,经济史学的价值在于,它是经济学理论创新的基础,即使在西方的经济学名著中,经济史和经济思想史也不是截然分家的。正如赵德馨所说:"早期经济学的许多论著,如开山鼻祖亚当·斯密的《国富论》和马克思的《资本论》等,都是经济史、经济思想史与经济理论的统一体。他们的经济学理论是从经济事实或经济思想中抽象出来的,在论述时,多以历史上的经济事实与经济思想为论据，甚至专门设置纯属经济史或经济思想史的篇章，从而带有浓重的经济史色彩与经济思想史色彩。当代一些经济学家在论述经济史学的历史时，把亚当·斯密、马克思等人归之于经济史学家，原因即在于此。"

另一方面，把经济史与经济思想史融合在一起加以研究，有助于人们对历史现象的深化理解。熊彼特指出，经济分析史必须联系特定历史条件下的经济制度和政策，制度和政策是由决策者设定和实施的，导致决策者作出抉择的，除了各种外部的、客观的社会原因，关键还是他们的思想方法和理论秉持，这样，经济政策思想史就成为联系经济思想史和经济史的重要纽带，这种纽带作用集中体现在两种关系上，一是理论与政策的关系；一是个人和阶级的关系。对此，马伯煌主编的《中国经济政策思想史》在结论部分中指出：经济政策是政策思想直接的社会应用。对经济政策而言，最重要的问题有三：其一，"一项好的经济政策，往往是采择、糅合多种政策思想的不同见解，并依据实际情况，取舍存留，综合而成合理、可行的经济政策"；其二，"政策与思想、理论的关系，逻辑的选择只能是政策以思想、理论为基础，而决不能是思想、理论以政策为基础"；其三，"再好的经济政策都要有人去执行"。又说："古代中国的政策思想主体主要是君王、臣僚的强集权主体。在这种强集权主体形式下，最后的决策一般总是由个别专制者作出的。由是，强集权主体本身的素质对政策的质量有极大的影响，政策主体的个人意志对于政策的形成和推行具有举足轻重的作用。经济政策要产生好的社会效果，经济政策思想要能符合客观的经济规律，相当程度上必须寄希望于主体本身的素质和修养。"

第三节　经济史学的方法

钟祥财在论文中认为，经济史学的研究方法应该具有更好的通用性和解释力。例如，以往的经济史和经济思想史较多地使用整体分析的方法，但在严中平的相关研究中，马克思主义经典作家有两个地方提到了个人因素在历史进程中的作用，一段是马克思在《路易·波拿巴的雾月十八日》所说：1848 年法国政治派别的变动除了物质条件、所有制形式和城乡对立等原因，"还有旧日的回忆、个人的仇怨、忧虑和希望、偏见和幻想、同情和反感、信念、信条和原则"，"在不同的所有制形式上，在生存的社会条件上，耸立着由各种不同情感、幻想、思想方式和世界观构成的整个上层建筑"，"通过传统和教育承受了这些情感和观点的个人，会以为这些情感和观点就是他的行为的真实动机和出发点"；另一段是恩格斯在《卡尔·马克思》中所说："过去的全部历史都是在阶级对抗和阶级斗争中发展的；统治阶级和被统治阶级，剥削阶级和被剥削阶级是一直存在的；人类的大多数总是注定要从事艰苦的劳动和过着悲惨的生活……历史的进步整个说来只是极少数特权者的事"，然后写到："在中国这样一个高度集权的统一大帝国的历史上，政治人物的情感和观点，一句话，个人特点对经济基础的影响作用要比西方诸侯分立的蕞尔小帮大得多。这一点，可能成为中国经济基础和上层建筑相互作用上的一大特征。"

钟祥财指出，从马克思主义经典作家的上述强调可以看出，在那时的历史研究中，人们较多使用的是一种整体的分析方法，而对社会经济的完整理解，需要研究者同时重视对个人的考察，正是在现代经济学理论的发展中，方法论个人主义得到越来越多的运用。对于这两种方法论，吴承明和巫宝三都曾提及。如吴承明说，凯恩斯以后，新自由主义代表人物哈耶克"仍坚持个人主义分析方法，用先验演绎法"，而法国年鉴学派的治学方法是总体论或总体观察，其三个含义是"总体先于部分""总体大于部分之和""总体即各部分关系总和"，"实际上，所谓总体论或整体论就是结构主义"，"结构主义始于马克思，年鉴学派总体论的具体内容虽然与马克思的提法不同，但仍是继承马克思理论的"。巫宝三认为，先秦各家经济思想多属于"经世济民的治国思想，亦即从整个国家出发，提出经济政策主张"，对儒家来说，"国家乃是家族的扩大，个人和个体是在家庭、国家的整体中存在的，国家有其独立的目的和使命，如社会和谐、国家统一等。个人是在实现这些目的中存在的，对于个人的活动不能从个人自身的活动来考察，只能在他和家族、国家整体的关系中去理解。国家整体的目的和存在是不可以分解为个人的目的的"。但也有例外，如"道家'自然无为'的经济思想，包含有经济个体主义思想、平等民主思想、自由放任思想。不过这种思想是以'小国寡民'的简单社会交往为前提，目的在于保持社会安宁和个人身心自由。在中国传统的学术思想中，儒道两家影响最大。道家虽不居于主导地位，但具有批判的、平等民主的、自由不受束缚的可贵思想。它对西汉文景时代的政治经济起过积极作用，对历代农民起义思想起过影响作用，对历代许多大思想家的思想的形成起过启迪作用，这些都是值得深思的历史事实"。

在钟祥财看来,运用个人主义和整体主义等经济学基础方法论的分析,为合理解释中外历史上一些原先无法自圆其说的经济现象提供了新的可能,它是对历史发展阶段论、阶级分析方法等的必要补充。既有的经济史研究对此关注不够,源于对经济学研究方法的运用尚处在逐步熟悉的程度,还无法了解个人主义和整体主义方法论的深刻性和逻辑性,要做到这一点,加强与经济思想史学科的联系势在必行。他还指出,经济史学研究应当成为创新型学科平台,它是原有经济史和经济思想史学科的有机融合,除了运用经济学、历史学、社会学等学科方法,经济学基础方法论有望发挥新颖独特的作用。经济史学研究以经济史和经济思想史的学科研究为基础,汲取这两门学科的研究成果,使之互相印证、互相说明,更注重对经济领域中人物与事件、观念与行动、思想与实践、个人与集体、文化与制度、伦理与绩效、历史与现实等一系列重要问题作出具有说服力的解释。如果说百多年来经济史和经济思想史的学科独立是对亚当·斯密时代经济学理论体系的专业化分工,那么今天的经济史学作为这两门学科的有机融合,有可能是经济学理论体系发展过程中的一个否定之否定。坐实这种意义上的经济史学研究,有赖于进一步的学术探讨,有赖于各位同仁的参与努力。

第四节　经济史学的发展

对经济史学研究的创新发展,叶坦在《学术创新与中国经济史学的发展——以中国经济思想史为中心》一文中进行了概括和评价。她首先列举了学术创新的几个标准,即新材料的发现与旧资料的诠释,新技术手段的运用与工具创新,新观点或学说的提出与成论的修正,原命题的质疑与新论题的提出,研究对象或内容的新拓展与新综合,理论方法和科研架构的创新与新视野。然后依据经济史学发展的具体情况作了如下梳理:一、研究者构成的跨学科发展。除了历史学、社会学等领域的学者加入经济史学研究中来之外,最突出的现象是一些研究现实经济或理论经济很有成就的学者近年来致力于经济史学研究,且成果卓著。如复旦大学的韦森教授,不仅在制度经济学与比较制度分析、经济学与伦理学等方面颇多建树,而且指导学生开展经济史学研究,并于 2009 年创办复旦大学经济思想与经济史研究所,为经济史学研究提供了建制保障。二、理论探索的多元化深进。如何将经济学、社会学等方法运用于经济史学研究,尤其是将新经济史学以及经济分析方法有选择地运用于中国经济史学的实际,进而通过对具体的研究对象进行实证考察,并不断总结、提炼和发展经济史学理论,成为中国经济史学研究的重要课题。如有学者重视对社会经济史与制度变迁的分析,结合"加州学派"及其研究,注意他们运用新古典经济学和新制度经济学等理论框架以及计量分析等方法,打破"欧洲中心主义",以"全球视野"探讨中国历史独特的发展道路,改变了以往的一些研究范式和结论。但也有学者针对该学派的历史观和方法论进行商榷,认为他们是唯生产力论史观,抛却有关历史进步的一些普遍标准,研究方法也多有不尽合理之处。三、传统论题的新诠释与新视角。例如,"两税法"是中国古代经济史研究中的传统论题,近年来不止一位学者通过对第一手文献进行史料辨误,或考证相关"两税"的语词内涵的演变,修正了以往一些成说。再如,"先进与落后"的议题由来已久,但近年的研究并非驻足于结论本身,而是从根本原因以及中国古代社会何时从先进变为落后等方面进行考察,使得研究得以进一步深化。另外,将"李约瑟之谜"的研究推进到经济史学领域,许多学者从不同视角提出了新见。还有关于宋代大儒朱熹的研究,也从单纯的思想史发展到对其经济思想的研究。四、科研内容与论题的发展。一方面,反映时代发展和现实状况如新中国60年、世博会、上海经济、金融危机与货币问题以及环保、抗灾、水利、粮食、三农等相关研究风起云涌,相关理论探索也如雨后春笋随之而来。现代经济史学研究近年来有了明显的新发展,尤其是对新中国前30年的若干研究,用实证数据来修正、补充、完善以致改写了以往的一些认识或论点,很值得注意。另一方面,溯源性考察与实证性新探逐步深入,如市场经济研究溯源到商代的商业思想、"三农问题"推动了农业的溯源研究和运用出土资料考察经济律法与思想等。但这方面的研究并非仅限于中国古代,对当今若干经济事物如典当行、拍卖业、股市、币制等也都有溯源性研究。五、研究领域和对象的拓新。经济史学在前述审计史、环境史等专史或类别史之外,研究时段、区域、国别、民族等领域也都在延伸,如民国经济与经济思想、港台及国别经济、区域经济与经济思想、民族经济和思想研究等,其中,不乏填补空白之作。同时,研究中国资本市场及其发展、货币范畴与货币价值论以及对经济史学自身的研究等,都拓展了经济史学的研究领域和对象。此外,全球视野架构与比较研究的深进包括中外比较、历史与现实比较、不同区域比较等,也取得了可观成效；倡导研究中国经济学术史、中国经济理论史等，也属于拓新的尝试。

　　关于经济史学问题的讨论，是经济思想史学科研究深化的产物，不仅事关经济思想史学科的发展，也为经济史研究同行所关注，所思考。推进这一问题的探讨，既是拓展和提升经济思想史学术内涵和影响力的需要，也符合社会科学研究不断走向多样化和综合性的必然趋势。在这一问题上取得进展和达成共识，有赖于先进工具的运用、更多资料的佐证，哲学方法的引领，意义重大，难度不小，需要学科同仁共同努力，以期获得进一步的成果。

第四章　分论三、有关经济思想史的体系和写作问题的思考

第一节　通史类著作的情况

在百余年的学科发展过程中,中国经济思想史的研究专著形成了多样性特点,有经济思想家的人物研究、经济学名著研究、经济理论和思潮研究、经济思想的断代史研究、经济思想的通史研究,其中,最能反映学科发展状况和水平的是通史性的著作。以前,中国经济思想史的通史性著作,基本上只写到 1919 年"五四"运动前后。2010 年,由赵晓雷主编的《中国经济思想史》(修订版)出版,其研究时间延伸到 2000 年。这本书是普通高等教育"十一五"国家级规划教材,国家级重点学科上海财经大学"十一五""211"重点课程与教材建设项目,2007 年由东北财经大学出版社出版。在使用了一段时间后,作者"收集了学界的意见和建议,组织原班撰写人员对教材作了修订,使理论更准确、资料更翔实、体例更精炼、信息更丰富",作者认为,"一部国家级规划教材,应该在使用几年后作一次修订,以期质量能动态臻进,使教学效果更好"。[①]

在该书的第一版前言中,赵晓雷介绍了框架体系设计方面的特点:一、学科体系实现古今贯通。他指出:"以往中国经济思想史本科教学内容主要是有关中国古代和近代经济思想的基本知识,甚至一度主要偏重于先秦时期的古代经济思想,近代的研究也只限于 1919 年'五四'运动以前。本教材构建了从公元前 21 世纪到 2000 年中国经济思想史学科体系,实现了中国经济思想史教学的古今贯通。由于中国古代经济思想的研究和教学体系相对更为成熟,

---

① 赵晓雷.中国经济思想史(修订版)[M].大连:东北财经大学出版社,2010.

所以本教材更着力于对 20 世纪初到 1949 年中华人民共和国成立，以及
1950—2000 年整个 20 世纪的中国经济思想进行系统的整理和研究，并与中国
古代经济思想史构成一个完整的学科体系。"①二、研究方法强调中西比较。他
认为："中国经济思想史不是孤立发展的思想体系，在历史发展进程中，中国经
济思想曾经不断地与西方经济思想相互影响。本教材在以中国经济思想史的
演变发展为主要内容的基础上，将中国经济思想史置于世界经济学说史的时
空坐标中，强调中西方在经济思想方面的交流和比较研究，将中国经济思想置
于全球范围的思想文化系统中，从而形成中西比较的方法论特色。"②三、学科
内容力求满足"专业基质"(disciplinary matrix)要求。他强调："经济思想史是
研究经济理论、经济学说发展演变过程的经济学分支学科，其研究对象、研究
内容及学科界定应当符合'专业基质'要求，即对具有共同专业基质的思想的
发生、传承、发展作过程描述和相关关系分析。因为只有在一个有专业界定的
框架内，学科才能实现分析技术的积累和理论的发展。本教材力求遵循这一
学科内容界定规范，尤其是对 18 世纪以后经济思想、经济学说发展过程的研
究，更要求对研究对象及内容作出专业的识别和界定。"③

　　正如作者所说，古今贯通是这本教材的主要特点，但这也是撰写者的艰巨
任务所在。因为对中国古代和近代的经济思想史，学术界已有传统的、为同行
所认同的体系和写法，把现代部分融入进去，如何设计统一的框架结构，便成
为一个需要创新探索的问题。在这本教材的第三篇"现代部分"的"经济思想
发展概述"一章(全书的第九章)中，作者把 1950—2000 年的现代经济理论发
展分为三个阶段：1950—1978 年为中国现代经济理论初期发展阶段；1979—
1991 年为中国现代经济理论繁荣发展阶段；1992—2000 年为中国现代经济理
论深入发展阶段。在第一个阶段，马克思主义经济学是主流发展线索，"这条
线索承袭了'五四'运动以来马克思主义经济学在中国的传播和研究，表现为
对马克思主义经济学经典著作进行广泛、深入的研究，并运用其原理来分析社
会主义经济问题；同时，还表现为斯大林的社会主义理论以及苏联科学院经济
研究所编的《政治经济学教科书》的系统介绍及其对我国经济学研究的影响。
这一时期中国经济理论界对于一些重要问题的论争以及在论争中所产生的一

----

①② 　赵晓雷.第一版前沿.中国经济思想史(修订版)[M].大连：东北财经大学出版社,2010：1.
③ 　赵晓雷.第一版前沿.中国经济思想史(修订版)[M].大连：东北财经大学出版社,2010：2.

些卓越的思想观点,基本上都是由从这条发展线索的不同角度出发考察、研究问题而引起的"①;另外,"这一时期,对西方经济学的引述、研究大抵限于对资产阶级古典经济学的介绍和对资产阶级'庸俗'经济学的评判。这种介绍和评判在当时较难构成一条明晰的线索,对主流发展线索的影响也相当微弱"②。在第二个阶段,经济思想发展的线索出现分化与融合,"一条线索是对马克思主义经济学的学习和研究,并与中国的经济改革实践相结合进行理论创新,在基本理论的建设上进一步丰富了马克思主义经济学;同时,以斯大林理论和苏联范式为核心的所谓传统社会主义政治经济学的发展线索,随着'文化大革命'的结束已开始式微,另一条线索是现代西方经济学的引进、研究和运用"③。在研究方法上,"20世纪80年代以前,中国的经济学研究主要是采用规范分析的方法,侧重于依靠逻辑推理构造抽象的理论和规律,而疏于对现实经济生活的解释和分析。进入20世纪80年代,随着西方经济学的引进、新一代经济学者的成长,经济学的实证分析方法逐渐推广采用"④。在第三阶段,中国经济理论逐渐深化,表现在三个方面:一、"对马克思主义经济学的研究就不仅仅是对经典著作的解读,以及运用标准的马克思主义经济原理和概念对'苏联范式'进行批判,在这一过程中产生了一些理论要素上、概念范畴上,乃至分析方法上的创新";二、"对西方经济学的转述和应用也有了更进一步的发展,对理论的引进不再是零散的,而是对整个理论体系、整个学派的引进介绍;对基本理论把握得更准确,对基本分析工具也运用得比较娴熟,而且对现代经济学发展的前沿学科及新学科也有更多的介绍和了解;对西方经济学的借鉴应用也更理性、更求实效";三、"20世纪90年代中期,中国的马克思主义经济学与西方经济学的融合也有一番新气象"。⑤

在这一章的第二节,作者专门分析了中国现代经济理论的研究特征。接下来的三章,标题分别是:第十章 1950—2000年重要经济理论研究概述;第十一章 1950—2000年经济思想创新发展;第十二章 1950—2000年西方经济理论引进及影响。从整体的结构安排和写法上看,作者对新中国成立后经济思想的发展采用了一种整体分析的方法,与这本教材前面两部分的写法有所不

① 赵晓雷.中国经济思想史(修订版)[M].大连:东北财经大学出版社,2010:232—233.
② 赵晓雷.中国经济思想史(修订版)[M].大连:东北财经大学出版社,2010:233.
③④ 赵晓雷.中国经济思想史(修订版)[M].大连:东北财经大学出版社,2010:234.
⑤ 赵晓雷.中国经济思想史(修订版)[M].大连:东北财经大学出版社,2010:235.

同,例如,对大部分的理论观点和学术讨论,提出者和具体文献都不在阐述或注释中出现,只有一部分罗列在各章的阅读资料或全书的参考文献中。这种处理方法,既是中国现代经济理论提出的时间较短,尚未成熟定型,有待实践检验等原因所致,也预示着中国经济思想史的研究面临一个创建更具解释力和涵盖度的方法的任务。

第二节　现代部分的情况

王毅武对中国社会主义经济思想史的研究,始于 1980 年代中期,后来他把研究对象扩展为中国现代经济理论。在《中国现代经济理论精要》一书中,他对这一研究的若干基础理论问题进行了阐述。关于定义,王毅武提出:"中国现代经济理论是 1911 年孙中山先生领导的辛亥革命以来关于富民强国的经济观点、理论、学说的综合,是研究并阐述辛亥革命以来中国人民追求并实现现代化过程中的经济理念、理论与学说、学派及其产生、发展、完善的条件、过程、特点和规律性的科学。其主体部分是在不断实事求是地概括中国新民主主义革命与中国特色社会主义经济建设过程中的早期共产主义者、主要领袖人物、著名经济学家的社会主义经济思想基础上发展、丰富、完善起来的。"[1]

关于内容,他概括了"六大理论",即"中国新民主主义经济理论、国情与发展阶段理论、工业化道路理论、农业现代化理论、经济改革与开放理论、中国特色市场经济理论与经济发展战略理论"。[2]关于研究主线,他认为,市场与计划的关系问题是中国现代经济理论的研究主线,"这一研究从价值规律的双重规定性出发,即价值规律的微观规定性和宏观规定性,从价值决定与价值实现的角度解释了计划与市场之间的关系。把研究二者的关系作为中国现代经济理论主线研究的主线,使得理论与实践得到充分的结合,为中国现代经济理论的主体研究开拓了新天地"[3]。

关于核心范畴,王毅武的认定是"现代化",他列举了两条理由:其一,"现代化反映了人类社会经济发展方式的本质要求……依据马克思主义的基本观点,中国特色社会主义必然要继承人类社会发展的文明成果,追求现代化并大

---

① 王毅武.中国现代经济理论精要[M].北京:人民出版社,2013:13.
② 王毅武.中国现代经济理论精要[M].北京:人民出版社,2013:18.
③ 王毅武.中国现代经济理论精要[M].北京:人民出版社,2013:23.

力推进其进程。因此,从人类社会发展的进程考虑,现代化必然是人类不断追求的核心理念与发展方式。中国现代经济理论作为研究与概括中国现代化的发展与进程的理论学科,其核心范畴必然要归结为如何在中国又好又省地迅速、稳定实现现代化"①;其二,"现代化反映了社会生产力发展与中国特色社会主义的本质要求。在中国特色社会主义制度下,生产目的是满足人们的需求,只有随着社会化、现代化大生产的不断发展与进步,才能不断满足人们日益增长的物质与文化生活的需求……经济发展的现代化程度,首先体现为社会生产力发展的水平、质量、规模以及经济发展方式的集约化程度——富民强国的实现程度与人民群众的幸福指数。可以说,现代化范畴包涵着这些逻辑要求和理论内容"②。

关于研究方法,他认为,一般情况下,中国现代经济理论往往采用经济思想史学的"论从史出、人从论出、史论结合、重在评论"的基本方法,在实际过程中则可以具体化,如,一、过程法;二、分析法;三、比较法;四、评论法。在谈到分析法时,他强调:"由于现代经济理论所面临、研究的是社会经济生活中最现实、最真切的问题,直接涉及社会与人们之间的基本关系,因此,在中国现代经济理论的研究中运用分析的方法时,必须依据马克思主义的立场、观点去认识和鉴别问题,从而决定肯定什么,否定什么;支持什么,反对什么;宣传什么,评判什么,这样,才有可能对所研究的问题进行正确的概括或科学的归纳。"③在谈到评论法时,他说:"单纯地描述或简单地再现已经存在着的若干经济观点或思想,机械地按时间顺序将它们排列起来,而对于这些经济观点或思想的背景、条件、内容、特点、意义等既不进行客观的、历史的分析与比较,也不从实际出发给以科学评论,这样的研究只是一种'白描',应当说是不及格的。反思比反映更深刻,评论比叙述更重要,没有评论的理论研究是暗淡无光和毫无生气的。"④值得注意的是,他没有提到逻辑推理和实证检验等方法。

王毅武的这本专著,主要内容由 12 章构成:一、中国现代经济理论的对象、任务和方法;二、中国现代经济理论的脉络、分期与特征;三、中国现代经济理论的国情基础;四、中国现代经济理论的时代特征;五、中国现代经济理论的

---

① 王毅武.中国现代经济理论精要[M].北京:人民出版社,2013:24.
② 王毅武.中国现代经济理论精要[M].北京:人民出版社,2013:25.
③ 王毅武.中国现代经济理论精要[M].北京:人民出版社,2013:33.
④ 王毅武.中国现代经济理论精要[M].北京:人民出版社,2013:34.

早期形态；六、中国现代经济理论的基本问题；七、中国现代经济理论的发展阶段；八、中国现代经济理论的理论主线；九、中国现代经济理论的核心范畴；十、中国现代经济理论的代表人物；十一、中国现代经济理论的重要节点；十二、中国现代经济理论的发展趋势。不难看出，这些篇章结构的安排，是前述王毅武对中国现代经济理论研究的主要观点的具体展开。

尽管王毅武把中国现代经济理论的考察时间定为辛亥革命以来的100余年，但其研究重点有两个，一个是有关社会主义经济发展的思想；另一个是新中国成立以后的经济思想，包括计划经济时期的经济思想和改革开放以来的经济思想。如果将这两个重点叠加起来，可以发现其研究主体与赵晓雷主编的《中国经济思想史》中的第三部分是相同的。对这一部分经济思想资料进行科学研究，不仅更加具有现实意义，而且就其必须解决好与中国古代和近代经济思想史的衔接问题、处理好开放条件下与外国经济学理论发展的互相关系问题等而言，思考和寻找学科研究的方法论突破尤为紧迫了。

程霖、张申、何业嘉的《中国现代经济思想史研究：1978—2014》[①]认为，通过对1978年以来中国现代经济思想史研究的发展演变、学科体系建设和代表性成果的系统梳理和深入分析，可以看到中国现代经济思想史学科历经奠基、创建和发展三个阶段，在通史性著作、人物思想研究、分支学科专门史研究和各种专题研究等领域均取得了比较显著的成就，然而，在学科体系建设方面尚不够成熟，在历史分期、研究对象与内容、研究体例与线索及研究方法等学科建设的重大问题上尚未达成共识，这些也构成了学界今后应着重努力的方向。论文在分析评价相关成果的过程中，还依据谷歌学术搜索、中国知网期刊文献数据库等，引进了著作和论文被引用的次数统计，从一个角度增强了研究的科学性。

关于历史分期，程霖等人指出，从大的时间节点来看，一些学者倾向于以中国政治经济发展史上的重大事件作为划分依据，如以1949年为研究起点的分法；而一些学者更倾向以中国经济思想发展史上的重大事件为划分依据，但在诸多事件中以何为起点，便是仁者见仁智者见智，以1911年和1919年为研究起点的分法产生歧见的原因即源于此。事实上，两种分法各有优点，第一类分法所采用的历史分期更加约定俗成，有利于呈现不同历史背景下经济思想

---

① 程霖，张申，何业嘉.中国现代经济思想史研究：1978—2014[J].中国经济史研究，2015，(3).

的阶段性特征;第二类分法则比较能突出某些具体思想的渊源和发展线索。他们主张第一种分法,即将 1949 年新中国成立作为中国现代经济思想史研究的起点,因为其不仅具有上文所述的优点,也有利于保留中国近代经济思想发展的完整时段。他们认为,1840—1949 年是中国传统经济思想现代化转型的发动与奠基阶段,在此过程中,中国经济研究者完成了对西方经济学说和马克思经济学说的初步学习和选择,进而奠定了 1949 年以后中国经济思想的转折、发展、进步等,是一个完整的过程,不宜被割裂。因此,以 1949 年作为中国现代经济思想史的研究起点比较科学。

关于研究对象和内容,程霖等人认为,具有通史性质的经济思想史研究著作,应尽可能地全面涵盖内容以还原历史发展的原貌,即应既包括理论经济学,也包括应用经济学和管理学的各分支学科;既包括传播、吸收外来经济学说的内容,也包括国人发展、创新以及应用于实践的部分;不仅要对经济学者的经济思想进行考察,也要对具有重大现实意义的领导人的经济思想、经济制度及经济政策进行梳理。另外,若能对经济思想形成的原因、造成的影响进行分析,并对经济政策、经济制度的实施效果、得失缘由进行评价与总结,将进一步丰富经济思想研究的层次与内涵。如此,才能称之为较为全面而完善的中国现代经济思想通史性研究。

关于体例和主线,程霖等人表示,当前的研究无论以何为主、何为辅,单一线索绝不可能,所有研究都要进行纵向、横向,甚至更多维度的解读,进而适应中国现代经济思想内容愈加丰富的发展特征。也正是由于这一特征,时间作为第一维度的线索相对弱化,因为在同一时段内梳理众多学科、专题、人物等较为困难,且无法照顾到每一个体独特的发展轨迹;人物线索将更加困难,因为在现代中国经济思想发展过程中,很少能建立完整理论体系的经济学者,也尚未形成有完整体系的学派。另外,按人物编史的信息有限,虽可展示该时期经济思想的发展重点,却不能展示其历史全貌。他们认为,以学科、专题研究的体例,是处理内容庞大的通史性中国现代经济思想史研究的科学办法,应作优先考虑;然后,以时间线索对每一部分进行梳理,可展示其具体的发展轨迹;继而,对每一阶段进行不同专题、流派等方面的对比解析,可呈现其思想争鸣。

关于研究方法,程霖等人概括说,中国现代经济思想史学科目前采用的研究方法,主要有以下几种:辩证唯物主义和历史唯物主义方法、经济学分析方法、比较研究方法、定量分析方法。他们指出,以上方法在经济思想史研究中起到了重要作用,应继续坚持和采纳。而在此基础上,也应进一步地拓展研究方法。如,在解释某一具体经济思想形成与发展时,可采用经济史与经济思想史结合的方法,还可采用社会学、历史学等学科的有关理论和研究方法进行分析;而在对经济思想进行评论,特别是对已投入现实运行的经济政策、制度进行评估时,更可采用实证与案例的方法,对其绩效进行检验,效果将更为直观,对于经济思想而言也将是一种重要的丰富和补充。

程霖等人的论文资料搜集完备,分析上运用了有新的工具和观点。他们提出用经济史与经济思想史相结合的方法研究现代经济思想史,是一个创新的见解。从更广的角度来说,对新中国成立以来经济思想史的研究,需要解决的另一个重要问题是,如何使这一研究既能和中国古代和近代经济思想史纵向打通,又能与西方经济思想史横向比较。

第三节　寻找可能的谱系

对此,钟祥财提出了自己的看法。他在《经济思想史的可能谱系》①一文中写道,迄今为止,关于古今中外经济思想史的研究,虽然有通史、专题史、国别史、人物或名著专论等不同写法,基本的分析框架却只有两种,一种以阐述西方经济学理论发展为主线,附带分析亚当·斯密以前的内容,实际上是经济理论史的扩展;另一种以马克思主义政治经济学理论为指导,回顾评价古典经济学之前的史料和近现代未能纳入经济学理论范围的相关思想资料。前者有熊彼特的《经济分析史》、马克·布劳格的《经济理论的回顾》等,中国经济思想史的论著属于后者。如果说前者的研究主要以西方经济学理论为参照,那么后者的分析则带有社会发展阶段论、阶级利益冲突论等明显特点。他认为,经济学方法论是人们在研究社会经济问题时所采用的理论原则和技术路径,它可以从多种角度加以区别:在逻辑上,有演绎和归纳之分;在范围上,有宏观、微观之分;在角度上,有历史考察、制度分析和数量研究之分;在范式上,有规范和实证之分;在哲理上,有个人主义和整体主义之分。其中,个人主义或整体主义方法论具有基础性意义。

钟祥财提出,无论是个人主义,还是整体主义,原先都是,至今也仍然是涉

① 钟祥财.经济思想史的可能谱系[J].社会科学,2013,(9).

及多个学科的较宽泛思想理论概念,19 世纪末至 20 世纪上半期,由于奥地利经济学派的不懈努力,它们越来越多的是指经济学方法论。米塞斯阐述了方法论的个人主义的原理。他指出:"一切行为都是由一些个人作出来的。一个集体之所以有所作为,总是经由一个人或多个人作些有关于这个集体的行为而表现出来的。一个行为的性质,决定于行为的个人和受此行为影响的多个人对于这一行为所赋予的意义。某一行为之为个人行为,另一行为之为国的行为或市的行为,是靠这个意义来识别的","因为在各个成员的行为之外,决没有一个集体存在","所以要认识整个的集体,就得从个人行为的分析着手"。经济学的整体主义方法论包括三层含义:一、社会整体大于其部分之和;二、社会整体显著地影响和制约其部分的行为或功能;三、个人的行为应该从自成一体并适用于作为整体的社会系统的宏观或社会的法律、目的或力量演绎而来,从个人在整体当中的地位(或作用)演绎而来。

钟祥财指出,经济学方法论对西方经济学理论流派的形成和发展产生了不可忽视的影响。弗里德曼指出,在 18 世纪后期和 19 世纪早期,"以自由主义名义进行的思想运动把自由强调为最后目标,而把个人强调为社会的最后实体。在国内,它支持自由放任主义,把它当作减少国家在经济事务中的作用从而扩大个人作用的一个手段。在国外,它支持自由贸易,把它当作为世界各国和平地和民主地联系在一起的手段。在政治事务中,它支持代议制政体和议会制度的发展,减少国家的无上权力和保护个人的自由权利"。到了 20 世纪初,经济学理论的重大结构变化也与人们对经济学方法论的取舍密切相关。众所周知,经济学本来是研究国民财富的来源和增长问题的,亚当·斯密的《国富论》即是明证,但它的方法论是个人主义的。1930 年代凯恩斯的《通论》问世以后,马歇尔等人的理论被定位于微观经济学,主张政府干预的凯恩斯理论以宏观经济学命名,再后来,出现了萨缪尔森把微观经济学和宏观经济学组装在一起的所谓新古典综合。经济学方法论不仅鲜明区分了不同经济学理论流派的基本特点,而且对新的经济学理论的产生具有重要作用,例如,宪政经济学的创立就与个人主义方法论密切相关。另外,这种方法论分歧还体现在某些经济学理论的演变上。以制度经济学为例,"新制度经济学,不管是新古典主义的或是奥地利学派的,都抱怨老制度主义,说它缺乏理论;经常用整体主义而非个人主义术语参与论战",老制度经济学"因而被刻画成描述主义和反形式主义、整体主义、行为主义以及集体主义","老制度主义者还拒绝个人主义福利标准,倾向于干预主义,赞成较多的政府介入以矫正制度失效";新制度主义者则乐于将个人主义等标签往自己身上贴,以使自己的研究工作与老制度主义"明确区分开来"。

在钟祥财看来,如果经济学方法论只对现代西方经济理论的产生和演变产生影响,那它仅仅是一种学科发展中的区域性、阶段性现象。罗斯巴德曾把个人主义的对立面国家主义的起源追溯到古希腊,而在中国古近代的经济思想史料中,两种方法论的分歧清晰可见。早在 1930 年代,就有中国学者运用这种经济学方法论评价本土的传统经济思想资料。当时马寅初肯定地认为:"中国自古,闭关自守,固无国际贸易之可言,故学者之思想,集中于农本主义,而国家之政策,亦以农本主义为对象。其思想,其政策,无一不有全体主义之色彩,视整个中国为一单位。政府不但干涉私人之事业,其直接有关于国家经济之事业,且由政府经营之。"唐庆增则指出,中国以家庭为本位的社会组织状况,使"个人主义,向无充分之发展","欲使中国而有完善之经济学说者,当废除以家庭为本位之社会,而以培养个人之智力为归"。两种观点的分歧揭示了原本为西方学者所津津乐道的经济学方法论与中国传统经济思想之间也存在着某种内在的联系。

钟祥财分析了这种内在联系的史料依据。个人主义方法论的基本假设之一是个人对自己利益的了解、关心和维护,对此,中国古代思想家大都有明确认识。强调个体的价值,就意味着国家在经济事务中不能行使过度的干预,因此《老子》提出:"太上,下(不)知有之;其次,亲之预(誉)之;其次,畏之侮之。"西汉的司马迁把政府的经济政策分为五等:"善者因之,其次利道之,其次教诲之,其次整齐之,最下者与之争。"但是,自利人的基本假设也导致了另外两种经济主张的提出:一种是对这种人性进行根本改造,即把理想社会建立在消除人们追求自身利益的行为基础上;另一种是把这种人的本性纳入实现国家利益的轨道。就前者而言,形成于秦汉之间的大同理想具有代表性,此后,否定私有观念和制度成为中国古代解决社会危机的主流思路之一。后者的论述更多,而且每每转化为国家的实际政策,如商鞅的变法、桑弘羊的盐铁官营、王安石的新政等。到了近代,虽然西方的自由竞争学说已传入中国,但在当时特定的历史条件下,中国学者对古典经济学的不满日益增强,在思考如何使民族经济摆脱外国侵夺、实现快速发展的问题时,人们选择的也大多是具有整体主义方法论特点的国家体制。

据此,钟祥财认为,尽管古今中外的经济理论和政策主张形形色色,名目繁多,但只要运用个人主义或整体主义的方法论加以辨别,就会显露出清晰的两军对垒,基于同一的方法论,众多的经济观点既有惊人的相似性和一致性,又有其自身的逻辑递进或顺延关系,若对不同方法论相应位置点的理论加以比较,则又可以看到两者之间截然相反的观点对立。例如,整体主义方法论的运用者大都主张政府在宏观上主导经济的运行,它们强调社会的价值重于个人,擅长于组织集体行动,熟悉和偏好行政干预的办法,对社会经济的分析和评价基本上集中于分配的可接受度,即公正、公平,认为政府干预有利于经济发展的可控性,减少不确定性,是实现长期繁荣的人类理想的必由之路。反之,个人主义倾向于依靠市场机制发展经济,这种方法论主张经济运行应当由每一个行为主体之间展开的自由竞争来推动,它注重保护私有权力,强调法治规范的市场经济制度比政府的干预更有利于经济的发展,它肯定企业家的创新,认为企业利润是对企业家承担风险的合理回报,相信社会经济是在汇集、处理分散在个人的各种知识的基础上,通过试错才达到资源配置的逐步优化,这种渐进的发展同时也有效地避免了风险积聚,因而是可持续的。

如果上述经济学方法论的个人主义和整体主义在中国经济思想史上确实存在,它成为构建中国经济思想从古代直至当代的完整体系的分析主线就是有可能的,也是有必要的。确定这样的分析主线,既可以打通古今,也能够比较中西,不仅是对已有中国经济思想史分析框架的补充和丰富,而且有助于人们在中国经济融入市场化、全球化的过程中更好地汲取前人的智慧,明确当下的任务,参与包括社会主义市场经济在内的人类文明的共建。

参考文献

[1] 蒋福亚.评"末业,贫者之资也"[J].首都师范大学学报,2010,(1).

[2] 钟祥财.中国古代贫富差别思想述评[J].社会科学,2010,(1).

[3] 陈学文.晚明经济思想史上的一大发展——《崇邑蔡候去思亭记》的评释[J].天中学刊,2010,(1).

[4] 龙文玲.《盐铁论》引书用书蠡测[J].中国典籍与文化,2010,(1).

[5] 周建波.《中庸》、《大学》的经济思想暨与现代西方经济学的耦合[J].黑龙江社会科学,2010,(1).

[6] 张海英.明清商业思想发展及其转型困境[J].社会科学,2010,(2).

[7] 龚静.反映唐代义商与唐人财富观的三方墓志[J].考古与文物,2010,(2).

[8] 孙竞昊.盐铁会议的歧异与缺憾:兼论中国古代商人资本的性质和历史作用[J].历史教学问题,2010,(3).

[9] 武玉环.论金朝的防灾救灾思想[J].史学集刊,2010,(3).

[10] 向明亮.20 世纪 30—40 年代工业分散化思想述论[J].华中科技大学学报:社会科学版,2010,(3).

[11] 缐文.传统语境下的"发展经济学":略论晚清重商思想的分期与演变[J].河南师范大学学报:哲学社会科学版,2010,(3).

[12] 周生春,杨缨.历史上的儒商与儒商精神[J].中国经济史研究,2010,(4).

[13] 蔡志新.晚清嘉兴学者许楣、许楗的货币理论述评[J].嘉兴学院学报,2010,(4).

[14] 钟祥财.萨伊经济思想再议[J].贵州社会科学,2010,(4).

[15] 陈孝兵.现代货币主义没落的方法论桎梏[J].江海学刊,2010,(4).

[16] 尹世玮.回族崇商思想的历史形成脉络与现代审视[J].现代财经(天津财经大学学报),2010,(5).

[17] 王文胜,白勇.《大学》的经济思想及儒家经济观新释[J].贵州财经学院学报,2010,(5).

[18] 吴传清.陈振汉的工业区位经济思想研究[J].贵州财经学院学报,2010,(6).

[19] 吴敏超."中国经济派"考[J].近代史研究,2010,(6).

[20] 丁仕原.章士钊经办的公司及其经济思想[J].湖南商学院学报,2010,(6).

[21] 马涛.中国的哈耶克:顾准的市场经济思想与比较[J].福建论坛(人文社会科学版),2010,(10).

[22] 刘方健.中国历史上的救灾思想与政策[J].福建论坛:人文社会科学版,2010,(10).

[23] 彭南生,金东.论费孝通的乡村工业化思想[J].史学月刊,2010,(11).

[24] 赵晓雷主编.中国经济思想史(修订版)[M].东北财经大学出版社,2010.

[25] 叶坦.海外叶适经济思想研究论析——百年典案:从哥大到京大经济学研究中的叶适[J].中国经济史研究,2011,(1).

[26] 钟祥财.张东荪经济思想的近代意义[J].社会科学,2011,(1).

[27] 赵瑶丹,方如金.论陈亮"农商相籍"的重商思想及经商自救活动[J].清华大学学报:哲学社会科学版,2011,(1).

[28] 钟祥财.经济思想史上对价值理性的工具性解释[J].学术月刊,2011,(2).

[29] 陈群,桂起权.经济学方法论与实用主义思想之联系[J].社会科学战线,2011,(2).

[30] 熊金武.近代中国经济思想主动现代化过程中的经世派知识分子——以金安清的经济思想为例[J].重庆工商大学学报,2011,(2).

[31] 周建波,杜浩然.中国经济思想研究的创新与发展——"首届中国经济思想论坛"

综述[J].贵州财经学院学报,2011,(2).

[32] 王利华.经济转型时期的资源危机与社会对策——对先秦山林川泽资源保护的重新评说[J].清华大学学报:哲学社会科学版,2011,(3).

[33] 王毅武.中国现代经济理论研究[M].海口:海南出版社,2011.

[34] 袁名泽,盖建民.《太上妙法本相经》农学思想考论[J].宗教学研究,2012,(1).

[35] 李博.明代商税思想初探[J].中州学刊,2012,(2).

[36] 缐文.中国近代经济发展道路的早期探索:清季重商思想再评估[J].思想战线,2012,(2).

[37] 杨虎涛.经济学方法论的个体主义、集体主义及其超越[J].学术月刊,2012,(3).

[38] 孙大权.赶超战略与平衡发展——翁文灏与马寅初两种工业化道路的比较研究[J].复旦学报,2012,(5).

[39] 李黎力,沈梓鑫.经济学向何处去——金融危机以来的经济学反思[J].经济理论与经济管理,2012,(7).

[40] 马卫东.战国农学理论五大流派刍议[J].西北农林科技大学学报:社会科学版,2012,(3).

[41] 袁名泽.朱权农学思想考论[J].农业考古,2012,(3).

[42] 苏全有.黄遵宪经济思想新探[J].河南师范大学学报,2012,(3).

[43] 尹世杰.略论李达的经济思想[J].武汉大学学报,2012,(4).

[44] 喻小航.重农与轻商的中西比较[J].西南大学学报,2012,(4).

[45] 章金萍.民国时期银行家李铭的金融思想探析[J].学术交流,2012,(5).

[46] 卢江,钱书法.王亚南对中国经济学研究的理论与实践贡献[J].经济学家,2012,(8).

[47] 叶世昌.对晚清若干经济思想史文献的辩误[J].复旦学报,2013,(1).

[48] 刘辉.新中国成立前后经济学界对新民主主义的理论思考[J].中共党史研究,2013,(1).

[49] 谢丰斋.农业、人口与市场——再论波士坦的"新人口论"[J].世界历史,2013,(1).

[50] 刘群艺.去伦理化的努力与中国近代经济学理念的启蒙——以严复译〈原富〉为中心[J].贵州社会科学,2013,(8).

[51] 张申,程霖.近代中国工业化思想形成发展的外在动力和内在演化——基于涵化视角的考察[J].财经研究,2013,(12).

[52] 王毅武.中国现代经济理论精要[M].北京:人民出版社,2013.

[53] 韩丽娟,李忠.金融监督思想与农村金融的内在成长(1927—1949)[J].贵州社会科学,2014,(1).

[54] 王先明.百年中国乡村发展理论论争的历史思考[J].山西高等学校社会科学学

报,2014,(1).

[55] 赵晓阳.解决农村经济问题的路径差异与思想根源——陈翰笙和卜凯经济思想比较研究[J].经济学动态,2014,(1).

[56] 沈端民.钱味甘大热有毒——张说的货币思想[J].湖南商学院学报,2014,(2).

[57] 谢文心.回商文化中的伊斯兰经济思想初探[J].回族研究,2014,(2).

[58] 赵麦茹.论中国经济思想史研究方法创新问题[J].陕西师范大学学报,2014,(4).

[59] 黄今言,万义广.汉代农业生态思想的践行模式[J].农业考古,2014,(4).

[60] 苏全有,崔海港.论清末的富国思想[J].河南师范大学学报,2014,(5).

[61] 赵敏.以农至道:中国古代农学思想的天人之学[J].中国农史,2014,(5).

[62] 黄日初.中唐元载理财事迹考[J].云南财经大学学报,2014,(5).

[63] 汪海波.中外产业结构升级的历史考察与启示——经济史和思想史相结合的视角[J].经济学动态,2014,(6).

[64] 韦森.重读哈耶克[M].北京:中信出版社,2014.

[65] 张俊.中国农村公共品供给经济思想研究[M].北京:经济科学出版社,2014.

[66] 方建国.先秦诸子百家民生经济思想探析:结构变迁的视角[J].中国经济史研究,2015,(3).

[67] 李丹.晚清西方经济学财富学说在华传播研究——以在华西人著述活动为中心的考察[J].中国经济史研究,2015,(3).

[68] 邹进文.民国时期的经济思想史研究——来自留学生博士论文的考察[J].中国经济史研究,2015,(3).

[69] 程霖,张申,何业嘉.中国现代经济思想史研究:1978—2014[J].中国经济史研究,2015,(3).

[70] 孙大全.张培刚学术与思想几个问题的探析[J].复旦学报,2015,(1).

[71] 钟祥财.关于经济史学的几个问题[J].上海经济研究,2015,(1).

第三部分

经 济 史

第一章 总 论

第一节 经济史学科理论前沿

自 1970 年代末以来，国内学者的经济史研究，其关注的焦点以及理论前沿大致上经历了三个互有关联的逻辑发展阶段。1970 年代末至 1990 年代中叶，关注的焦点或者说理论前沿无疑是"现代化"。国内学者绝大部分的研究，无论是宏观的还是微观的，无论是对中国本土的还是对世界各国的或者是比较研究的，关注的焦点和中心几乎都是以世界各国经济的近代化、现代化为参照，围绕中国社会经济的近代化、现代化而展开。1990 年代之后，国内学界的经济史研究无论是在研究的理论、方法，还是研究的问题和视角等方面，聚焦的中心无疑多为"制度变迁"，其中，既有对个别企业、行业企业制度变迁的关注，也有对以整个市场经济体系为对象的经济制度变迁的关注，更有以社会经济制度转型为对象，以及与世界各国制度变迁的历史、模式、路径等进行比较的关注和研究。近年来，国内经济史学科的理论前沿进一步体现出以下三大趋向：一是计量经济史，或者说量化历史研究越来越受到学界的重视和运用，在中国经济史、外国经济史研究中都出现了这样的研究方法和模式。在此背景下，长时段、大跨度的研究正成为经济史研究的前沿和趋势之一。二是不仅各主流经济学，诸如制度经济学、数量经济学、企业理论、社会资本理论、相关利益者理论、空间经济理论等越来越融合于经济史研究中；而且诸如法学、社会学、人类学、发展地理学等各种学科交叉研究的渗透与融合也变得越来越明显。三是在诸多学科理论、方法的支持下，以新史料的开掘、整理为强大支撑的多学科、总体性、整体性研究，对经济史研究理论、方法、趋势的讨论和关注，以及国内经济史学界与世界各国同行研究的融合，更是成为国内经济史学界以及国内经济史学者最为关注的理论前沿之一。

按照当前国内同行公认的分类,国内的经济史学科大致上可以分成中国古代经济史、中国近代经济史、中国现当代经济史以及外国经济史四个主要的研究分支。鉴于近年来中国古代经济史及中国近代经济史在研究对象上有日益融汇共通之处,经济史学科理论前沿可按中国古代、近代经济史,中国现当代经济史,外国经济史,分而述之。

第二节　中国古代、近代经济史理论前沿

近年来,中国古代、近代经济史理论前沿主要表现在,一是关于计量经济史研究方法及理论的普遍运用,取得了一大批有质量、有创新的研究成果,形成了一支有思想、有追求的科研队伍,其中,最显著的当推对历史 GDP 以及历代粮价的研究。二是关于制度经济史的研究,其借鉴和运用主流经济学的理论和方法,不仅有关于传统商人和商人资本制度变迁的研究、近代早期经济制度转型的研究,也有对中国近代企业制度演进的研究以及关于产权、地权制度变迁的研究等。其研究的方法、理论、分析框架都有明显进展。三是以新领域、新视角、新方法体现的理论前沿表现日益突出。四是以大宗史料发掘、整理为支撑的前沿研究正成为中国古代、近代经济史研究中最值得关注的理论前沿之一,在未来的学科发展中,理论、方法与大宗新史料开掘、利用的相互结合,将是经济史研究取得重大突破的必要条件和关键所在。五是对经济史理论、方法、发展趋势的思考和探讨所体现的学科理论前沿。

理论前沿所透视出的理论创新主要体现在三个方面:一是打破原有断代研究的传统思路和方法,长时段、大跨度的研究正越来越成为一种趋势性的研究方法;二是计量研究的理论和方法在经济史研究中正得到越来越普遍的重视和推广,它们与传统文献学、历史学、社会学的研究方法,以及传统的统计分析方法相结合,将会为经济史学科理论创新开辟一个崭新的天地;三是不仅是主流经济学中的制度经济学理论、企业理论、社会资本理论、相关利益者理论、空间经济理论等各种理论和研究方法,越来越多被融合和运用进经济史学科各相关领域、相关问题的研究之中,而且诸如法学、社会学、人类学、发展地理学等多学科的理论和方法也日益渗透与融合于经济史研究的各领域、各问题之中。日益显见的理论创新,必将为经济史学科的发展提供扎实可靠的学术动力和学术支撑。

第三节　中国现当代经济史理论前沿

中国现当代经济史理论前沿研究大致上包括以下三个方面：一是中国经济总量与经济增长研究及其计量史学方法的运用，其中，工业化及其增长研究是中国现当代经济史的研究主线；二是微观制度变革与宏观制度变迁方面的研究，其中，农村制度变革的理论前沿研究主要围绕土地改革—合作化（集体化）—联产承包责任制的主线展开；三是新资料的挖掘与出版，大型资料及富有特色的专题资料与基层档案既是近年来现当代经济史资料整理与出版的重点，也是学科前沿拓展的资料支撑。

近年来，学科创新与研究趋势主要体现在：第一，研究领域更为宽广与融合。如工业化、农业现代化、城市化、收入分配或收入差距之间的融合研究等。第二，以1950年代至1970年代为对象的中华人民共和国经济史研究明显加强。如近年来对公私合营、土地改革、粮食危机、工业托拉斯、"大跃进"、人民公社等热点问题的系列研究上，这一研究领域也将成为未来一段时期内经济史研究的前沿。第三，对于中国现当代经济史中的重大问题的争论以及对有争议问题的深入研究。重大问题如工业化中的三线建设对重工业发展、区域经济协调发展、城乡收入差距的影响；以前有争议的如粮食、大饥荒等问题也有更深入的研究。第四，研究方法上多学科交叉、多种研究工具和方法的创新与融合。尤其值得关注的是用一定计量模型来分析经济史的计量史学方法，一方面，拓展了经济史的研究领域，如近年来学者研究大饥荒、疾病与人口、教育等有争议的问题与经济增长的关系；另一方面，在客观认识到计量经济学模型局限性的同时，经济史的科学性也得到学界更为广泛的认同。

第四节　外国经济史理论前沿

外国经济史以其研究对象而论，大致可以分为以欧美为主体的西方各国经济史，以及以日本为主体的东亚、东南亚各国经济史。

一、西方各国经济史理论前沿

多年来，相对于中国经济史而言，国内经济史学界对外国经济史的研究，有着明显不同的基本出发点与追求。首先,从中国的视角关注世界经济发展史,主要涉及中外经济贸易、中外经济关系、外国经济发展的历史经验;其次,为了理解世界经济的历史过程,依次关注的议题分别是域外(主要是欧美)的商业革命、工业革命,与之密切相关的金融业、运输业、城市化、农业革命。此外,在研究外国经济史时,还有一个重要的诉求,即理解域外资本主义经济的发展与转型,例如,工业革命的起源与去向、经济增长的形成、经济发展的模式、资本主义的发展、经济与社会转型机制。

对于外国经济史而言,学界在研究相对陌生的异域经济史时,首先,移译、整理、介绍外国学者的相关论著,故而近年来移译与介绍著述仍时常可见。但与此同时,结合本国实情以及国际经济史学潮流的新研究也时有涌现;计量分析、制度绩效测评、长时段经济分析等新的视角与方法,也较多地获得采用。其次,学界所进行的相关研究,大体上遵从国际经济史界的学术趋势,选择比较重要的热点问题,进行相对合乎国内学界需要的研究,故而,对近代欧洲经济转型、第一次工业革命、"二战"后新经济,以及重商主义、工业化、金融制度、城市化等方面,进行了较多的介绍与研究,在外国学者研究外国经济史、中外学者研究中国经济史之间,开辟了一个具有特色的经济史研究路径,有迹象表明正呈现一种由边缘向中心靠近的趋势。

二、东亚、东南亚各国经济史理论前沿

东亚、南亚经济史,是指中国以外的东、南亚各国的经济史,东、南亚各国经济史的研究,素以日本经济史研究为最重要的一块,其次还有韩国及东南亚各国以及东盟经济体的经济史研究,就其研究力量和学术成果而言,显然日本经济史研究力量最强,研究成果也更多,故东、南亚经济史理论前沿的研究主要分两大部分,一是日本经济史的理论前沿;二是其他各国经济史的理论前沿。

日本的经济史学具有悠久的传统,早在1930年代,该学科的研究就已达到较高水平,至今日本经济史研究已是硕果累累,日本经济史研究的理论和方法,从马克思的经济理论,到新古典经济理论,再到"计量史学"(cliometrics)或"新经济史学","历史的制度分析"(historical institutional analysis, HIA),逐步引入了欧美国家的经济理论和方法。而中国的日本经济史研究与日本国内的经济史研究相比,在理论前言方面难免有所滞后,但是经过几十年的积累和

发展,中国的日本经济史研究已经形成了较为完整的研究体系,尤其是近五年来,在理论和方法上也有了显著的提升,出现一批有质量的论著。东、南亚其他各国经济史的研究比较分散,成果也远不及日本经济史多,但涉及的国家地区相当广泛,其中,东盟经济体的研究相对集中。

中国学者对日本经济史研究的一大侧重,是为中国经济发展提供可借鉴的经验教训。因而研究重心从时间上看比较集中于"二战"后。从内容看比较侧重日本经济发展模式、产业政策、企业制度等。从研究趋势上看,首先,日本现当代经济史研究越来越受到重视,其关注点和考察对象虽然很多没变,如日本经济发展模式、日本经济盛衰原因等热点问题依然受到很大的关注,但研究视角和方法却和以往有大不相同;其次,日本企业经营史在经济史研究中占有相当大的比重,企业经营的模式及其微观制度的考察成为热点,日本企业发展对中国产生的借鉴作用也受到一定关注;再次,东、南亚其他各国经济史最大的关注点是该国与他国之间的关系或比较研究,如中日韩的关系或比较、日本与东盟各国的经济关系、中国与东盟各国的经济关系、全球化经济问题受到重视;最后,无论是日本史还是东、南亚其他各国经济史的研究成果多为论文而较少有专著,特别是缺乏长时间大跨度的大作品。

参考文献

[1] 李伯重.理论、方法、发展趋势:中国经济史研究新探[M].北京:清华大学出版社,2002.

[2] 吴承明.经济史:历史观与方法论[M].上海:上海财经大学出版社,2006.

[3] 麦迪森.中国经济的长期表现[M].上海:上海人民出版社,2008.

[4] 陈志武,龙登高,马德斌主编.量化历史研究(第一辑)[M].杭州:浙江大学出版社,2014.

[5] 厉以宁.资本主义的起源——比较经济史研究[M].北京:商务印书馆,2003.

第二章 分论一、中国古代、近代 经济史理论前沿

第一节 计量经济史理论前沿

近年来,经济史学科最值得关注的理论前沿之一就是计量经济史研究的兴起。早在 1980 年代,国内就有学者提出经济史研究中的计量问题,只是当时主张和强调的方法主要还是传统的数据收集、考订、校核以及传统的统计分析方法等。[①]自 1990 年代起,随着新经济史学的不断传入,国内计量经济史研究开始持续升温。[②]2010 年,广东外语外贸大学经济史研究团队创办了"中国计量经济史研究中心"、内部发行了《中国计量经济史研究动态》。近年来,国内学者计量经济史研究比较集中的领域有三:一是关于历史上国内生产总值,即"GDP"的估算;二是关于历代粮价的研究;三是有关货币金融、内外贸易、收入分配等方面的计量研究。而 2013 年、2014 年清华大学举办的两届"量化历史研究"讲习班,更是将计量经济史研究推向了新的高潮。

一、关于 GDP 的计量研究

近年来,打破原有断代研究的传统思路和方法,进行长时段、大跨度的问题研究越来越成为经济史学界推崇的研究方法。其中,最集中的体现就是运用计量经济史方法对长期经济总量,即"GDP"的研究。除去较早时期国内学者的研究不论,自从英国学者麦迪森《中国经济的长期表现》(上海人

[①] 唐传泗.关于中国近代经济史研究的计量问题[J].经济学术资料,1981,(3);彭泽益.中国经济史研究中的计量问题[J].历史研究,1985,(3).

[②] 刘巍.经济运行史的解释与经济学理论的检验——1996 年以来中国近代计量经济史研究评述[J].中国经济史研究,2013,(1).

民出版社,2008年版)问世以来,对中国历史上 GDP 的研究渐趋深入。2008年12月,第一次"清华—北大中国经济史沙龙"讨论的主题就是"中国历史上的 GDP 研究"。2011年5月,《中国经济史研究》编辑部、北京大学经济学院、清华大学中国经济史研究中心、南开大学经济史研究中心在中国社会科学院经济研究所联合举办"中国经济史中 GDP 估算的资料来源与理论方法研讨会",再次对国内学术界的历史 GDP 计量研究进行了一次有意义的学术大讨论。[①]

国内学者近年来关于历史 GDP 的计量研究,或是对某一时期、地区的 GDP 研究;或是对某一个王朝或一个较长历史时期的 GDP 的研究;或是对近代中国历年 GDP 的研究;最后还有对 GDP 研究理论与方法的商榷与讨论。

以某一时期、地区 GDP 为对象的研究最具代表性的当推对清代江南华亭县、娄县的研究。[②]其依据地方志、农书和近代调查等资料,运用国际通用的"国民账户体系"核算法,对当时号称中国经济最发达的江南地区的华亭县、娄县的 GDP 进行了总量和结构上的估计。得出的基本认识是:清中叶江南华—娄地区以农业、渔业为主体的第一产业占 GDP 的30.8%、手工业为主体的第二产业占33.2%、各类服务业为主体的第三产业占36%,由此而颠覆了对传统社会产业结构比重"一、二、三"排序的传统认识。并且认为该地区以手工棉纺织业为主的"斯密型成长"已经达到了很高的水平。[③]

对历史上某一王朝 GDP 进行研究的当推明代 GDP 研究。该研究在对历史典籍、文献记载数据进行甄别、筛选、汇总的基础上,运用现代国民经济核算中的生产法,对明代历年的实际 GDP 总量、人均实际 GDP 以及产业结构、积累率等经济变量,进行了系统的估算。基本结论为,明代 GDP 增长速度不快,平均年 GDP 增长率为0.29%;人均年收入没有明显变化,以1990年美元计人均收入约230美元,最高年份也不到280美元,远低于麦迪森估算的人均600美元水平;经济结构中农业所占比重在90%左右,手工业和商业

① 王小嘉."中国经济史中 GDP 估算的资料来源与理论方法研讨会"纪要[J].中国经济史研究,2011,(3).

② 李伯重,中国的早期近代经济——1820年代华亭—娄县地区 GDP 研究[M],中华书局,2010.

③ 彭凯翔.传统中国经济张力的立体透视——评《中国的早期近代经济》——1820年代华亭—娄县地区 GDP 研究[J].经济研究,2011,(5).

最高时也没有突破 20%；政府税收与 GDP 之比约 3% 到 9%；经济中的年均积累率低估值约 5.3%，高估值为 9%。①此外，也有从铸币角度对清乾隆朝 GDP 进行估算的研究。②

对近代中国历年 GDP 的研究有对 1936 年上海 GDP 结构的探析，③也有对 1913—1926 年中国 GDP 的估算。后者利用已有的近代中国 GDP 数据，先是通过总供求进行 GDP 估算，接着又分别从进口、储蓄、投资等角度对 GDP 估算值进行了验证，最后列出的各年 GDP 分别为，1913 年 178.09 亿元、1926 年 238.63 亿元、1936 年 309.40 亿元。④不过也有学者认为，即使计量模型本身无可挑剔，这种用模型推导数字的方法似乎也不宜大力提倡。⑤

较长时期的 GDP 研究有对 1600—1840 年间中国总量经济的研究。该研究以麦迪森的研究为对照系，同样运用国民生产总值核算中的生产法，对 1600—1840 年中国 GDP 的总量及其构成进行了估算。结果作者认为发现了麦迪森研究的一个基本错误。"麦迪森假定，从明中叶到清中期（1500—1820 年），中国人均 GDP 未发生变化，按 1990 年美元不变价格计算，人均为 600 美元。"而该研究认为，如果"按当期购买力平价法计算，1600 年我国 GDP 总量约为 780 亿美元，之后逐步下降，到清初开始缓慢增长，1840 年最高时超过 1 300 亿美元。从人均数据看，1600—1730 年我国人均 GDP 波动较小，基本上在 380 美元上下，之后逐步下降，1840 年最低时下降到了不足 320 美元"⑥。这与麦迪森的估算有着明显的差异。

上述 GDP 研究之所以在同样问题的结论上出现如此巨大的偏差，一个重要的原因就在于研究依据的资料以及对资料处理和估算的方法上。于是有学者开始反思历史 GDP 研究中的理论与方法，认为国内学界对历史上中国 GDP 的研究，除了运用统计核算、估算或产量价格测算等会计方法进行外，还有运用计量模型进行推算的研究。但其中存在的普遍性问题却有碍于更加真实地

① 李稻葵,管汉晖.明代 GDP 试探[J].清华大学学报,2009,(3);管汉晖、李稻葵.明代 GDP 及结构试探[J].经济学(季刊),2010,(3).
② 戴建兵等.乾隆朝铸币与 GDP 估算—清代 GDP 研究的一种路径探索[J].清史研究,2013,(1).
③ 李敦厚,朱华.抗战前夕上海 GDP 及结构探析—以 1936 年为例[J].史林,2011,(3).
④ 刘巍,陈昭.对中国 1913—1926 年 GDP 的估算[J].中国社会经济史研究,2008,(3).
⑤ 杜恂诚,李晋.中国经济史"GDP"研究之误区[J].学术月刊,2011,(10).
⑥ 刘逖.前近代中国总量经济研究(1600—1840)兼论对安格斯·麦迪森对明清 GDP 的估算[M].上海世纪出版集团,2010:138—139、148—149.

认识中国古代、近代社会和进行跨国、跨社会的比较。不仅认识和估算的思路进入了误区，偏离了 GDP 的规范定义，而且具体方法也不尽如人意。关键是"合理性和基础性的数据的积累是至关重要的"。因此不宜把 GDP 作为将中国古代传统社会或中国二元转型社会与西方资本主义国家作比较时的主要普世价值评价标准，尤其不宜用偏离定义或模型有缺陷的估计或计量方法得出的 GDP 数字来进行比较。①相近似的看法也认为，对历史上的 GDP 进行研究虽具重要意义，但用 GDP 衡量经济增长与经济发展也有局限性，对历史上的 GDP 研究既不要迷信，也不要求全责备。②更有学者认为，如果仔细看麦迪森的研究，就会发现他的许多关于中国历史上的经济数据都是主观臆测而来的，因此，国内学者如果能够重建一套中国历史上的 GDP 序列，不仅能够填补这一领域空白，而且还能够以此长序列经济数据为依托，思考、研究数据背后隐藏的历史上的经济状况。③

二、关于历代粮价的计量研究

关于历代粮价的计量研究主要包括两大方面的工作，一是数据整理，二是计量研究。连续可靠、可信的数据系列主要来自清代粮价奏报等档案资料，而计量研究即是对数据相应的处理和分析，使用的方法主要有汇总统计、回归分析、面板数据等等。早在二十世纪七八十年代，台湾学者王业键、国内学者陈春生等就已经开始相关工作。④历年来，最重要的系列数据资料整理成果有台北"中央研究院"王业键主持的"清代粮价资料库"(http://140.109.152.38/DBIntro.sap)，以及中国社会科学院经济研究所编《清代道光至宣统间粮价表》(22 册，广西师范大学出版社 2009 年版)。前者是王业键积数十年在北京、台北两地收集的各种、各类清宫粮价清单而建立的数据资料库。后者以1930—1933 年北平社会调查所在汤象龙等学者组织下，抄录的故宫档案中

---

① 杜恂诚,李晋.中国经济史"GDP"研究之误区[J].学术月刊,2011,(10).

② 萧国亮.对中国历史上 GDP 研究的一点看法[J].清华大学学报,2009,(3).

③ 颜色.对于中国历史 GDP 核算和数量经济史问题研究的一点想法[J].中国经济史研究,2011,(3).

④ 王业键.清代(1644—1911)物价的长期趋势[J].经济学术资料,1983,(2).史志宏.王业键《1638—1935 年间江南米价变动趋势》述要[J].中国经济史研究,1993,(3).陈春生.市场机制与社会变迁—18 世纪广东米价分析[M],中山大学出版社,1992;清代中叶岭南区域市场的整合—米价动态的数量分析[J].中国经济史研究,1993,(2).

道光至宣统年间 2.5 万份粮价清单为据,整理、编辑后出版。可以说,近年以清代粮价为对象的计量研究,所依据的资料来源,几乎无不出于此。如近年对清代历年粮价数据质量进行的考察,就是以此二者收录的粮价数据为基础,按照王业键设计的 2 个检验粮价数据可靠性的统计指标,具体量化研究了 1736—1911 年长江流域九府的米价数据质量。结果表明,乾隆朝的粮价数据质量高于嘉庆、道光两朝,嘉庆、道光两朝的数据质量高于咸丰、同治、光绪、宣统四朝。[1]

另一项相类似的研究是从中国南北方市场整合的角度,对 18 世纪清代粮价的研究。其依据 1742—1795 年 15 省的府级主要粮食品种月度价格数据,"通过回归和协整分析"的方法,比较了清代南北方市场整合程度的差异。在对区域面积、粮食品种进行稳健性检验并分析了天气干扰和政府干预等因素后,发现南北方差异依然显著,而自然条件限制是导致南北方市场整合差异的重要原因。[2]

稍早一些的还有在王业键等前人研究以及米价资料整理的基础上,引入计量、经济分析等多元的方法和角度,对清代以来的粮价进行的序列性研究,重点对粮价的年度波动以及波动的特征进行了较为细致的描述和纵向的对比,而在年度波动周期中,又焦点性地关注了 4~5 年的周期波动,并且对其进行了相应的理论机制分析。[3]近年来,以清代粮价研究为中心的粮价计量研究,在数据使用上,正由一维数据向面板数据发展;在研究内容上,正由分析粮价序列向研究市场机制、市场整合发展;在研究方法上,正由传统的文献、历史研究方法与相关数理统计、协整分析方法相结合。[4]

与历代粮价计量研究相关的还有对历代耕地、粮食亩产量、总产量等的计量研究。如对 19 世纪上半期中国耕地面积、粮食亩产量、总产量的再估计等。这些研究多以《明实录》《明会典》《清实录》《大清会典》《大清一统志》《户部则例》等为主要资料来源,辅之以地方志等其他文献资料,通过考据、逻辑修正、计量等方法,在确定一个推算基点年代后,对清前期的实际耕地面积进行相应

① 王玉茹,罗畅.清代粮价数据质量研究—以长江流域为中心[J].清史研究,2013,(1).
② 颜色,刘丛.18世纪中国南北方市场整合程度的比较——利用清代粮价数据的研究[J].经济研究,2011,(12).
③ 彭凯翔.清代以来的粮价:历史学的解释与再解释[M].上海人民出版社,2006.
④ 朱琳.数理统计方法在清代粮价研究中的应用与发展[J].中国经济史研究,2015,(1).

的估算。而对粮食亩产量、总产量的估算则主要以地方志、官方档案、民间租册、地契文献等等为依据,经汇总、甄别后编制成分地域、分作物的系列数据,再用算术平均方法对这些系列数据进行计量处理后,估算出同时期的粮食亩产量和总产量。所揭示出的是中国在明万历至清道光末年,在耕地面积及粮食产出总量持续增长同时,人均耕地面积及人均粮食占有量却持续下降的相悖情形。①

三、关于货币金融、内外贸易、收入分配等的计量研究

此类计量经济史研究,研究队伍构成较为广泛,除了一些多年从事计量研究的资深学者外,不乏中青年研究人员。前者如对历史上中国狭义货币供应量的研究,在构建商品经济已占一定地位,经济货币化提升节奏比较稳定的两个假设条件下,用供求决定价格的模型,对近代中国狭义货币供应量的估算。②利用基尼系数对近代保定地权分配的探讨。③对世界市场价格变动与近代中国产业结构模式的研究。④对 1887—1936 年中国总产出的国际地位、总供给缺口、居民消费指数的研究,⑤以及利用清代债务命案资料对民间借贷中暴力冲突的研究。⑥后者如基于中国历史数据对中外比较优势理论有效性检验的研究,⑦对近代中国出口贸易变动趋势及其影响因素的研究,⑧对近代上海标金期货市场的实证分析,⑨对 1644—1850 年中国白银外流、银钱比价与物价水平的研究,⑩

---

① 史志宏.19 世纪上半期的中国耕地面积再估计[J].中国经济史研究,2011,(4);19 世纪上半期的中国粮食亩产量及总产量的再估计[J].中国经济史研究,2012,(3).

② 陈昭,刘巍.对 1887—1909 年中国狭义货币供应量 M1 的估计[J].中国经济史研究,2011,(4).

③ 隋福明,韩锋.20 世纪 30—40 年代保定 11 个村地权分配的再探讨[J].中国经济史研究,2014,(3).

④ 王玉茹,燕红忠.世界市场价格变动与近代中国产业结构模式的研究[M],人民出版社,2007.

⑤ 刘巍.1887—1936 年中国总产出的国际地位研究—与美英日三国的比较[J].广东外语外贸大学学报,2013,(3);崔文生.近代中国 50 年总供给缺口研究(1887—1936)[J].广东外语外贸大学学报,2013,(2);崔文生.近代中国 50 年居民消费数据估计(1887—1936)[J].广东外语外贸大学学报,2012,(2).

⑥ 陈志武等.民间借贷中的暴力冲突:清代债务命案研究[J].经济研究,2014,(9).

⑦ 管汉晖.比较优势理论的有效性:基于中国历史数据的检验[J].经济研究,2007,(10).

⑧ 郝燕.近代中国出口贸易变动趋势及其影响因素的实证分析(1870—1936)[J].中国社会经济史研究,2007,(2).

⑨ 魏忠.近代上海标金期货市场的实证分析——基于上海标金期货市场与伦敦白银市场之关系的视角[J].财经研究,2008,(10).

⑩ 吴小锋.白银外流、银钱比价与物价水平(1644—1850)基于计量经济史学的研究[J].价值工程,2012,(5).

对近代开滦煤矿产出的"slow 余值"分析,①以历史计量学视角对近代农民离村因素的再讨论,②以及同时也使用统计研究方法对近代中国城乡收入分配以及物价、工资生活水平的定量研究等。③

此外,更集中的计量经济史研究可以广东外语外贸大学中国计量经济史研究中心《中国计量经济史研究动态》及其刊发的文章为例,该学者内部交流性质的"学术通讯",仅 2014 年第 1 期至第 4 期,就刊发了计量经济史研究论文 15 篇,内容涉及古代、近代、现代中国的金融货币、收入分配、国民所得、消费信贷、内外贸易、人口生育、经济增长与经济周期等各个方面。而按该团队自己的介绍,近年来他们在计量经济史方面的研究主要在三个方面对经济学理论作出了贡献:一是关于经济史进程中的阶段性特征研究;二是对某些国际贸易理论的修正;三是对某些货币理论的修正。④可以说,该团队以及团队以《中国计量经济史研究动态》为纽带聚集的同行,较集中地体现了国内经济史学界在计量经济史研究方面的理论前沿及发展趋势。

四、计量经济史、量化历史研究的纵深拓展

近年来,计量经济史、量化历史研究在经济史学科中得到重视和推广,代表了未来的经济史研究与经济学主流理论和方法日益结合的重要趋势。⑤2013 年、2014 年,清华大学连续两年举办了"量化历史研究"暑期高级讲习班,聘请海内外一流学者进行讲学、讨论,体现了海内外在此研究领域中的前沿水准。仅第一届讲授的内容就包括大分流,比较研究,制度与社会,金融与经济组织,量化评估等。举办者的目的就在于"推动现代社会科学的分析范式和方法在国学、历史学研究中的应用(如经济史、金融史、社会史、文化史、政治史等

① 云妍.近代开滦煤矿产出的"Slow 余值"分析[J].中国经济史研究,2012,(4).

② 李楠.近代农民离村决定因素的再讨论:一个历史计量学的视角[J].中国经济史研究,2013,(2).

③ 王玉茹.近代中国物价、工资和生活水平研究[M].上海:上海财经大学出版社,2007;关永强,近代中国的收入分配:一个定量的研究[M].人民出版社,2012;隋福民、韩锋.保定 11 个村人均纯收入水平与结构的历史变化(1930—1998):基于"无锡保定农村调查"数据的分析[J].中国经济史研究,2012,(4).

④ 经济史研究的最高境界:修正和补充理论经济学—广外中国计量经济史研究中心的学术追求[J].广东外语外贸大学学报,2013,(2).

⑤ 刘文革.中国计量经济史研究的回顾与展望[J].广东外语外贸大学学报,2009(6).孙圣民.历史计量经济学五十年—经济学和史学范式的冲突、融合与发展[J].中国社会科学,2009(4).孙圣民等.历史计量学中面临的问题及对策[J].中南财经政法大学学报,2012,(5).

领域）。国学研究需要新的方法论血液，而这新鲜血液就是 20 世纪初以来的社会科学的范式"。①而计量经济史研究无疑是量化历史研究领域中最重要的领域以及最主要的内容之一。

第二节　制度经济史理论前沿

一、古代社会经济制度变迁研究

在古代经济制度变迁研究中，最集中的领域之一是对诸如山西商人等传统商人及商人资本的研究。这些研究大多以制度经济学为基本分析框架，在运用历史资料的基础上，对传统中国社会的商人及商人资本的运作机制等，从制度变迁的层面上进行饶有新意或者是富有开拓性的研究。如一些对"晋商"的研究，往往先从制度发展或制度研究的"分析框架"出发，然后依次考察晋商制度变迁中的"制度系统""制度配置""制度成本""制度运营""正式制度与非正式制度"等等，并且还在前此基础上，进一步考察更为具体的，诸如晋商的信用制度变迁、委托代理制度博弈等。②显而易见，此类研究的学术目的是力图借助于制度经济学的理论及分析框架，构建起一个对传统经济制度变迁问题的崭新的研究和分析体系。但随之而来的要点和难点是，如何将研究对象、研究资料与分析的理论和方法，在研究和叙述的框架中更加有机、有效地结合起来，并且使之更有学术说服力。

其他如有学者在以往有关"和籴"以及政府财政研究的基础上，以制度变迁理论以及现代财政学理论为基本分析框架，从政府消费与生成发展的结合上，对宋代的政府购买进行的研究。所谓政府购买，是"政府为了满足自身的消费需求以履行其职能，使用财政性资金购买物资或劳务的行为"。作者以为，诸如此类的政府购买制度研究，就其研究方法而言，应该"属于经济制度史研究的范畴"③。还有如《明代海外贸易制度》在明代前期朝贡贸易及其管理体

---

① 陈志武，龙登高，马德斌主编.量化历史研究(第一辑)[M]."序言"第 1 页.杭州:浙江大学出版社,2014.

② 刘建生等.明清晋商制度变迁研究[M].太原:山西人民出版社,2005;晋商信用制度及其变迁研究[M].太原:山西经济出版社,2008;燕红忠.策略均衡与制度效率:关于明清晋商委托代理制度的博弈解析[J].财经研究,2012,(7).

③ 李晓.宋代政府购买制度研究[M].上海:上海人民出版社,2007;26、33.

系的基础上,研究了明代海外贸易及贸易制度的转型和制度调适,探讨了贸易制度变迁的力量及其局限性等等。[①]

二、近代早期经济及经济制度转型研究

在人类社会经济发展过程中,大约从中世纪晚期到近代早期,西方世界的崛起以及东方世界发展的相对迟滞,是经济史研究中带有"迷"一样色彩的课题与难题。1970年代之前,国内学者对此的研究主要是以"资本主义萌芽"问题的形式出现。近年来,随着海内外学术交流的频繁,继冲击—反应论、西方中心论等之后,诸如大分流理论,原始工业化理论等,逐渐成为研究中国前近代及近代早期社会经济及经济制度转型的前沿理论。

大分流理论源自西方学者彭慕兰的《大分流:欧洲、中国及现代世界经济的发展》(江苏人民出版社2003年版),基本意思是1800年之前的世界是没有一个经济中心的多元世界,19世纪欧洲工业化充分发展之后,一个占支配地位的西欧中心才具有世纪意义,而在这个过程中,中国与西方在前近代与近代之交的大分流是关键所在。这一基本诠释也成为海外中国经济史研究中"加州学派"的主要理论之一。近年来海内外学术界对此的一次学术大交流是2012年清华大学"中西经济大分流:历史比较分析"国际学术研讨会。[②]而国内学界在肯定这些理论学术前沿的同时,也有来自不同视角的不同评说及见解。[③]

原始工业化理论同样缘起于西方,国内学者在引进此概念及相关理论时,也有称之为早期工业化的,而就其对应或所指的经济现象而言,基本上是定格为近代之前的清前期或明清时期以家庭为基本生产单位的手工业。早在本世纪初,国内就有学者以此理论为基本分析框架进行了较为系统的研究,认为就中国具体的研究对象而言,与其称之为"原始工业化",还不如称之为"早期工业化"。"18世纪中叶之前,中国与欧洲的经济发展,走的是一条相似的道路,不仅动力相同,而且归宿也相同。"[④]近年来,也有研究将明清时期的原始工业

---

① 李庆新.明代海外贸易制度[M].北京:社会科学文献出版社,2007.

② 何国卿等."中西经济大分流:历史比较分析国际学术研讨会纪要"[J].中国经济史研究,2012,(4).

③ 杜恂诚."大分流"的文化成因说评析[J].社会科学,2011,(11);杜恂诚、李晋."加州学派"与18世纪中欧经济史比较研究[J].史林,2009,(5).

④ 李伯重.江南的早期工业化(1550—1850年)[M].北京:社会科学文献出版社,2000.

化按照发展水平、生产组织、政府政策三个层面进行过程化的分析①,不过其对于西方原始工业化分析框架的模仿是十分明显的,如果真正要通过这样的研究和分析,提供对前近代中国社会转型、经济制度变迁的新认识,还有许多更加细致、认真的工作要做。

与原始工业化理论相近的还有半工业化理论,不过其研究的对象已延伸至了近代中国,半工业化的概念也就成为介乎于前近代原始工业化与近代城市工业化之间的一个新概念,它为近代中国乡村手工业及其农村社会变迁提供了一个新的诠释框架②。

此外,以近似方法进行的此类研究中,还有对近代早期小农经济转型中"过密化"理论重新进行微观分析和统计验证的研究③。有以全球化视角对19世纪中国社会经济转型的研究④,有以微观视角对中国未能发生工业革命的考察⑤,也有以制度经济学中的交易费用理论考察明清时期经济史中的国家组织结构变迁,并试图解释国家范围的变化、国家产权结构的调整过程中社会文化形态演变的研究等⑥。这些试图在新的理论框架下实现经济学、历史学合一的研究,对于研究者的学术功力和理论素养,以及对于史料数据的掌控和处理,都有着很高、很严格的要求。

三、企业史及企业制度变迁研究

自1990年代以来,企业史及企业制度始终是中国经济史研究的理论前沿之一。其中既有对明清时期合伙制的研究⑦,也有对近代某一时期、地区,个别企业、行业的研究,也有以某一类型企业制度为对象的研究,更有对近代企业制度变迁的总体性研究。

21世纪初以来,问世的近代中国企业制度总体演进的研究著述,在研究论

---

①　于秋华.明清时期的原始工业化[M].大连:东北财经大学出版社,2009.

②　彭南生.半工业化—近代中国乡村手工业的发展与社会变迁[M].北京:中华书局,2007.

③　柳平生,葛金芳.近代江南农村"过密化问题的微观分析和统计验证"[J].浙江学刊,2011,(5).

④　仲伟明.茶叶与鸦片:十九世纪经济全球化中的中国[M].北京:三联书店,2010.

⑤　赵红军.农民家庭行为、产量选择与中国经济史上的谜题——一个考察中国未能发生工业革命的微观视角[J].社会科学,2010,(1).

⑥　郭艳茹.经济史中的国家组织结构变迁:以明清王朝为例[M].北京:中国财政经济出版社,2008.

⑦　刘秋根.清代农业合伙制初探[J].石家庄学院学报,2006,(1);杜建录等.黑水城出土合伙契约再考释[J].西夏研究,2013(4).

题的确定及把握上大致有三种情况：一是以企业制度为题；二是以公司制度为题；三是以股份制为题。①这一方面体现了各研究者对选题的理论概括以及分析框架和方法的不同视角以及研究者学识、功力、理论素养的异同，体现了经济史学界在企业制度研究方面的多样化、多元化的共存；但另一方面也反映出在中国企业制度研究的一些最基本、最核心的理论、方法等研究范式方面，确实还有不少共识性的问题有待学界和学者进一步的研讨，在未来的中国企业制度史研究中，它们很有可能成为新一代研究者深入关注和探讨的话题和领域之一。

企业制度研究的进一步细化和深化，可以具体展开为对民营企业制度，特别是家族企业和家族企业制度的研究②，以及国有企业制度和外商企业制度的研究。其中，对近现代国有企业制度的研究是近年来较为前沿的问题之一。

近年来的国有企业制度研究既有从传统经验与现代理想视角，对南京国民政府时期国营工业企业的研究③，也有从中国近代国有经济思想与制度演变视角的研究④，也有对整个南京国民政府时期国有企业制度生成、演进总体考察的研究⑤，更有对中国近现代国家资本更长时期变迁的考察分析⑥。这些研究大多以历史学和经济学的双重视角，论述和分析了中国历史上国有经济政策的变化，国有企业以及国家资本的演变以及国有企业制度变迁中的资本、资金来源、股权结构、企业治理结构、管理层级、员工薪酬等问题；讨论了国有企业的制度及规模优势、国有企业的制度性障碍、国有企业与民营企业的关系、国有企业的公司化趋向以及国有企业及国家资本的历史地位等。为近现代中国国有企业制度的形成和演进提供了较为清晰的

① 王处辉.中国近代企业组织形态的变迁[M].天津：天津人民出版社，2001；宋美云等.近代天津工业与企业制度[M].天津：天津社会科学院出版社，2005；李玉.北洋政府时期企业制度结构史论[M].北京：社会科学文献出版社，2007；张忠民.艰难的变迁——近代中国公司制度研究[M].上海：上海社会科学院出版社，2002；李玉.晚清公司制度建设研究[M].北京：人民出版社，2002；杨在军.晚清公司与公司治理[M].北京：商务印书馆，2006；朱荫贵，中国近代股份制企业研究[M].上海：上海财经大学出版社，2008.
② 杨在军.论家族制度与家族企业的互动关系[M].北京：人民出版社，2011.
③ 赵兴胜.传统经验与现代理想——南京国民政府时期的国营工业研究[M].济南：齐鲁书社，2004.
④ 杜恂诚等.中国近代国有经济思想、制度与演变[M].上海：上海人民出版社，2007.
⑤ 张忠民，朱婷.南京国民政府时期的国有企业（1927—1949）[M].上海：上海财经大学出版社，2007.
⑥ 吴太昌，武力等.中国国家资本的历史分析[M].北京：中国社会科学出版社，2012.

整体概貌。

外商企业制度变迁研究较为前沿的问题有二：一是关于外商企业的起源问题，如早期外商在华企业设立，以及外商在华股份公司最初发展的研究①；二是外商企业制度演进中的本土化问题。一项以著名跨国公司——英美烟公司为对象的研究，以外商在华企业的多样性及本土化路径的多元性为中心，从本土化视角重新审视了外商企业与近代中国社会的关系，认为围绕企业组织与制度的调适，原料本地化与农村社会，销售组织与销售系统的本土化，企业与政府、社会，情报、广告与企业文化而展开的"本土化路径的普遍性与多元性"研究，对拓宽近代外国在华企业研究的学术视野，促进对外国资本在华活动复杂性、多面性的认识具有重要意义。②

上述之外，企业制度研究的理论前沿还体现在对诸如企业产权、治理结构、剩余分配制度等等的研究方面。如从技术进步与企业制度变迁互动视角的研究③，对企业大股东权利、职业经理阶层以及委托代理问题的考察，对家族企业继承模式的考察，对近代中国股份有限公司、无限公司及无限责任企业历史地位的考察；以及对某些个别企业或企业集团，如战时川康兴业公司制度特征的研究，荣家企业集团、大生企业集团等制度变迁的研究等。④

四、市场制度变迁研究

市场及市场制度变迁研究历来为经济史研究前沿之一。早在 1980 年代，前辈学者吴承明就有过开创性的明代国内市场、清代国内市场以及近代国内市场的专题研究。近年来，除了断代性质的市场研究以及对市场制度或市场制度变迁某一方面的研究之外，还出现了对长时期市场变迁的研究，

---

① 何兰萍.〈1865 年香港公司条例〉与早期外商在华企业的设立[J].上海经济研究,2011,(4)；李志英.外商在华股份公司的最初发展——关于近代中国股份公司制度起源的研究[J].北京师范大学学报(社会科学版),2006,(1).

② 王强.近代外国在华企业本土化研究:以英美烟公司为中心的考察[M].上海:上海人民出版社,2012.

③ 左峰.中国近代工业化研究——制度变迁与技术进步互动视角[M].上海:上海三联书店,2011.

④ 杜恂诚.近代中国股份有限公司治理结构中的大股东权利[J].财经研究,2007,(12)；近代中国无限责任企业的历史地位[J].社会科学,2006,(1)；职业经理人阶层产生前的委托代理问题——以统益纱厂为中心的考察[J].贵州社会科学,2011,(11)；姚清铁、郭萍.近代典型中国家族企业继承模式探讨:基于委托—代理的分析[J].上海经济研究,2012,(12)；刘琼芳等.抗战大后方省营川康兴业公司制度特征研究[J].西南农业大学学报:社会科学版,2013(12)；柯华.基于诺斯制度变迁框架的中国近代企业史研究:以荣家企业制度变迁为例[J].财经研究,2012,(2).

如对清代前期关税制度的研究①、对明清时期江南商品流通与市场体系的研究等。②

如果说在早期的市场研究中,主要还只是商品市场的研究,那么近年来的市场研究已开始向地权市场等要素市场拓展。对地权及地权市场的研究既有对长时段、全国性地权市场演进的研究,也有对某一时期、某一地域地权状况的分析。前者如对中国历史上 300 年地权形态与多样化交易、地权市场的融通功能、地权交易与生产要素组合、地权结构与经济效率、佃户农场经营与收入比较的系统性研究,论述的是中国传统经济以地权为轴心的资源配置与运行机制③。后者如对清代前期北京房地产市场的系统研究,从地权交易、资源配置与社会流动视角对 19 世纪台湾土地交易与家族兴衰关系的研究,对二十世纪三四十年代保定 11 个村地权分配的再研究,以及以近代上海道契为中心对土地私有产权制度的研究等。④与地权制度变迁相关的还有对租佃制度下佃农经营性质与收益的比较研究,这些研究不仅有助于经济学相关理论的探索,而且还关系到如何把握中国传统经济的核心问题。⑤

第三节 新问题、新视角、新领域、新方法体现的理论前沿

近年来,经济史学科发展的理论前沿之一就是新问题、新视角、新领域、新方法的进一步拓展。在传统文献学、历史学以及经济学的方法之外,经济史研究与法学、社会学、人类学、发展地理学等学科理论方法的融合态势日渐明显,并且出现了不少有意义的研究成果。

一、海洋经济史研究

早在 1990 年代,厦门大学杨国桢教授即大力提倡"海洋社会经济史"研究⑥,

---

① 邓亦兵.清代前期关税制度研究[M].北京:北京燕山出版社,2008.

② 张海英.明清江南商品流通与市场体系[M].上海:华东师范大学出版社,2002.

③ 龙登高.地权市场与资源配置[M].福州:福建人民出版社,2012.

④ 邓亦兵.清代前期北京房地产市场研究[M].天津:天津古籍出版社,2014;隋福明,韩锋.20 世纪 30—40 年代保定 11 个村地权分配的再探讨[J].中国经济史研究,2014,(3);赵亮,龙登高.地权交易、资源配置与社会流动——以 19 世纪台湾范家土地交易与家族兴衰为中心[J].中国经济史研究,2012,(3);杜恂诚.道契制度:完全意义上的土地私有产权制度[J].中国经济史研究,2011,(1).

⑤ 龙登高,彭波.近世佃农的经营性质与收益比较[J].经济研究,2010,(1).

⑥ 杨国桢.关于中国海洋社会经济史的思考[J].中国社会经济史研究,1996,(2).

并身体力行先后出版了《东溟水土——东南中国的海洋环境与经济开发》(江西高校出版社 2003 年版)、《闽在海中——追寻福建海洋发展史》(江西高校出版社 2007 年版)、《瀛海方程:中国海洋发展理论和历史文化》(海洋出版社 2008 年版)等研究著述,主编出版了"海洋与中国丛书""海洋中国与世界丛书"。

近年来,海洋经济史研究无论在理论方法上,还是研究的领域及问题上,都有进一步的拓展。研究的领域涉及海洋地理环境、海洋资源、海洋生态系统,以及海洋经济组成部分的各产业形态及其经济活动。探讨的理论问题包括海洋经济的战略定位、海洋产业区域布局、海洋产业体系构建、海洋资源开发利用、海洋生态环境保护、以及海洋经济制度、海洋管理等。其具体研究的切入点大多具有区域性以及时段性的特点,如湛江海洋经济史研究就是一项较为规范、系统的区域性、长时段的海洋经济史研究。①湛江海洋经济的历史嬗变,既有因海上航路而带来的经济繁荣时期,亦有因港口和航路重心转移或明清海禁政策而导致的衰落,可谓广东乃至中国海洋经济历史发展的缩影。

《明清东南海洋经济史研究》无疑属于断代性质的海洋经济史研究。该书严格地说虽然只是作者的自选论文集,一些文章涉及的是江西、广东、福建、台湾等地的市场、贸易等,但其中如《论明清之际台湾海洋经济的形成》,从台湾少数民族及闽南人的海洋经济,荷兰、西班牙人时期台湾的海洋经济,以及郑成功及清代时期台湾的海洋经济诸时段,论述了台湾海洋经济的产生与成长,认为明清之际台湾的海洋经济,是大陆闽南人海洋经济的成功复制。②其他如对明清时期环渤海区域海洋发展的研究③,明清浙江海洋贸易与商品经济的研究④,明清海疆政策与中国社会发展的研究等⑤,海洋经济史视角下官绅与海商关系的研究等⑥,在不同程度地丰富了海洋经济史的研究内容和研究范围的同时,也表明"在贯通中国海洋经济历史发展全周期的综合研究领域,无论在研究视角、研究路线、研究内容和研究方法等诸多

---

①　白福臣主编.湛江海洋经济史[M].北京:海洋出版社,2014.
②　徐晓望.明清东南海洋经济史研究[M].北京:中国文史出版社,2014.
③　杨强.论明清环渤海区域的海洋发展[J].中国社会经济史研究,2004,(1).
④　王万盈.东南孔道—明清浙江海洋贸易与商品经济研究[M].北京:海洋出版社,2009.
⑤　王日根.明清海疆政策与中国社会发展[M].福州:福建人民出版社,2006.
⑥　苏惠平.海洋社会变迁下的福建官绅与海商[J].闽台文化研究,2014,(3).

方面,均有待深入"①。随着当今中国对外经济战略中"一带一路"建设的提出,海洋经济史研究无疑会成为今后一段时期内经济史研究最热点的理论前沿之一。

二、基于环境史视野的经济史研究

近年来,经济史研究的理论前沿之一是环境史研究与经济史的结合。环境经济史的兴起,不但开辟了经济史研究的新领域,同时也给经济史研究带来了新的视野和新的思维方式。用环境史的视野观察经济史,可以深化我们在自然对经济活动的参与,人类对自然环境的应对,资源供给的有限性和消费需求的无限性等方面的认识。②如对明清陕西南部社会经济发展与生态环境的研究,结合自然环境的变化,从堰渠水利的视角对生态环境与社会变迁的关系进行了考察,透视了环境史与经济史结合的双重视角和方法。③此外值得关注的还有基于环境史视野,对近代中国火柴制造业的研究,所揭示的是工业化发展过程对自然生态环境以及生活环境的影响。④

环境经济史研究的另一个领域是基于自然及社会环境的流行病史研究,如对1894年鼠疫大流行中的广州、香港和上海的研究,对1944年至1947年滇西鼠疫的研究等,都揭示了环境、社会、经济之间的多重复合关系。⑤

三、货币金融史研究

货币金融史研究包括货币史研究和金融史研究。在货币问题中,具体研究对象及内容又涉及贵金属、币材、铸币、纸币、货币发行、外国货币、汇率等;金融研究对象又可分成金融市场、金融工具,银行、非银行金融机构以及金融学会、同业公会等。而按主要的研究方法,货币金融史研究又可以区别为以史实叙述为主的传统叙事式研究以及借鉴或部分借鉴主流经济学理论或现代金

① 姜旭朝,张继华.中国海洋经济历史研究:近三十年学术史回顾与评价[J].中国海洋大学学报,2012,(5).

② 李根蟠.环境史视野与经济史研究—以农史为中心的思考[J].南开学报(哲学社会科学版),2006,(2).

③ 钞晓鸿.生态环境与明清社会经济[M].合肥:黄山书社,2004.

④ 李志英,周滢滢.环境史视野下的近代中国火柴制造业[J].晋阳学刊,2012,(4).

⑤ 曹树基.1894年鼠疫大流行中的广州、香港和上海[J].上海交通大学学报(哲学社会科学版),2005,(4);战后之疫:1944—1947年滇西鼠疫研究[J].近代史研究,2012,(2).

融理论进行的分析研究。

　　近年来,货币金融史研究持续成为经济史研究的理论前沿之一。如运用现代货币理论的新进展以及新的历史资料,对 1870 年至 1900 年期间浮动本位兑换、双重汇率与中国经济的研究;①以近代中国政府公债与金融市场为题的研究;②从现代货币本位理论出发,对近代中国白银核心型货币体系的研究等。后者认为,中国近代货币没有严格意义上货币银行学学理上的本位含义,其构成实质是白银核心型货币体系,而作为该货币体系核心的白银是由外部供给的,在外商银行控制着中国国内白银及相应银两制度的情况下,中国近代货币体系深受外国势力的影响。③此外,还有诸如对近代中国某一时期银行资本、货币量与货币化的计量研究,④以及从历史资料出发对 1600 年至 1949 年长时段的中国货币金融体系变迁的研究。⑤这些研究的一个基本特点就在于,除了传统的文献方法和历史方法之外,特别注意融合主流经济学中的货币金融理论以及相应的分析方法,力图在一个比较宏畅的视野和分析框架下,对历史上的中国货币金融问题以及与此相关联的经济地位和作用等,努力作出一种新的分析和诠释。

四、基于网络理论的研究

　　自滨下武志、高家龙等海外学者以网络理论为基本视角,对贸易史、企业史开展研究以来,⑥国内学者基于网络理论的华商跨国网络、贸易网络、社会经济网络、企业制度演进中的人际关系网络等的研究日益趋盛。

　　华商跨国网络的研究以对近代环中国海的研究最为集中,尤其尤以跨国"邮政"及"汇兑"为主要业务的"侨批局"的研究最为典型。环中国海华商网络以贸易网络为建构源头,不断融入全球华商跨国网络,由此形成的是一个包括人际关系、社会组织网络与跨国、跨地区经济网络的经济—社会复合网络。一

　　① 管汉晖.浮动本位兑换、双重汇率与中国经济:1870—1900[J].经济研究,2008,(8).
　　② 杜恂诚.近代中国的政府公债与金融市场[J].财经研究,2012,(9).
　　③ 戴建兵.中国近代的白银核心型货币体系(1890—1935)[J].中国社会科学,2012,(9).
　　④ 崔文生、刘巍.近代中国的银行资本、货币量与货币化(1910—1936)[J].中国经济史研究,2013,(2).
　　⑤ 燕红忠.中国的货币金融体系(1600—1949)[M].北京:中国人民大学出版社,2012.
　　⑥ [日]滨下武志.中国、东亚与全球经济:区域和历史的视角[M].上海:社会科学文献出版社,2009;[美]高家龙.大公司与关系网—中国境内的西方、日本和华商大企业[M].上海:上海社会科学院出版社,2002.

些华商企业如侨批局,还将自身的网络化以一种网络形态整体性地嵌入华人跨国、跨界社会中,呈现出环中国海华商网络文化运行的文化逻辑。①对国内埠际贸易网络体系的研究,有以 19 世纪末长江中下游诸港子口税贸易数据为例,对其特殊空间属性进行的分析,显示出的贸易网络的空间分布既体现了近代市场扩展、市场制度、商人网络、市场整合等的多重切入,同时又是彼此间的总体汇合。②

以商人及商人组织社会经济网络、人际关系网络为对象的研究主要集中于企业史、行业史的研究中。如在江南市场史研究中关于市场网络与企业组织变迁的考察③以及对近代上海绸缎业商人组织关系网络的考察等。④

与网络理论相近的还有近年来基于社会资本理论的前沿性研究。一些研究认为,在近代中国行业组织演进中,业缘关系及同业对行业地位、发展及社会政治经济环境的共同认识扮演了组织网络的结点特色,体现了对经济资本、人力资本以外的社会资本的追求。以社会资本理论为基本分析框架,可以用来说明近代行业组织变迁的基本特征及其基本活动。⑤

五、基于空间视角的研究

近年来,基于空间视角的经济史研究已经从传统的经济地理与经济史结合的研究方式出发,进一步延伸至利用发展地理学、空间经济学等要素分布和配置的理论和方法进行研究。在以前的研究中,空间视角的主要关注焦点是区域及区域经济,或者是区域与区域之间如港口、腹地关系等,由此而考察的或是一定区域范围内市镇或市镇经济的演进,或是中国经济现代化的空间进程等。⑥近年来,基于空间结构视角考察有以全国市场规模为具体考察对象

① 戴一峰."网络"话语与环中国海华商网络的文化解读[J].学术月刊,2010,(11);焦建华.近代跨国商业网络的构建与运作:以福建侨批网络为中心[J].学术月刊,2010,(11).
② 王哲.源—汇数据在近代经济史中的使用初探—以 19 世纪末长江中下游诸港的子口税贸易数据为例[J].中国经济史研究,2013,(2).
③ 龙登高.江南市场史—十一之 19 世纪的变迁[M].北京:清华大学出版社,2003.
④ 张玮.市场·商人组织·产业发展[M].北京:人民出版社,2011.
⑤ 魏文享.行业意识、组织网络与社会资本—江浙皖丝茧总公所的兴起与运作(1901—1930)[J].近代史学刊,2005,(2).
⑥ 任放.中国市镇的历史研究与方法[M].北京:商务印书馆,2010;吴松弟.港口—腹地和中国现代化空间进程研究概说[J].浙江学刊,2006,(5);吴松弟等,港口—腹地与北方的经济变迁(1840—1949)[M].杭州:浙江大学出版社,2011.

的；①也有以长江三角洲地区为例，引进和使用空间经济学的概念和方法，对生产与流通空间进行的考察。后者认为，在缺乏准确可信的计量数据时，从区域的生产与流通空间着手度量经济发展的过程与绩效，是理解区域经济成长的有效指标。②而运用工业区位理论，对近代中国工业布局的研究，则对中国近代工业布局的时空特征给出了一种基于生产要素聚集与扩散的视角的新解释。③

六、基于与法学、社会学等视角的研究

在近年来的经济史研究中，法学、社会学、人类学等理论与方法的融合态势日益明显。如通过对明清时期商事纠纷与商业诉讼的研究，可以发见商业诉讼多为钱债纠纷，涉案双方多为纯粹商业关系，断案多着眼于诉讼标的，判决后容易落实。④对清代典当业法律调整的研究，从相关经济法律的变动出发，考察的是典当业的经营及其相应的制度变迁，所提供的是法学与经济史相结合的研究视野。⑤对清前期民间商业信用问题的研究，揭示的是在有关商业信用的法典与习惯逐步定型的过程中，风俗习惯在很大程度上弥补了法律规定的不足。⑥而以上海钱业为视角对近代中国钱业习惯法的研究，揭示的是"在一个缺乏宪法层面制度保障的国度里，习惯法如何在一个局部构筑有利于降低交易成本的制度环境"，因此，"行业信用不能仅仅理解为一种道德选择，而首先应理解为一种制度约束"。⑦

经济史与社会史契合的研究可以近代工商团体研究为例。工商团体研究大致上有对传统会馆公所的研究以及对近代商会、同业公会的研究。对商会的研究自1980年代起就逐渐兴盛。重要的研究如由苏州市档案馆和华中师范大学中国近代史研究所合作编辑出版的《苏州商会档案丛编》六辑十二册，以及由此而来的系统研究。近代工商同业公会研究关注的方面更为广泛，如对同业公会社会功能、发展原因的探析，对苏州、上海等地工商同业公会的具

①　李伯重.19世纪初期中国全国市场：规模与空间结构[J].浙江学刊,2010,(4).
②　方书生.生产与流通的空间：近代长三角地区经济发展的再思考[J].史学月刊,2010,(9)；近代中国的经济增长—基于长江三角洲地区的验证[J].上海经济研究,2012,(9).
③　袁为鹏.聚集与扩散：中国近代工业布局[M].上海：上海财经大学出版社,2007.
④　范金民等.明清商事纠纷与商业诉讼[M].南京：南京大学出版社,2007.
⑤　刘秋根.清代典当业的法律调整[J].中国经济史研究,2012,(3).
⑥　谢秀丽,韩瑞军.清代前期民间商业信用问题研究[M].北京：人民出版社,2012.
⑦　杜恂诚.近代中国钱业习惯法—以上海钱业为视角[M].上海：上海财经大学出版社,2006.

体研究,以及对同业公会研究中概念及理论问题的探讨等。①

对工商团体研究的进一步延伸是对近代中国商展会、劝业会、博览会的研究,如对南洋劝业会、清末商品赛会、早期中国的博览会等的研究。这些研究大多认为,中国近代博览会是中国近代化的一个综合性标志,集中而又直观地使中国社会在政治经济和思想文化诸方面所发生的变异显性化,而商人以及商会无疑在其中扮演着最重要的角色。②

第四节　以大宗史料发掘、整理为支撑的前沿研究

经济史研究离不开扎实、可靠、可信的史料,而各种类别史料的开掘、整理、编辑、出版,更是成为对传统研究深入思考,对新有研究领域着力开拓的重要方面。近年来,以某些新发现、新开掘的大宗重要史料为支撑,在发掘、整理、编辑、出版史料的同时,进行系统、全面、有计划的研究正成为经济史研究中最值得重视,且为海内外学界十分瞩目的理论前沿之一。

以近年来国家社会科学基金重大课题招标及立项为例,大部分的经济史课题皆属此列。如2011年的"清水江文书整理与研究"(11&ZD096)、"中国旧海关内部出版物整理与研究"(11&ZD092)、"清代南部县衙档案整理与研究"(11&ZD093)、"千年徽州家谱与社会变迁研究"(11&ZD0942012)、"美国斯坦福大学胡佛研究所藏宋子文档案整理研究及数据库制作"(11&ZD100);2012年的"近代中国经济统计研究"(12&ZD149);2013年的"六百年徽商资料整理与研究"(13&ZD088)、"'小三线'建设资料的整理与研究"(13&ZD097)以及2014年的"明清以来徽州会馆文献整理与研究"(14ZDB034)、"明清商人传记资料整理与研究"(14ZDB035)、"山西民间契约文书搜集整理与研究"(14ZDB036)、"清代广州口岸历史文献整理与研究"(14ZDB043)、"汉冶萍公司档案的搜集整理与研究"(14ZDB044)、"中国近现代手工业史及资料整理研究"(14ZDB047)等。而并未列入国家重大课题,但却同样做出显著成就的还

---

① 魏文享.回归行业与市场:近代工商同业公会研究的新进展[J].中国经济史研究,2013,(4).樊卫国."共同体化""社会化""国家化":论近代中国行业组织变迁之阶段性特征—以近代上海为中心[J].中国经济史研究,2012,(2).

② 马敏.中国近代博览会史研究的回顾与思考[J].历史研究,2010,(2);乔兆红.上海商会与中国近代博览会事业[J].史林,2010,(2).

有对"永久黄"团体的研究。

贵州清水江文书,又称"清水江民间契约文书",最初在 1964 年为中国科学院贵州分院民族研究所(现贵州省民族研究所)少数民族社会历史调查组发现并搜集抄录。2001—2002 年,杨有赓与日本学者合作,编辑出版了《贵州苗族林业契约文书汇编(1736—1950)》(三卷本)。2007 年,张应强等将在锦屏县辑录的林业契约文书汇编成《清水江文书》第一辑,由广西师范大学出版社影印出版。2009 年、2011 年,广西师范大学出版社又依次出版了《清水江文书》第二辑、第三辑,连第一辑在内共计 33 册,收录有清至民国清水江流域民间珍藏的山林土地契约文书及其他各类民间文献 1 万余件。最新的研究由贵州大学及复旦大学团队共同进行。作为该前沿研究史料支撑的《清水江文书系列·天柱文书》第一辑(22 册),已由江苏人民出版社 2014 年出版。全书共收录清水江流域天柱县明代至民国时期,以独特的林契、地契为主,同时,包括大量账簿、税单、谱牒、诉状、乡规民约等各类文书 7 000 余件。依托此大宗史料,清水江文书研究正日益受到海内外学界的高度关注。清水江文书被认为是徽州文书之外又一系统完整的民间契约文书宝库。[①]一些学者以清水江文书为据,进行了有益的经济制度变迁以及计量经济史的分析研究。[②]

"永久黄"团体的研究以天津南开大学经济史团队为核心,所谓的"永久黄"是指近代中国津沽地区著名的化工企业永利化学工业公司、久大精盐公司以及黄海化学工业研究社。依托已经整理出版的大宗史料辑录《"永久黄"团体档案汇编》等,[③]研究者将对中国近代重化工业行业中最重要、最著名的"永久黄"团体的整体研究推到了一个崭新的高度和学术研究的最前沿。其代表性研究成果《中国化学工业奠基者"永久黄"团体研究》,研究的内容涉及企业制度变迁,企业管理与企业文化,企业发展中与外商企业、政府、社会之间的关系,企业产品的海内外市场竞争,企业扩张中的资金筹集和融投资问题,企业

① 张新民,朱荫贵主编.民间契约文书与乡土中国社会—以清水江天柱文书为中心的研究[M].江苏人民出版社,2014:4—5.

② 吴述松.林业结构调整及其内生经济增长—基于 1466—1949 年清水江林粮兼作文书的证据[J].中国计量经济史研究动态,2014,(1);朱荫贵.试论清水江文书中的"股"[J].中国经济史研究,2015,(1).

③ 赵津主编."永久黄"团体档案汇编—久大精盐公司专辑(上、下)[M].天津:天津人民出版社,2010;"永久黄"团体档案汇编—永利化学工业公司专辑(上、中、下)[M].天津:天津人民出版社,2010.

发展中的人才聚集、技术专利、科技人员的作用和地位问题,重化工业在近代中国工业化过程中的作用和地位等,无疑具有相当的学科前沿性。①

其他诸如依托现收藏于国家图书馆以及中国社会科学院经济研究所的"统泰升商号账簿"的研究,依托收藏于国家图书馆的北京火神会账簿的研究,依托收藏于北京档案馆旅京冀州商帮联号五金商铺账簿的研究等,都体现了经济史研究中理论方法与史料开掘相结合的前沿。②以通泰升商号研究为例,据研究者称,利用统泰升账本中合股、投资、分红方面的红账,可以具体研究当时的商业合伙制度;利用商业日用账可以分析商业店铺的具体经营方式与经营内容;利用利息账本可以研究商号的资金运作以及与传统金融机构的往来关系等。而依托火神会账本连续并成序列的货币、价格的原始记载,结合相应的金融货币理论以及计量分析方法,不仅可以对复杂的货币体系以及价格变化,进行细致且有说服力的考察和研究,而且还可以进一步发现另一些有意思的经济现象。如在"道光萧条"或更长的 19 世纪晚期,江南苏松米价低迷反映的是当时江南的通货紧缩及经济的不景气,但若以北京地区制钱计算的物价,反映的却是全然不同甚至还相反的现象。诸如此类的研究,都体现了经济史研究中理论与史料有机结合的研究前沿,以及今后一个时期的学科发展趋势。

第五节　经济史理论、方法、发展趋势

早在 1980 年代,前辈学者严中平、吴承明、汪敬虞、刘佛丁等就先后提出过对经济史研究中理论、方法以及发展趋势的思考和探讨,如严中平的《科学研究方法十讲》(人民出版社 1986 年版),吴承明"经济史是经济学的源而不是经济学的流"之说,刘佛丁的经济史研究"应该致力于研究、补充和修正经济学理论的前提假设,及研究经济学理论框架的适用条件"等见解。近年来,顺应这一学科发展趋势,关于经济史理论、方法、发展趋势的思考始终为经济史学科的理论前沿之一。

---

① 赵津,李健英.中国化学工业奠基者"永久黄"团体研究[M].天津:天津人民出版社,2014.

② 袁为鹏,马德斌.商业账簿与经济史研究——以统泰升商业账簿为中心(1798—1850)[J].中国经济史研究,2010,(2);彭凯翔.近代北京货币行用与价格变化管窥——兼读火神会账本(1835—1926)[J].中国经济史研究,2010,(3);卢忠民.也谈商业账簿与经济史研究——以近代旅京冀州商帮所营之万和成及其联号五金商铺账簿为中心[J].中国经济史研究,2011,(4).

2002 年,李伯重出版了《理论、方法、发展趋势:中国经济史研究新探》(清华大学出版社 2002 年版)一书,作者不仅提出了"资本主义萌芽"理论是否适用于中国历史,早期工业化与农业过密化等具体的理论前沿问题;而且还进一步问及中国经济史研究需要什么的方法?"宽视野、新视角"下中国经济史研究的新进展,以及"大趋势"与中国经济史学发展的未来走向等。①此外,近年来关于对从冲击—反应论到西方中心论,从大分流到中国中心论的基本理论视野、思维方式、研究方法的批判性思考,也是极为值得重视的。②

近年来,经济史研究在重视理论、重视方法、重视计量的同时,似乎也弥漫有一些理论至上、计量之上、技术之上的倾向。据此,吴承明从熊彼特在《经济分析史》中所说的经济分析有三项基本功:历史、统计、理论,其中,最重要的是历史出发,认为"经济史是研究一定历史的经济是怎样运行的,以及它运行的机制和效果。这里要用经济理论,但只能把理论作为方法,思维方法或分析方法。根据问题性质和史料选用不同方法";对于学界最为热衷的计量方法,认为"模型法只适于单项研究,因为历史不是按模型发展的","计量分析最好是用于检验已有的定性分析,而不要用方程创造新的理论"。③与此相关联,也有学者认为,在经济史领域运用计量经济学方法受到历史统计数据品质的限制,因此对计量的方法需要慎用。与计量经济学研究方法相比,经济史研究的定量分析似乎更应该重视包括描述统计和推断统计在内的统计学方法。④

对经济史理论、方法、发展趋势的探讨,离不开对经济史学科、学理内涵的思考。以前,有学者认为,"经济史学包括经济史和经济史论","经济史学不仅包括经济史,还包括社会经济史乃至社会史"。近年来,有学者在此基础上进一步思考并提出经济史与经济思想史密不可分、经济与社会密不可分、经济史与经济学密不可分。⑤更有学者以自身的研究经验为基础,认为中国经济史学

①　李伯重.理论、方法、发展趋势:中国经济史研究新探[M].清华大学出版社,2002.

②　林甘泉.从"欧洲中心论"到"中国中心论"——对西方学者中国经济史研究新趋向的思考[J].中国经济史研究,2006,(2).

③　吴承明.谈谈经济史研究方法问题[J].中国经济史研究,2005,(1).

④　陈争平,常旭.梁方仲对经济史统计工作的贡献——兼评经济史研究中的统计方法与计量经济学方法[J].清华大学学报,2011,(2);陈争平.经济史研究若干基本问题探讨[J].中国社会经济史研究,2013,(1).

⑤　叶坦.经济史学及其学理关联[J].经济学动态,2013,(10).

科应该有宏观经济史、国民经济史、社会经济史三个主要研究方向。宏观经济史着重探讨经济发展总体规律或验证经济学理论；国民经济史着重考察各经济成分的变迁；社会经济史既要考察经济现象变迁，也要考察期背后的各种制约因素。①这样的视野和思路，对推动中国经济史学科前沿研究的深入无疑具有相应的启示意义。

对理论、方法、趋势思考的核心问题之一是国内经济史学科的基本研究范式或者说"话语体系"如何更加与世界学术大势趋于一致的问题。有学者认为，作为一门社会科学学科，中国经济史学从出现伊始，就是国际经济史学的一个部分，它的话语体系也与国际经济史学一致。我们如果能够充分利用国际学术界提供的资源和我们自己的学术传统，在改进和发展中国经济史学的工作中取得重大进步，那么将能对国际主流学术的改进和发展作出更大的贡献，从而在国际主流学术中获得更大的话语权。②

参考文献

中国古代经济史

[1] 李伯重.江南的早期工业化[M].北京：社会科学文献出版社,2000.

[2] 李晓.宋朝政府购买制度研究[M].上海：上海人民出版社,2007.

[3] 范金民等.明清商事纠纷与商业诉讼[M].南京：南京大学出版社,2007.

[4] 刘秋根.中国古代合伙制初探[M].北京：人民出版社,2007.

[5] 李庆新.明代海外贸易制度[M].北京：社会科学文献出版社,2007.

[6] 刘建生等.晋商信用制度及其变迁研究[M].太原：山西经济出版社,2008.

[7] 刘逖.前近代中国总量经济研究(1600—1840)兼论对安格斯·麦迪森对明清 GDP 的估算[M].上海：上海世纪出版集团,2010.

[8] 任放.中国市镇的历史研究与方法[M].北京：商务印书馆,2010.

[9] 仲伟民.茶叶与鸦片：十九世纪经济全球化中的中国[M].北京：三联书店,2010.

[10] 燕红忠.晋商与现代经济——探寻经济良序运行的制度条件与历史文化基础[M].北京：经济科学出版社,2012.

[11] 龙登高.地权市场与资源配置[M].福州：福建人民出版社,2012.

[12] 张新民,朱荫贵主编.民间契约文书与乡土中国社会——以清水江天柱文书为中心的研究[M].南京：江苏人民出版社,2014.

---

① 虞和平.统合和构建：社会经济史学科之由来及其研究体系[J].河北学刊,2015,(1).
② 李伯重.中国经济史学的话语体系[J].南京大学学报(哲学·人文科学·社会科学),2011,(2).

中国近代经济史

［1］宋美云等.近代天津工业与企业制度［M］.天津：天津社会科学院出版社,2005.

［2］杜恂诚等.中国近代国有经济思想、制度与演变［M］.上海：上海人民出版社,2007.

［3］李玉.北洋政府时期企业制度结构史论［M］.北京：社会科学文献出版社,2007.

［4］张忠民,朱婷.南京国民政府时期的国有企业(1927—1949)［M］.上海：上海财经大学出版社,2007.

［5］王玉茹.近代中国物价、工资和生活水平研究［M］.上海：上海财经大学出版社,2007.

［6］朱荫贵.中国近代股份制企业研究［M］.上海：上海财经大学出版社,2008.

［7］李志英.近代中国资本主义经济形态的多重考察［M］.北京：商务印书馆,2008.

［8］郑会欣.国民政府战时统制经济与贸易研究(1937—1945)［M］.上海：上海社会科学院出版社,2009.

［9］杨在军.论家族制度与家族企业的互动关系［M］.北京：人民出版社,2011.

［10］左锋.中国近代工业化研究：制度变迁与技术进步互动视角［M］.上海：上海三联书店,2011.

［11］关永强.近代中国的收入分配：一个定量的研究［M］.北京：人民出版社,2012.

［12］王强.近代外国在华企业本土化研究：以英美烟公司为中心的考察［M］.上海：上海人民出版社,2012.

［13］吴太昌,武力等.中国国家资本的历史分析［M］.北京：中国社会科学出版社,2012.

［14］张伟保.艰难的腾飞：华北新式煤矿与中国近代化［M］.厦门大学出版社,2012.

［15］赵津,李健英.中国化学工业奠基者"永久黄"团体研究［M］.天津：天津人民出版社,2014.

第三章 分论二、中国现当代经济史理论前沿

第一节 经济总量与经济增长前沿研究

一、经济总量与经济增长研究

由于新中国成立后计量制度逐步走向统一,现代统计技术逐渐得以完善,[①]各种数字统计资料相对比较健全,因此,用 GDP 等国际指标来核算经济总量并研究经济增长特征、来源[②]等前沿问题具有可行性,同时,研究方法也更加走向了计量史学的前沿。但 GDP 指标容易低估计划经济时期中国建设成绩的客观缺陷仍被学者不断指出。[③]

1978 年前后的中国经济表现差异巨大。在 1978 年之前,实际人均 GDP 年均增长率仅为 3%,与美国的增长率相差不大,经济基础却比美国低许多。1978 年之后,中国的人均 GDP 增长率上升到每年 8%以上。以标准的经济增长核算方法来考察中国经济在两段时期的增长源,结果显示,1952 年—1978 年间的主要经济增长源是资本积累,此后的最重要增长源是全要素生产率的增长。[④]学者也进一步总结,中国追求的是不平衡的高速增长,特征是所谓的"三低三高",即"低工资→低消费占比→低内需市场,高投资→高增长→高外贸盈余";美国则是维持不平衡的赤字经济运行,即"低投资→低增长→高外贸

---

① 黄庆桥,关增建.1959 年:新中国计量制度走向统一[J].当代中国史研究,2011,(4);李强.新中国政府统计调查制度的建立、发展和改革六十年[J].统计研究,2012,(8);赵胜忠.中国统计制度的转型与现代国家成长[J].江苏社会科学,2011,(4).

② 史正富.超常增长:1979—2049 年的中国经济[M].上海:上海人民出版社,2013;董敏杰、梁泳梅.1978—2010 年的中国经济增长来源:一个非参数分解框架[J].经济研究,2013,(5).

③ 李强.用 GDP 评价新中国头 30 年建设成就的几个问题[J].当代中国史研究,2011,(1).

④ 朱晓冬.中国经济增长靠什么[J].中国改革,2013,(9).

赤字,高资产泡沫→高消费→高家庭赤字"。①

对于经济增长方式的研究,有学者回顾了我国社会主义经济历程上的投资结构变迁,指出前 30 年是优先发展重工业,初步建立工业体系;第二个 30 年以改革开放为动力,投资结构发生深刻变化,将投资结构调整与产业结构调整、经济增长方式转换结合起来。②

金融发展能否带来经济增长,一直是中外学者最关注的前沿课题之一,在此方面的前沿研究,国内学者主要聚焦点有三:一是地方金融发展与经济增长的关系;二是金融发展对收入差距的影响;三是金融发展与优化产业结构的关系。研究的时段多集中于改革开放后 30 年,且论文数量甚多。需注意的是这些研究因利用了不同的统计数据,难免得出一些相左的结论。③

研究方法上,近年来出现了多学科交叉、多种研究工具和方法的创新和融合。尤其值得关注的是用一定计量模型来分析经济史的计量史学方法,一方面,拓展了经济史的研究领域,如近年来学者研究大饥荒、疾病与人口、教育等有争议的问题与经济增长的关系;④另一方面,使得经济史的科学性得到学界广泛认同。同时,学者们也客观地说明了计量经济学模型的局限性。⑤

二、工业增长与工业化研究

1950 年代以来,中国再次开启了工业化的进程。从此角度而言,工业化主导了中国现当代经济发展的整个进程。工业规划与布局及投资等对中国工业体系起到了决定性作用,其中,"一五"计划到"五五"计划是以工业化为重点,

---

① 史正富.超常增长:1979—2049 年的中国经济[M].上海:上海人民出版社,2013.

② 董志凯.投资结构调整与经济结构变迁的回顾与展望—兼及增长方式转变(1950—2010)[J].中国经济史研究,2012,(1).

③ 赵学军.2012 年中国当代金融研究述评[J].金融教学与研究,2013,(2);赵学军.2013 年度中国当代金融研究综述[J].金融教学与研究,2014,(2).

④ 香港科技大学龚启圣教授及其研究团队、广东外语外贸大学中国计量经济史研究中心、清华大学"量化历史"讲习班等。近期部分论文有:柏培文.1978—2008 年中国隐性失业人口估算及影响因素分析[J].中国经济史研究,2011(4);刘愿.大跃进运动与中国 1958—1961 年大饥荒:集权体制下的国家、集体与农民[J].经济学(季刊),2010,(3);范子英等.为何 1959—1961 年大饥荒终结于 1962 年[J].经济学(季刊),2008,(1);赵德余.粮食危机、获取权与 1959—1961 年大饥荒的再解释[J].华南农业大学学报,2014,(4).

⑤ 李子奈,齐良书.计量经济学模型的功能与局限[J].数量经济技术经济研究,2010,(9);孙圣民等.历史计量学发展中面临的问题及对策[J].中南财经政法大学学报,2012,(5).

建立了独立的完整工业体系。①近期研究认为,该工业体系和国民经济体系,是毛泽东及其领导下的党和国家在经济领域耕耘成果的集中体现,并总结了基本经验。②

国家在着手编制"三五"计划的同时,一场有关工业管理体制改革的新举措——试办托拉斯,正在逐渐酝酿成型。国家对工业发展进行了整体干预与规划,从"大跃进"到工业托拉斯,呈现出计划经济体制下工业的增长,但其非持续性,其中1960年代试办工业托拉斯遭遇了体制性困境。③产能过剩并不一定是市场经济的产物,它在短缺的计划经济时代已然出现。政府为主导的资源配置是中国经济领域产能扩张失衡的深层原因。以下调工业经济增长指标为核心的国民经济调整引发了"大跃进"之后工业产能过剩问题的激化。中国的劳动力自始至终成为国家经济调控的重要筹码,以运动的方式解雇并遣散劳动力是国家在解决产能过剩问题上的首选决策。在"铁饭碗"的用工制度被打破之前,较低的劳动报酬成为国家调控劳动力成本的重要手段。④

1960年代中后期至1980年代的"三线建设"是新中国历史上一次重大而规模空前的工业战略调整。随着区域经济研究的深入,"三线建设"成为了近年来的研究热点,⑤这些研究不再局限于国防工业的早期研究视角,主要贡献:一是对"三线建设"重新进行了客观评价;二是及时收集并整理了相关资料,为以后的研究作了资料积累。其中,正面评价认为,"三线建设"项目实实在在地加快了西部地区的工业化进程,成为促进区域协调发展的重要因素。⑥"三线建设"通过新建和搬迁的方式,将我国的重工业逐步转移到内地,客观上造成了

---

① 何爱国.发展取向的三次转型:十一个五年规划的回顾与前瞻[J].东吴学术,2010,(3).
② 董志凯.毛泽东与新中国独立完整工业体系的建立及中国的现代化[J].马克思主义研究,2014,(8);董志凯.党领导中国工业化、现代化的基本经验[J].中国浦东干部学院学报,2012,(1).
③ 林超超.20世纪60年代中国工业托拉斯的兴起及其体制困境[J].中国经济史研究,2015,(1);贾璐阳.对20世纪60年代试办工业托拉斯的历史回顾——以上海地区为例的分析[J].上海经济研究,2015,(2).
④ 林超超."大跃进"后的产能过剩与城市工业的增效改革[J].史林,2014,(3).
⑤ 周明长.三线建设与中国内地城市发展(1964—1980年)[J].中国经济史研究,2014,(1);郑有贵,张鸿春主编.三线建设和西部大开发中的攀枝花—基于攀枝花钢铁基地建设和改革发展的研究[M].北京:当代中国出版社,2013;马泉山.再谈三线建设的评价问题[J].当代中国史研究,2011,(6);倪同正主编.三线风云——中国三线建设文选[M].成都:四川出版集团、四川人民出版社,2013;中共上海市委党史研究室、上海市现代上海研究中心、徐有威主编.口述上海——小三线建设[M].上海:上海教育出版社,2013.
⑥ 郑有贵等.历史与现实结合视角的三线建设评价—基于四川、重庆三线建设的调研[J].中国经济史研究,2012,(3).

"三线"地区重工业优先发展的格局。有的研究则另辟蹊径，通过计算"三线建设"省份的技术选择指数，来论证中国各地区的重工业优先发展程度与"三线建设"的历史高度正相关。进而验证重工业优先发展程度越高的地区，城乡收入差距则越大。①除了对大"三线建设"地区的研究外，②学界还对上海、安徽、江西、河北、福建、辽宁等地的"小三线建设"进行了回顾和评价。

技术作为经济增长的要素与动力，一直是经济增长理论研究的热点。在中国现当代经济史的研究中，技术的内涵与外延均受到学界关注。这些前沿研究中，一方面，包括长时期的技术进步与技术创新，如以钢铁工业的技术进步为例，探讨中国实现跨越式发展以及存在的问题和对策；③另一方面，近年来学界则将其内涵包含的更为广泛，既关注了 1950 年代工业企业的技术改造、劳动竞赛等，④又研究了毛泽东所理解的技术革命。其中，比较有特色的论文认为技术革命是毛泽东在 1949 年后所设计的革命序列中的重要一环。他所理解的技术革命的特别之处在于把工具改良和管理方法的改造也看作技术革命。其目的除了要使中国迅速改变一穷二白的面貌之外，是为了赶上和超过英美"帝国主义"；同时，也是在与苏联进行"和平竞赛"，试图作共产主义运动的领导者。⑤而改革开放后"以市场换技术"的重大技术引进方针则于 2001 年后中国完成向自主创新过渡历史使命后逐渐淡出政策视野。⑥

在对计划经济时期技术引进的历史考察中，重工业优先发展战略对新中国第二次大规模引进技术与设备产生了负面影响；计划经济体制对技术引进和技术创新产生了双刃剑的作用；这些因素与国际关系等非经济因素交织在一起，使 1949—1978 年中国工业技术引进和技术创新呈现出不同寻常的特点。⑦而新中国成立之初，在"一边倒"的外交政策背景下，政府最终

①　陈斌开,林毅夫.发展战略、城市化与中国城乡收入差距[J].中国社会科学,2013,(4).
②　段伟.甘肃天水三线建设初探[J].中国经济史研究,2012,(3).
③　荣文丽,武力.论中国技术进步的跨越式发展[J].中国经济史研究,2013,(2);林柏.1979—1991 年中国工业技术引进及其绩效分析——以技术创新为视角[J].江汉论坛,2013,(4).
④　朱婷.1950 年代上海国营企业技术发展的路径及特点——以国营纺织企业为例[J].上海经济研究,2014,(4);林超超.生产线上的革命—20 世纪 50 年代上海工业企业的劳动竞赛[J].开放时代,2013,(1).
⑤　朱云河等.技术革命与赶英超美:毛泽东所理解的技术革命及其发动原因[J].史学月刊,2012,(10).
⑥　夏梁,赵凌云."以市场换技术"方针的历史演变[J].当代中国史研究,2012,(2).
⑦　林柏.新中国第二次大规模引进技术与设备历史再考察[J].中国经济史研究,2010,(1);林柏.1949—1978 年中国技术引进成效的影响因素研究[J].贵州财经学院学报,2012,(2).

选择通过从苏联和东欧国家引进技术和成套设备,实现国防工业的跨越式发展。[1]

以上前沿研究主要是围绕中国如何实现工业增长、如何发展工业的问题线索展开。而对中国工业化的评价,则存在较大的争议,主要原因是评价标准不同。近期比较有代表性的观点认为,虽然1949—1978年中国居民物质生活提高缓慢,但人民生活水平整体超过了民国时期,人民物质生活的滞后换来现代工业体系的基本建立,为日后中国经济的腾飞打下了牢固的物质基础。计划经济体制是当时的历史条件下的必然选择,计划经济时期本质上也是中国社会主义建设的实践探索。[2]此外,也有从工业化进程的视角解读新中国成立60年来农民税费负担的变动以及从工业化视角评价、探讨城乡二元结构的历史作用等具有新意的研究。[3]

三、农业增长与农业现代化研究

农业增长研究中首先是对土地制度与农业经济增长的实证研究,其次是对农民收入与城乡差别的研究,学界尤其关注了土改后农民的收入及支出问题。此外,农业基础设施建设也是研究的对象。[4]近年来粮食危机、大饥荒等具有争议性的问题则成为了研究热点。

在对土地制度与农业经济增长的实证研究,现有的研究中运用计量和统计分析的方法,较有代表性地对1950—1962年中国大陆农业生产效率进行了实证分析,结果表明:各时间段的不同土地产权制度,对农业经济增长有不同的影响。作者综合比较后认为,1953—1956年的"土地所有权农民私有、合作或适度统一经营"是相对较好的制度,有利于激励要素投入和提高要素利用率,从而使得农业稳定而高速增长。[5]

1950年代前期,乡村手工业是农村经济的重要组成部分,学者一方面总结

① 申晓勇.技术引进视角下我国国防工业发展研究(1949—1960)[J].军事历史研究,2012,(1).

② 朱高林.1949—1978年中国居民生活水平的历史评价[J].当代中国史研究,2014,(2).

③ 王丹莉.工业化进程中的农村税费制度演进——对新中国成立以来农民税费负担变化趋势的历史解读[J].中国经济史研究,2011,(1);郑有贵.工业化视角的城乡二元结构评价探讨[J].当代中国史研究,2013,(6).

④ 王瑞芳.新中国成立初期的农田水利建设[J].中国经济史研究,2013,(1).

⑤ 黄少安.1950—1962年中国土地制度与农业经济增长的实证分析[J].西北大学学报(哲社版),2009,(6).

出其具有生产分散、资金有限、规模狭小、依附于农业、季节性强等特点；另一方面也分析了随着社会主义改造的进行，乡村手工业的从业人数和产值均有所下降的现象。相比较而言，随着社会经济的发展变化，一部分手工行业趋于发展，一部分手工行业则趋于衰落。[①]有的学者则选取了手工棉纺织业进行典型的系列研究，认为 1954 年开始实行的棉花统购和棉布统购统销政策是为了保证纺织工业用棉和满足人民生活基本需要。在计划管理体制下，手工棉纺织业的基本政策是"维持现状、停止发展、适当压缩"。在此期间，农民家庭棉纺织业是弥补棉布计划供应不足的一条途径。手工棉纺织业在国家政策的严格管理和不断调整下生存下来，在改革开放以后才得以复兴。[②]

农民收入是否增加一直是农业发展中的核心问题，近期对土改后农民收入与支出的研究也反映出学界的前沿动态。总体而言，研究表明，土改后农民生产积极性的提高及国家在农村实施的一系列促进农业生产发展的政策，使得农民收入水平有了一定程度的提高。其中，农副业收入又占了绝对的比重，但农户仅靠农副业收入不足以满足其全部支出的需要。因为随着收入水平的增加，支出也不断提高，农户会利用农闲时节开展货运、出售等贴补家用。而农产品的出售收入是农户现金收入最大的来源。相比较而言，在重工业优先发展战略背景下，农户收入水平低下，向市场提供的农副产品有限也是引致中国农业合作化进程不断加快的一个重要的经济因素。[③]农村私人借贷以及农业技术改进在农民收入增长中均起到了一定程度的作用，也加快了农业现代化建设步伐。[④]

在此基础上，该类研究进一步地对各阶层农户收入的差异作了细致分析，认为总体上，除了受灾较为严重的地区外，农户的收入在合作化完成之后的 1956 年比 1955 年是增加的，但是各阶层农户增收的幅度及增收的户数所占本阶层比重是不一致的。合作化前相对贫困的农户，在合作社中增收的幅度较

① 常明明.20 世纪 50 年代前期乡村手工业发展的历史考察[J].中国农史,2012,(1);常明明.新中国成立初期的城乡手工业发展[J].当代中国史研究,2010,(4).
② 徐建青.制度变革与手工棉纺织业[J].当代中国史研究,2010,(1);徐建青.棉花统购、棉布统购统销政策与手工棉纺织业[J].当代中国史研究,2010,(2);徐建青.统购统销制度下农民家庭棉纺织成本收益探析[J].中国经济史研究,2010,(4).
③ 常明明.20 世纪 50 年代前期农民收入研究[J].中国农史,2014,(3);常明明.20 世纪 50 年代前期农户收支结构研究[J].当代中国史研究,2014,(3).
④ 常明明.土改后农业技术改进初探[J].中国经济史研究,2010,(4);常明明.农村私人借贷与农民收入增长研究—以 20 世纪 50 年代前期鄂、湘、赣、粤 4 省为中心[J].中国经济史研究,2012,(4).

大,且增收的户数比重也相对较高,因此,合作社得到了本阶层绝大多数农户的拥护。在合作化前,具有相对较高生产水平的富裕中农和富农阶层增收的比重不大,减收的户数相对较多,进而引起他们中一部分农户的不满,动摇了合作化的信心,这是当时形成退社风潮的重要原因之一。①而对农村居民消费的量化研究则主要选取了1990年后的时间段,如近期对1990—2010年的农村居民消费水平的演变阶段分析中,认为该时期农村居民消费大致经历了三个阶段:1990—1995年的消费快速增长期;1996—2000年的消费放缓期;2001—2010年的消费稳定恢复期。②

新中国初期的农村基础设施建设基本上是在国家指令计划下进行的,政府在优先治理江河水灾的同时,加大了农田水利建设的投入,不仅修复了遭受战争破坏的原有水利灌溉设施,而且新建了一些农田水利工程。随着"一五"计划的实施及大规模经济建设的开展,水利建设的重点逐渐转向有计划、有步骤地兴修新的农田水利工程,逐步提高抗御水旱灾害的能力,不断扩大农田水利灌溉面积。③而在集体化时期开展的大型水利工程中,对民工用粮政策的调整成为影响工程进行的关键因素。④新中国前三十年的农业机械化也是在高度集中的计划经济体制下,由国家和集体投资、经营的,国家制定下达农业机械的生产计划,统一调拨农机产品,统一制定农机产品价格,国家通过行政命令和各种优惠政策来推动发展。但"1980年基本上实现农业机械化"的目标并没有实现。⑤

近年来,关于粮食危机、大饥荒等具有争议性的问题则成为了研究热点。⑥在1950年代末,中国发生了大范围的粮食危机,并进而导致了巨大的人口

① 常明明.效益下降抑或增收差异:农业合作化后农民退社原因再研究——基于1955—1956年合作社中各阶层农户收入的视角[J].中国农史,2011,(1).

② 雷雨.中国农村居民消费水平的量化分析[J].统计与决策,2014,(6).

③ 王瑞芳.新中国成立初期的农田水利建设[J].中国经济史研究,2013,(1).

④ 吕志茹.集体化时期大型水利工程中的民工用粮—以河北省根治海河工程为例[J].中国经济史研究,2014,(3).

⑤ 张月群等.新中国前30年农业机械化发展及其当代启示[J].毛泽东邓小平理论研究,2012,(4).

⑥ 李庆刚.1957年中国粮食产量问题考订[J].当代中国史研究,2012,(5);范子英、石慧.为何大饥荒发生在粮食主产区?[J].经济学(季刊),2013,(1);姚宏志.1959—1961年安徽灾荒的差异性分析[J].党史研究与教学,2013,(2);范子英.关于大饥荒研究中的几个问题[J].经济学(季刊),2010,(3);程令国、张晔.早年的饥荒经历影响了人们的储蓄行为吗?[J].经济研究,2011,(8);江伟涛.公共食堂与1959—1961年大饥荒的关系——基于"退堂权"及其质疑的讨论[J].上海经济研究,2013,(7).

损失。学界自1980年代就开始对此历史事件展开了的研究,近期更是有一批高质量的研究文献关注饥荒的长期影响。现有研究在大饥荒所造成的非正常死亡人口规模、大饥荒爆发的核心区域、引起大饥荒的政策失误等方面基本已取得了共识。但在粮食征购的目的、公共食堂的重要性、饥荒的"选择效应"等方面还存在争议。因此,学界认为,未来应在关于大饥荒对人口的影响、公共食堂对大饥荒的作用、大饥荒对之后制度演进的作用等诸多方面上作进一步深入的研究。[1]也有文章分别对三年经济困难时期节约度荒工作进行了考察[2],以及以江津县作为个案对粮食统购统销问题进行了研究,认为统购统销等工作,逐步引导了中国农业经济乃至整个中国经济步入计划经济时代。[3]

此外,从农民主体角度研究农业现代化的成果也逐渐增多。这些研究认为,越来越多的农户已不再把改善生计寄希望于种粮、卖粮,兼业经营缓解了人地矛盾,并且有助于农业新技术的推广和使用,有助于农户分散经营风险。决策者制度设计应让这些"事实上的非农家"心甘情愿地把自己手里的土地转让给愿意经营农业的农户,从而实现彻底的身份转换。[4]

四、城市化与城镇化研究

关于中国城市化问题的讨论,近年来学界主要关注的前沿问题,一是中国城市化的发展道路,即中国城市体系的合理性问题;二是城市化(城镇化)与工业化的关系;三是城乡收入及差距的研究。在这些问题中也呈现出工业化、农业现代化、城市化三者融合的研究趋势。

目前,学界在持续提高城市化水平这一点上是有共识的,争议的焦点在于城市体系如何合理化,即中国城市化的发展道路问题,在此问题上历来就有大城市重点论和小城镇重点论之争。[5]有的研究认为,中国城市化是从以城市为

---

① 范子英.1950年代粮食危机的研究:共识与展望[J].当代经济研究,2013,(12).
② 尚长风.三年经济困难时期节约度荒的历史考察[J].当代中国史研究,2014,(4).
③ 李婉琨,曹树基.粮食问题,粮仓、市场与制度:统购统销的准备过程:以江津县为中心的考察[J].中共党史研究,2012,(3).
④ 李文.新时期以来农户的兼业化发展及原因分析[J].当代中国史研究,2013,(2);董志凯.当代中国环境变化与小农经济形态、作用变异[J].古今农业,2013,(3).
⑤ 陆铭,向宽虎,陈钊.中国的城市化和城市体系调整:基于文献的评论[J].世界经济,2011,(6).

核心的城市化和以市镇为核心的农村城市化两个层面展开,而农村社会的改造是中国城市化最为独特的反映。[①]

虽然当代中国城镇化代表了传统中国走向现代的历程,也避免了过度或过快的城镇化对经济和管理的负累,但学者认为,它不是真正的"城镇化"。1949—1979年的城镇化和工业化是相关的,是在"摸着石头过河"的方式下经历了多次调整,由此形成了中国特色的城镇化。[②]某些具体省份的研究也支撑了此观点,如以陕西省为例的个案研究,也认为新中国成立后随着国家投资政策和布局的不断变化,陕西工业化与城市化互动关系明显,并呈现出四个不同阶段的演变特征。[③]

有的研究则从城乡居民的具体消费状况入手,认为1949—1956年是中国从新民主主义社会向社会主义社会过渡的时期,也是中国经济发展较好和人民生活水平提高较快的时期之一。城乡居民饮食水平有所提高,穿衣打扮有所变化,日用品消费额有所进步,居住紧张状况有所缓解,文化水平普遍提升,医疗条件明显改善,城乡居民物质生活和精神生活发生了显著变化。[④]从消费角度,着重探讨1949年以来中国城镇居民衣着消费的基本趋势,以期说明城镇居民收入水平的日益提高。[⑤]

近期,在城乡收入差距的研究中,有学者从政府发展战略的视角,研究中国城市化滞后、城乡收入差距持续扩大的原因,结果发现,旨在鼓励资本密集型部门优先发展的政府战略,造成了城市部门就业需求的相对下降,进而延缓城市化进程,农村居民不能有效地向城市转移,因而城乡收入差距扩大。[⑥]在对计划经济时期城乡收入差距悬殊的实证研究中,则发现计划经济体制是城乡收入差距悬殊的重要根源。破解农民收入问题,需要把计划经济体制转化为市场经济体制。[⑦]

---

① 陈国灿.中国城市化道路的历史透视和现实思考[J].江汉大学学报,2012,(2).

② 薛凤旋.1949—1979年中国城镇化的经验与特色[J].当代中国史研究,2013,(4).

③ 曹敏等.工业化与城市化互动关系发展探析:以陕西省(1953—2003年)为例[J].西北大学学报,2012,(5).

④ 朱高林.1949—1956年中国城乡居民消费水平总体考察[J].当代中国史研究,2011,(1).

⑤ 朱高林.建国以来我国城镇居民衣着消费的变化趋势[J].河南大学学报(社会科学版),2010,(5).

⑥ 陈斌开,林毅夫.重工业优先发展战略、城市化与城乡收入差距[J].南开经济研究,2010,(1);陈斌开,林毅夫.发展战略、城市化与中国城乡收入差距[J].中国社会科学,2013,(4).

⑦ 周志太等.计划经济时期城乡收入差距悬殊的实证研究[J].西安交通大学学报,2014,(5).

此外,1949—1978 年,在我国工业化进程中持续存在大量城镇人口向农村转移、到农村就业的现象。近年来,学者对此现象分别从工业化、逆城市化、农村建设等角度进行了前沿研究。[①]而建国初期土地征用过程中的土地闲置浪费、利用率低的问题也引起了学者的关注。[②]

第二节　微观制度变革与宏观制度变迁前沿研究

一、农村制度变革研究

农村制度变革的理论前沿研究主要围绕土地改革——合作化(集体化)——联产承包责任制的主线展开。近年来对土改从经济、社会等多个角度进行了研究,既有正面回顾,也有揭示其中不足与负面作用的。从整体的宏观视野来看,土地改革不仅完成了从地主土地所有制向农民土地所有制的巨大转变,而且带来了乡村社会的历史性变革。[③]学者也分别结合中南区、江津县、湖南省攸县等史料进行了个案研究。[④]

具体而言,在土地改革对富农影响的研究中,有学者认为,土改削弱了富农的经济优势,合作化则进一步摧毁了富农在农村的政治经济地位。[⑤]土改后,随着农村经济恢复和发展,农民的经济地位普遍上升,农村出现中农化趋势,农民内部出现了分化现象。[⑥]有的研究则从测算农村居民收入基尼系数的角

　　① 王爱云.从城市到农村:多维度视阈下的就业抉择:试析新中国前三十年间城市劳动力向农村的转移[J].中共党史研究,2012,(12);邱国盛.当代中国逆城市化研究(1949—1978)[J].社会科学辑刊,2006,(3);王凤梅等.1949 年至 1978 年间以逆向为主的人口流动对中国农村现代化进程的影响——以山东省为例[J].东岳论丛,2011,(4).
　　② 伍玉振.建国初期城市建设征地闲置浪费问题及其治理——以 1949 年至 1957 年的济南市为个案[J].历史教学,2013,(5).
　　③ 王瑞芳.土地改革是生产关系领域的伟大革命[J].中国社会科学报,2013 年 12 月 16 日.
　　④ 陈益元,黄琨.土地改革与农村社会转型——以 1949 年至 1952 年湖南省攸县为个案[J].中共党史研究,2013,(4);曹树基,李婉琨,郑彬彬.江津县减租退押运动研究[J].清华大学学报,2013,(4);刘诗古.征粮、春荒与减租退租:对土地改革的再认识——以 1949—1951 年中南区为中心[J].学术界,2013,(6);黎志辉.建国初期原中央苏区的土地改革和经济恢复[J].江西财经大学学报,2012,(6).
　　⑤ 张静.国家策略与农民应对:新中国成立初期富农在互助合作运动中的行为研究[J].中国农史,2013,(5);尤国珍.建国后中共保存富农政策变动的再思考[J].党史研究与教学,2011,(1);尤国珍.新中国成立初期中南区和华东区保存富农经济政策执行差异解析[J].中共党史研究,2012,(5).
　　⑥ 常明明.主动上升与被动保持:土改后农民阶层的内部分化解析——以豫、鄂、湘、赣、粤五省为中心[J].中国农史,2013,(3).

度,对土改后农村阶级变化作了再探讨,认为土改后的几年内农村居民收入的基尼系数处在高度均等和相对均等的边界上。①有的研究则从江津县"大户加征"的角度,在实践层面进行论述,认为土改的目的之一也是征粮。原因就是,经过"大户加征"与"减租退押"之后,地主阶级已经无力承担高额的农业税,而分配土地就成为调整税基的最好方式。②此外,有研究也分析了建国初期乡村地权交易中的农户行为和地权流转的社会经济效应。③

评述农业合作化运动的关键是对1950年代初农业生产绩效的评判,目前学界主要从农业增长和农户收入两个视角展开研究,但结论差异较大,有些结论甚至截然相反。④而近期农业合作化的研究中,则结合具体的地方资料关注了普通民众的生活变革。如以山西省农民生活为例的研究,认为农村土地由个体私有变为集体所有,农民的个体劳动为集体劳动所取代,这一根本性变化确保了劳动的计划性和组织性。通过集体劳动,农民的主观认识也不断发生改变,集体主义观念逐渐形成。⑤也有学者从心理契约出发,以组织公民行为为视角,分析了土地制度影响因素,认为互助合作的组织公民行为是农民土地所有制到合作社土地集体制变迁的重要影响因素。⑥

农村人民公社在当代中国史上占有十分重要的地位,对新中国产生过重大影响的农业合作化运动、统购统销、"大跃进"等都与人民公社密切相关。近年来,随着"三农"问题的研究,学界加大、强化了对人民公社的研究。⑦研究热点之一是对人民公社体制的研究。如对《农业六十条》(《农村人民公社工作条

---

① 苏少之,张晓玲.新中国土改后农村阶级变化再探讨——基于测算农村居民收入基尼系数的角度[J].中国经济史研究,2011,(1).

② 曹树基,李婉琨."大户加征":江津县1950年的征粮运动[J].近代史研究,2013,(4).

③ 张静.建国初期乡村地权流转的社会经济效应考量[J].中国经济史研究,2010,(4);张静.新中国成立初期乡村地权交易中的农户行为分析[J].中国经济史研究,2012,(2).

④ 匡家在.1952—1957年农业生产绩效研究述评[J].中国经济史研究,2013,(3);常明明.效益下降抑或增收差异:农业合作化后农民退社原因再研究——基于1955—1956年合作社中各阶层农户收入的视角[J].中国农史,2011,(1);武力.农业合作化过程中合作社经济效益剖析[J].中国经济史研究,1992,(4);叶扬兵.1956—1957年合作化高潮后的农民退社风潮[J].南京大学学报(哲社版),2003,(6);林毅夫.制度、技术与中国农业发展[M].上海:上海三联书店、上海人民出版社,2005;林毅夫.再论制度、技术与中国农业发展[M].北京:北京大学出版社,2000.

⑤ 常利兵.土地、劳动与观念——1949—1957年山西省农民生活变革研究[J].当代中国史研究,2012,(6).

⑥ 邝先慧等.农民组织公民行为与农村土地制度变迁(1949—1978)[J].农村经济,2012,(10).

⑦ 钟昱.人民公社问题研究述评[J].现代农业,2012,(11);陈益元.人民公社体制研究述评[J].中共党史研究,2012,(2);郑清坡.农村人民公社史料的搜集整理述评[J].党史研究与教学,2014,(4).

例》之简称）的修订研究表明农村具体制度变革中中央与基层组织的互动①，也是人民公社制度的重要体现。热点之二是对人民公社时期收入分配制度，包括生产队的具体分配措施等问题的研究。有的研究是以个案方式，针对人民公社时期农户劳动报酬实物化问题，揭示其抑制农户消费行为的合理化，以及助长农户超计划分粮的策略性行为。②而在工分制下，农户基于对未来收入的预期，并根据农户自身的家庭结构、劳动力性别结构、家庭阶级成分等因素，决定自家的劳动配置，这种配置最终又决定了农户收入。③

家庭联产承包责任制作为我国农村改革的产物，尽管突破了原有人民公社的经营管理体制，但该体制下土地的流动性较差，农户的规模化生产受到限制，这种约束到底对中国的农业生产产生了哪些具体的影响。近期的前沿研究运用基本模式和省级面板数据进行要素影响因素的测算，结果显示，在联产承包责任制下，由于地权受到一定程度的限制，农户倾向于通过使用农业技术提高土地单位面积产量的方式提高收入，从而降低了土地的配置效率，农户扩大生产规模，提高专业程度的需求被压抑。同时，将多余的劳动投入到要素市场，获得部分工资性收入。这种兼业现象，不仅阻碍了农业部门的专业化进程，同时也阻碍了非农业部门的专业化进程。④

二、工商企业制度变革研究

随着 1990 年代以来政府大量文献档案的开放，学界对 1949 年后私营工商业的研究逐渐深入，多年来形成的研究成果已不少见。近年来的研究趋势，一是体现在整体与个案研究相结合；二是研究视角的多元化与国际化。上海学者利用上海市档案馆所藏档案，形成了私营工业企业工资改革、企业治理等一系列标志性的整体研究。⑤在企业个案的研究中，一些青年学者或以刘鸿生家族核心

①　辛逸．"农业六十条"的修订与人民公社的制度变迁[J].中共党史研究,2012,(7).
②　徐卫国等.人民公社时期农户劳动报酬实物化及其影响——以 20 世纪 70 年代河北某生产对为例[J].中国经济史研究,2014,(4).
③　黄英伟.工分制下的农户劳动[M].中国农业出版社,2011.
④　蔡银寅,黄有光.家庭联产承包责任制与 1991—2010 年间中国的粮食生产[J].制度经济学研究,2013,(4).
⑤　张忠民.1954 年上海私营工业企业的扩展"公私合营"[J].中国经济史研究,2014,(3);张忠民.20 世纪 50 年代上海公私合营企业的工资改革[J].当代中国史研究,2011,(5);张忠民.1949—1953 年上海市公私合营工业企业的制度变革[J].当代中国史研究,2014,(3);张忠民.1953 年上海十四家私营工业企业扩展"公私合营"研究[J].社会科学,2013,(12);张忠民."五反"运动与私营企业治理结构之变动——以上海私营工商企业为中心[J].社会科学,2012,(3).

企业为个案,展现了 1949—1952 年上海私企与中共新政权的复杂多面关系;或运用利益相关者理论研究上海申新棉纺织一厂;或从"高管层"变动看公私合营企业权力的转移。①台湾学者则以上海百货商业的新新和永安两家百货公司为个案对比研究,旨在于分析新政权对于上海百货业在公私合营问题上的不同策略。②此外,公私合营企业的定息问题亦有研究。③也有学者查阅北京市档案馆所藏档案,把私营手工业的变化与业主结合起来探讨。④关于北京百年老店成文厚及其经理的研究颇具启发意义,该研究注重商人理念与基层政府决策的微观比较,从商铺经营的视角考察北京商业活动所受到的政府决策的影响。结论认为,成文厚难以经营的关键原因在于经理刘国梁以小企业集体化为核心的经营策略,与新政府的大计划经济战略目标终成对立物,最终只能在全社会政治经济环境压力下退出历史舞台。⑤

在阐释私营工商业消亡的原因时,有学者认为,政府对不同状态企业采取的不同策略和资本家出于"经济生存"或"政治生存"的考量,共同造成了私营工商业走向公私合营。⑥关于政府和国营经济对私企经营的影响,近期学界主要选取了一些具体人物进行研究,形成了颇有意味的比较视角。如有的研究注意到解放之初国营运输公司对卢作孚民生公司经营的影响,认为卢作孚的民生公司虽承担政府的运粮任务,但运价和运量却均不由公司决定。当民生公司试图争取更多的水运任务时,却被指责为"唯利是图的资本主义经营思想",导致民生公司的路越走越窄。⑦而美国和香港学者则分别考察了刘鸿生、

① 赵晋.旧工厂与新国家:1949—1952 年的刘鸿生大中华火柴公司[J].中国经济史研究,2013,(2);赵晋.中共建政之初私营工商业的困境(1949—1950):以刘鸿生章华毛纺公司为个案的考察[J].中共党史研究,2014,(11);张明.集体合同与制度激励——以解放初期上海申新棉纺织一厂为个案的分析[J].上海经济研究,2014,(12);刘岸冰.从"高管层"变动看公私合营企业权力的转移[J].当代中国史研究,2009,(4).

② 连玲玲.上海百货公司的社会主义改造,1949—1956),载谢国兴主编,改革与改造:"冷战"初期两岸的粮食、土地与工商业变革[M].台北:"中央研究院"近代史研究所,2010.

③ 谢国兴主编.改革与改造:冷战初期两岸的粮食、土地与工商业变革[M].台北:"中央研究院"近代史研究所,2010;刘岸冰.上海市公私合营企业定息研究[J].当代中国史研究,2013,(2).

④ 刘胜男.私营手工业与业主之群体面相:以上世纪五六十年代北京市为考察对象[J].北京党史,2012,(2).

⑤ 董晓萍,蓝克利.现代商业的社会史研究:北京成文厚(1942—1952)[J].北京师范大学学报(社科版),2010,(2).

⑥ 冯筱才.政治生存与经济生存:上海商人如何走上公私合营之路? 载中国当代史研究(第 2 辑)[M].北京:九州出版社,2011.

⑦ 赵晓玲.卢作孚之死[M].香港:香港时代国际出版有限公司,2010:111—112.转引自赵晋.新中国成立初期私营工商业研究之回顾与反思[J].中共党史研究,2013,(11).

董浩云等重要人物在 1949 年前后的艰难抉择,认为董浩云之所以最终放弃返回大陆,是基于两个方面的原因,即朝鲜战争爆发后上海航运业的衰落以及中共接连不断的政治运动。[①]此外,国有企业的建立途径也得到了研究者进一步的关注。[②]

三、金融、贸易等制度演变研究

银行制度变革历来是金融制度演变研究的重点。近年来,这方面的前沿研究,既包括对 1950 年代私营金融业的公私合营及在华外资银行接管研究,[③]又有对农村金融中的信用、实物借贷、机构发展路径的思考。[④]也有学者从产权变革的视角,分析中国私营银行业的改造过程,提出人民政府创造性地运用公私合营方式,利用私营银行的双层产权结构,以产权主体介入企业的经营管理,逐步掌握其经营权,实现"法人产权"层面的变革,再通过全行业公私合营,赎买私股股权,实施"原始产权"层面的变革,最终将私营银行业转变为国有银行,完成了私营银行产权的根本变革。[⑤]

近现代长时段连续且独特的系列金融调查资料为农村金融的长期研究提供了资料支撑。如学者利用中国社会科学院经济研究所保存的 1930 年以来 80 多年的保定农村系列调查资料,分析了以保定农户为代表的华北农户借债用途的结构、渠道及其变迁。该研究表明,随着农户经济处境的变迁,其借债用途发生了由非生产性借债为主转向生产性借债为主的颠覆性的变迁。但新中国建立后成立的农业银行、农村信用合作社向小农提供的

①　高家龙.资本家选择共产党中国——1948—1956 年的上海刘氏家族.载中国当代史研究(第 1 辑)[M].北京:九州出版社,2009;郑会欣.国家前途与个人命运:董浩云在 1949 年的抉择[J].(香港)中国文化研究所学报,2010,(1).

②　朱婷.1949—1952 年被接管官僚资本企业转化为新中国国营企业的历史考察:以上海国营纺织企业接管、改造与建制过程为中心[J].上海经济研究,2012,(9).

③　徐黎.新中国成立初期中共对在华外资银行的监管、利用和清理[J].中共党史研究,2013,(1);张徐乐.1950 年代上海外商银行的结束与清理[J].社会科学,2010,(11);宋佩玉.新中国成立初期上海英资银行清理过程的历史考察[J].当代中国史研究,2014,(2).

④　赵学军.信用担保制度的变迁与农户融资的困境:兼论农村金融体系建设中担保体系建设优先性[J].中国经济史研究,2014,(4);赵学军等.20 世纪 50—60 年代中国农村的实物借贷[J].福建师范大学学报(哲社版),2009,(5);易棉阳等.中国农村信用社的发展路径与制度反思[J].中国经济史研究,2011,(2).

⑤　赵学军.再论中国私营银行业的社会主义改造——基于产权变革视角的考察[J].中国经济史研究,2011,(4).

融资服务远远不足,小农融资面临困境,其根本原因在于农户在信用抵押担保方面存在问题,而且以保定为代表的华北农户没有走出主要依赖于私人等非正规金融部门借贷的传统路径。①此外,也有学者对建国初期农村私人借贷的停滞及缓解措施进行了考察,对贫农合作基金贷款在农业合作社中的局部作用进行了评价。②

就研究论文及著作的数量来看,学界对中国金融改革的研究热度不减,且主要集中在对近10年中国的金融改革研究上,趋势之一是从较长时段进行考察。研究内容主要包括近10年央行的改革、金融转型、民间金融改革、农村金融改革、期货市场等问题,此类文章较多,因篇幅所限,在此不一一列举。③

贸易制度的演变也是研究线索之一。从新中国对外贸易的发展历程看,变革与增长是中国对外贸易一贯的历史实践。新中国建立的前30年,中国的对外贸易既是一个数量增长的过程,也是一个变革的过程,所不同的是在改革开放后的35年,这两个过程更加迅速,内涵也更加丰富。④

四、经济转型与宏观经济制度变迁研究

在以上经济增长及具体的微观制度变革研究基础上,学界立足长期观察的视角对新中国宏观经济制度变迁与经济转型进行了研究。分别对计划经济体制的产生、演变与转变的内生逻辑进行考察;⑤从经济发展阶段的角度审视了中国计划经济体制的形成及其演变;⑥通过对十一个五年规划的回顾,探讨中国发展的三次转型;⑦指出中国经济经历的双重转型,一是发展转型即由农

① 赵学军.农户借债用途的结构与变迁:一个长期视角[J].贵州财经学院学报,2012,(6);赵学军.华北农户借贷渠道变迁之管窥——基于"无锡保定农村调查"系列资料(1930—2010)的分析[J].中国经济史研究,2013,(4).
② 常明明.建国初期农村私人借贷的停滞及缓解措施的历史考察[J].中国农史,2010,(1);常明明.二十世纪五十年代贫农合作基金贷款的历史考察[J].中共党史研究,2010,(12).
③ 潘英丽.金融转型与整体金融改革[J].中国金融,2013,(3);郭梅亮.中国国有银行改革进程中的效率变迁:金融功能视角[J].金融监管研究,2013,(3);陆磊.改革还是创新——农村金融改革十年的反思与展望[J].中国农村金融,2013,(18);宋承ँ.当代中国期货市场发展的特点与评价[J].中国经济史研究,2012,(1).因此类文章较多,在此不一一列举.
④ 裴长洪.中国对外贸易65年的基本线索:变革与增长[J].中国经济史研究,2013,(3).
⑤ 赵凌云.1949—2008年间中国传统计划经济体制产生、演变与转变的内生逻辑[J].中国经济史研究,2009(3).
⑥ 赵农.中国经济发展阶段及其演化:关于计划经济历史分析的一种新视角[J].学术界,2014,(9).
⑦ 何爱国.发展取向的三次转型:十一个五年规划的回顾与前瞻[J].东吴学术,2010,(3).

业社会向工业社会的转变,二是体制转型即由计划经济体制向市场经济体制转变。①也有论文认为,中国经济转型具有显著的阶段性与阶段性目标,大约分为四个阶段及其目标转换。②其中双轨制体现了中国体制转轨的特点,对当前中国推动资源价格、要素价格改革乃至政治体制改革仍具有重要借鉴意义。③而 21 世纪初掀起的"中国道路"或"中国模式"热潮,则表明学界已从更广泛的政治、经济、社会的研究视角来关注中国经济制度变迁。④

第三节　新资料挖掘与出版所体现的研究前沿

一、全国性的资料集

全国性的档案资料集首推由中国社会科学院与中央档案馆合编的《1958—1965 中华人民共和国经济档案资料选编》,该套大型学术专业资料丛书于 2011 年出版,是上述两单位已编辑出版的《1949—1952 中华人民共和国经济档案资料选编》(12 卷)和《1953—1957 中华人民共和国经济档案资料选编》(9 卷)之续编。与前两批资料相比,第三批档案资料涉及的时段更长,内容更丰富,数量也更多。该套丛书共计 10 卷,分别为综合卷、农业卷、工业卷、固定资产投资与建筑业卷、商业卷、财政卷、金融卷、交通通讯卷、对外贸易卷、劳动就业与工资福利卷,约 1 500 万字。这套丛书的出版,为研究中华人民共和国建立初期的经济背景、经济体制变革以及经济运行提供了丰富翔实的学术资料。据悉,1966—1976 年的经济档案资料选编工作也已正式启动。⑤

二、专题类及地方基层档案资料集

专题类和地方性资料集主要包括:大型个人文集、专题档案整理、口述资

---

① 厉以宁.中国经济双重转型之路[M].北京:中国人民大学出版社,2013.
② 瞿商.论中国经济转型的阶段性与目标转换[J].中国经济史研究,2012,(1).
③ 华生.双轨制的历史使命和现实意义[J].当代财经,2012,(1).
④ 王丹莉."中国模式"研究之新动向与再认识[J].中国经济史研究,2012,(2);郑永年.中国模式:经验与困局[M].杭州:浙江人民出版社,2010;谢平等主编.反思中国模式[M].中国经济出版社,2011;丁学良.辩论"中国模式"[M].北京:社会科学文献出版社,2011;何迪等编.反思"中国模式"[M].北京:社会科学文献出版社,2012;潘维主编.中国模式:解读人民共和国的 60 年[M].北京:中央编译出版社,2009.
⑤ 董志凯.《1958—1965 中华人民共和国经济档案资料选编》概要.载上海档案史料研究(13).上海:上海三联书店,2012.

料史、地方志等。

一方面,基层档案史料和当事人采访已成为现当代经济史史料的重要来源。如《口述上海——小三线建设》①精心选择了上海"小三线"从中央到最基层的方方面面中有代表性的43位受访者,从不同的角度对上海"小三线建设"的情况作了回忆和介绍,内容涉及当时的决策、选址、设计、厂矿基础建设、生产管理、职工生活、企业与安徽和浙江地方关系、企业转型及最后的交接调整等,全面动态地勾画出了上海"小三线建设"起步、发展和调整的演变历程,更全面地呈现中华人民共和国的发展变迁。这些资料为以后的专题研究提供了重要的资料支撑。

另一方面,近年来专题及基层档案史料的收集与整理呈现出近现代时间上的连续性特征,这进一步使得经济史研究突破断代研究的视野。其中,比较有代表性的资料,一是保存于中国社会科学院经济研究所的"无锡保定农村调查资料(1929—2010)",该调查资料是中国社会科学院经济研究所及其前身持续进行80余年的系列农村调查,从1929年至1998年共进行过4次大规模的调查,积累了大批农村经济及农户的家庭经济数据,且保存相对完整、集中。②2011年,中国社会科学院经济所课题组选取无锡、保定两地各2村、各200户,共4村400户农户,组织了以农户收支为中心的调查,补充了无锡保定农村调查数据库近期的部分资料。③二是山西大学中国社会史研究中心多年来收集的北方农村集体化时代的基础档案,该批档案始于抗战时期成立的互助组,终于人民公社体制结束,时限约40年。《阅档读史——北方农村的集体化时代》一书④就是根据该中心搜集到的近200个村庄的数千万件一手"集体化时代农村基层档案",结合相关文件、报纸,以时间为序、事件为类,整理而成。

此外,地方志中的大批资料在以后的研究中可以有很大的利用空间。目前来看,《中国地方志经济资料汇编》时值二十世纪八九十年代,当时大量新编地方志尚未出版,故该书中当代中国的内容以1989年以前出版的县

---

① 中共上海市委党史研究室、上海市现代上海研究中心、徐有威主编.口述上海——小三线建设[M].上海:上海教育出版社,2013.

② 史志宏.无锡、保定农村调查的历史及现存无、保资料概况[J].中国经济史研究,2007,(3).

③ 赵学军.华北农户借贷渠道变迁之管窥——基于"无锡保定农村调查"系列资料(1930—2010)的分析[J].中国经济史研究,2013,(4).

④ 行龙,马维强,常利兵.阅档读史——北方农村的集体化时代[M].北京:北京大学出版社,2011.

志内容为主，当代部分内容很少，1990 年代以后大批量完成的志书内容尚未选入。①

　　近年来数字化技术在经济史的资料整理及存储中有了惊人的运用，该技术突破了传统手工翻阅的困扰，引领经济史研究走向大数据时代的前沿，吸引了一些年轻学者和学生的加入，但对研究者大规模处理、加工史料的能力也提出了巨大挑战。

参考文献

[1] 珀金斯.中国农业的发展（1368—1968 年）[M].宋海文译.上海：上海译文出版社，1984.

[2] 汪海波.新中国工业经济史[M].北京：经济管理出版社，1986.

[3] 孙健.中华人民共和国经济史：1949—90 年代初[M].北京：中国人民大学出版社，1992.

[4] 中共上海市委统战部.中国资本主义工商业的社会主义改造（上海卷）[M].北京：中共党史出版社，1993.

[5] 张军."双轨制"经济学：中国的经济改革（1978—1992）[M].上海：上海三联书店、上海人民出版社，1997.

[6] 武力.中华人民共和国经济史：1949—1999[M].北京：中国经济出版社，1999.

[7] 吴敬琏.当代中国经济改革[M].上海：上海远东出版社，2004.

[8] 林毅夫.制度、技术与中国农业发展[M].上海：上海三联书店、上海人民出版社，2005.

[9] 张徐乐.上海私营金融业研究：1949—1952[M].上海：复旦大学出版社，2006.

[10] 苏星.新中国经济史[M].北京：中共中央党校出版社，2007.

[11] 常明明.中国农村私人借贷关系研究：以 20 世纪 50 年代前期中南区为中心[M].北京：中国经济出版社，2007.

[12] 赵学军.中国金融业发展研究（1949—1957 年）[M].福州：福建人民出版社，2008.

[13] 吴承明，董志凯.中华人民共和国经济史：1949—1952[M].北京：社会科学文献出版社，2010.

[14] 国家统计局国民经济综合统计司.新中国六十年统计资料汇编[M].北京：中国统计出版社，2010.

---

① 董志凯.中国经济史研究的宝贵资料源泉：读〈中国地方志经济资料汇编〉[J].社会科学管理与评论，2010，(3)；戴鞍钢等主编.中国地方志经济资料汇编[M].上海：汉语大词典出版社，1999.

［15］赵凌云主编.中国共产党经济工作史(1921—2011年)［M］.北京:中国财政经济出版社,2011.

［16］宋士云等.新中国社会保障制度结构与变迁［M］.北京:中国社会科学出版社,2011.

［17］黄英伟.工分制下的农户劳动［M］.北京:中国农业出版社,2011.

［18］黄少安.产权理论比较与中国产权制度变革［M］.北京:经济科学出版社,2012.

［19］温锐.农地产权变革与社会生态的互动——八十多年来赣南闽西边区经济社会发展环境考察［M］.北京:中国社会科学出版社,2012.

［20］梁晨,李中清等.无声的革命:北京大学、苏州大学学生社会来源研究(1949—2002)［M］.北京:三联书店,2013.

第四章　分论三、外国经济史理论前沿

第一节　西方各国经济史理论前沿

一、引述：国外论著的移译与介绍

相比较中国经济史界研究的其他分支而言，外国经济史领域对国外论著的移译与介绍则更为常见。环视当今国内关于外国经济史的研究，大抵属于"学中干"之态势，一方面，将国外学者相关具有代表性的经济史著作与文章移译、介绍到国内，以为知识的传播、学术的借鉴；另一方面，在这一西学东渐的潮流中学习、跟进，并根据国内外相关学术趋势的变化，并试图有所拓展。

最近五年来，移译的大端是有关中世纪欧洲经济史、近现代欧洲与英美经济史的最新论著，第一大类是冠以"××经济史"之类的著作，大抵是该议题具有代表性、通论性的学术作品，例如，《全球经济史》《剑桥欧洲经济史》《美国经济史》《现代英国经济史》《罗马帝国社会经济史》《美国商业史》等①。学者将这些西方经济史研究论著翻译，并向中文读者推介，以获得一个概貌性的认识。第二大类是专题的研究论著，多为学术论文，例如关于英国工业革命的特质、近现代居民生活水平、社会主义政治经济学、中世纪地中海农业革命、所得税起源、早期的全球贸易与货币历史、法国中世纪经济史研究、1806 年后普鲁士

---

① 艾伦.全球经济史[M].南京：译林出版社，2015；费希白克，恩格曼.美国经济史[M].北京：中信出版社，2013；休斯，凯恩.美国经济史（第 8 版）[M].上海：格致出版社，2013；腾尼·弗兰克.罗马经济史[M].上海：上海三联书店，2013；克拉潘.现代英国经济史[M].北京：商务印书馆，2011；M.罗斯托夫采夫.罗马帝国社会经济史[M].北京：商务印书馆，2011；沃尔顿，罗考夫.美国经济史（第 10 版）[M].北京：北京大学出版社，2011；M.M.波斯坦，H.J.哈巴库克.剑桥欧洲经济史[M].北京：经济科学出版社，2010；杰拉德·M.库特.英国历史经济学：1870—1926 经济史学科的兴起与新重商主义[M].北京：中国人民大学出版社，2010；崔娜.A History of American Business 节译报告[D].中国海洋大学，硕士学位论文，2012.

和西南德国改革等①,多为某一议题的专业性论著或演讲,且一般相对较新。

二、西方世界与中国经济联系

国内外国经济史研究的基本出发点之一是西方世界与中国的经济联系,大体上包括三个方面:一是中西经济贸易关系的历史与演变;二是世界经济秩序及其变迁;三是中西经济发展史比较。

首先,近年来较传统的一个研究思路依然是中西贸易关系,但更多地关注以往关注较少的前近代时期,且研究对象也是以往较少研究的国家,例如,荷兰、德国、法国、瑞典,大多采用经济社会史的研究思路,及至近代中国时期,则仍多与美国、英国相关。

关于早期南方澳门、广州的对外贸易,陈旭楠(2013)分析了明代万历年间地方、中央、外国(荷、葡)之间的多层纠葛,地方政府为了税款默许葡萄牙居留澳门,朝廷既希望以葡制荷又试图将番夷拒之粤海关之外以求海疆平稳②。严锴(2011)以威尔瑟商社和福格尔商社,在东、西印度以及澳门所进行的商业和政治活动,揭示德意志商人在近代早期世界市场形成过程中所处的地位③。江滢河(2011)根据1732年3月7日瑞典东印度公司派往广州贸易的第一艘商船"弗雷德里刻国王号"首席大班科林·坎贝尔日记,研究航行过程以及在广州对华贸易的相关制度、理念与市场知识,揭示了18世纪上半期粤海关监督、胥役、行商、通事和外洋商人等在广州进行口岸贸易的历史画面④。

关于近代中英间的经济关系,在已有学术积累的基础上,所选的议题则相对较为深入,王宏斌(2010)通过比对英国议会文件、中文档案,发现19世纪中叶英国政府各级英国官员(首相,外交大臣,驻华公使,商务监督,驻广州、厦门

① 里格利.延续、偶然与变迁:英国工业革命的特质[M].杭州:浙江大学出版社,2013;B.H.米罗诺夫.19—20世纪俄国居民的生活水平:基于人体测量数据的分析[J].史学月刊,2012,(10);[俄]西罗科拉德.苏联的社会主义政治经济学与政权[J].俄罗斯学刊,2012,(5);[日]中尾佐助.地中海农耕文化的革命[J].古今农业,2009,(3);裴然.沙皇俄国的所得税诞生始末[J].西伯利亚研究,2009,(4);[澳]荷尼夫.从18世纪中西文学作品看全球贸易与货币历史的关系[J].史林,2009(6);斯捷潘诺夫.康克林和俄国矿业的发展[J].西伯利亚研究,2009,(6);弗兰索瓦·梅南.年鉴学派以来法国的中世纪经济史研究:弗兰索瓦·梅南教授在南京大学讲学[J].世界历史,2011,(1);乔基姆·思韦纳特.休克疗法与制度移植:新的争论以及1806年后普鲁士和西南德国改革的启示[J].经济社会体制比较,2012,(2).
② 陈旭楠.荷兰商船来华事件:全球史视野下的中荷葡角力[J].全球史评论,2013,(6).
③ 徐健.十六七世纪德国威尔瑟——福格尔商社在东方贸易活动[J].世界历史,2011,(5).
④ 江滢河.《科林·坎贝尔日记》初探:早期瑞典对华贸易研究[J].学术研究,2011,(6).

和上海的领事官)试图迫使清朝官员承认鸦片贸易合法化,是一项持续的对华方针政策①。随着时间的下移,研究对象也随之下移,有关中西经贸关系的议题更多转到中美之间,例如,对美国与中国贸易中相关的史实与问题的讨论②。

其次,如果将中外经贸关系延伸之后,即为中外乃至世界经济秩序,相关的研究一般从概论的角度或者从货币体系的角度展开。

从货币的视角关注国际经济秩序,自然关注国际货币的形成与演变,王晋斌(2010)即从三要素层面的讨论国际货币体系的演讲,认为首先这是一项人为设计的体系,而且,只有战争或长期财政货币政策调整才能剧烈地改变这一体系,此外,其他外国国家如何参与国际货币体系也将会缓慢改变未来的国际货币体系③。

关于世界经济秩序,近代以来的世界经济秩序一般划分为三个阶段:即形成时期、英国霸权下的世界经济秩序、美国霸权下的世界经济秩序。曹广伟(2012)从三个方面,即权力结构对经济秩序创立和维护、不平衡增长引起世界经济秩序的调整与变革、市场机制引导经济秩序发展演变,分析世界经济秩序的历史演变进程、内在规律与原因④。李新(2014)从"中心—外围"体系历史演进的角度,分四个阶段进行解释:西方殖民时期以武力进行的野蛮掠夺的方式、美国经济崛起美元成为核心货币时期采用国际分工"交换"体系、"二战"后至1973年布雷顿森林体系时期美元国际贸易、后布雷顿森林体系时期以美元为工具的方式⑤。

再次,关于中西经济发展史的比较研究,一直是外国经济史界的备选议题。一般而言,中西的经济发展,从具体的政策层面,差距是显而易见,但就从经济内在的逻辑上而言,一直有论点认为,中西经济发展的早期相似度大于相异性。

陈尚胜(2010)从造船和海洋航运政策、对本国海商和外国商人的政策、对

---

①　王宏斌.从英国议会文件看英国外交官关于鸦片贸易合法化的密谋活动[J].世界历史,2010,(3).

②　郭卫东.19世纪初叶欧美国家对华贸易反差现象研究[J].安徽史学,2013,(2);孙玉琴.大萧条时期美国贸易政策与中美贸易协定[J].美国研究,2012,(1);杨雨青,宿静.抗战时期中美贸易概论[J].晋阳学刊,2010,(2).

③　王晋斌.论国际货币体系演变特点及现实启示[J].安徽大学学报,2010,(5).

④　曹广伟.世界经济秩序的历史变迁[J].国际展望,2012,(5).

⑤　李新.世界经济格局下的"中心—外围"体系的历史演进[J].安徽史学,2014,(3).

进出口的管理措施和关税三个方面,比较了清朝前期与同期英国海外贸易政策,认为两国在海外贸易政策倾向性上具有本质性的差别①。汪崇篔(2012)以"明清淮盐经营与徽商"为典型与西欧进行比较,发现西欧虽在中世纪以后由封建社会演变为资本主义社会,但仍属于自然经济社会的范畴,只有在产业革命以后才开始由自然经济社会向商品经济社会过渡的,西欧早期的形态与明清中国具有一致性②。

三、世界经济的历史

国内学界的外国经济史研究论著,最广泛性的出发点是探讨世界经济的历史过程,故而相关的研究大多从各部门经济展开。在生产、流通、服务各部门,以及城市与人口的相关研究上,就选题的热度而言,较多关注是流通、服务部门;就研究方法而言,更多地偏重于历史分析,间或采用计量方法。

(一)外国经济史研究范畴中的流通服务部门,主要是关于贸易、金融、交通方面,大抵是沿着商业史的路径,并逐渐延伸下来。除了上述的中西经济贸易之外,有关外国经济史研究中对贸易相关的主要兴趣点有三,首先,传统式的贸易史实研究;其次,贸易组织与模式的再研究;再次,自由或规制贸易之辨。关于贸易史实方面不时仍有研究③,但整体上趋向于减少;关于贸易组织模式方面的研究,较有代表性的研究是涉及哥特兰商人同盟、英国特许公司④;关于政策之辨的研究,涉及近代早期英法贸易机制的比较研究、自由贸易的思辨、关税与贸易保护主义⑤,已经不再是纯粹的贸易问题,涉及制度经济分析,甚至是社会政治分析。

与贸易最密切相关,大抵是金融与交通,金融方面的研究思路比较明晰,

---

① 陈尚胜.清朝前期与英国海外贸易政策的初步比较[J].海交史研究,2010,(1).

② 汪崇篔.中国与西欧商品经济社会萌芽的比较:以"明清淮盐经营与徽商"为典型进行探讨[J].盐业史研究,2012,(1).

③ 陈思伟.公元前4世纪雅典海上贸易的几个问题[J].首都师范大学学报(社科版),2014,(4);冯立军.试述17—19世纪武吉斯人航海贸易的兴衰[J].世界历史,2009,(6);何美兰.19世纪地中海北非的远途贸易[J].河北师范大学学报,2011,(4).

④ 刘程.中世纪盛期哥特兰商人同盟探析[J].内蒙古财经大学学报(综合),2014,(3);王军.比较视野下的英国特许公司:以四个特许公司为中心的考察[J].学习与探索,2011,(5).

⑤ 严锴.18世纪法国对华贸易初探[J].法国研究,2012,(2);梅俊杰.从马克思的论断看自由贸易的历史真相[J].马克思主义研究,2009,(6);李巍.走向贸易保护主义:社会同盟与美国19世纪关税政策[J].美国问题研究,2009,(1).

可以归为 4 个问题，分别为世界金融体系的形成与演变、货币政策、信贷政策、金融与经济发展的关系。关于世界金融体系议题的讨论，又分为两个时段，即19 世纪至 20 世纪英国金融霸权的消失与美国金融王国的形成①。关于世界货币政策历史的研究，涉及不同时期货币演化的问题、与经济发展的关系、与经济危机的关系、货币一体化问题、"特里芬难题"②。关于信贷与信贷管理的研究，相关的研究涉及正面或负面历史经验的研究③。关于金融与经济发展发展方面，关注金融发展的双重属性：例如，14 世纪英国严重的通胀对社会生产与民众生活产生的严重影响、19 世纪末俄国农民土地银行对农业发展的推动、20 世纪初俄国工业化进程中银行业在资源配置上发挥的主导作用④。

近年来关于与交通有关的经济史研究，相对难以创新、比较少见。有关对俄国交通运输、欧洲高速铁路的研究，认为交通运输的变化是俄国从农业社会向工业社会转变的重要因素，梳理了欧洲高速铁路网络的发展历史以及相关概念与理念上的变化⑤；从产业发展的角度，可以分析交通运输与农业发展的相互促进关系⑥。

（二）外国经济史研究范畴中生产部门，大抵是工业（手工业）、农业。从第一次工业革命以来，关于近代转折以及工业化后续发展，一直是国内外研究的热

①　张新颖.英国霸权下的国际金本位制：从霸权稳定论看 1870—1914 年的国际货币体系[J].山东财政学院学报,2009,(4)；淡潭,叶江.论 20 世纪 30 年代后期国际金融体系转型：1936 年美英法《三方货币稳定协议》及其启示[J].上海师范大学学报,2010,(3)；贾根良,刁伟涛.为建立主权货币而战：亨利·凯里与 19 世纪下半叶美国的货币斗争[J].学习与探索,2012,(12).

②　徐浩.论中世纪西欧的货币与货币化[J].史学月刊,2014,(6)；韩毅.美联储的货币政策与 30 年代危机[J].世界历史,2009,(6)；崔洪健.中世纪英国货币流变与政治经济变迁初探[J].海南师范大学学报(哲社版),2014,(4)；高志虎.试论英国希思政府的欧洲货币一体化政策[J].复旦学报(社会科学版),2012,(4)；李世安.布雷顿森林体系与"特里芬难题"[J].世界历史,2009,(6)；高志虎.英国卡拉汉政府与 1978 年欧洲货币体系谈判[J].史学集刊,2012,(5).

③　禹钟华.古代两河流域的借贷及其影响[J].东北师大学报(哲社版),2009,(6)；朱明.中世纪晚期西欧的信贷危机[J].历史教学问题,2013,(1)；陈思伟.那路奎：早期亚述的商业融资运营模式[J].东北师大学报(哲社版),2014,(1).

④　吴冠中.通胀之殇：14 世纪初英格兰物价问题刍议[J].西北师大学报(社科版),2014,(2)；钟建平.试论俄国农民土地银行的作用[J].西伯利亚研究,2010,(1)；张广翔,李旭.十月革命前俄国的银行业与经济发展[J].俄罗斯东欧中亚研究,2013,(2)；张爽.19 世纪美国金本位制的确立及对美国经济的影响[J].东北师大学报(哲社版),2014,(5).

⑤　张广翔.19 世纪至 20 世纪初俄国的交通运输与经济发展[J].社会科学战线,2014,(12)；Roger Vickerman,姣娥,焦敬娟,金凤君.欧洲高速铁路的发展历史与经济效应[J].世界经济地理,2013,(3).

⑥　叶明勇.18—19 世纪中期英国交通运输的建设与农业市场的扩展[J].古今农业,2009,(3).

点问题,相比较而言,农业革命则相对较为逊色。工业经济史的研究,首先,关注工业革命的历史与事实。对早期英国工业革命的研究认为,18世纪英国工厂制首先出现于供需矛盾最为突出的纺织行业,逐步向其他行业扩散,工厂制促进了劳动生产率的提高,推动英国经济的转型,成为"世界工厂"①。对第三次工业革命的研究认为,与前两次的能源革命相比,第三次工业革命在本质上不同,这是一次信息技术革命和可再生能源革命②。其次,更多的是关注工业化的历史。从路径选择的角度来看,全球工业化有两种道路,例如,追赶型的国家,俄国在效仿英、法国走现代化国家发展道路时,由于工业化的先天条件不足,只能靠国家采取保护关税政策等强制和优惠措施刺激工业发展,形成了莫斯科、彼得堡、乌拉尔等主要工业区,该工业化进程具有行业垄断、欧洲技术扩散效应、受传统文化阻碍的特征③;从工业化的历史进程来看,依据发展经济学结构学派的工业化阶段理论,采用部门结构和人均收入的动态指标,可以将美国工业化过程分为轻工业化、重工业化和技术集约化三个基本阶段,给出具体的时间范围,从整体上描绘了美国工业化的全貌与经济崛起的历史轨迹④;从工业化的表现来看,以美国为例,基于科技创新和市场经济的自我调节功能,1970—1990年间逐步成功地实现去工业化与后工业化的经济体制,产业结构中制造业的比重逐年下降,生产服务业持续上升⑤。再次,后发展国家的工业化研究也逐渐增多,相关证据表明,1870年代至"一战"前夕,阿根廷通过大力发展初级产品出口而获得了经济的迅速增长,但是自1930年代开始由于过度依赖初级产品出口部门;自1970年代开始,阿根廷逐渐确立进口替代工业化战略⑥。

关于农业经济的研究主要在两个方面,首先,资本主义农业发展史的过程与特征。1960年代—1980年代初印度旁遮普邦的绿色革命取得成功,王立新(2009)认为,该邦农业发展的经验研究表明,高度发展的雇佣劳动是建立在农业资本主义生产方式停滞的基础上,修正了传统的农业资本主义理论⑦。

① 刘金源.论近代英国工厂制的兴起[J].探索与争鸣,2014,(1).
② 贾根良.第三次工业革命:来自世界经济史的长期透视[J].学习与探索,2014,(9).
③ 杨翠红.俄国早期工业化进程解析[J].贵州社会科学,2013,(9).
④ 马亚华.美国工业化阶段的历史评估[J].世界地理研究,2010,(3).
⑤ 石光宇,孙群郎.美国去工业化与后工业经济的形成[J].辽宁大学学报(哲社版),2013,(3).
⑥ 董国辉.阿根廷进口替代工业化战略确立的历史进程[J].南开学报(哲社版),2013,(3).
⑦ 王立新.农业资本主义的理论与现实:绿色革命期间印度旁遮普邦的农业发展[J].中国社会科学,2009,(5).

此外,关于内战后美国南部形成的混合制农业生产方式、农业资本主义发展史的研究①,从不同方面进行了讨论。其次,有关农业制度的研究。例如,向荣(2014)认为,敞田制并非日耳曼农村公社土地制度的历史遗存,也不是阻碍中世纪英国农业技术进步的不可逾越的障碍,相反地,它是适应英国中世纪早期的经济环境,并使英国传统农业保持了数世纪的繁荣②。此外,其他相关的制度与政策研究也颇为多见③。

关于跨农业、工业、商业间关系,一直也颇受重视。从内生增长理论的角度,认为工业部门的扩张本身抑制了工业化过程,正是这个原因造成了法国等欧洲大多数国家工业化的相对迟滞,英国的农业生产力变革对工业化以及长期经济增长有着重要的支持作用,形成了不同的工业化道路④。从工农业关系角度,认为18世纪英国的农业革命,为工业化提供所需劳动力的粮食供应、生产原料、资本积累以及国内市场等,并推动着英国从农业社会向工业社会的经济转型⑤。从农业发展的角度,认为工业化时期英国世袭地主移居城市,地主选拔代理人干预经营策略,形成地产代理制度,代理人、地主相互协调,使工业化时期英国农业经济的运行趋于高效⑥,英国的富裕农民成为农业资本家⑦。从商业的角度认为,虽然古巴比伦王室和神庙控制土地,但宗教与政府首领参与土地活动,土地的开发利用实行各种形式的租赁制和合伙制,甚至出现职业土地管理人,古巴比伦私人农业经济具有超乎想象的商业化特征⑧。

(三) 有关外国经济史研究中的城市、人口、空间问题,国内较多关注城市与城市化问题。首先,关注的问题是发达或发展中国家城市化进程中的经验

---

①　吴浩.内战后美国南部种植园经济的变化与性质问题[J].古今农业,2014,(1);曹占伟."资本对农业的支配"对近代法国农业现代化的制约[J].农业考古,2012,(4).

②　向荣.敞田制与英国的传统农业[J].中国社会科学,2014,(1).

③　韩磊.19世纪末20世纪初美国联邦政府与传统农业的现代转型[J].农业考古,2014,(1);佟春霞.试析美国农夫市场复兴的经济与社会缘由[J].江苏师范大学学报(哲社版),2014,(2);姚桂桂.美国重农神话与美国农业政策[J].西北农林科技大学学报,2010,(5);徐隆彬.赫鲁晓夫与战后时期的苏联农业[J].潍坊学院学报,2010,(5);王储.19世纪美国西部土地政策的嬗变及其特点[J].生产力研究,2010,(11);腾淑娜,顾銮斋.由课征到补贴:英国惠农政策的由来与现状[J].史学理论研究,2010,(2).

④　汪川.阶层变迁的工业化过程:19世纪英法工业化差异的一个解释[J].世界经济,2009,(11).

⑤　刘金源.农业革命与18世纪英国经济转型[J].中国农史,2014,(1).

⑥　郭爱民.工业化时期英国地产代理制度透视:兼与中世纪庄官组织相比较[J].世界历史,2011,(3).

⑦　徐华娟.何谓富裕农民,兼及社会过渡时期英国富裕农民财富标准[J].贵州社会科学,2013,(8).

⑧　于殿利.古巴比伦私人农业经济的商业化特征[J].中国社会科学,2011,(2).

与教训,以为借鉴①。相关证据表明,近代欧洲北海地区形成的城市间和城乡间形成的协调的、互补型的经济关系,为城乡经济一体化创造了重要条件,这一经验可资借鉴;1930—1990 年,内陆典型的贫困地区田纳西河流域的城市化发展达到美国的平均水平,有助于中国黄河上中游等内陆欠发达地区参考②。其次,探讨近代以来世界各地的城市发展、影响及其方向。17 世纪,伦敦大火后的重建,不仅促进了英国现代金融制度的建立,而且促进了海外贸易的活跃,形成了一系列新的外向型港口;18 世纪、19 世纪,伦敦的经验表明,土地利用模式的变化可以促进城市郊区化与近代化③以及近代中东石油城市阿巴丹的崛起、20 世纪美国迈阿密的城市化的经验④。

再次,从经济空间的角度研究研究城市与区域问题,包括中微观尺度的经济圈,也包括宏观尺度的区域经济板块分析。近年来相关研究进一步证明:中世纪英格兰领主自营地经济的商品化与冯杜能的经济圈理论常有出入,且不符合其中隐含的前提条件;15 世纪以前英国经济落后且分散,16 世纪、17 世纪在乡村工业等因素的推动下,区域性特征日渐显著,并出现以伦敦为中心的全国性整合趋势;1700 年后,随着乡村工业发展和工业革命,形成了西北英格兰工业中心、伦敦商贸金融中心、过渡带和资源供应区;北海—波罗的海贸易区在近代早期的崛起于英国和荷兰的手工业,并演进到外贸业与工业,但是地中海贸易区的意大利在很大程度上是转运贸易,并没有与国内工业密切结合,故而形成了不同的区域经济格局与发展方式⑤。

四、理解世界经济史

如果说关注世界经济的历史是为了获得知识,那么外国经济史研究更深

① 陈昭雪.英国城市化过程分析与启示[J].求知导刊,2015,(4);王文仙.20 世纪墨西哥城市化与社会稳定初探[J].史学集刊,2014,(4);涂岩.论发达国家推进城市化进程的经验及启示[J].理论界,2011,(2).

② 孙大伟,宁凡.近代欧洲北海地区城市化原因分析[J].国外社会科学,2014,(4);汪一鸣.美国田纳西河流域地区综合开发与城镇化[J].世界地理研究,2013,(3).

③ 黄硕.17 世纪伦敦重建与近代英国经济发展[J].鲁东大学学报(哲社版),2014,(3);欧阳萍.论土地利用模式对城市郊区化的影响:以 18、19 世纪的伦敦为例[J].湘潭大学学报(哲社),2011,(5).

④ 马小宁.历史的崛起:美国南部城市迈阿密经济腾飞研究[J].湖北社会科学,2010,(4);王宝龙,孙熠.中东石油之城阿巴丹的兴起与变迁[J].山西师大学报,2010,(6).

⑤ 李云飞.杜能的经济圈理论与中世纪英格兰领主经济[J].世界历史,2010,(2);刘景华.英国崛起时期经济板块化和全国性整合[J].天津商业大学学报,2011,(6);宁凡.区域经济的发展与近代欧洲经济格局的演变[J].南京师大学报(社科版),2012,(5).

层的诉求是为了理解世界经济史。从问题的角度而言,理解世界各国经济增长的过程、社会经济的转型发展,从而理解资本主义的历史与逻辑;从方法的角度而言,相对更多地采用计量统计、制度绩效分析法。

（一）从宏观层面所见的世界经济增长及其模式

经济增长方式的争论由来已久,大抵是自由或干预（管制）或调适的思路。第一种以英国为代表,至 19 世纪中期工业革命结束,英国经济发展完成了由国家管制向全面自由的转变,为英国工业革命的发展和实现现代经济的增长提供了自由的环境①。苏联则是第二种的典型,十月革命胜利后,苏联凭借独具特色的经济高增长模式,从一个落后的欧洲农奴国家迅速崛起为一个工业发达的世界超级大国,但是这种不可持续性的增长方式最终导致经济崩溃②。在比较苏联与西方的经济增长时,采用 C—D 生产函数余值方法新计算 1928—1990 年和 1960—1990 年两个时段 5 种不同的投入产出组合下的情景模式,更清晰地理解 1950 年前、1960 年后、1970 年代以后,不同时期苏联的经济增长③。关于经济增长过程中的循环与资源配置,对 1952—1993 年英国经济发展史的分析,发现货币供应量对物价指数的影响程度是货币流通速度对物价指数影响程度的 3 倍,只有适度的货币供应才有利于经济增长,流动性过剩造成的经济过热的滞涨现象是经济衰退前的信号④。

（二）从转型发展的角度理解世界经济

世界经济的运行模式或机制一直也在变动之中,自工业革命开始,经历了多次的转折飞跃。第一次自然是工业革命,英国在 17 世纪政治经济危机时,适时地调整了政治、经济结构,恢复生产秩序,从而脱颖而出,乡村工业和城市化水平都得到较大提高,赶超了欧洲大陆的其他国家,从而奠定了向现代工业社会过渡的领先地位,工业革命则不过是这一历史进程的逻辑结果⑤。第二次则是现代国家的形成,如果从现代财政制度的角度看,至少应具备两个基本特征,即强国性与集中性,17 世纪、18 世纪荷兰和英国的财政史为此提供了佐证,借由财政的改革推动国家的现代化,再由国家的现代化扶持和推进

① 尹歌.英国工业革命、国家管制与经济发展[J].重庆社会科学,2014,(3).
② 林跃勤.苏联经济赶超失败探源:基于经济增长转型的视角[J].江汉论坛,2011,(12).
③ 金飞.前苏联经济增长的 TFP 讨论:苏俄与西方序列的比较[J].俄罗斯研究,2014,(4).
④ 梁立俊.货币供应量、货币流通速度与流动性过剩:1952—1993 年英国经济发展史分析[J].广东外语外贸大学学报,2009,(6).
⑤ 谷延方,侯建新.17 世纪英国城市化与非农化——危机下的社会转型[J].世界历史,2013,(1).

经济与社会的现代化[①]。从财政权的转移来探索英国民主的生成,寻找公共财政与代议制民主的内在关系,以及西方自由民主的内涵[②]。第三次则是一系列的经济危机及其克服时段。"一战"以后美国的经济繁荣进程中,收入分配制度日趋不合理,大萧条前十年美国消费增长显著,统计分析显示由于1929年股市崩盘,美国金融体系坍塌,致使消费信贷规模锐减,使得原本不合理的收入分配制度凸显[③]。通过对英、法、德、意四国消费和经济增长关系之规律分析,发现四国消费和经济增长近似同步变动,高消费高增长相伴而生,其基础条件是稳定而良好的社会保障制度,从而实现了经济恢复[④]。

(三) 资本主义经济史

资本主义是广泛的概念,其经济史的范畴包含比较多的要素,并没有一个普遍认可的定义,不过,从时间的角度来看,其关键点则是如何走出中世纪进入现代经济文明,并实现自我增长与循环。对中世纪后期的研究表明,正是农民对土地的占有权,推动了封建土地制度的解体[⑤]。从资本的角度而言,外来移民、外国商人及其资本帮助英国在18世纪崛起为世界第一工业强国[⑥]。从制度的变革来看,英国经济政策经历了重商主义、经济自由主义、凯恩斯主义、新自由主义到"第三条道路"的重大变革,经济变革与社会稳定是一对矛盾,需要适当地选择[⑦]。从经济效率的层面而言,近代早期欧洲的城市化发展,是对经济社会中日益增长的交易成本的反映[⑧]。从历史的经验来看,内战后美国的农业发展长期以来同时存在着差异明显的两条道路:西部、中西部和北部的"美国式道路"与南部的"普鲁士道路"[⑨]。最终我们理解的资本主义,如果我来理解的经济增长源泉一样,实际上是一个混合的概念。工业革命所带来的机器化生产方式,

---

① 刘晓路.现代财政制度的强国性与集中性:基于荷兰和英国财政史的分析[J].中国人民大学学报,2014,(5).

② 朱萌.财政权的转移对英国民主发展的影响:13至16世纪英国财政史分析[J].东北师大学报(哲社),2014,(4).

③ 刘巍,李杰.美国大萧条的逻辑地点:收入分配不公(1919—1929)[J].国际经贸探索,2014,(12).

④ 陈昭.英法德意四国消费对经济增长的贡献度研究:基于20世纪60—80年代联立方程模型的分析[J].广东外语外贸大学学报,2011,(2).

⑤ 侯建新.中世纪英格兰农民的土地产权[J].历史研究,2013,(4).

⑥ 刘景华.外来移民与外国商人英国崛起的外来因素[J].历史研究,2010,(1).

⑦ 吴必康.变革与稳定:英国经济政策的四次重大变革[J].江海学刊,2014,(1).

⑧ 杨旭.近代早期欧洲城市化的模式:以新制度经济学为视角[J].燕山大学学报(哲社版),2013,(2).

⑨ 吴浩."美国式道路"还是"普鲁士道路"?内战后美国南部农业发展道路的历史考察[J].史学理论研究,2010,(4).

改变了世界经济发展方式,即如何发挥学习效应与后发优势、寻找起飞和转型的推动力、注重技术培训与企业家的形成、强调市场和制度的作用①。

五、学术轨迹与趋向

外国经济史研究是一项相对较年轻的项目,自西学东渐之后才逐渐萌生,尤其是全球化学术交流之际才蔚为壮观,故而,具有不同于国内经济史研究的传统路径,近年来其学术轨迹与动向主要有三:

（一）研究的问题:从引入到创新

从知识积累到思路创新是科学的必然规律之一,故而,在当前及未来一个比较长的时期内,外国经济史论著的翻译与介绍仍然不可缺少,且占有比较重要的位置;同时,从中西对比的角度、从专题研究的角度,更多新的创新性的议题将会更多更快地涌现,提升外国经济史的研究水准,并逐渐与中国经济史研究相融合,实现学科知识的融会贯通。

（二）研究的风格:从知识转型学理

学术研究必然遵循由浅入深、由表及里的路径,变革已经悄悄在进行,学界正在从理解世界经济的历史过程转入理解世界经济的内在逻辑。一个明显的证据是各类理解世界经济变革的论著正在逐渐增多,举凡经济增长、经济革命、社会经济转型、经济运行与治理路径等,且研究方法逐渐新颖、有效,国内的外国经济史研究正在从边缘向中心靠拢。

（三）新方法与视角:从描述、解释转向度量、比较

其实,工具、方法、视角本身并无特别的学术价值,只有被用来推进研究,从而实现其工具价值。外国经济史研究从最初的恢复历史本来情景、理解世界经济发展的基本过程,借助于量化工具、制度绩效评估,正在进行长时段、跨地域跨部门的比较分析,从而触及经济史研究的一般性问题。

第二节　日本经济史理论前沿

一、"二战"前的日本经济史

在中国的日本经济史研究中,有关"二战"前的日本经济史,包括古代、中

---

①　王馨,吴炜峰.工业革命以来世界经济发展方式的变革及其借鉴[J].贵州社会科学,2012,(7).

世、近世、近代几大历史阶段,①其中,古代、中世、近世的成果总体上不多,也没有形成特别的热点问题,基本特点是时间越靠后研究成果就越多,故近世时期,即德川幕府或称江户时代的研究成果显然多于古代、中世。②相比之下,日本近代经济史的研究要活跃许多,而且形成了一定的关注焦点。

其一,明治时期的各种经济问题,始终受到相当的关注。③这些论著涉及明治时期农业、金融、外贸、财政等各个经济领域,从不同侧面探讨了明治时期日本经济状态、经济政策、经济制度、经济特点等问题,较为全面地解析了日本近代化过程中的诸多问题,其中不乏富有新意的研究成果。如车维汉《由财政压力引起的制度变迁——明治维新的另一种诠释》、雷鸣《日本市场经济的演进:从幕府到明治维新》,都是以新的理论框架研究明治维新问题,从制度变迁、市场机制视角重新认识明治维新,形成了一些耐人寻味的新观点。

其二,"二战"爆发前日本经济状况的论述相对集中。④这些论述探讨了日

---

① 日本历史时期的划分大致为:古代约从公元前3世纪前后开始到公元12世纪前后;中世纪(12—16世纪);近世(16—19世纪中叶,);近代(19世纪中叶明治时代开始到20世纪40年代中期"二战"结束),现当代(1945年至今)。

② [日]河野通明著,钱文忠、张合旺译.日本犁中所见的朝鲜犁、中国犁及混血型犁[J].古今农业,2009,(4);周爱萍.日本德川时代三货制度下的货币流通[J].史学月刊,2009,(10);于秋芳,衣保中.江户时期日本民间金融组织的发展及其影响[J].中国农业,2009,(3);李德霞.日本朱印船在东南亚的贸易[J].东南亚研究,2010,(4);周爱萍.日本德川时代货币制度研究[M].北京:中国社会科学出版社,2010;王春雨,米峰.论德川中后期初级市场经济模式的成因[J].现代日本经济,2008,(3).

③ 孙建华.19世纪后半叶日中两国金融业发展的异同[J].外国问题研究,2009,(4);曾国安,洪丽.19世纪末以来日本居民收入差距的演变、状态及启示[J].当代经济研究,2011,(9);温娟.解析日本明治初期农业补助政策[J].南开学报(哲学社会科学版),2010,(2);李红,衣保中.日本明治时期农业科技近代化及其启示[J].现代日本经济,2010,(2);王宝平.明治前期赴日浙商王惕斋之研究[J].浙江工商大学学报,2012,(2);汪天梅.明治时期日本老农在稻作发展中的作用[J].长春师范学院学报(人文社会科学版),2013,(1);曹때.居留地贸易对日本明治时期海外贸易的促进[J].商业研究,2013,(1);王德祥.明治维新以来日本的农业和农村政策[J].现代日本经济,2008,(2);王哲.浅议日本明治的三菱政商[J].赤峰学院学报(哲学社会科学版),2014,(8);刘峰.明治初年的地税货币化改革实践[J].日本研究,2014,(2);车维汉.由财政压力引起的制度变迁——明治维新的另一种诠释[J].中国社会科学院研究生学报,2008,(3);雷鸣.日本市场经济的演进:从幕府到明治维新[J].南开经济研究,2007,(2).

④ 范建刚,张小明."二战"前日本促进工业自主发展能力快速增强的经验[J].石家庄经济学院学报,2010,(6);张乃丽.战前日本的经济成长路径研究:跳出贫困陷阱的另类模式初探[J].广东外语外贸大学学报,2012,(2);许宁宁.1929年经济危机对日本传统外贸结构的冲击[J].重庆科技学院学报(社会科学版),2013,(7);刘巍.大萧条前后日本的进出口结构与总供求态势[J].国际经贸探索,2010,(4);张乃丽,刘巍.从国外部门角度对战前日本总供求态势的研究:给予M—L条件和贸易条件学说的分析[J].国际经贸探索,2012,(7);张乃丽.外部有效需求不足与内部有效供给不足:1929—1933年日本宏观经济运行研究[J].广东外语外贸大学学报,2013,(2);焦润明.论近代日本的从属资本主义改革[J].日本研究,2008,(2).

本资本主义发展路径、战争爆发的社会、历史背景及其经济原因等重大历史问题,如焦润明《论近代日本的从属资本主义改革》一文,把近代日本的社会改革放到近代世界大的时空背景中进行考察,提出"从属资本主义改革"观点,认为近代日本的政治、经济、文化、军事的诸多改革,都是为摆脱民族危机,改变"从属"地位,建立独立的民族国家为目的。论文以"从属资本主义改革"为立论,解析日本近现代历史走向的必然性。刘巍《大萧条前后日本的进出口结构与总供求态势》一文,张乃丽、刘巍《从国外部门角度对战前日本总供求态势的研究:给予 M—L 条件和贸易条件学说的分析》一文,则是日本经济史研究中少见的,运用计量经济学理论探讨一国总供求态势这一宏观经济问题的佳作。此外,近年来出现了一批有质量的经济通史和专门史论著;[①]如杨栋梁的《日本近现代经济史》,超出了一般通史类描述性撰写方式,以宏观论述与微观分析、理论阐释与问题点评、全面叙述与个案研究相结合的方法,从资源禀赋、条件约束、制度安排、政策运作、路径选择、生产要素配置、经济周期变动,阶级阶层状态、对外经贸关系等不同层面,对日本不同时期和阶段的经济现代化进程及其特点进行了宏观考察和微观分析,其"史"的描述具有整体性,"论"的阐释具有前沿性,对围绕日本近现代经济史的诸多中外学术观点亦有旗帜鲜明的评介,是一部颇具学术含量的经济通史。再如,庞宝庆《近代日本金融政策史稿》,详细介绍了包括明治前期的金融政策、明治后期的货币金融政策、大正时代的金融政策、日本帝国主义的对外金融政策等内容,并运用历史学、经济学和政策学的相关理论和研究方法,解析了各个时期金融政策的特点。

二、"二战"后的日本经济史

"二战"后日本曾创造了经济奇迹,也经历了长期萧条,国际上对战后日本经济发展的方方面面保持着经久不衰的研究热情,中国的日本经济史研究也主要集中在"二战"后。长期以来,战后日本经济发展模式始终是中国学者进行深入研究的对象,但不同于 1980 年代的全盘肯定及 1990 年代的彻底否定,近年来的研究更趋于理性,中国学者倾向于将战后日本经济发展模式,放在一定的历史时

① 杨栋梁.日本近现代经济史[M].北京:世界知识出版社,2010;陈昭,刘巍.日本宏观经济运行分析:1871—2008 年[M].北京:经济科学出版社,2010;庞宝庆.近代日本金融政策史稿[M].长春:吉林大学出版社,2010;孙执中.荣衰论:战后日本经济史(1945—2004)[M].北京:人民出版社,2006;张季风.挣脱萧条:1900—2006 年的日本经济[M].北京:社会科学文献出版社,2006.

期的世界经济及日本面临的内外条件中去把握,战后日本经济史研究的对象亦更趋于广泛,涉及宏观、中观、微观及国际合作等多个层面的问题。纵观近年来战后日本经济史研究现状,相关研究的成果大致可以归为以下几个方面:

(一)战后经济高速增长

一批论著集中探讨了战后日本经济复苏或迅速增长的原因、经济增长的实效以及对日本长期经济发展的影响作用等传统问题,[①]但是在观点上有所出新,如对经济高速增长原因的探讨,除了传统的美国扶持、朝鲜战争等原因,周暄明等《日本经济高速增长的政策软实力》,提出战后日本经济长期高速增长的原因主要源自于日本的经济政策,认为"兴建基础设施的政策""高投资和高出口政策""金融财政政策"等是实现了经济高速增长的根本原因;再如尹小平《日本经济高速增长的得与失》,指出战后日本经济高速增长是特定历史条件下的产物,其成效是实现了现代化并成为经济大国,但其代价是使国际国内的矛盾深化与激化。

(二)泡沫经济、"失去的十年"

泡沫经济在上个 10 年是研究热点问题,在近年来的研究热点已逐渐转向"失去的十年",重新认识、分析日本的泡沫经济,并将泡沫经济与"失去的十年"联系起来加以思考,研究重心落在"失去的十年",包括日本又如何走出"失去的十年",成为近年来研究日本经济在高速发展后陷入衰落现象的一大重点,研究对象虽然未变,研究视角却开阔许多,关注点和评价体系都有所变化,如对"失去的十年"形成原因的认识,以往多归结于"广场协议"及其引发的泡沫经济。李翀的《"广场协议"是导致日本"失落十年"的原因吗? 一个经济史的谜的解析》,提出日本中央银行的政策失误,才是导致日本"失落十年"的主要原因;再如张季风《重新审视日本"失去的二十年"》,首先从观点上否定了日本"失去的二十年"的提法,指出过去的 20 年日本经济陷入长期低迷是一个不争的事实,但是"失去的二十年"这一说法并不准确,不能概括日本经济的真实面貌,甚至有舆论误导之嫌,并以充分的事实分析了日本经济发展低迷过程中

---

① 于洋.浅析"二战"后日本经济发展的原因[J].绥化学院学报,2010,(2);赵儒煜.战后初期日本经济恢复机理刍议[M].现代日本经济,2007,(1);李加洞."冷战"氛围下的日本经济复苏[M].中国石油大学学报(社会科学版),2014,(2);王晗等.浅谈日本经济飞速发展的原因[M].经济研究导刊,2007,(3);周暄明等.日本经济高速增长的政策软实力[M].现代日本经济,2010,(2);吕斌.日本经济高度增长与快速城市化阶段的城市规划制度及其实践——剖析昭和时期(1925—1989)城市规划制度的变革历程[M].国际城市规划(2009 年增刊);尹小平.日本经济高速增长的得与失[M].现代日本经济,2007,(1);田中景.稳定增长阶段的日本经济[M].现代日本经济,2007,(1).

多次出现的"小阳春",提出了"从某种意义上讲,过去的 20 年更是日本改革调整的 20 年,经受历练的 20 年,制度创新的 20 年"的观点。此外,与中国经济近年来的较快增长进行比较,是近年来日本泡沫经济与"失去的十年"专题研究的一大特点,具有鲜明的时代特征和研究的现实意义。①

(三)政府干预的经济政策

这是近年来战后日本经济史研究的热点问题之一,从宏观领域来看,日本的政府干预既曾是日本经济高速发展的保障,但也对日本经济可持续发展形成了阻碍,经济政策对日本经济高速发展产生过良性推动作用,也对日本经济可持续发展构成了严重制约。杨栋梁《日本后发型资本主义经济政策研究》,以宏观把握近代以来日本国家发展的大背景及其战略方针的阶段性变化为基础展开研究,注重把握经济政策的系统结构,并把经济政策划分为制度化政策和手段性政策两大类别展开分析,揭示了后起资本主义国家日本的经济政策的特点和本质,论著由三十四篇专题论文构成,以日本明治初期、"二战"后初期,以及 1990 年代中期以来所推行的三次经济体制变革是本书的研究重点,主要通过史学研究的方法,对决策过程的作实证考察,并从政策主体和政策客体两个层面的互动加以展开,其研究对象也远远超出了经济本身的内容,政策思想乃至更加广泛意义上的社会思潮也被纳入研究的视野。②杜军、任景波《日本经济战略转型与对策》,则对日本战后经济发展阶段进行了划分,分析了各阶段的增长动力因素、政策,特别是解释了自 1990 年代以来,日本经济低速增长的经济波动性和体制性原因以及经济管理体制转型的出发点,提出了中国对日战略调整的基本思路。论著基于经济增长理论、经济发展理论、公共经济

① 蔡林海,翟锋.前车之鉴日本的经济泡沫与失去的十年[M].北京:经济科学出版社,2007;王明姬.对日本泡沫经济的再反思[J].宏观经济管理,2009,(4);陆明涛.过度投资带来的经济繁荣——日本泡沫经济的重新审视[J].金融经济,2009,(6);刘龙.非生产性资产泡沫与日本经济增长——对日本房地产泡沫的重新诠释[J].日本研究,2010,(3);雷良海,何晴.从日美贸易摩擦谈日本泡沫经济形成及其启示[J].商业时代,2010,(26);徐锐.关于日本泡沫经济的思考[J].商场现代化,2010,(18);杜艺中.日本泡沫经济的再回顾与启示[J].金融与经济,2010,(4);张季风.重新审视日本"失去的二十年"[J].日本学刊,2013,(6);李翀."广场协议"是导致日本"失落十年"的原因吗? 一个经济史的迷的解析[J].福建论坛(人文社会科学版),2014,(3);边恕.日本"失去的十年"的经济绩效及宏观政策分析[J].日本研究,2008,(3);陈志恒.失去的十年:日本经济的长期低迷及其成因[J].现代日本经济,2007,(1);樊勇明.日本高速增长时期的"托底政策"及其对中国民生建设的启示[J].日本研究,2008,(2);曹建海.从日本地产泡沫破灭看中国房地产发展[J].城市住宅,2009,(9);石海峰.日本"失去的十年"与我国当前经济对比及启示[J].黑龙江金融,2009,(2);王奎.日本房地产泡沫破灭对中国房地产调控的启示[J].特区经济,2010,(9).

② 杨栋梁.日本后发型资本主义经济政策研究[M].北京:中华书局,2007.

理论,采用历史分析、制度和政策分析方法,聚焦日本泡沫经济形成、崩溃以及救赎的政策分析和长达 20 余年的低速增长的体制性原因以及相应的体制改革,测算了相关经济、社会指标,通过计量分析研究日本经济管理制度的变迁和进化,并与我国进行了对比;①冯昭奎《21 世纪的日本战略的贫困》,针对当今日本国家战略的主要问题,以泡沫经济、向信息化过渡、中日关系这 3 个问题作为切入口,有重点地对日本的国家战略问题进行分析,从"日本与世界""日本与亚洲"的高度,对信息技术革命、和平与发展、中日关系中的美国因素等重大国际问题进行了论述。②此外,还有其他相关论著对宏观政策、金融政策、房地产政策等问题进行了论析。③

(四)综合性问题和专题性问题

近年来,出现了一批运用经济学理论分析具体经济问题的论著,值得关注④。论著涉及经济周期、汇率波动、进口结构等具体经济问题,相比之直接论述经济波动和经济模式的论著已不多见⑤;还有技术创新近年来虽不再是热点问题,但仍有学者继续关注⑥;此外,还有一些从不同角度考察日本经济历史发

————————

① 杜军,任景波.日本经济战略转型与对策[M].北京:经济日报出版社,2014.

② 冯昭奎.21 世纪的日本战略贫困[M].北京:中国社会科学出版社,2013.

③ 秦嗣毅.美国与日本宏观调控政策比较研究[M].北京:中国财政经济出版社,2010;徐其瑞.战后日本政府投资的经验、问题与启示[J].当代经济管理,2009,(6);刘瑞.通货膨胀与金融政策——以日本两次石油危机时期为中心[J].日本学刊,2009,(1);庞宝庆.论日本"昭和恐慌"时期的金融政策[J].渤海大学学报(哲学社会科学版),2012,(3);张玉棉等.论日本财政政策对股市波动的影响[J].日本问题研究,2008,(1);王鹏鸣,刘建葛.浅析 20 世纪 80 年代政府调控对日本房地产行业的影响及启示[J].日本问题研究,2008,(1);王玉静.战后日本政府实施经济职能的成功经验及其启示[J].日本问题研究,2008,(1);姜跃春.从日本经济长期萧条的历史看宏观政策的选择[J].中国金融,2008,(9);曾荣平.政府介入与日本纺织业的转型[J].外国问题研究,2010,(2).

④ 唐杰英.战后日本经济周期分析:基于 RBC 理论的探讨[M].北京:中国质检出版社,2011;刘轩等.战后日本经济变动的新古典分析[J].现代日本经济,2010,(3);赵英杰.日本汇率波动与内需型经济转型——日本经济史(1980—1990)的考察[J].日本研究,2010,(4);任文峰.战后初期日本金融改革与主银行体制的延续[J].外国问题研究,2009,(2);刘巍.大萧条后日本的进口结构与总供求态势[J].国际经贸探索,2011,(4);陈昭.日本从供给约束型经济向需求约束型转变研究[J].广东外语外贸大学学报,2012,(2).

⑤ 张舒英.日本经济发展模式再讨论[M].北京:方志出版社,2007;田丰伦.战后日本经济发展模式评析[J].现代日本经济,2007,(3);那日苏.战后日本崛起的思考[M].长沙:湖南人民出版社,2007;冯玮.日本经济体制的历史变迁[M].上海:上海人民出版社,2009;力群,刘轩.从战后日本经济波动解读日本经济体制的变迁[J].现代日本经济,2009,(3).

⑥ 张杰军.反垄断、创新与经济发展[M].北京:知识产权出版社,2008;刘彦文.战后日本的技术立国战略与产业结构升级研究[J].天津师范大学学报(社会科学版),2011,(6);阎莉.日本技术引进成功经验探析[J].日本研究,2008,(2).

展的论著①。

三、日本经济史中的经营史

关于企业史、行业史、产业(第二)史的研究,在日本是作为独立于经济史之外的"经营史"而存在的一个学术领域,日本的经营史研究"二战"前称为工业史、企业史,1960 年代以后定名为经营史,研究对象包括企业、行业、产业(第二)等相关领域,它的特点是把企业、行业、产业视为一个经营体,一个作为"政治、经济、社会、科技"有机体进行综合性研究。在中国现阶段"企业史"研究范围与之相近,但在中国没有独立的经营史,企业史是经济史的一个组成部分,所以按照中国学界的划分,日本称之为经营史的研究范畴,目前还没有独立于日本经济史之外,属于中国的日本经济史研究的一个重要领域。从 1980 年代开始,中国日本经济史研究者对日本"经营史"的研究逐步升温,近 10 年来亦依然保持相当的势头,相关研究的成果大致可以归为以下几个方面:

（一）企业史研究

这类研究包括代表性企业发展史、代表性企业的经营理念或方法、典型人物与企业发展关系对企业发展的作用等,通过实证研究的方法对日本企业发展史进行微观探索,通过企业个案分析提供日本企业发展的历史样貌。如张玉来《丰田公司企业创新研究》,运用熊彼特的创新理论以及历史学、经济学和经营学等多学科交叉的方法进行研究,系统考察了丰田公司企业创新的环境、内容、特点等方方面面的问题,以翔实的资料为基础,进行深入分析,用丰田公司的实例剖析了日本企业的创新机制的形成与发展,以及政府产业政策与企业创新机制的密切关系②。

---

① 唐向红.日本文化与日本经济发展关系研究:以第二次世界大战后日本经济发展为主要研究视角[M].大连:东北财经大学出版社,2012;顾海兵等.日本的国家经济安全:经验与借鉴[J].山东社会科学,2007,(4);江瑞平.激变中的日本经济:世纪之交的观察与思考[M].北京:世界知识出版社,2008;雷鸣.日本战时统制经济研究[M].北京:人民出版社,2007.
② 白益民.三井帝国启示录——探寻微观经济的王者[M].北京:中国档案出版社,2006;张玉来.丰田公司企业创新研究[M].天津:天津人民出版社,2007;官文娜.日本住友家业的源头与家业集成:日本人的"家"与"家业"理念的历史考察[J].世界历史,2010,(5);王玉芹.松冈洋右与南满洲铁道株式会社[J].东北史地,2010,(4).

（二）行业史研究

这类研究多以具体行业为研究对象，考察该行业经营模式、在发展过程中与政府关系、政府政策对经营方向产生的影响等情况，研究方法依然采用传统实证研究，基本上也属于经营史的微观研究。如祝曙光的系列论文，以近代铁路经营为对象最为集中，分别探讨日本的近代化、科技文明和对外扩张，以及国有模式、民营模式等诸多问题；朱桦的《创新与魅力：现代日本零售业发展概览》、车维汉的《日本主银行体制研究述评》，则是以行业为研究对象，分别探讨企业的创新机制和制度安排等热点问题，尤其是车维汉的论文，对日本主银行体制这种独特的制度安排作了全方位考察，并通过与美英等国的比较，揭示了日本主银行体制作为后发国金融制度安排的一定优势①。

（三）产业史研究

近年来，各类论著围绕产业结构、产业化、产业政策等，从不同侧面探讨了产业政策在产业发展过程中的作用，行业发展与产业发展的关系，战后经济发展过程中一些重要产业的成长及其结构变化，以及日本与他国产业的相关研究。研究方法上多采用实证与理论相结合的方法，相对企业史、行业史而言，产业史研究是比较宏观的研究。其中，丁敏的《日本产业结构研究》，是近年不多见的日本产业史专著，本书着眼于"二战"后日本经济和产业的发展以及在战后经济发展过程中一些重要产业的成长及其结构变化。其前沿性表现为对市场经济条件变化、经济国际化和全球化、信息技术发展、国际汇率调整、能源形势变化等重大因素的关注，以及这些因素对日本产业的兴衰与结构调整产生的影响，同时，也关注政治和文化对产业结构的形成与转变所产生的影响。高柏的《经济意识形态与日本产业政策：1931—1965 年的发展主义》，是一部视角新颖的专著，对日本战后一批具有民族主义倾向的马克思

---

① 祝曙光.铁路与日本近代化[J].江汉论坛,2007,(7);祝曙光.中日两国对外来科技文明的不同反应——以近代铁路为例[J].哈尔滨工业大学学报：社会科学版,2007(3);祝曙光.铁路与日本对外扩张[J].世界历史,2006,(2);刘迪瑞.试论日本国有铁路经营恶化的原因[J].南昌航空大学学报：社会科学版,2009,(5);刘迪瑞.政府规制下的日本国有铁路经营[J].江西社会科学,2009,(12);杨栋梁、孙志毅.日本民营铁路公司经营模式及借鉴性思考[J].南开学报(哲学社会科学版),2010,(3);洪涛.战后日本汽车产业的发展及政策研究[M].长春：吉林人民出版社,2008;朱桦.创新与魅力：现代日本零售业发展概览[M].上海：上海科学技术文献出版社,2008;车维汉.日本主银行体制研究评述[J].东北亚论坛,2006,(2);张玉柯,刘海云."二战"后日本医药产业政策实践及其对我国的启示[J].河北大学学报,2009,(3).

主义者,在经济意识形态领域的指导作用及其对日本经济高速增长的重大
影响的实证研究,从理论上对西方经济思想家在意识形态上用他们的模型
解释日本提出了质疑。①此外,近年来产业史中农业史的研究成果显著增多,
也是值得关注的现象。②

（四）企业治理模式研究

这是近年来日本经营史研究中的热点问题之一,对企业治理模式的评析,
以终生雇佣和年功工资等为主要特征的企业治理模式,在 1990 年代前,一直
被认为是日本企业治理模式的成功之处;1990 年代后,这一治理模式不再适应
时代的需要和创新的需求,成为日本经济陷入长期衰退的原因之一,重新审视
这种治理模式受到研究者的重视,研究者们从不同角度对日本式雇佣体系展
开研究,出现了一批相关成果③,其中车维汉的《从组织控制理论视角看战后日
本的企业治理》,以经济学理论为依据,探讨战后日本企业治理结构颇有新意,
指出日本的相互持股、主银行制度、终身雇佣制和企业长期连续性交易关系,
是有效支撑组织控制相互耦合的制度安排,随着经济形势的变化,该制度安排

　　①　丁敏.日本产业结构研究[M].北京:世界知识出版社,2006;吴东航,章林伟.日本住宅建设与产业化[M].中国建筑工业出版社,2009;高柏,安佳.经济意识形态与日本产业政策:1931—1965 年的发展[M].上海:上海人民出版社,2008;杨栋梁.日本近代产业革命的特点[J].南开学报(哲学社会科学版),2008,(1);刘自强.90 年代国际产业竞争对日本经济的影响[J].东北亚论坛,2010,(6);徐铁.战后日本产业政策变迁研究[J].湖北经济学院学报(人文社会科学版),2009,(9);高柏.经济意识形态与日本产业政策:1931—1965 年的发展主义[M].上海:上海人民出版社,2008;张玉柯,刘海云."二战"后日本医药产业政策实践及其对我国的启示[J].河北大学学报,2009,(30);周松兰.中日韩制造业竞争力比较研究[M].武汉:武汉大学出版社,2007;马文秀.日美贸易摩擦与日本产业结构调整[M].北京:人民出版社,2010.
　　②　于秋芳,衣保中.战后日本农户结构的变化及其影响[J].现代日本经济,2009,(2);贺平.战后日本农地流转制度改革研究——以立法调整和利益分配为中心[J].日本学刊,2010,(3);范建刚.日本财政农业支出增长进入转折期的条件探析[J].日本学刊,2010,(6);王莹.日本农业问题的解决对策及其启示[J].农业经济,2010,(12);刘峰.近代日本地税改革中的土地等级制度[J].外国问题研究,2010,(6);范建刚.工业自主发展与国家支持保障:日本解决农业转型问题的基本经验[M].北京:中国社会科学出版社,2010;李博强.20 世纪 30 年代日本农业恐慌及其启示:主要基于《日本评论》中国学者文献考察[J].湖南农业大学学报(社会科学版),2013,(6).
　　③　徐蕊.日本经济奇迹与长期衰退探微[J].山东行政学院学报,2014,(1);车维汉.日本终身雇佣制和年功工资管理相关理论与实践研究新进展[J].东北亚论坛,2009,(5);吴佩军.家族主义经营——对日本战前企业雇佣制度的考察[J].史学集刊,2010,(3);吴佩军.日本学界对企业雇佣制度问题的研究[J].华南师范大学学报:社会科学版,2008,(1);吴佩军.日本企业雇佣制度的历史考察[M].北京:中国社会科学出版社,2010;刘绮霞.战后日本企业雇用体制的演变史研究[M].北京:中国社会科学出版社,2010;车维汉.从组织控制理论视角看战后日本的企业治理[J].日本学刊,2008,(6);崔健.日本关于企业社会责任与企业价值之间关系的理论研究[J].日本学刊,2010,(6).

也在不断演化。未来支撑日本企业创新的制度安排,将是组织控制与市场控制在更高层面上的有机融合。车维汉的《日本终身雇佣和年功工资惯例相关理论与实践研究新进展》、吴佩军的《家族主义经营——对日本战前企业雇佣制度的考察》和日本企业雇佣制度的历史考察》等,都是重新审视日本企业治理模式的实证研究。

此外,还有诸如中小企业和科技发展,也曾是日本经营史研究中的热点问题,近年来温度有所下降,相关研究成果不多;①经营史的专题性研究,包括企业文化与企业发展的关系、企业微观制度演化的探讨、企业制度对科技发展的影响等等,②也从不同侧面丰富了日本企业史的研究。

第三节　东亚、东南亚其他各国经济史理论前沿

一、东亚、南亚各国经济史

东亚、南亚各国经济史研究力量比较分散,其研究成果没有专门的经济史分类,基本包括在各国经济研究成果中,因而理论前言的归纳难免挂一漏万,另一大特点是东亚、南亚各国经济史为中国提供的经验教训。

(一)韩国经济史

在东亚、南亚各国经济史研究中,韩国经济史的研究相对集中、成熟。从研究对象看,首先,宏观经济问题是一个重点,如经济模式、经济结构、经济复苏、经济危机等③;其次,与美国的经济关系也是一个重要的关注点,主要集中

---

① 苏航.日本中小企业发展与中小企业政策[M].北京:中国社会科学出版社,2008;丁敏,井如鹏.日本中小企业研究.北京:世界知识出版社,2012;冯昭奎.20世纪前半期日本的能源安全与科技发展[J].日本学刊,2013,(5);李建民.战后日本科技政策演变:历史经验与启示[J].现代日本经济,2009,(4);冯昭奎.日本技术进步的辩证法[J].日本学刊,2009,(5).

② 平力群.日本"内部人控制"形成的历史考察:以公司法制度为中心[J].北华大学学报(社会科学版),2013,(4);平力群.日本传统风险投资模式形成的历史考察:以"VC宪章"为中心[J].日本问题研究,2013,(1);孔凡静."日本模式"的核心与政府干预[J].日本学刊,2009,(2);莽景石.宪政转轨与现代日本企业所有权安排的演化[J].日本学刊,2008,(6);李若虹."二战"后日本经济发展的企业文化探究[J].长春工业大学学报(社会科学版),2013,(1).

③ 金继红.韩国经济结构变化的因素分析[J].南开经济研究,2006,(6);宋平,朱美蓉.两次经济危机中的韩国经济及其对策[J].山东社会科学,2011,(7);朱灏.韩国经济的复苏及其启示[J].亚太经济,2001,(5);[韩]张在澈.全球金融危机与韩国经济[J].当代韩国,2009,(1);赵玉璞,朴成辉.韩国经济发展的理论与政策[J].山东社会科学,2010,(12).

在美国对韩国经济发展的支持方面；①其三，对韩中关系问题的关注，尤其是韩国对中国经济发展的影响；②其四，对传统历史的关注；③此外，值得注意的是，出现了一些运用经济理论探讨韩国经济史的论著，如姬超的论文《韩国经济增长与转型过程及其启示：1961—2011——基于随机前沿模型的要素贡献分解分析》，④论文利用SFA模型分解了生产要素的增长贡献，对韩国经济增长期（1961—1990）和经济转型期（1991—2011）两个阶段进行比较研究，提出"内涵式增长"是五十一年来韩国经济增长的主要方式，论文分析了韩国内涵式经济增长的路径，并指出这种路径对中国经济增长和转型具有一定启示。⑤

（二）韩国之外的其他东亚、南亚各国经济史

东南亚各国与中国同属发展中国家，尽管东南亚各国经济发展水平参差不齐，但是和中国经济发展密切相关，它既有与中国国情相似之处，亦有与中国经济发展的互补作用，而且东南亚地区是华人、华侨最为集中的地区，与中国有相同的文化传统和亲密的血缘关系，研究东南亚各国经济发展状况，尤其是其中的经验、教训，对中国经济发展具有极大的现实意义，所以近年来学界对东南亚各国的经济发展史、经济制度、经济发展现状等的研究在不断增加，研究对象有作为个体的国家，也有作为整体的"东南亚"。

1. 东南亚各国经济史的专著不多，方法上大多以实证研究为基础，注重史的描述，但是对东南亚各国的国情历史、经济发展状况提供了较为系统、全面

① 梁志.美国对外开发援助政策与韩国的经济"起飞"[J].当代韩国,2009,(1);李丹.1950—1960年代依存与美国的韩国经济——以美国对韩国经济的贡献为切入点[J].牡丹江大学学报,2013,(7);宋正凯.在经济起飞和后续发展阶段国外因素作用的演变——基于"二战"后韩国经济发展经验的分析[J].山东纺织经济,2012,(7);申东镇.论韩国经济发展的美国因素[J].沈阳师范大学学报(社会科学版),2012,(3).
② 刘婉娜.金融危机中韩国经济走势及应对措施[J].中国经贸导刊,2008,(3);王卓,王博.韩国加入中日韩东盟自由贸易区的贸易效应实证分析——以1981—2007年为例[J].特区经济,2010,(3);徐宁,刘爽.分析韩国经济对我国经济发展的影响[J].中国经贸2011,(6);夏冬.浅析韩国经济与中国市场的关系[J].商情2012,(10).
③ 李孝林,曹游佳.高丽四介松都治簿法市价法比较研究[J].重庆理工大学学报,2012,(3);邰鑫成.朝鲜半岛弓山文化生业方式的相关问题:从房址、工具、动物遗存谈起[J].东北史地,2012,(4);刁书仁.朝鲜使臣的白银私贸及其对东亚贸易的影响[J].社会科学战线,2013,(11);[韩]金光彦著.刘军,张合旺译.韩国犁的外形及地域特征[J].古今农业,2010,(5);刘畅.仁川开埠后烟台与朝鲜的贸易[J].当代韩国,2013,(3).
④ 姬超.韩国经济增长与转型过程及其启示:1961—2011——基于随机前沿模型的要素贡献分解分析[J].国际经贸探索,2013,(12).
⑤ 姜文辉.开放经济条件下东盟五国产业结构研究[M].北京:中国经济出版社,2013.

的介绍。如姜文辉的《开放经济条件下东盟五国产业结构研究》,以东盟五国(印度尼西亚、马来西亚、菲律宾、新加坡和泰国)为研究对象,在相关理论研究的基础上,就东盟五国产业结构的演进、开放经济条件下产业结构变化的动因进行分析,并利用脉冲响应函数、多重结构断点检验、格兰杰因果关系检验等方法对东盟五国产业结构进行实证研究;①谭主元、何西湖、欧世健的《战后东南亚经济史(1945—2005 年)》②,在体例上突破了以往专著仅从几个主要国家的经济发展史或国别经济状况撰述的状况,对东盟 10 国战后的经济发展史进行系统、整体的研究和阐述,对东南亚各国的经济发展历史和经济发展特点与经济发展规律,进行系统撰述和点评;魏达志的《东盟十国经济发展史》,分十个章节逐一讲述东盟各成员国的经济发展简史,让读者对东盟 10 国的经济格局及其发展有了一个全局性、概貌性的了解。

2. 一批以"东南亚"区域为研究对象的论文,有关现当代经济史论问题,较有深度地探讨了东南亚经济发展中诸如国际收支波动、经济发展格局、经济发展的战略、经济转型及美国对东南亚经济的影响等问题③。

3. 华人、华侨在东南亚的经济活动,向来是东南亚经济史研究的重点之一,近年来这方面研究依然成果颇多,探讨华人、华侨在东南亚经济发展过程中的作用与贡献④。

4. 传统古代、近代经济史的研究也依然受到相当的关注,新的研究成果涉

---

① 谭主元,何西湖,欧世健.战后东南亚经济史(1945—2005)[M].北京:民族出版社,2007.

② 魏达志.东盟十国经济发展史[M].深圳:深圳海天出版社,2010.

③ 孙建党.东南亚国家的国际收支波动及其影响因素(1945—1970)[J].南洋问题研究,2010,(1);李加洞.试析"冷战"后东亚经济的历史轨迹与走向[J].陕西行政学院学报,2014,(1);王勤.当代东南亚经济的发展进程与格局变化[J].厦门大学学报(哲学社会科学版),2013,(1);刘江永.通向东亚共同体之路:合作与创新——新形势下的综合性战略思考[J].外交评论,2010,(4);白虎才,王继升.金融危机前后东南亚各国金融政策探讨[J].商情,2013,(13);朱丽群,骆华松,熊理然.国际金融危机后东南亚地缘经济格局的探析[J].东南亚纵横,2012,(8);杨建伟.新加坡的经济转型与产业升级回顾[J].城市观察,2011,(1);曹云华,郑蔚康.美国经济衰退对东南亚国家的影响[J].亚太经济,2008,(4);黄乃文.美国金融危机影响下东南亚国家的经济表现与未来走向[J].东南亚研究,2009,(1);孙建党.东南亚国家对美贸易与经济增长的国际政治经济学分析(1945—1970)[J].东南亚研究,2010,(2);沈红芳.全球经济衰退对东南亚经济的影响及危机应对[J].南洋问题研究,2009,(3).

④ 文平强.许光达,译.华人与东南亚经济[J].东南亚研究,2010,(5);孙方一.近代东南亚华侨家族企业经营管理特点及启示[J].常州大学学报(社会科学版),2012,(2);林昆勇,李延祥.东南亚近代华人采锡业[J].中国科技杂志,2010,(1);涂华忠.印度华侨华人经济发展探析[J].东南亚研究,2010,(2);薛兆瑞,张立程.东南亚华侨与 1929—1933 年世界经济危机[J].徐州师范大学学报(哲学社会科学版),2012,(5);闫彩琴.18 世纪中越边境贸易中的入越华商[J].东南亚南亚研究,2012,(1).

及范围很广,丰富了古代、近代东南亚经济史研究的成果①。

5. 在东南亚经济是研究中,国别经济史的研究越来越受到关注,微观研究成果的增多,有助于了解东南亚各国的经济发展进程和经济发展的特点,以及这些历程和特点对中国经济发展所提供的启示,同时国别经济史研究中多有涉及与中国的关系或比较研究,也有助于了解中国与东南亚各国历史上经济活动的互动关系②。

二、东盟经济体

东盟自 1967 年成立以来,在维护地区稳定与安全,促进东南亚地区繁荣与发展方面发挥了巨大作用。在经济全球化的压力下,东盟除了自身发展,还有和世界各地区、各国之间的经济关系也越来越密切,其区域化经济竞争力也在不断增长,经济和贸易都取得较快发展,是迄今为止世界上最成功的发展中国家经济一体化组织之一。另一方面,东盟自 1967 年成立以来,在维护地区稳定与安全,促进东南亚地区繁荣与发展方面发挥了巨大作用。在经济全球化的压力下,东盟除了自身发展,还有和世界各地区、各国之间的经济关系也越来越密切,其区域化经济竞争力也在不断增长,学界对东盟经济体的发生、发展,东盟经济体与其他区域,其他国家之间的经济关系等问题也越来越关注,东南亚经济史研究领域中,有关东盟经济体的研究正迅速发展。东盟经济体的历史研究,不同于东南亚各国经济史的研究,它的重点主要集中在两个方面,一是东盟经济体自身的发展状况,包括成员国之间的经济关系;一是东盟

---

① 李加洞.“二战”后东南亚经济复苏的冷战性解析[J].河南工业大学学报(社会科学版),2014,(1);杨文娟.英国东南亚特派员与粮食供应(1946—1948)[J].东南亚研究,2010,(2);毕世鸿.太平洋战争期间日本对东南亚的贸易统制研究[J].东南亚研究,2011,(2);毕世鸿.太平洋战争期间日本对东南亚的财政金融统制[J].东南亚纵横,2011,(3);彭南生,严鹏.近代东亚工业技术的演化:以丰田纺织机为例[J].安徽史学,2012,(5);李未醉,魏露苓.论古代中印农业科技文化交流[J].农业考古,2014,(1);唐亚林.“海上丝绸之路”与中国古代圆形方孔钱在东南亚的传播[J].东南亚纵横,2008,(1).

② 万卫东.新加坡经济结构转型的特点及对中国的启示[J].华中农业大学学报(社会科学版),2010,(10);林海.金融危机对印度尼西亚经济的影响及其应对危机的措施[J].东南亚纵横,2009,(4);李未醉,魏露苓.论古代中国与缅甸的农业技术交流[J].农业考古,2012,(3);冯立军.略论 17—19 世纪望加锡在马来群岛的贸易角色[J].东南亚研究,2010,(2);魏建峰.早起马来西亚柔佛潮人商业探析:以柔佛新山为例[J].东南亚纵横,2010,(7);王立新.尼赫鲁工业发展战略与印度绿色革命的经济起源[J].江西科技师范学院,2010,(3);刘瑞.中日韩建立共同自由贸易区需要勇气和智慧[J].沈阳大学学报(社会科学版),2013,(4);吴崇伯.印尼银行业改革、重组的最新进展与变化趋势分析[J].2009,(2);哈迪.苏萨斯特罗谥谷,国际货币基金组织和印度尼西亚经济复苏的政治经济学分析[J].中国社会经济史研究,2008,(2).

经济体与世界其他区域、其他国家之间的经济关系,包括合作、摩擦、竞争等,而从近年来的研究成果看,其关注点更偏重于后一点。

(一)东盟经济体自身的经济合作

如卢光盛《地区主义与东盟经济合作》[①],以东盟地区的经济合作为研究对象,运用地区主义相关理论探讨东盟经济合作的内容、制度、绩效、性质及前景,地区主义是研究地区合作中国家与市场,亦即政治权力与市场机制如何彼此作用、相互博弈的理论,东盟在发展40年后赢得了"发展中国家最成功的地区组织之一"的称号,地区经济合作成为东盟赖以成功的一个重要支柱;王玉主《东盟40年:区域经济合作的动力机制》[②],以东盟国家经济发展对外部市场和资金的依赖为背景建立起来的分析框架,以观察东盟过去40年发展的历程为基础,力图对东盟的合作动力作出解释,提出外部利益的存在为东盟合作提供了区域一体化理论要求的两个必要条件:一是外部利益的存在补充了东盟因资源禀赋等约束,存在东盟内部合作潜在收益小的缺点;一是当东盟内部加强合作与外部进行利益交换时,外部利益提供者对东盟合作发挥了合作领导国的作用,成为东盟国家走出博弈困境的关键。相关研究成果还有很多,从不同方面对东盟经济体自身发展的历史和未来进行了探讨[③]。

(二)东盟经济体与世界其他区域、国家的经济关系

陈万灵、吴喜龄的《中国与东盟经贸合作战略与治理》,[④]阐述了中国与东盟经贸合作的历史渊源及其发展历程、双方贸易、投资与经济合作的状况、双方经贸合作对各自的影响,并对其效应进行了计量分析,继而对中国—东盟经贸合作的背景、面临的问题以及战略选择进行分析,提出打造中国—东盟自由贸易区升级版的中长期目标和提升一体化水平的战略方向;王光厚的《冷战后中国东盟战略关系研究》,[⑤]从战略高度出发,对"冷战"结束以来中国东盟关系的演变及其背后的动因进行深入的探讨和分析,并对未来双边关系发展的基本前景进行展望,不但具有重要的学术价值,而且具有深刻的现实意义;程士国、后藤基的《经济走势分析:中国、日本与东盟联合》,汇集了22篇论文,论述

① 卢光盛.地区主义与东盟经济合作[M].上海:上海辞书出版社,2008.
② 王玉主.东盟40年:区域经济合作的动力机制[M].北京:社会科学文献出版社,2011.
③ 郭宏.全球市场、国内政治与东盟区域经济一体化[M].北京:中国经济出版社,2009;陆耀新,卢品幕.中国—东盟商务简史[M].北京:中国商务出版社,2013.
④ 陈万灵,吴喜龄.中国与东盟经贸合作战略与治理[M].北京:社会科学文献出版社,2014.
⑤ 王光厚."冷战"后中国东盟战略关系研究[M].长春:吉林大学出版社,2008.

中日经济全球化的动态、对东亚经济政策的走势、中日产业的差异及其互补性有着重要的作用,分别探讨了东亚区域经济动向、中日产业与全球化、中国经济探索、日本经济的经验与启示等问题;还有一批论文从不同视角对东盟经济体以及东盟经济体与世界其他区域、国家的经济关系作了微观研究①,其中,不乏运用前沿理论进行研究的论文,如田晓宁的《东盟"10+3"出口与进口效应:基于三维引力模型的研究》,利用三维引力模型研究了中国、日本、韩国与东盟成员国 1998—2007 年的贸易活动,在中日韩—东盟的区域贸易框架下,采用三维引力模型的不同形式,对各成员国的出口效应与进口效应进行估计,从而解释国家特征在该区域贸易中的影响,本文最后测算了中国、日本、韩国对区域内各国的出口潜力,以便为该区域国家贸易政策的制定提供一些指导。

参考文献

[1] 厉以宁.工业化和制度调整:西欧经济史研究[M].北京:商务印书馆,2010.

[2] 厉以宁.西方经济史探索(厉以宁自选集)[M].北京:首都师范大学出版社,2010.

[3] 萧国亮,隋福民.世界经济史[M].北京:北京大学出版社,2010.

[4] 韩毅等.美国经济史(17—19 世纪)[M].北京:社会科学文献出版社,2011.

[5] 于民.发展与依附:世界经济史及相关问题论析[M].青岛:青岛出版社,2011.

[6] 徐滨.英国工业革命中的资本投资与社会机制[M].天津:天津社会科学院出版社,2012.

[7] 赵晓雷.外国经济史[M].东北财经大学出版社,2013.

[8] 王章辉.英国经济史[M].北京:中国社会科学出版社,2013.

[9] 厉以宁.希腊古代经济史[M].北京:商务印书馆,2013.

[10] 舒运国,刘伟才.20 世纪非洲经济史[M].杭州:浙江人民出版社,2013.

[11] 杨会军.美国交通经济史[M].北京:中国社会科学出版社,2013.

[12] 张季风.挣脱萧条:1900—2006 年的日本经济[M].北京:社会科学文献出版社,2006.

[13] 孙执中.荣衰论:战后日本经济史(1945—2004)[M].北京:人民出版社,2006.

---

① 王俊辉.冷战后台湾地区与东盟各国关系研究[M].北京:九州出版社,2014;李亚培,卢孔标,罗洋.金融危机期间日本的东盟经济外交政策:内涵、影响[J].国际经济评论.2009,(6);李凡.越南在中国—东盟经济合作重要性探索[J].中国电贸,2014,(6);潘广云.后"冷战"时期俄罗斯与东盟政治经济关系分析[J].俄罗斯中亚东欧市场,2009,(3);李皖南.全球化进程中的中国与东盟经济关系[J].世界经济,2007,(5);陆建人.20 年来中国与东盟的经济合作[J].创新,2011,(4);李强,田晓宁.东盟"10+3"出口与进口效应:基于三维引力模型的研究[J].国际贸易问题,2010,(6);李健民,支大林."新地区主义"对中国—东盟区域经济合作的影响[J].税务与经济,2006,(6).

[14] 杨栋梁.日本后发型资本主义经济政策研究[M].北京:中华书局,2007.

[15] 那日苏.战后日本崛起的思考[M].长沙:湖南人民出版社,2007.

[16] 蔡林海,翟锋.前车之鉴日本的经济泡沫与失去的十年[M].北京:经济科学出版社,2007.

[17] 张舒英.日本经济发展模式再讨论[M].北京:方志出版社,2007.

[18] 张杰军.反垄断、创新与经济发展:"二战"后日本反垄断法的事实及对中国的启示[M].北京:知识产权出版社,2008.

[19] 谷口照三,徐宝妹.战后的企业社会与经营思想[M].上海:上海外语教育出版社,2008.

[20] 冯玮.日本经济体制的历史变迁[M].上海:上海人民出版社,2009.

[21] 崔岩.日本的经济赶超历史进程、结构转变与制度演进分析[M].北京:经济管理出版社,2009.

[22] 宋敏,陈延贵.日本农业推广体系的演变与现状[M].北京:中国农业出版社,2009.

[23] 杨栋梁.日本近现代经济史[M].北京:世界知识出版社,2010.

[24] 刘琦霞.战后日本企业雇佣制的演变史研究[M].北京:中国社会科学出版社,2010.

[25] 秦嗣毅.美国与日本宏观调控政策比较研究[M].北京:中国财政经济出版社,2010.

[26] 滨野吉,彭曦.日本经济史:1600—2000[M].南京:南京大学出版社,2010.

[27] 唐杰英.战后日本经济周期分析:基于RBC理论的探讨[M].北京:中国质检出版社,2011.

[28] 辉峻众三,胡浩.日本农业150年:1850—2000年[M].北京:中国农业大学出版社,2011.

[29] 唐向红.日本文化与日本经济发展关系研究:以二次世界大战后日本经济发展为主要研究视角[M].长春:东北财经大学出版社,2012.

[30] 冯昭奎.21世纪的日本战略贫困[M].北京:中国社会科学出版社,2013.

[31] 杜军,任景波.日本经济战略转型与对策[M].北京:经济日报出版社,2014.

[32] 白石昌也,华世鸿译.越南政治、经济体制研究[M].昆明:云南大学出版社,2006.

[33] 陈文涛.东南亚经济危机和越南工业化之路[M].胡志明市青年出版社,2006.

[34] 吴士存,朱华友.越南、马来西亚、菲律宾、印度尼西亚、文莱五国经济研究[M].北京:世界知识出版社,2006.

[35] 谭主元,何西湖,欧世健.战后东南亚经济史(1945—2005)[M].北京:民族出版社,2007.

[36] 卢光盛.地区主义与东盟经济合作[M].上海:上海辞书出版社,2008.

[37] 吴崇伯.当代印度尼西亚经济研究[M].厦门:厦门大学出版社,2011.

[38] 王玉主.东盟40年:区域经济合作的动力机制[M].北京:社会科学文献出版社,2011.

附录　延伸阅读书目

总　　论

吴承明：《经济史：历史观与方法论》，上海财经大学出版社 2006 年版。

　　该书积作者数十年学术研究之经验，从历史观及方法论入手，对经济史的史观、理论、方法进行了全面深入的论述。全书上、下两篇，分别以历史观及方法论为题。上篇四章论述的是中西历史观比较；下篇五章分别阐述历史实证主义、经济学理论、社会学理论、计量分析、区域研究与比较研究等。全书堪称中国经济史研究理论方法的经典之作。

陈志武、龙登高、马德斌主编：《量化历史研究》（第一辑），浙江大学出版社 2014 年版。

　　该书为清华大学第一届量化历史讲习班各位教授的讲授内容。其宗旨为致力于现代社会科学研究范式在历史研究中的应用、推广和创新，吸纳和整合国内外学术资源，尤其注重量化方法、基础理论和前沿课题的跨学科研究，提倡贯通历史与现实、关联中国与世界，跨越经济、社会与文化等多领域，运用现代社会科学方式解读历史中和变革中的中国。

中国古代经济史

李晓：《宋朝政府购买制度研究》，上海人民出版社 2007 年版。

　　该书引进现代政府购买的概念和理论，对宋代的政府购买制度进行了较为完整及深入的论述。内容包括宋代政府的物资、劳务、公共工程购买，政府购买的管理体制及预算管理、经费管理，政府购买的交易方式、运作实态、结算方式、经费种类等。

李伯重：《中国的早期近代经济——1820 年代华亭—娄县地区 GDP 研究》，中华书局 2010 年版。

该书为国内首部采用国民账户系统（SNA）方法对 1820 年代江南松江府华亭县和娄县地区的 GDP 进行深入研究的专著。通过与 1810 年代荷兰的 GDP 比较，认为 19 世纪初期江南经济已经不再是以农业为主的传统经济，而已是以工商业为主的早期近代经济。

中国近代经济史

汪敬虞：《中国资本主义的发展和不发展——中国近代经济史中心线索问题研究》，经济管理出版社 2007 年版。

该书以中国的资本主义的发展与不发展为线索，回顾了中国近代经济的发展历史。对西方资本主义势力的侵入对中国资本主义的影响进行了多角度的分析，对资本主义侵略势力在中国取得的特权进行了详尽的分析和归纳。

彭南生：《半工业化——近代中国乡村手工业的发展与社会变迁》，中华书局 2007 年版。

该书借鉴"原始工业化"理论，在提炼出"半工业化"概念的基础上，对近代中国乡村半工业化现象的兴起、发展、中断的历史，进行了较为系统的考察，深化了经济史学界已有的研究，丰富了近代乡村手工业经济史的学术观点。

中国现当代经济史

汪海波：《中国现代产业经济史》，山西经济出版社 2006 年版。

作为首部中国现代产业经济史，该书以基本经济制度（或经济体制）为首要标准，以生产力为第一标准，合理划分了新中国成立以来产业经济发展的历史时期，并以历史方法为主并结合逻辑方法安排全书章节结构，紧密结合定性研究及定量研究，以详尽的史实叙述、系统的资料统计，真实、清晰、简明地再现了新中国成立 60 年来产业经济发展的历史进程。

董志凯、武力主编:《中华人民共和国经济史 1953—1957》(上、下),社会科学文献出版社 2011 年版。

该书利用丰富的档案资料,研究分析了 1953 年至 1957 年这段经济历史,客观评价了这一时期所取得的成果及经验教训。该研究从工业化战略的确立、第一个五年计划的编制、以政府投资为主的基本建设投资体制、以"156 项"为核心的基本建设投资、大规模建设开始后的供需矛盾与农产品统销统购、农业合作化的推进与实现、个体手工业的社会主义改造、私营工业的公私合营、社会主义改造完成后的问题与探索、"一五"时期财政体制的发展演变、高度集权的金融体制的建立、流通体制的变化、集权式工业管理体制的形成与改革探索、计划经济体制的形成与改革探索、工业的增长与发展、城市建设与城市化、区域经济发展变化等 28 个方面,详细介绍了 1953 年至 1957 年我国的经济建设成就与不足,经验与教训。

厉以宁:《中国经济双重转型之路》,中国人民大学出版社 2013 年版。

该书指出中国道路的本质就是改革开放的双重转型之路。其中的发展转型,就是从农业社会向工业社会转变;体制转型,就是从计划经济体现向市场经济体制转变。双重转型最重要的问题是重构微观经济基础,把包括企业和个人在内的微观经济单位改制成名副其实的市场主体。该书认为,土地确权是当前中国新一轮农村改革的开始。三权三证落实到户,农民不仅可以通过权证的抵押获得创业的资本,还可以有财产性收入。城镇化将是今后若干年最有潜力的投资机会和扩大内需的机会,能保证中国经济增长继续以较高的速度推进。

史正富:《超常增长:1979—2049 年的中国经济》,上海人民出版社 2013 年版。

该书以 1979—2049 年的中国经济为研究对象,围绕基于超常投资力与超常购买力之上的超常增长,对中国过去 30 多年经济高增长与低波动进行了系统分析,认为中国经济超常增长的根本原因在于通过改革开放与自主创新,形成了独具特色的三维市场体制;作为国内第一部系统分析至 2049 年中国经济长期发展前景的原创著作,该书试图解答中国发展的各种疑问。

外国经济史

萧国亮、隋福民：《世界经济史》，北京大学出版社 2010 年版。

　　该书定义的世界经济史，并不是世界的经济史，而是世界经济的历史。作者认为真正意义上的世界经济，开始于地理大发现以后，形成于重商主义时代，而工业革命则是世界经济发展的产物。故而，主要研究范围限定为工业革命前后世界经济 600 年发展的历史。其内容除导论外，主要包括中世纪时代产业发展基础上的城市发展，地理大发现与商业革命时代的经济变化，英国工业革命时代国家崛起与社会变革，欧洲北美东亚等地区的工业化历史，资本主义发展与第一次世界大战、战后世界不同的经济发展道路，1945 年以来的欧美日本、社会主义国家、发展中国家的经济发展及世界经济体系的变化等，最后是长时段的历史审视与未来展望。试图在合理解释世界经济 600 年历史的基础上，有助于展望世界经济的未来，有助于解释世界经济的发展、演变。

厉以宁：《工业化和制度调整：西欧经济史研究》，商务印书馆 2010 年版。

　　这是一部以西欧经济史为考察对象，研究工业化和制度调整之间关系的专著。从对传统生产方式突破的工业化开始，讨论了工业化和资本形成、工业化和技术创新、工业化和社会流动、工业化和利益集团、工业化和城市化、工业化和中产阶级、工业化和农村农业的变化，进而得出工业化过程中制度调整的第一阶段、第二阶段。该研究认为西欧国家资本主义制度建立后，从 18 世纪末到 20 世纪初实行政府不干预经济自由市场经济体制，1929—1933 年严重的经济危机以后，特别是在"二战"结束以后，西欧各国的资本主义转向混合市场经济体制，政府调控市场，实行"福利国家"模式以及可持续发展。这是工业化以来资本主义的制度调整，在新的世界金融和经济危机之下，资本主义制度仍在继续调整。

徐滨：《英国工业革命中的资本投资与社会机制》，天津社会科学院出版社 2012 年版。

　　该书是探究资本与英国工业革命的关系，分别讨论了农业、制造业、交通业、金融业的资本来源与投资方向。对于工业革命为何源起于英国，作者认为,无论是原始资本积累说还是农业商业工业领域的资本转移说,均为"资本决定论",英国率先开始的工业革命,并非归功于充足的资本或者资本的数量与结构,而是因为英国历史中所形成的社会机制,其中,最核心的特质是基于个人的自由和财产的个人权利理念以及与之相关的行为方式,该机制在资本缺乏的情况下也能显著地提升资源使用效率,使之具备现代经济增长的意义。

赵晓雷:《外国经济史》,东北财经大学出版社 2013 年版。

　　该著作为 21 世纪高等院校经济学系列教材,内容涉及各大洲的主要经济体,除了传统意义上的英、法、德、美、俄等主要资本主义国家,还包括欧盟、意大利、日本、澳大利亚、印度、拉丁美洲、非洲、东南亚、韩国的资本主义发展史。论述时间上,将多数经济体的经济史上限追溯到前近代,甚至是古代,下限一般延展至 20 世纪末,以展示相对完整、简明的经济发展过程;在内容选取上,根据不同经济体的历史特色,自由贸易、工业革命、封建经济解体与早期资本主义、殖民地经济、独立经济、共同体经济等,各有侧重;行文风格上,叙述相对客观,较少主观评价、议论,全书结构简洁、线索明晰。

冯玮:《日本经济体制的历史变迁》,上海人民出版社 2009 年版。

　　该书认为,近世以来之日本经济体制变迁如同大厦建造:德川幕府的"关原之战"为其"平整地基";"日清战后经营"展开使之正式"开工兴建";"一战"期间的"大战景气"及其后的"昭和恐慌"使之"轮廓初显";"二战"期间"总体战体制"的建立使之"结构封顶";战后经济民主化改革使之"装潢完工"。此书围绕日本经济体制"四大特征"形成以及理论和政策的互动对"四大特征"的影响,从经济的角度论证了日本的"战争崛起"。

杨栋梁:《日本近现代经济史》,世界知识出版社 2010 年版。

　　该书以"整体性、系统性和学术性"为写作三原则,在"横向"把握国际因素和国内非经济因素对经济发展影响的基础上,从资源禀赋、条件约束,制度安排、政策运作,路径选择,生产要素配置,经济周期变动,阶级阶层状态、对外经贸关系等不同层面入手,对不同时期和阶段的经济现代化进程及其特点进行了宏观考察和微观分析。认为日本的经济现代化展现了一种后发国实现经济赶超的模式,其经验和教训值得中国借鉴参考。

刘琦霞:《战后日本企业雇佣制的演变史研究》,中国社会科学出版社 2010 年版。

该书以日本战后 60 余年企业雇佣体制演变为对象,分别从战后经济恢复和改革时期、经济高速增长时期、不稳定增长时期、泡沫经济崩溃后的经济全球化和结构改革时期、2005 年以后日本的现代社会的五个阶段着手,分析各个时期日本企业雇佣形态的特征,阐明终身雇佣制和非正式雇佣的发展、演变和相互消长的过程,揭示出影响各雇佣体制和形态发生演变的历史背景、特定的社会和经济环境、法律和政策依据的各项要素。

第四部分

西方经济学

第一章　总　　论

　　本部分旨在简要介绍近年来西方经济学在基础理论、研究方法和理论应用方面的发展状况。作为一门独立的学科，国内所说的"西方经济学"实际上就是现代主流经济学。从基础理论和研究方法的角度看，经济学并无"东方""西方"之别。在应用研究方面，不同国家或地区所处的发展阶段不同，面临的发展问题不同，因而经济学研究关注的重点也不同。但是这种不同从根本上看与发展阶段相关，与意识形态或地缘意义上的"东方""西方"无关。因此，本文将重点从基础理论、应用研究和研究方法的角度，介绍近年来现代主流经济学的发展状况和主要成就；同时，结合当前我国经济发展所面临的主要问题，梳理国内外学者在相关问题上的研究成果。

　　现代经济学的理论研究和应用研究成果庞杂众多，研究工具和研究方法也在不断地创新和突破。自 1969 年设立诺贝尔经济学奖以来，诺奖成果总体上反映了现代主流经济学的主要贡献、发展特点以及演进趋势。诺贝尔经济学奖在推进现代主流经济学的发展、鼓励理论和方法的创新上起到了不可替代的作用。除强调开创新领域和新方法外，经济学诺奖成果通常都经过了较长时间（例如二三十年甚至更长时间）实践的检验，已经或正在对经济学的发展产生重大甚至革命性的影响。

　　为便于梳理和介绍相关研究成果，本书的总论部分将以历年来诺贝尔经济学获奖成果为主线，重点对现代经济学在基础理论、应用研究和研究方法等方面的发展趋势和状况进行分析，从而为分论部分的具体梳理和评述奠定基础。

第一节　现代经济学的基础理论不断深化

　　诺贝尔经济学奖获奖者的贡献大多表现在对前人理论的发展与完善上。

近年来,现代经济学基础理论的不断深化主要体现在以下四个领域。

一、公共经济学理论

长期以来,关于公共物品的供给和治理问题,传统经济学基于公共物品的非竞争性、非排他性等特点,得出了公共物品应当由政府提供、私人物品由市场提供的基本结论。2009年获得诺贝尔经济学奖的埃莉诺·奥斯特罗姆则对这一结论进行了质疑。她摈弃了传统的分析方法和思路,从制度角度入手,通过大量的案例调查和实证分析,试图从理论上分析人群如何能自行组织起来解决公共资源的使用和分配问题,进而提出"自主治理"这一公共资源研究的新范式,使公共品供给理论的研究前进了一大步。奥斯特罗姆试图解答的是人类社会的一个经典谜题:对于由多个个体共同使用的公共资源,如何管理才能避免资源因过度使用而耗竭? 在管理共有资源的问题上,是否存在"唯一的""最好的"解决方法? 对此,奥斯特罗姆明确指出答案是否定的。她认为,"发展出一套合适的制度是一个艰难、耗时、冲突不断的过程;是一个需要了解时间、地点、本地规则等可信信息的过程"。埃莉诺·奥斯特罗姆构建的以多中心、制度分析和自主治理为核心的公共资源分析框架奠定了她在公共经济学领域的学术地位。美国《纽约时报》称奥斯特罗姆"推翻了基本的经济教条";《洛杉矶时报》认为奥斯特罗姆因挑战社会科学界的"公地悲剧"理念而享有盛名,是当今世界最重要的公共经济学家,是实至名归的公共经济学创新者。

二、新规制经济学理论

1970年代以来,随着施蒂格勒的《经济规制理论》(1971)、佩尔兹曼的《规制理论的一般化趋向》(1976)、植草益的《公共规制经济学》(1990)等著作与论文的相继面世,传统规制经济学的学科基础和体系初步形成。

同一时期,信息经济学以及以此为基础的委托—代理理论、机制设计理论、激励理论和动态博弈理论取得了巨大进展。理论经济学家们集中探讨了在信息不对称和正交易成本条件下,委托人和代理人之间的最优激励契约问题,即委托人如何设计一份满足代理人参与约束和激励相容约束的契约,使得代理人能够按照委托人的意愿行事。在应用研究上,最优激励契约的相关模型和理论被广泛应用于越来越多的领域,例如管理层薪酬问题、企业理论问题、规制问题、政府采购问题、医疗保健问题等。在众多的研究者中,法国经济学家梯若尔及其导师与合作者让·拉丰的贡献最为卓著。他们作出了大量影响深远、富有开拓性的研究。自 1980 年代初以来,在欧美各国放松规制的大背景下,梯若尔和拉丰始终站在理论最前沿,以令人赞叹的直觉捕捉经济现实的细微变化以及传统规制理论所面临的挑战,将激励理论分析工具应用于规制问题,合作发表了一系列开创性论文和著作,包括从 1986 年的《用成本观察规制企业》到 1993 年的《政府采购与规制中的激励理论》,一方面,构建了新规制经济学的理论框架;另一方面,极大地影响着现代微观经济学的发展。

三、劳动经济学理论

在市场完全竞争和完全信息的假设下,新古典经济学认为价格可以引导交易双方随时找到对方,并实现供求均衡,使资源得到充分利用。但是在现实经济活动中,寻找交易伙伴必须付出一定的搜寻成本。并且,即使找到交易对象,价格也可能达不成一致。此外,新古典经济学还认为,劳动市场并不存在失业问题。在完全竞争市场假设前提下,市场所有的供需信息都可通过市场价格(工资)得到反映,劳动者通过比较自己的保留工资与市场工资的高低来决定自己是否就业,或者说所有的失业都是自愿的失业。这显然与现实经济不相符。理论与现实之间的巨大差距,迫使经济学家们不得不进一步寻求新的理论解释。

正是因为构建了关于劳动与就业的新理论,彼得·戴蒙德、戴尔·莫滕森以及克里斯托弗·皮萨里德斯共同获得了 2010 年的诺贝尔经济学奖。他们建立了均衡搜寻理论和匹配模型,对劳动力市场上存在的供求冲突现象,即一方面许多公司存在空缺工作岗位,另一方面大量失业人员却找不到适合的工作岗位,给出了强有力的解释。该模型很好地解释了空缺岗位与失业并存的现象。该模型还研究了在什么情况下,政府的干预政策能够使市场运行更加有效以及如何提升搜寻效率、提高劳动力市场的就业水平等问题,为政府有效地干预劳动力市场提供了理论支持。该理论将劳动力市场与宏观经济发展更为现实有效地联系起来,已经成为当前劳动经济学的主流理论。

四、国际经济与贸易理论

以亚当·斯密的绝对成本论、大卫·李嘉图的相对成本说、赫克歇尔—俄林的资源禀赋理论为代表的传统国际贸易理论认为,成本差异是国际贸易的主要原因和国际分工的基础。斯密和李嘉图基于技术差异和自然资源差异的比较优势理论,以及赫克歇尔—俄林基于要素禀赋差异的比较优势理论,从根本上看都是基于国家间的差异,即认为国家之间在资源、要素、技术甚至消费偏好方面的差异是国际贸易产生的根本原因。这意味着国家间的相似性与贸易量之间应当存在反向的关系,发达国家和发展中国家不同产业间的贸易将是国际贸易的主要模式。

"二战"后,国际贸易的模式发生了重大变化,发达国家间的产业内贸易发展迅猛。基于完全竞争假设的传统国际贸易理论难以解释这种贸易的新动向和新趋势。在迪克西特和斯蒂格利茨模型的基础上,克鲁格曼较为系统地将产业组织理论和市场结构理论运用于国际贸易理论,发表了题为《收益递增、垄断竞争和国际贸易》的重要论文,创立了一种能够较好地解释产业内贸易现象的新贸易理论。克鲁格曼并不否认国与国之间的差异对国际贸易的影响,但他更倾向于认为,即使不存在比较优势,规模经济和不完全竞争也将导致分工和国际贸易。随后,克鲁格曼又发表了《规模经济、产品差异化和贸易模式》《产业内专业化和得自贸易的利益》《工业国家间贸易的新理论》等一系列开创性论文,深入阐述了规模经济、不完全竞争市场结构与国际贸易的关系,创立了有别于传统贸易理论的国际贸易新理论,成功地解释了战后国际贸易的新格局。

第二节　经济学理论应用不断拓展

理论和应用一直是经济学研究的两大重要领域。与基础理论研究不断深化相应的,是现代经济学应用研究领域的不断拓展及其现实解释力的不断增强。

一、应用研究领域不断拓展

经济政策理论是经济学应用研究的重要内容。面对诸如萧条、滞胀等现实经济问题,在如何有效动用财政政策和货币政策的问题上,以萨缪尔森、劳伦斯·克莱因、詹姆斯·托宾以及罗伯特·索洛等为代表的一批经济学家主张政府应当积极运用宏观经济政策。例如,在失业与通货膨胀问题上,萨缪尔森和索洛将菲利普斯曲线演变为解释失业与通货膨胀之间交替关系的曲线;

埃德蒙·费尔普斯进一步将其发展为附加预期的菲利普斯曲线,将预期通货膨胀作为重要变量纳入其中,较好地阐释了政府政策在通胀、增长及失业之间的权衡。再比如,希克斯通过建立 IS-LM 模型,很好地解释了凯恩斯理论,并用商品市场和货币市场的均衡来展现财政政策和货币政策的运用效果;罗伯特·蒙代尔进一步发展了开放经济条件下的 IS-LM 模型,将对外贸易和资本流动引入模型,分析了国际资本的流动程度对宏观经济政策的影响;詹姆斯·米德讨论了在开放经济条件下的宏观经济政策,主张通过各国政策尤其是货币政策的相互协调,实现各国经济的有效平衡。

相反,哈耶克、弗里德曼、卢卡斯、基德兰德和普雷斯科特、萨金特等人则反对政府干预,主张自由的市场经济。弗里德曼认为,货币的发行量对短期经济及物价水平有着重要影响,政府的财政政策很难实现其初始设定的目标。哈耶克在自由经济上的主张与弗里德曼相同。哈耶克认为,对消费品的过度需求将导致投资减少,并最终导致失业;而滞胀现象是实行国家干预和充分就业政策的必然后果。基德兰德和普雷斯科特分析了经济政策的时间不一致性问题,指出政策的不一致性常常会导致最初制定的政策无效甚至可能引发相反的后果。托马斯·萨金特和克里斯托弗·西姆斯建立了基于理性预期的宏观经济动态模型,对宏观经济中的各种因果关系进行了实证分析,以期更为精准地理解经济政策的制定及其后果。

除对具体的宏观经济政策进行研究外,现代经济发展中不断涌现的新现象、新问题也是经济学应用研究关注的重要内容。例如,面对二十世纪六七十年代的滞胀、能源危机等现象,经济学对失业与通货膨胀问题的关注,对资源和环境问题的关注;面对 20 世纪末的亚洲金融危机以及 21 世纪初的全球金融危机,对金融危机、金融监管问题的关注;面对互联网经济的蓬勃发展,对网络经济问题的关注等。可以说,现代经济学应用领域的不断拓展从根本上是与现实经济的发展方向和趋势密切相关的。

现代经济学应用研究领域不断拓展的另一个表现是,现代经济学的研究工具和方法大量地渗透到包括政治、法律、心理、社会等在内的其他社会科学研究领域,对社会科学的整体发展起到了十分重要的影响。

二、现实解释力不断增强

现实解释力是检验理论是否有效的重要标准。正因为现代经济学应用研究领域的拓展与现实经济的发展方向和趋势密切相关,因此现代经济学在理论研究不断深化、应用领域不断拓展,并且研究方法某种程度上越来越形式化的同时,其现实解释力并未削弱,反而在不断增强。现代经济学现实解释力不断增强的另一个重要原因在于,在跨学科研究日益受到重视的背景下,现代经济学一方面广泛吸收各学科各流派的发展成果,另一方面因研究工具和手段的不断发展能够不断放松或修正不符合经济现实的假设条件,进而构建更具有现实意义的理论和模型。

以微观经济学为例,总体上看其研究大致沿着理性程度和信息对称性这两条主线,通过逐步放松假设,不断接近现实世界,因而获得了越来越强的现实解释力。例如,信息经济学关注真实的人性假设,引入有限理性假设,并且关注决策的外部约束环境,强调信息的不对称性,为激励理论、契约理论以及产权理论的发展提供了方法论基础。不完全信息和有限理性假设的引入改变了新古典经济学的理论前提,开创了经济学研究的新空间。再比如,交易成本理论强调正交易成本对经济个体选择及经济绩效的影响。正交易成本这一更贴合现实的假设,极大地撼动了传统经济理论,为经济学家们更准确地理解真实世界提供了强有力的分析工具。

因此,从某种意义上说,微观经济学的发展是一个不断放弃旧的、非现实的假设,从而使假说更好地走向真实经济世界的过程。现代经济学在不断走向现实世界的过程中,取得了较大的发展和创新,极大地增强了经济学的现实解释力。

伴随经济学解释力的不断增强,经济学的研究方法开始越来越多地渗透到其他社会科学研究领域。越来越广泛的跨学科研究也使得现代经济学的研究范围和研究方法日益多元化。管理经济学、社会经济学、劳动经济学、人口经济学、家庭经济学、法律经济学、歧视经济学、行为经济学、实验经济学等交叉学科的发展,促使经济学研究的交叉性、综合性和多元性特征日益明显,也进一步增强了现代主流经济学的现实解释力。

第三节　研究工具、研究方法不断突破

现代经济学基础理论研究的不断深化、应用研究领域的不断拓展及其现实解释力的不断增强,与现代经济学在研究方法、研究工具上的不断突破和发

展密切相关。现代主流经济学的研究工具和方法甚至渗透进诸如社会学、心理学、政治学等其他社会科学领域,极大地影响着这些学科领域的发展。

现代主流经济学大体上由宏观经济学和微观经济学两大部分组成。亚当·斯密的《国富论》开启了经济学作为一门独立学科的序幕。微观经济学理论体系的基本形成以马歇尔的《经济学原理》(1890)为标志。宏观经济学的正式形成则相对较晚,以 1920 年代末 1930 年代初的经济大萧条为背景,以 1936 年凯恩斯《通论》的发表为标志。自凯恩斯革命以来,宏观经济学逐渐形成以货币主义、理性预期、真实经济周期理论为代表的新古典主义以及强调宏观经济学微观基础的新凯恩斯主义两大阵营。在不断的相互交流与竞争中,这两大阵营近年来又进一步地开始走向所谓的"新新古典综合"(new neoclassical synthesis)。

在研究方法上,经济学的分析方法有理论分析和实证分析两大类。理论分析主要是运用理性演绎和经济归纳法的定性分析;实证分析则主要是在定性分析结论和模型的基础上,进行定量化的经验归纳分析。在现代经济学不断发展演进的过程中,其研究方法的发展和突破主要体现在以下几类方法上。

一、线性规划和微观计量经济学方法

为寻求一般市场均衡的存在和最优化条件,康托罗维奇最早给出了求解线性规划问题的基本方法——解乘数法,并将线性规划方法引入资源最优配置问题中,将资源最优配置这一经济学核心问题的研究由定性研究和一般定量分析推进到现代计量阶段。与康托罗维奇共同获得 1975 年诺贝尔经济学奖的库普曼斯则将数理统计学成功地运用于经济计量问题。库普曼斯在其《生产和调度的活动分析》一书中,将里昂惕夫的投入产出法、线性规划和瓦尔拉斯的一般均衡论结合在一起,最早提出了"活动分析"方法,丰富了经济学理论研究的工具库。

詹姆斯·赫克曼和丹尼尔·麦克法登对微观计量经济学的发展作出了重要贡献,并因此共同获得了 2000 年的诺贝尔经济学奖。微观计量经济学结合经济学理论和统计学方法,通过分析反映个体、家庭和企业的微观数据,寻求能够反映社会经济体系运行本质的经济信息。詹姆斯·赫克曼和丹尼尔·麦克法登共同建立和发展的微观计量经济学理论和方法,在经济学及其他社会学科领域都得到了广泛应用,包括个人和家庭生活方式的决策、企业的统计分析,尤其是教育培训计划、城市运输系统等社会经济问题等。

经济现象是多变复杂的,为适应各种形式的分析工具,例如,理性演绎的逻辑分析、数理模型分析或者统计回归分析,需要对分析对象的一致性和稳定性有较高要求。因此,这些理论和实证分析方法本质上只适用于分析相对简单稳定、可以用少量数学方程式表示的经济关系,难以分析相对复杂的经济关系和问题。但是事实上,任何社会经济问题都受到多种复杂因素和经济关系的制约和影响,简单、明确和稳定的经济关系和问题在现实中并不多见。对此,经济学的处理办法是,将经济分析的对象和问题进行高度的抽象和简化,例如,引入包括理性经济人、偏好的一致性和稳定性,完全竞争以及线性经济系统等在内的各种假设、引入宏观经济理论中的代表性家庭和厂商、社会计划者以及总供给和总需求等在内的各类概念。

高度抽象的研究方法尽管有利于构筑形式完美的理论体系,却不利于其理论的现实解释力。1970年代以来,资本主义经济体系遭遇严重滞胀,能源危机、高失业率、高通货膨胀等现实问题十分严重。面对这些重大现实经济问题,新古典主义、凯恩斯主义、货币主义的解释明显乏力。经济理论和模型在重大经济转折关头上的预测失败,促使人们开始反思主流经济学分析方法所面临的问题。20世纪末亚洲金融危机以及21世纪初全球金融危机的爆发,进一步迫使人们不得不重新正视经济学在研究方法和范式上可能存在的问题。高度抽象的简化和少数公理性假设回避了处理复杂经济关系和人类经济行为的技术性难题,却从根本上导致了理论基础与现实情况的严重脱节,极大地影响了经济分析和预测的准确性,削弱了其现实解释力及其对现实经济问题的指导能力。

正是在这样的理论和现实背景下,适合分析复杂的多层次交互作用和复杂市场环境问题的博弈分析方法开始逐渐渗透进现代经济学的研究中。

二、博弈论和信息经济学分析方法

博弈论和信息经济学分析方法的出现和广泛应用一方面使得现代经济学的发展面临重大理论挑战,另一方面也使得现代经济学出现进一步突破性发展的契机。博弈论分析方法对传统经济分析关于市场结构、人类行为模式及理性程度等进行了更加符合现实的假设,但是博弈论并没有否定现代经济分析的根本基础和方法论,因此本质上有利于现代经济学分析方法的突破性进展。自 1994 年以来,共有 6 届(分别为 1994 年、1996 年、2001 年、2005 年、2007 年和 2012 年)诺贝尔经济学奖与博弈论和信息经济学的发展相关,充分显示了这种分析方法对经济学理论和应用研究发展的重大影响。

信息经济学是有关非对称信息下交易关系和合约安排的理论。斯蒂格勒、阿罗等人是信息经济学的早期奠基者。信息经济学强调信息的不完全性和非对称性,以此代替传统经济模型中信息完全和对称的假设,进而考察在信息不完全、不对称条件下提高市场经济运行效率的种种机制。信息经济学关注在信息不对称条件下,契约双方如何通过制定激励相容的契约或者说应当设计怎样的相关机制,以防止当事人损害契约关系的道德风险行为,因而又被称为契约理论或机制设计理论。

博弈论是研究交互作用行为的一种数学理论和方法。博弈论在经济学领域的广泛应用从某种意义上正在改写现代微观经济学。借助于博弈论这一分析工具,机制设计、委托-代理、契约理论等成为当代西方经济学研究的前沿理论。约翰·纳什基于不动点定理证明了均衡点的存在,为博弈论的一般化奠定了基础。泽尔腾率先开辟了动态模型的研究,给出了子博弈和子博弈完美均衡的概念,发展了"逆向归纳法"等分析方法。海萨尼开辟了不完全信息博弈研究的新领域,提出了贝叶斯-纳什均衡的概念,发展了不完全信息动态博弈模型。维克里和莫里斯对信息不对称条件下的经济激励理论进行了开创性研究,其理论已成为现代微观经济学的重要基石。同样,阿克洛夫、斯宾塞和斯蒂格利茨也因对信息不对称条件下激励问题的研究而获得诺贝尔经济学奖,进一步夯实了现代微观经济学的理论基础。阿克洛夫的逆向选择模型、斯宾塞的信号传递模型以及斯蒂格里茨的信息甄别模型已被广泛应用于经济领域的诸多问题,具有较强的现实解释力。2005 年,奥曼和谢林的交互决策理论,为解决合作或冲突这一古老问题作出了突出贡献,并将博弈论的应用由经济领域拓展到社会领域。2007 年,马斯金、梅尔森和赫维茨因机制设计理论方面的卓越贡献而获奖。机制设计理论是博弈论和现代微观经济学领域的重要理论,同时,也是博弈论应用研究的重要内容,更是博弈论和社会选择理论的综合运用。2012 年,博弈论相关理论再次荣获诺奖。合作博弈论创始人罗伊德·沙普利推导出能保证获得稳定匹配的"盖尔-沙普利法则"。埃尔文·罗斯则指出,"稳定"是理解特定市场机制成功的关键因素。通过重新设计现有的诸多匹配机制,他们成功开创了"市场设计"这一经济学研究分支领域。

三、行为经济学和实验经济学方法

长期以来,经济学从"理性经济人"基本假设出发,使用实证方法对理性经济人最大化自身利益的选择行为进行研究。由于理性经济学假设面临着诸多难以回避的诘难,许多学者都致力于突破这种方法论的局限。行为经济学及实验经济学方法是这些探索中具有突出成就的一支。卡纳曼和史密斯也因其在该领域的卓越探索而获得 2007 年诺贝尔经济学奖。卡纳曼和史密斯的心理分析和实验经济学研究,不仅开创了经济学研究新的领域和方法,还为从根本上克服西方主流经济分析方法的基本困境提供了可能的出路。

人类行为不仅受到经济甚至非经济利益的驱使,还受到多种心理因素的影响。但是这些心理因素在传统经济学中常常会被抽象掉,结果导致传统经济理论难以解释许多社会现实中的"反常"现象,经济预测也因此出现较大偏差。卡纳曼成功地将心理学分析方法与经济学研究结合在一起,使用认知心理学分析法,对人类的判断和决策行为进行研究。他发现,人类在不确定条件下的行为选择往往并不符合期望价值理论。人们通常会使用一系列的启发式策略进行直观的判断和决策。实验经济学的兴起带来了经济学研究方法的重大变革,一定程度上弥补了实证经济学研究方法的缺陷,有力地促进了现代经济理论的发展。

因此,以博弈论和实验经济学为代表的经济学研究方法是对现代经济学分析方法的重大突破和挑战。除此以外,当前现代经济分析方法还面临着另一个重大挑战和考验,即以非线性动力系统和正反馈为核心的系统科学、复杂性理论和混沌理论思想对现代主流经济学基本方法论的冲击。系统科学、复杂性理论以及混沌理论思想,不再只是对现代经济分析的部分假设和细节提出问题,而是对其基本范式和理论基础提出了严重的挑战。

如前所述,现代主流经济学的多数经济理论事实上都或隐或显地假定经济系统是可以用线性微分、差分方程或方程组表示的、具有线性可加性的线性系统。之所以这样假定,是因为线性系统保证了一般均衡分析解的存在性、唯一性和稳定性,是总供给和总需求分析以及代表性家庭和厂商等处理方法合理性的基本保证,也是进行经济预测和计量回归分析的方法论基础。但是自1970 年代以来,系统科学、复杂性理论等非线性科学理论的迅速发展,迫使人们不得不正视经济分析线性范式可能存在的严重问题,并开始意识到线性分析范式可能正是导致现代经济分析和预测面临重大经济问题时失效的根本原因。系统科学理论的发展可能从根本上动摇现代主流经济学的理论基础,对现代主流经济学的发展形成严重挑战。

未来的互联网经济时代,经济体系的非线性、复杂交互式特征将更加明显。这将意味着,能否在其方法体系中容纳系统科学理论的基本思想,将在很大程度上影响现代经济学的现实解释力。

未来一段时期,现代主流经济学可能呈现以下发展趋势:一是主流经济学的地位将进一步强化,经济学的微观基础更加坚实,理论体系更趋完善;二是各经济学流派将在深化发展的基础上相互影响,并呈现出与主流经济学进一步融合的态势;三是经济学某种程度上将进一步回归其人文社会科学的属性,并与包括哲学、政治学、社会学、法学等在内的其他人文社会科学学科融合发展;四是经济学研究的应用性将进一步增强,对经济政策制订和实施的影响进一步加大。

参考文献

[1] 王曙光.经济学的贫困:科学反思与范式革命[J].天津社会科学,2004,(1).

[2] 田国强.现代经济学的基本分析框架与研究方法[J].经济研究,2005,(2).

[3] 钱颖一.理解现代经济学[J].经济社会体制比较,2002,(2).

[4] 余东华.从诺贝尔经济学奖看西方主流经济学的发展与演进[J].天津社会科学,2006,(5).

[5] 王艳萍.从诺贝尔经济学奖看现代微观经济学的发展[J].经济纵横,2014,(7).

[6] 陈叶烽,叶航,汪丁丁.超越经济人的社会偏好理论:一个基于实验经济学的综述[J].南开经济研究,2012,(1).

[7] 王玉霞,罗晰文.经济学数学化的发展综述——一个方法论视角[J].经济研究参考,2013,(60).

[8] 丹尼尔·B.克莱恩.诺贝尔经济学奖得主们的思想迁移:引言与概述[J].经济研究译丛,2014,(2).

[9] 方福前.20世纪西方微观经济学的发展与成果[J].教学与研究,2005,(10).

[10] 彭兴韵.粘性信息经济学——宏观经济学最新发展的一个文献综述[J].经济研究,2011,(12).

[11] 张运生.内生外部性理论研究新进展[J].经济学动态,2012,(12).

[12] 谢识予.从假设、推理到心理分析和实验研究——从2002年诺贝尔经济学奖看现代经济学的发展[J].社会科学,2003,(12).

第二章　西方经济学主要研究方向之一：
金融经济学理论

　　金融经济学是人们从 1970 年代后期开始,不断地运用经济学理论探索、研究金融学中的均衡与套利、最优投资组合、均值方差分析、券估值与定价等问题,逐渐形成并发展起来的一门崭新的经济学与金融学交叉性的学科。

第一节　金融经济学发展沿革

　　自 20 世纪中叶以来,新古典金融学一直居于金融学的主流地位。由于其具备严密的逻辑框架、完整的理论体系,并得到早期大多数实证检验的支持,新古典金融学曾经为人们所普遍接受。

　　新古典金融学理论体系包括有效市场假说、资产组合选择理论、莫迪利亚尼-米勒定理、资本资产定价模型、期权定价理论以及套利定价理论。新古典金融学的理论体系从总体上说建构在市场一般均衡存在或者套利机制有效的基础之上。如果存在生产机会以及资本交换机会,当市场达到一般均衡时,经济主体有效地进行了稀缺资源的配置,即选择了最优的生产策略和最优的消费策略。这意味着融资、投资以及消费三种决策都不应该存在超额收益。如果资产价格不是资产价值,即资产未来产出收益的一致估计,那么资本将无法根据价格信号有效追逐资产未来产出收益,以上三种决策都有可能存在超额收益。因此,市场一般均衡的存在性,是以资产价格是资产价值,即资产未来产出收益的一致估计,即市场是信息有效率为前提的。

　　随着金融学的发展和证券市场的实践,出现了一些与新古典金融假设不符的证据,即新古典金融学家所谓的“异象”,如元月效应、周末效应、小公司效应、小公司元月效应、英荷壳牌集团案例、1987 年 10 月 19 日美国股市的“黑色星期一"现象等,表明有效市场假说与许多经验事实并不符合。异象和理论缺陷向新古典金融学提出了双重挑战,使新古典金融学陷入困境之中。从而兴起了以行为金融学为代表的新的金融学研究学派。希勒等学者通过修正传统理性经济人假设所延伸的定价范式,对主流金融经济学进行了修正和推进。但是,新古典经济学的影响仍然很强大。这也说明,金融经济学的研究正在一个质变的前夜。由尤金·法玛的有效市场假说为代表的新古典学派和以罗伯特·席勒为代表的行为金融,对于如何看待金融市场的本质,曾经进行过长期的争论和激辩。学术的本质在质疑和创新,2013 年,两位为不同分析范式和观点的学派代表同登一个讲台,演化出了诺奖兼容并蓄学术佳话。

第二节　金融资产价格的决定因素:
金融经济学的核心问题

2013 年的诺贝尔经济学奖,由行为金融学领军者希勒(Schiller)、有效市场假说奠基人法玛(Fama)与计量经济学家汉森(Hansen)一起分享。评奖委员会称:"他们三位发展了资产定价研究新方法,并将其用于对股票、债券和其他资产价格细节的研究之中。他们的方法已经成为学术研究的标准。他们的研究不仅给理论研究提供指导,更有助于专业投资应用。"

一、汉森的资产定价模型

汉森提出了基于消费习惯的资产定价模型。所谓消费习惯(habit forma-tion)是投资者对反复刺激产生反应的心理特征。通常将习惯分为两类:外在性消费习惯和内在性消费习惯。汉森构造了具有外在性消费习惯的代表性经济人模型,用较低的风险厌恶解释了发达资本市场广泛存在着风险溢价之谜、无风险利率之谜等诸多谜题。资产定价模型的实证研究使用大量的计量经济学方法。广义矩(GMM)方法自从汉森(1982)开创性的文章面世以来,它已成为计量经济模型的一种重要估计方法。汉森(1991)又提出随机贴现因子方差界,成为经济计量估计与推断的统一框架。

二、法玛的有效市场理论

尤金·法玛致力于把新古典金融理论引入主流经济学。法玛(Fama)等人在 1970 年代提出了有效资本市场假说（Efficient Market Hypothesis，EMH）。有效金融市场是指这样的市场，证券价格总是可以充分反映可获得信息变化的影响。Fama 提出了区分有效市场的三种类型：弱式有效、半强式有效和强式有效市场，在三种市场水平中，投资者都无法利用相应的信息集获得超常利润。

有效市场理论奠基于三个逐渐放松的假定之上：

（一）投资者被认为是理性的，所以他们能对证券作出合理的价值评估；（二）在某种程度上投资者并非理性，但由于他们之间的证券交易是随机进行的，所以他们的非理性会相互抵消，证券价格并不会受到影响；（三）在某些情况下，非理性的投资者会犯同样的错误，但他们在市场中会遇到理性套利者，后者会消除前者对价格的影响。

由此看出，投资者的理性是有效市场假说成立的必要条件，离开了投资者的理性，市场将不再有效。反之，法玛认为，如果投资者的一些行为是非理性的，他们的行为肯定是随机的、非系统的。这明显体现了新古典经济学的特点。

三、希勒的行为金融学理论

希勒是行为金融学的开创者之一。行为金融学是新兴金融学说中的代表性学派。罗伯特·席勒则是通过行为金融视角探析资产价格的动态，行为资产定价模型沿着 Fama 有效市场假说的思路考察金融市场的有效性，并否定了市场有效的三个充分条件，认为市场是非有效的。

希勒在《美国经济评论》撰文猛烈抨击有效市场理论，被该杂志列为百年最重要的 20 篇论文之一。[1]希勒（Schiller，2001）认为，人的经济选择并非都是理性的，有时会受到"动物精神"的支配。非理性的群体行为可导致市场价格充满误导性的"噪音"。投资者分为信息交易者和噪声交易者两类，两类交易者互相影响共同决定资产价格。

行为金融学具有代表性的学说还有期盼理论、行为组合理论等。期盼理论形式上类似于期望效用理论，但是以价值函数替代效用函数。个体所期盼

---

① 陈智君.从 2013 年诺贝尔经济学奖看金融学的发展——以金融学说比较分析为角度.经济学家，2014，(6).

的价值函数是所有可能结果的价值加权和,加权的权重并不等于概率,而是真实概率的函数。权重函数可以解释许多新古典金融学无法解释的现象以及阿莱斯悖论。行为组合理论认为,投资者在构建资产组合时是基于对不同资产的风险程度的认识以及投资目的所形成的一种金字塔式的行为资产组合,位于金字塔各层的资产都与特定的目标和风险态度相联系。

第三节　近年来国内对金融经济学理论的探讨

关于金融经济学的三位代表人物的学说,国内有一些学者进行了综合研究研究。比如,李宝良等(2013)介绍了当年诺贝尔经济学奖得主的生平,然后在统计推断的统一分析框架下,以检验统计量是否超出随机性可以解释的程度为线索,较为详细地述评了法玛对有效市场假说(EMH)的检验和三因素模型的发展、希勒对过度波动假说的检验及对行为金融学的发展,以及汉森对广义矩估计法(GMM)及其在消费资产定价实证研究中的应用等方面的贡献;最后探讨了他们的贡献对金融实践活动以及深化我国金融体制改革和促进证券市场健康发展的意义。刘安国和李仁贵(刘安国等,2013)对他们的学说著作做了一个总体的评价;陈智君(陈智君,2014)从金融学说比较分析角度研究了金融学的发展。

更多学者分别运用三个诺奖得主的理论进行了实证研究和理论探索。比如,熊和平等(2012)运用汉森的理论进行了实证研究,建立了拥有两类投资者的模型:一类具有"内在性消费习惯",该习惯依赖于其自身的消费,投资者在进行消费选择时均要考虑内在消费习惯的影响;另一类具有"外在性消费习惯",该习惯依赖于总的消费水平但不影响消费决策。用这种模型来分析异质偏好对资产定价的影响。发现在通常情形下,内在消费习惯增加股权溢价水平,而外在性消费习惯对股权溢价的影响取决于习惯水平与风险资产的相关性。

关于证券市场有效性的国内研究很繁荣,总体来看,中国的证券市场发展时间较短,理性机构投资者尤显不足,阻碍了中国证券市场有效性的建立。不过,中国的金融市场与美国、日本等国成熟的资本市场固然有着内在的千差万别,但是,可以借鉴它们的理论成果,来解释中国金融市场上的若干问题,来建立中国自己的金融经济学。刘明彦等(2013)对资产价格理论的研究提出,资产价格判断是许多重要经济决策的核心,不仅对专业投资者如此,对于大多数普通人的日常生活同样重要。资产价格也是宏观经济的基石,因为它们是进行实体经济投资和消费决策所需的关键信息。资产的错误定价可能导致金融危机,近期的经济衰退表明,危机会严重损害实体经济。对于资产价格能否预测,这个问题由来已久且举世瞩目。研究资产价格必须涉及风险及其决定因素。严太华等(2013)结合股利的迎合理论,融入新近出现的股利的生命周期理论的思想,基于沪深两市 2000—2010 年中国 A 股上市公司财务数据,对我国上市公司现金股利支付倾向与我国投资者的现金股利需求的关系进行了实证研究。同时,引入现金股利溢价指标,研究了公司股利支付意愿与现金股利溢价的关系。

近五年来,运用行为金融理论研究我国股票市场的成果越来越多。欧阳青东等(2012)回顾美国金融学会和《金融学期刊》的发展历程,通过对 1990—2011 年间《金融学期刊》发表的 1 757 篇学术论文的归类分析发现,在过去的 20 年中,行为金融学研究主题有逐渐升温的趋势,学科交叉融合是金融经济学发展的潮流。

具体地,梁宇等(2014)从行为金融视角研究证券投资的风险,发现投资者在实际的证券投资活动中会重点考虑证券投资项目的收益及对应的风险情况,只有合理权衡投资风险与投资收益之间的关系,并明确自身的投资风险偏好才能进行合理的证券资产的投资活动。赵亚明等(2014)指出,有效市场理论和行为金融理论的分歧集中表现在对市场参与者决策行为的不同假设上,有效市场假说认为投资者的决策以理性预期、风险厌恶和效用最大化为基础;而行为金融则指出投资者并非理性,且其风险偏好具有时变性,在投资决策中经常受"认知偏差"和"有限套利"的影响,认知偏差导致市场产生错误价格,而有限套利则使价格错误成为常态。瞿栋、王劲松(瞿栋等,2014)运用行为金融学框架依赖理论,以及最优心理价格、相对价格尺度、便利效用和幂次分布等概念,提出了一个解释证券市场价格聚类程度的理论分析框架。他们运用沪深股市年月日至年月日股票各个交易样本数据,分别对开盘、最高、最低、收盘价格中不同尾数的聚类程度进行了实证检验后发现,便于计算、利于成交和文化因素是影响价格聚类的主要因素,其中,便于计算因素的影响最大。王博(2014)构建了基于投资者情绪的资产定价理论模型,就投资者情绪对风险资产定价有系统性的影响进行研究。研究发现股票均衡价格可以分解成理性部分和情绪部分,投资者情绪导致价格偏离内在价值并导致高的波动率和价格泡沫。基于信息的动态情绪资产定价模型和连续时间情绪资产定价模型,对以模糊数学为基础构建基于投资者情绪的行为投资组合,提供了可行的研究方向。张永莉等(2013)引入投资者心理行为偏好变量维度进行投资者行为资本资产定价模型研究,以此构建引入前景理论的行为资本资产定价模型。李家伟等(2014)在现有文献的基础上构建了具有经济直觉的理论假设和基于市场的经验方法。

第四节　对金融经济学研究的简要评述

正如国际上新古典学派和行为学派并存一样,国内研究中,也呈现出数理金融和行为金融的研究范式的争论。总体来说,行为金融成为近些年金融研究的热点,大有取代数理金融之势。孟赞等(2014)的研究和结论非常有代表性。他们梳理近50年来数理金融到行为金融的发展历程,探究了数理金融和行为金融的主要区别与联系,提出数理金融基于严格假设前提,探究经济个体的最优决策行为。行为金融对数理金融的假设前提提出修正,探究在有限理性和非完全有效市场下的投资者真实决策行为。前者基于理想,后者基于现实;前者探究的是理想情况下应该怎么样,后者探究的是真实情况背后的原因;前者是一种数学推理的逻辑,后者是一种逆向发现的逻辑,后者比前者更切合实践,从而对现实世界具有更强的实践指导作用。

另外,经济理论界关于努力建立中国自己的经济学的呼声很高。刘超等(2012)提出,金融理论的研究范式应该随着相关科学的发展而不断革新。1980年代,系统科学理论逐步应用于金融研究中。为发展金融理论、指导金融实践,有必要构建完善的系统科学范式下的金融理论体系。系统金融理论采用非线性、复杂性和系统动力学的方法,能够更加准确地揭示金融系统的演化规律,因而较现代金融理论和行为金融理论更加接近于实际情况,是金融理论研究范式未来的发展方向。

依笔者看来,金融经济学本身是交叉学科的研究成果,也反映了学科从分离趋向融合的趋势。是非常有前景的研究方向。至于新古典和行为学派的争论,本质上反映了金融问题上的经济学研究范式的困惑。也就是说,经济学的假设前提本身的歧义。在经济学研究中,以斯密为代表的古典经济学,是政治学、心理学、法学和经济学融合的产物,然而,到以马歇尔为代表的新古典学派,将经济学从其他学科中用手术刀分割出来了。其优点是,便于数理分析、逻辑严谨、便于传承。但是,这种在黑板上和头脑里精密的模型,面对真实的市场规律时,不可避免地会发现漏洞。于是,经济学一直在修补漏洞,然而,出于对于简洁和精密的偏爱,新古典一直高居主流,并且有向其他学科扩展的"经济学帝国主义"倾向。

对于这种趋势,要辩证地分析。由于人们往受主观立场作用,这种依赖数理和统计的分析相对有客观性而显得很科学,容易超越个人好恶而进行长远的有力的探讨;但是,经济学本质上的人的学问,而人性左右着行为,行为习惯和心理特征反映在决策上,是非常混沌的、系统的,而不可能只是线性的、逻辑的。在相对稳定的环境,新古典经济学范式是有明显优势的。但是,在技术进步很快、制度演进突变、政治和法律变动多的环境中,以及全球化带来的多元化的文化影响下,尤其是在互联网思维中,往往跟不上制度和文化的影响。

而金融领域则是最瞬息万变的经济市场,人性的作用更加明显。因此,制度、心理学、行为学的影响率先被采纳在经济决策中,并且直观地被观察到。笔者认为,行为金融学的影响日益增加,只是这种学科融合的开启,相信对于金融市场会有更多维度和更加系统的分析促进经济学和资产定价理论的创新。

参考文献

[1] Akerlof. G.A. and R.J. Shiller. How Human Psychology Drives the Economy, and Why It Matters for Global Capitalism. Princeton University Press, 2009.

[2] Fama E.F.. Foudations of Finance. Basic Books, 1976.

[3] Hansen L.P. and T.J. Sargent. Robustness. Princeton University Press, 2007.

[4] Hansen L.P. and T.J. Sargent. Recursive Models of Dynamic Linear Economics. Princeton University Press, 2013.

[5] Shiller R.J.. Market Volatility. MIT press, 1989.

[6] Fama E.F.. The behavior of stock market prices. Journal of Business, 1965,(38): 34—106.

[7] FAMA E.F.. Efficient capital markets: A review of theory and empirical work[J]. Journal of Finance, 1970,(25):383—417.

[8] GR OSSMAN S.. On the efficiency of competitive stock markets where traders

have diverse information[J]. Journal of Finance，1976,(31):573—585.

[9] GR OSSMAN S.. Further results on the informational efficiency of competitive stock markets[J]. Journal of Economic Theory，1978,(18):81—101.

[10] GR OSSMAN S. and J. STIGLITZ. On the impossible of informationally efficient markets. American Economic Review，1980,(70):393—408.

[11] Analysis. 1979,(29):323—349.

[12] Shiller R.J.. Do Stock Prices Move Too Much to be Justified by Subsequent Changes in Dividends?. American Economic Review，1981，71(3):421—436.

[13] David Nawrockia and Fred Viole. Behavioral finance in financial market theory, utility theory, portfolio theory and the necessary statistics：A review. Journal of Behavioral and Experimental Finance，2014,(2):10—17.

[14] Shiller R.J.. Finance and the Good Society，Princeton University Press，2012.

[15] Shiller R.J.. Irrational Ecuberance. Princeton University Press，2000.

[16] Shiller R.J.. The New Financial Order：Risk in the Twenty-First Century，Princeton University Press，2003.

[17] Shiller R.J.. The Subprime Solution. Princeton University Press，2008.

[18] 希勒.非理性繁荣[M].北京:中国人民大学出版社,2001.

[19] 陈智君.从 2013 年诺贝尔经济学奖看金融学的发展——以金融学说比较分析为角度[J].经济学家,2014,(6).

[20] 陶春生,虞彤.2013 年度诺贝尔经济学奖得主学术贡献评介[J].经济学动态,2013,(12):91—103.

[21] 刘安国,李仁贵.2013 年度诺贝尔经济学奖得主学术著作导读[J].经济学动态,2013,(12):104—113.

[22] 史永东,袁绍锋.市场流动性与资产定价理论评述评[J].经济学动态,2011,(5).

[23] 瞿栋,王劲松.价格聚类定律:一个基于行为金融的分析框架及实证研究[J].经济学动态,2014,(7).

[24] 刘明彦,张欣,李晓晶,苟沛然.2013 年诺贝尔经济学奖:资产定价理论评介[J].银行家,2013,(11):82—84.

[25] 熊和平,李淑懿,余均.消费习惯、异质偏好与资产定价[J].管理科学学报,2012,(9):64—73.

[26] 张永莉,邹勇.基于前景理论的行为资本资产定价模型的构建[J].统计与决策,2013,(12):39—41.

[27] 李家伟.极端事件真的能塑造投资者预期——基于"坏 β""好 β"资产定价理论的实证检验[J].经济学(季刊),2014,(01):151—174.

[28] 严太华,龚春霞.行为金融视角下我国上市公司现金股利政策解释[J].管理工程学报,2013,(3):164—171.

[29] 欧阳青东,邱兆祥.金融经济学研究的国际动态:于 1990—2011 年间《金融学期刊》刊发论文的统计分析[J].经济学动态,2012,(6).

第三章　西方经济学主要研究方向之二：规制经济学理论

　　从 20 世纪 70 年代开始,美国垄断行业与社会普通民众的利益冲突加剧,特别是 AT&A 等行业巨头的存在,使得经济学家们开始对这种资源分配模式的效率重新进行思考。A.E.Khan 在 1970 年出版了《规制经济学:原理与制度》一书,这本书的出版标志着规制经济学作为一门独立的学科诞生。在这一时期,《贝尔经济学杂志》相继发表了 W.Baumol、R.Posner、G.Stigler、W.Viekrey 和 O.Williamson 等著名经济学家的一系列重要论文,这些文献对当时美国垄断规制模式进行了激烈的争论。在 20 世纪 80 年代,随着信息经济学、机制设计和委托代理理论等一些现代经济学研究方法的出现又极大的促进了规制经济学的发展;20 世纪 90 年代,拉丰和梯若尔(Laffont and Tirole)系统的总结了前人的研究成果,提出了传统规制经济学在分析规制政策时所做出的规制部门与受规制企业之间具有完全信息这一假设是不符合实际的,这就使得现实中的许多规制问题难以得到合理的分析和解决。在此基础上,拉丰和梯若尔(Laffont and Tirole)以激励理论为核心思想,以放松了规制部门与受规制企业之间具有完全信息等传统假设,使用博弈论、委托——代理理论、机制设计等研究方法,并在 1993 年出版了《政府采购与规制中的激励理论》一书,此书的出版标志着新规制经济学的诞生,为世界各国政府规制制度改革提供了理论基础。

　　除此之外,规制经济学的研究领域和研究方法也得到了很大的拓展。首先,规制经济学的研究领域已由最初垄断行业的产量、价格等传统经济学领域扩展到健康与安全等新兴领域,同时,环境问题的规制分析也已经纳入到了规制经济学的研究范围中来。其次,规制影响评价研究的兴起。由于在现实中规制失灵的存在,使得政府的规制质量难以得到保证。如何在实际操作过程中尽可能地消除规制失灵,提高规制质量也就成了规制部门需要解决的难题。第三,规制实证研究的兴起。随着统计学、计量经济学等研究方法的应用,以往规制经济学中的规范研究正在转变为实证研究,以往的定性研究正在转变为定量研究,这一变化也大大提高了规制经济学研究的客观性和科学性。

第一节 新规制经济学

一、从传统规制理论到新规制经济学

政府对经济的规制问题研究最初是源于对自由放任的经济中市场失灵的关注。在传统规制理论中,波斯纳(Posner,1974)将其定义为"各种税收和补贴措施以及对价格、进入和其他经济行为的直接的立法和行政控制";丹尼尔·F.史普博(1995)认为,"规制是行政机构制定并执行的直接干预市场机制或间接改变企业和消费者供需政策的一般规则或特殊行为①";而维斯库西(Viscusi,1995)的观点是"规制是政府以制裁手段,对个人或组织的自由决策的一种强制性限制,政府的主要资源是强制力,政府规制就是以限制经济主体的决策为目的而运用这种强制力。"在20世纪60年代就已经形成了规制公共理论对政府规制行为的解释。由于被规制产业和这一理论的解释出现了相当大的分歧,因此导致了规制俘虏理论的出现。

通过以上的分析可以看出,传统的规制理论包含着两个非常重要的假设:首先,信息是完全的,政府可以了解所需要的被规制产业的任何信息;其次,政府是以追求社会福利最大化为目标;规制俘虏理论的出现正是基于此前提而发展起来的,它强调的是政府在规制的关系中并不是追求公共福利,而是会被规制产业所"俘虏"和控制,规制实际上是生产者集团获取利润的一种手段和方式。而近年来发展起来的新规制经济学是转向了对政府规制政策提供理论指导方面,其最大的特点是将激励问题引入到信息不对称条件下规制问题的分析框架中来。新规制经济学在新的分析框架中使用了委托——代理理论对规制者和被规制企业的目标、信息结构和可选工具进行描述,并在此基础上分

① 丹尼尔·F.史普博.管制与市场[M].上海:上海人民出版社,1999.

析了双方的行为和最优选择,并且为政府在现实的约束条件下设计最优的规制政策提供了理论指导和可行性的研究工具。

二、新规制经济学的研究框架

1971 年,施蒂格勒发表了《经济规制论》,首次尝试运用经济学的基本范畴和标准分析方法来分析规制问题,从而开创了规制经济理论。他从一套基本前提出发来论述假设符合逻辑推理,从而解释了规制活动的实践过程。佩尔兹曼[1]和贝克尔[2]在其基础上进一步发展了规制经济理论。

（一）施蒂格勒模型

施蒂格勒分析框架有 2 个基本前提:规制机构都在追求效用的最大化和强制力是政府的根本资源。施蒂格勒模型的结论是:生产者对立法过程的影响较消费者有明显的优势,因此,生产者比消费者具有更强的激励性,规制的结果一定是会有利于生产者的。

（二）佩尔兹曼模型

佩尔兹曼模型主要关注哪些产业最有可能会受到规制,创立了政治支持函数,并且对政治支持函数和立法者的无差异曲线进行分析。佩尔兹曼模型认为[3],立法者不会将价格设定为使产业利润最大化时的价格,最有可能被规制的产业是具有相对竞争性或具有相对垄断性的产业,在竞争性产业中企业将从规制中大量获益,而垄断产业规制中消费者将获益。

（三）贝克尔模型

贝克尔模型认为,规制是用来提高更有权力的利益集团的福利。假定在总影响不变的情况下,规制活动就由每个集团的相对影响来决定,在其他集团确定的情况下,每个集团将实现其福利的最大化。较大压力必然会耗费较多的资源,每个集团都不愿意承担过多的压力。一个集团的压力如果较小,那么其他集团的影响就会很大,集团间的相互博弈就形成了政治均衡。贝克尔模型的结论是[4]:如果规制产生的边际净损失增加,规制活动的数量将会减少,能够改善福利的规制政策则会更有可能被实施。

---

[1][3] Peltzman Towarda More General Theory of Regulation[J]. Journal of Law and Economics, 1976,(8).

[2][4] Becker A Theory of Competition Among Pressure Groups for Political Influence[J]. Quarterly Journal of Economics, 1983,(8).

规制问题的实质是在不完全信息条件下的最优控制问题,这也是分析新规制经济学问题的基本思路和方法。劳伯和马格特(Loeb and Magat,1979)将规制问题当作机制设计问题,并对这一框架形成作出贡献①;巴伦和梅耶森(Baron and Myerson,1982)对企业的转移支付的纳税者成本考虑进来,存在的缺陷是只考虑了存在逆向选择信息不对称时的情形;萨平顿(Sappington,1982)考虑了规制合约签订阶段的信息不对称(逆向选择)和签约后企业的行为监督(道德风险)②。

综上所述,新规制经济学重要理论的假设就是利益集团直接影响规制政策。利益集团对规制政策施加重大影响必须具备以下条件:(1)立法者必须完全受到利益集团压力制约;(2)利益集团必须对选举结果有强大的影响;(3)规制者必须完全处于立法者控制之下,而实际上利益集团并不能完全控制或完全监督立法者的活动;(4)规制经济理论通常会忽略了司法作用。事实上,司法系统能够成为规制程序的主要作用者,规制与放松规制仅仅存在于获得司法批准的情况下。

三、新规制经济学的理论进展

新规制经济学的研究框架的形成标志着其理论研究走向成熟。新规制经济学的理论进展主要体现在特许合约的拍卖机制、成本补偿和定价问题、规制关系中动态问题、对传统规制问题的重新解释、产业规制实践中的理论进展五个方面。

(一)关于合约的拍卖机制问题

拉丰和梯若尔(Laffont and Tirole,1987)③的研究表明,激励合约的拍卖可以使规制者选择效率最高的企业,并且只要支付比较低的信息租金。这个过程实际上就是:让竞标企业报出各自愿意支付的价格(也就是说可以达到的最低成本),而让中标者支付次优竞标者的价格(也就是所谓的补偿成本)。拍卖的结果可以使规制者的信息不对称的范围大为的缩小,也就是能够缩小最

① Loeb, M. and Magat, W., 1979. "A Decentralized Method of Utility Regulation." Journal of Law and Economics, Vol.22, pp.399—404.

② Sappington, D., 1982. "Optimal Regulation of Research and Development under Imperfect Information." Bell Journal of Economics, Vol.13, pp.354—368.

③ Laffont, J.J. and Tirole J. The dynamics of incentive contracts[J]. Econometrics, 1987, 56(5):1153—1175.

高效率企业和次优效率企业的之间的差异。因此拍卖就同时解决了道德危害和逆向选择问题这两个重要问题,因为被选中的企业会达到最优的努力程度,而支付的租金却非常小。

（二）关于激励和定价问题

关于成本补偿规则激励问题的研究在新规制经济学领域已经取得了一致的结论,但是如果将定价和成本补偿相结合起来考虑,则是一直存着争议的领域。因为问题的核心就是:激励和定价是否可以分开考虑。针对这个问题拉丰(Laffont)提出了勒纳指数,即产品 k 被规制的价格将满足: $L_K = R_K + I_K$, $L_K = (P_K - C'_{QK})/P_K$,这一公式衡量了价格和成本的差异,$R_k$ 为拉姆齐指数,I_k 为产品 k 的激励校正。激励校正 I_k 是否为零决定了激励与定价是否可分[①]。从理论上可以证明,只要产品 k 产量的变化不会改变成本函数中努力和效率之间的边际替代率(即成本函数只要满足里昂惕夫的加总定理),激励校正项将为零,激励定价两分法也就得以成立,在这种情况下,规制者没有必要扭曲拉姆齐定价,因为激励和抽租问题可以完全由成本补偿规则来解决。

（三）关于规制中动态问题

新规制经济学还运用博弈论理论对规制的承诺、棘轮效应和再谈判等动态问题进行了深入的研究,对现实中规制企业和规制机构之间的相互关系作出了相应的解释。如:拉丰(Laffont)通过一个重复静态模型去证明缺少承诺将会引起的两个负面效应:(1)规制者有可能不能充分补偿企业的投资,因此企业将会不愿意投资;(2)会产生棘轮效应,如果企业当前的生产成本较低,规制者就会推断出企业很容易实现较低的成本,因此将提供对企业要求较高的激励方案。拉丰和梯若尔(Laffont and Tirole, 1988)得出结论,如果双方在关系开始时,就可以承诺长期的合约,那么规制者承诺每期使用最优的静态合约就是最优的,也就是说规制者应当承诺在后来不会改变最初的激励方案。这对于规制者而言,承诺不利用已经观察到的企业绩效的信息是最优的策略[②]。对于这种结果来说,承诺的关键在于,企业在最初暴露了它的效率之后,规制者将会从以后就会抽取企业的全部租金,规制者只有进行承诺,并且是可信

①　Laffont, J.J. 1994. "The New Economics of Regulation Ten Years After." Econometrica, Vol. 62, pp.507—537.

②　Laffont, J.J. and Tirole J. The dynamics of incentive contracts[J]. Econometrics, 1987, 56 (5):1153—1175.

的,企业才会有动力从最初就达到最优的努力程度。

（四）对传统规制问题的新解释

新规制经济学在委托—代理框架的内对传统规制理论中的规制俘虏问题作出了新的解释。在原有的框架内,只强调规制机构承担着政府信息收集者的职能,因此能够通过隐藏信息来偏袒某一利益集团。拉丰和梯若尔（Laffont and Tirole，1991）的研究表明①,当规制机构会被俘虏时,最优规制合约将会导致较低的社会福利。政府为了防止规制机构与被规制企业合谋,主要采取的以下两种措施:首先是对规制机构提供直接的激励,这种激励要大于任何被规制企业所能提供的贿赂;其次是选择对被规制企业激励强度较小的方案,尽管这样会导致企业较少的利润和比较差的效益,但是相对较少的租金也意味着合谋所能获得的潜在收益也相对较小。

（五）产业规制实践中的理论新进展

随着科技的发展将不可避免地导致传统被规制产业的产业结构发生变化,如在电信、电力、天然气、交通等传统的垄断性行业中会分离出一些竞争性环节,并且与原有的垄断性环节同时存在。在这种情况下,如何应对垄断性环节并且采取有效的规制政策为进入者提供公平的竞争条件,同时又不对垄断运营商造成侵害,这就成了在规制实践中需要迫切解决的一系列问题。接入定价问题的提出就是反映了这些问题（张昕竹等,2000）,也就是说促进"瓶颈"服务使用者能够有效的使用网络设施,促进"瓶颈"所有者在努力降低成本的同时,还能够对网络进行投资和维护,在"瓶颈"环节形成有效的市场准入,同时在竞争领域顺利引入竞争②。接入定价问题实际上是涉及两种接入性的问题,即单向接入问题和双向接入问题。单向接入是指同时拥有垄断性业务和竞争性业务的运营商向竞争性领域的新进入者提供瓶颈接入服务的情况,其中:铁路、电力、电信等多数网络性产业中普遍存在;而双向接入则主要发生在电信领域中,指运营商和新进入者都能提供瓶颈服务,并且可以在业务提供上相互依赖③。

① Laffont, J.J. and Tirole J. The politics of government decision making: A theory of regulatory capture[J]. Quarterly Journal 01 Economics, 1991, 106(4):1089—1127.

② 张昕竹等.网络产业:规制与竞争理论[M].上海:社会科学文献出版社,2000.

③ 让·雅克·拉丰、让·泰勒尔.电信竞争[M].北京:人民邮电出版社,2001.

第二节　让·梯若尔对新规制经济学的贡献

瑞典皇家科学院将 2014 年诺贝尔经济学奖授予法国经济学家让·梯若尔，以表彰他对市场势力与规制领域研究的贡献。他开创性研究了新规制经济学，深化了人们对市场势力的理解，为垄断竞争市场分析和规制的制定提供了统一的框架结构，同时也有助于最优规制方案的制定。他以大量的文献资料为基础，建立了以技术、偏好、信息不对称为基本假设，梳理了以现实条件为依托的理论分析新标准，通过精心设计的模型刻画了实际的经济环境，使其推导的一系列结论和政策具有稳固基础。对新规制经济学发展作出重大贡献。

一、创立规制问题研究的基本分析框架

梯若尔创立规制问题研究的基本分析框架，并在这个框架下制定最优规制方案。拉丰和梯若尔（Laffont and Tirole, 1986）[1]在"运用成本观察来规制企业"一文提出了把规制视为委托—代理问题，其中政府是委托人，被规制企业是代理人。政府能观察到事后的生产成本，但是观察不到企业消减成本的努力程度（隐藏行动），企业比政府拥有更多的消减成本技术的信息（隐藏信息）。政府的目标函数是社会总剩余，它等于消费者剩余加上生产者剩余减去政府对企业的转移支付。在委托—代理分析的框架下，政府在三个约束条件的限制下最大化的目标函数。第一个条件是参与约束，即企业必须自愿参与规制，或者说企业获得的剩余要大于零；第二个条件是道德风险约束，因为观察不到企业的努力程度，机制设计必须使得企业有动机提供适当的努力程度；第三个条件是激励相容约束，因为观察不到企业消减生产成本的技术信息，机制设计必须使得企业会自愿选择适合其成本类型的契约。

拉丰和梯若尔提出最优的规制方案是由一次性付清的总额支付和线性成本分成两项组成。该机制让企业从一系列精心设计的契约中自行选择，来弥补政府对企业信息不足的问题。这样，不管生产者的类型，企业将会出于自身

---

① Laffont, J.J. and Tirole J. Using cost observation to regulate firms[J]. Journal of Political Economy, 1986，94(3):614—641.

的利益选择合适的契约；成本高昂而又难以消减的企业将会选择相对较高的成本补偿契约，而没有动力消减成本；有可能大幅度消减成本的企业将会选择低成本补偿但能够为其产品设定高价格的企业，因此都有强烈的动机消减成本。

二、将最优静态规制机制扩展应用到多产品企业的规制

企业同时以管制价格向消费者出售多种商品，最优定价需考虑两个问题：首先是对消费者需求与企业利润的影响，其次是对企业消减成本的激励作用。拉丰和梯若尔（Laffont and Tirole，1990）提出了"价格—激励两分法"，也就是当某个可分离条件成立时，激励问题并不影响企业产出的最优定价。同时他们也将研究扩展到产品质量的规制研究上，即如果产品质量好坏可以分辨，那么不同质量的产品可以看成不同的商品，因此，可以在"价格—激励两分法"的框架下研究产品的质量问题①。然而，如果产品质量的好坏无法分辨，政府就必须提供激励使企业生产优质的商品。此时，"价格—激励两分法"将不再成立，固定价格可能会激励企业降低质量以节省成本。

三、扩展了规制的动态过程

拉丰和梯若尔（Laffont and Tirole）扩展了规制的动态过程，研究了规制过程中的承诺和重新谈判问题。拉丰和梯若尔（Laffont and Tirole，1988；1990）研究了短期和长期的规制动态学。从短期来看，假设政府和企业不能签订长期契约，而只能签订一系列的短期契约。这就意味着企业当前的行为将会影响到未来的规制。如果一个企业尽心尽力消减成本，因而在第一个契约签订期内将会获得巨额的利润，政府为了消减企业的利润潜力可能会在下一个契约期间收紧契约。企业预测到存在这种棘轮效应②（ratchet effect）的可能性，因此将不会尽力去消减成本。拉丰和梯若尔（Laffont and Tirole，1988）考虑了两期的最优短期签约问题，证明了当企业预期到棘轮效应时，企业就会

① Laffont, J.J. and Tirole, J. 1990. "Adverse Selection and Renegotiation in Procurement." Review of Economics Studies, Vol.57, pp.597—625.

② 棘轮效应，又称制轮作用，是指人的消费习惯形成之后有不可逆性，即易于向上调整，而难于向下调整。尤其是在短期内消费是不可逆的，其习惯效应较大。这种习惯效应，使消费取决于相对收入，即相对于自己过去的高峰收入。消费者易于随收入的提高增加消费，但不易于收入降低而减少消费，以致产生有正截距的短期消费函数。这种特点被称为棘轮效应。

设法避免显露自己的成本类型来获取租金,而且不存在某个机制能够诱使企业能够充分显示其成本类型。因此这就凸显了政府承诺的重要性,如果政府无法做出可置信承诺,那么企业消减成本的激励将会不复存在。因此在短期签约的框架下,不仅低成本的企业会将自己伪装成高成本企业以实现自我保护,而且高成本企业也会将自己伪装成低成本企业,并在获得政府补贴之后退出行业。这会使得政府做出可置信承诺变得更加困难。

四、管制俘获模型的建立

自从斯蒂格勒(Stigler)提出管制俘获理论(the capture theory of regulation)以来,管制俘获问题就成为规制制度设计的关键性问题。然而,对管制俘获的研究则更多地是在经验层面上而缺乏一个理论分析框架。串谋是经济组织中普遍存在的现象,它将会导致社会福利损失,因此如何通过制度设计防止串谋是经济学研究和实际管理中的存在难题。梯若尔(Tirole,1986)发表了《层级与官僚:经济组织中的串谋问题》一文,奠定了串谋问题研究的基本框架,并将防范串谋的原理应用到规制制度的设计中来[1]。梯若尔在其串谋问题研究的基础上建立了监管俘获模型,并对规制制度的设计提出了相应的对策。通常,规制框架是由政府的高层决定,并且委派某个部门设计规制的详细条款,这就存在着委派部门与企业合谋的问题,委派部门可能成为企业的利益代言人。这就是斯蒂格勒(Stigler,1986)提出的所谓的监管俘获问题。拉丰和梯若尔(Laffont and Tirole,1991)[2]分析了类似的层级关系中的最优奖励系统的普遍情况,其中有一个委托人(所有者)、一个监管者(工头)和一个代理人(工人)。主要的问题是委派部门和企业比政府高层掌握更多有用的经营信息。一个设计拙劣的规制框架可能存在这样的风险:委派部门和企业共谋对政府高层隐藏信息,委派部门将成为企业的利益代言人。拉丰和梯若尔的结论是:政府应该建立一个框架,明确地考虑规制者隐藏信息与被规制企业合谋的风险。

在现实中,由于存在着信息不对称等问题,规制者必须在企业效率和信息

---

① Laffont, J J and Tirole J. Using cost observation to regulate firms[J]. Journal of Political Economy, 1986, 94(3):614—641.

② Laffont, J J and Tirole J. The politics of government decision making: A theory of regulatory capture[J]. Quarterly Journal of Economics, 1991, 106(4):1089—1127.

租金之间找到平衡,这就存着在要激励企业付出大量信息租金的问题。而 Laffont 和 Tirole 则是将激励引入到规制问题的分析中,将规制看作是最优机制设计方案,并且利用博弈论的方法,在给定规制者和被规制企业在信息结构、约束条件和可行工具的前提下,分析博弈双方的行为和最优决策,并对规制中的一系列问题加以具体的分析和解释。

第三节 简要评论

20多年来,西方规制理论和实践已经发生了很大变化,从规制到放松规制,从放松规制到再规制,随着规制产业的技术条件和市场状况的变化而不断进行着动态调整。规制实践的改革促进了规制理论的发展,同时规制理论的发展又推动着规制实践的调整。激励性规制理论产生于实践,同时又随着博弈论、激励理论的引入而得到了进一步提升,并且逐渐系统化和规范化。

英、美等发达国家在放松规制的同时,将激励性规制应用于公用事业规制改革,降低了公用事业的收费水平,提高了受规制企业的生产效率和分配效率。对价格上限规制是目前西方国家十分流行的价格水平规制方式,特别是在信息不对称的公用事业部门,价格上限规制对于刺激企业提高效率具有比较明显的效果。我国公用事业部门也正处于市场化的改革过程中,自然垄断行业也逐步由行政性垄断向政企分开、提高效率等方面转变。因此,我国在放松传统的行政性规制的同时,要积极引入适应市场经济要求的经济性规制。我国经济性规制体系的建立,也存在着规制者与受规制企业之间的信息不对称等一系列问题。要解决这些问题,可以参考和借鉴西方发达国家的先进经验,引入激励性的规制,鼓励公用事业部门降低价格、提高效率、改进服务。但是,由于我国目前正处在转型时期,市场条件与西方发达国家存在着较大的差异。因此在我国实施激励性规制,不能完全照搬西方的规制模式,应该结合我国国情,有所取舍和创新,努力设计出适合我国国情的规制模型和规制体系框架。

参考文献

[1] Laffont, J.J. and Tirole J. Competition in telecommunications[M]. Boston; MIT press, 2001.

［2］Laffont，J.J. A theory o1 incentives in procurement and regulation［M］. Boston；MIT press，1993.

［3］Laffont，J.J. and Tirole J. Using cost observation to regulate firms［J］. Journal of Political Economy，1986，94(3):614—641.

［4］Laffont，J.J and Tirole J. The dynamics of incentive contracts［J］. Econometrics，1987，56(5):1153—1175.

［5］Laffont，J.J and Tirole J. The regulation of multiproduct firms［J］. Journal of Public Economics，1990，43(1):1—66.

［6］Laffont，J.J and Tirole J. The politics of government decision making：A theory of regulatory capture［J］. Quarterly Journal of Economics，1991，106(4):1089—1127.

［7］Lerner J and Tirole J. Some simple economics of open source［J］. Journal of Industrial Economics，2002，50(2)；197—234.

［8］Lerner J and Tirole J. EIIicient patent pools［J］. American Economic Review，2004，94(4)；691—711.

［9］Maskin，E and Tirole J. A theory of dynamic oligopoly，II：Price competition，kinked demand curves，and Edgeworth cycles［J］. Econometrics，1988，56(3):571—599.

［10］伊特韦尔等编.新帕尔格雷夫经济学大辞典［M］.经济科学出版社,1996.

［11］泰勒尔.产业组织理论［M］.马捷等译.北京:中国人民大学出版社,1997.

［12］拉丰·泰勒尔.电信竞争［M］.胡汉辉等译.北京:人民邮电出版社,2001.

［13］德沃特里庞,泰勒尔.银行监管［M］.石磊等译.上海:复旦大学出版社,2002.

［14］拉丰·梯若尔.政府采购与规制中的激励理论［M］.石磊等译.上海:上海人民出版社,2004.

［15］邹薇等.让·蒂罗尔经济思想评介［J］.经济学动态,2003(7).

第四章　西方经济学主要研究方向之三：
金融与经济危机理论

  金融与经济危机是伴随着人类现代经济而长期存在的破坏性现象,且其爆发频率趋于加快、危害程度不断加大。2007 年美国次贷危机爆发后,快速向全球主要经济体蔓延,不仅拖累了世界经济使其陷于低迷状态,而且需要世界经济格局发生深刻变化后才可能真正走出危机的阴影。由于本轮金融危机与历史上爆发的金融危机相比具有一些新的特征,使得现有的各种金融危机理论很难完全、准确地解释此次金融危机的爆发及演化过程。国内外学者试图从不同视角对这次金融危机作出解释,有关研究既反映出传统理论的不足,也体现出一定的理论创新,部分观点对于我国在金融危机背景下有效推动经济发展能够带来借鉴之处。

第一节　近年来国外学术界关于金融危机
理论的代表性研究及特点

  金融危机爆发之后,国内外学者开始从各个层面、各个角度出发对金融危机作了更加深入的研究和反思,在对目前已经成熟的金融危机理论反思的基础之上,针对此次次贷危机的特殊性,对金融危机理论作了进一步的发展和完善。概括起来大致可体现在两大领域。

一、金融危机本质的研究

  在经济金融化、金融自由化和经济全球化的背景下,当代的金融环境发生了深刻的变化,经济主体出现多样化的趋势,经济主体之间的金融关系变得更加复杂,正如法国经济学家让·梯若尔所言,没有哪两次金融危机是完全相同的，随着时代的发展，引发金融危机的新因素不断出现，此次美国金融危机呈现出诸多不同于以往的特征，现有的成熟的金融危机理论无法深刻而全面地解释当代金融危机，更不能有效地预测和防范当代金融危机，金融危机理论亟待进一步发展和完善。

从已有的金融危机理论来看，第三代货币危机理论的道德危机模型能够在一定程度上对此次金融危机作出解释，但是道德危机模型强调的是政府的隐形担保使得商业银行容易发生道德风险，道德风险主要集中在商业银行系统。此次金融危机表现出的新特征与道德风险模型界定的发生风险的金融体系是不同的，此次危机不仅是商业银行出现道德危机，更重要的是投资银行和评级机构在高利益的诱导之下出现了道德风险，使危机的破坏性成倍的扩大。

美国学者罗伯特·布伦纳认为，过剩的生产能力是造成金融危机的根本原因，解决金融危机的出路就是摧毁这些过剩的生产能力，否则包括新凯恩斯主义在内的救市方案也无法从根本上解决这次金融危机。他认为，始于美国的这次全球金融危机，是一场马克思式的危机，危机的根源在于利润率的长期下降并且很难在短时间内恢复，这也是资本积累速度长期放缓的重要原因。

美国学者迈克尔·赫德森认为，当代的美国经济已经进入虚拟化时期，金融部门拿走了全世界工人创造的产业资本和剩余价值，并且给世界工人造成严重的债务，全世界的工人几乎被这些沉重的债务压垮，他认为，当代的美国给全球工人造成失业的罪魁祸首不再是产业资本家而是金融垄断资本家。新自由主义提出的不再区分生产性收益和非生产性收益正是为了掩盖金融垄断资本主义的不劳而获。

著名的国际投资家索罗斯认为，此次美国金融危机与以往的金融危机有本质上的区别，它标志着建立在美元作为全球储备货币基础上信贷扩张时代的终结。此次金融危机的爆发不是由于外部的冲击而是自由经济理论指导下经济政策的原因。并且他认为，此次金融危机会引发全球性经济格局的调整，在这个过程中美国的世界经济地位将会被削弱而像中国等新兴市场经济体将在世界经济中的地位将会提升，但是由于美国为了维护其霸权地位会导致保护主义抬头引发政治层面的摩擦，可能致使世界经济陷入困境。

二、金融危机成因研究

为了真实反映金融危机爆发后美国经济金融发展状况，美国总统奥巴马

　　与美国国会直接任命成立的由商业、法律、经济、房地产等领域 50 位人员组成的金融危机调查委员会于 2013 年出版了《美国金融危机调查报告》,该委员会运用独立的调查方法,访问了超过 800 多位见证者,包括企业领袖、银行家、投资专家等,查阅数百万页的文件,吸收了大量国会委员会、政府机构、专业学者、记者、律师和其他人士对危机的研究成果,运用大量鲜活的事实、生动的语言和翔实的数据,从而非常可观地还原了金融危机的爆发过程及实际影响。这成为国外研究全球金融的一本重要文献。其目的在于运用大量鲜活的事实、生动的语言和翔实的数据,深刻揭示这场危机的性质。正如其结论指出的:此次金融危机不属于金融和商业经济周期的一部分,是人类的作为和不作为所导致。金融监管的大面积失误是由于金融机构在公司治理和风险管理上存在严重失误,而巨大失误背后是社会责任感和道德领域存在系统的缺失。报告警示人们,必须停止对金钱的顶礼膜拜,人类的可持续发展,首先要建立健全合乎道德标准,有社会责任的发展理念①。

　　美国学者大卫·科茨认为,由于新自由主义与资本主义之间的关联性,使得新自由主义环境下的资本主义经济更容易爆发金融危机,这是 2007 年美国金融危机爆发的深层次原因。在新自由主义环境下,一方面,金融监管部门监管的放松使得金融市场更加容易出现不稳定现象,因此必须加强对金融体制的监管;另一个方面,贫富分化愈演愈烈,贫富差距日益加剧。贫富两极分化造成购买力充足时,促进产出;购买力一旦出现不足,就会造成大量的生产过剩,产生金融危机。而大卫-科茨认为工薪家庭在收入水平停止增长、下降甚至减退的情况下,负债消费和借贷就是经济危机的根源。

　　格林斯潘是新自由主义理论的代表人物,但他在 2009 年曾经提出:此次美国金融危机的爆发使他看到新自由主义理论的缺陷,以及在新自由理论指导下放松金融监管的政策是错误的,是导致这次金融危机的主要原因。

　　除此之外,有些经济学家认为,此次金融危机是市场失灵所引起的,而金融监管的缺失在此次金融危机的爆发过程中起到推波助澜的作用,因此应加大金融监管力度。但是以 Beenstock 为代表的部分经济学家认为,建立在原来金融架构基础上的向金融监管机构报告信息而不向公众报告信息的金融监管制度的本身就是有缺陷的,应建立更加透明的信息报告制度,充分发挥金融市

---

① 人大经济论坛.金融学(理论版).

场的功能。

第二节　当前研究经济与金融危机问题必须回答的两大问题

一、金融危机的根源所在

本次金融危机与历史上的历次危机相比，具有一些新的特点：如此次次贷危机是继 1933 年"大萧条"之后的影响范围最广、破坏性最大的一次危机；次贷危机的形成并不是简单地因为房地产市场泡沫而引起的，而是经济、金融泡沫的叠加所致。事实上，在危机爆发前，美国房地产市场价格处于正常的周期性波动范围之内；又如，本次金融危机传导路径是由信贷市场迅速蔓延到资本市场进而传导至实体经济，大量的金融机构倒闭触发了经济的全面衰退；另外，金融衍生市场的过度发育与滥用是这次危机爆发的重要原因。

林毅夫（2012）通过对三个假说——东亚经济体的出口导向说、外汇储备不足说、中国压低人民币汇率说等进行了批判，指出美元作为储备货币与美国金融政策的失误导致的美国房地产及股市泡沫才是国际贸易不平衡和全球金融危机的根源。由此，他的观点实际上是基于美国金融政策、美元国际地位等作为主导因素所引发的金融危机与全球贸易结构的不平衡。

二、金融危机如何传导到实体经济领域？

金融本身并不创造价值，其利润最终来源于实体经济部门，因而金融业的持续发展依赖于新价值的不断流入。当产业资本越来越多地参与金融活动即金融资本相对独立膨胀时，新价值创造的基础被削弱，进而整个金融化过程将逐渐陷入停滞。谢富胜、李安、朱安东（2010）指出，通过对 1975 年以来美国经济的利润率的测算得出结论，美国经济新金融化积累模式形成以来，参与金融活动后的非金融公司的利润率波动更加剧烈，说明非金融公司的金融不稳定性随着金融活动的增加逐渐加剧；有限定的金融部门的利润率长期中呈现明显上升趋势，说明金融化确实促进了金融部门参与价值分配地位提升；然而有限定的金融部门的利润率在历次危机发生时都发生大幅度下降，波动幅度明显高于参与金融活动后的非金融公司，说明金融化本身的发展具有高度的不稳定性。

第三节　金融危机理论述评

全球金融危机爆发后,国内学者一方面积极借鉴国外学者的前沿理论观点,另一方面结合中国经济的实际情况进行创新性的理论研究,成果丰硕。其中,有相当数量的国内学者认为,现代西方的主流经济学家不能解释这次经济危机,而我国改革开放过程中和应对经济危机政策手段的某些学术阐释,大量使用的还是西方经济学的概念,并不适应中国特色社会主义的国情。

一、金融危机理论的生命力

研究金融危机问题必须在传统经济理论基础上更为紧密地与各国国情进行结合才有理论的生命力。国内外许多学者在研究金融危机成因的时候将理论与本国实践进行结合。除了前述一些国外学者的观点之外,国内不少学者也开展了相关研究。成思危(2010)指出,金融危机的起因是金融资本和虚拟经济的过度发展,但冲击最大的还是低端产业和实体经济。从经济增长的动力来看,由低端产业发展推动的净出口增长,过去一直对我国经济增长起着重要的作用。尽管2009年我国外贸总量占世界第一位。但是我们实际上是外贸下降了13.9%,其中,出口下降16%,进口下降11.2%。从整体来看,形势是严峻的。我国所面临的不仅仅是结构问题,而是需要进行外贸战略的调整。刘国光(2010)认为,目前我国已经越来越融入世界经济体系,因此加快发展方式的转变,既要考虑国内因素,又要考虑到国际经济的大格局。我国对外经济发展中存在的一些不足,已经对国内经济发展形成制约。这次国际经济危机发生以后,我国对外出口急剧下降,国际贸易领域的争端摩擦增多,沿海地区出现了企业订单减少,部分企业破产,失业增加等现象。在国际上也面临着石油、原材料等国际市场价格的波动,以及汇率问题的压力等,使经济发展的持续性受到了挑战。因而,转变经济发展方式必须同时考虑调整对外经济发展战略。贾根良分析了国际大循环战略存在的误区。他认为,由于新自由主义的支配性影响,人们并不了解内向型发展战略的原理及其推进国家崛起的历史经验。我国以外部需求、外国直接投资和自由贸易为核心的外向型经济发展模式遭遇到空前危机,主要体现在:我国制成品特别是劳动密集型产品出口的贸易条件一直在不断恶化，我国外汇盈余反而为发达国家跨国公司大肆收购我国企业并控制我国产业提供了融资，国际大循环战略使我国锁定于低端的依附地位，遭受到国家资本的残酷掠夺。这是一种自杀性的发展模式，不符合我国经济发展的长远利益。贾根良（2010）提出，为了转变对外经济发展方式，必须对造成我国目前经济困境的"两头在外、大进大出"的国际大循环经济发展战略进行深入的批判。因为这种战略造成了畸形的外向与内需相分割的"二元经济"，没有沟通农业与重工业间的循环关系，却造成了重工业的低端产品产能过剩和高端技术仍被跨国公司垄断的局面。

二、现代金融危机与经济危机的内在联系

金融在现代经济体系中扮演着越来越重要的角色，金融产业的影响也几乎渗透到经济、产业的每个角落。因此，国内外学者在研究新金融危机的时候，必须深入探究金融危机与经济危机的内在关系问题，特别是从金融风险如何逐步传导到实体经济领域。

如在对经济危机与利润率周期的实证研究方面，谢富胜、李安和朱安东将劳资斗争、价值实现和资本有机构成等因素纳入利润率公式，结合黄金非货币化条件下货币和信用因素，指出利润率的周期性下降揭示了经济周期波动的基本机制。同时，他们的经验研究表明：1975 年至 2008 年美国实体经济利润率并未有效恢复；非生产工人比重上升导致的利润份额下降是利润率周期下降的最主要原因，其根源是生产过程在 1990 年代之前的重组和之后的弹性化。在利润率长期停滞的条件下，1990 年代初美国形成了新的金融化积累模式，不得不依赖流动性的增长，使美国经济更加脆弱。美联储促进金融化积累和维护美元作为准国际储备货币的合法性之间的内在矛盾必然引发当前的危机。

蔡万焕（2011）指出，当代在以美国为首的资本主义发展模式下，强调自由市场的作用，反对国家对经济的调节和监管，特别是强调金融资本的作用，反对对金融资本的严格监管，主张放松金融管制，推动金融自由化，从而使自由市场经济和资本主义经济关系在全球迅猛扩张，同时，也使市场经济的自发性、盲目性和无政府状态空前加剧。刘志明（2010）认为，此次国际金融危机是资本主义尤其是资本主义的自由市场经济此前从未经历过的最严重的信任危机，因为"市场具有自我调节力、放松管制是私有经济取得成功的前提、不在私

营经济领域进行国有化和国家投资的美国政府政策"这样三个教条似乎都失去了魔力。

三、从金融的独立性及"虚拟经济"角度开展研究

在发达国家资本金融化、虚拟化过度发展并产生金融危机的背景下,我国经济学者关注了虚拟经济问题。刘晓欣试图为金融危机提供一个"虚拟经济学"的解释,这个解释既包括了系统风险与金融危机的内在联系,也包括了个别风险与系统风险的内在联系。系统风险是个别风险社会化、系统化积聚和积累的结果,系统风险的积累则是金融危机爆发的前提;系统风险的积累和扩散不但与放松金融监管直接相关,而且与虚拟经济的独特运行方式以及资本积累的特殊方式密切相关。正是美国的核心经济从制造业转变为金融与房地产服务业导致了美国经济运行方式的改变,而价值化积累则为金融资产的膨胀、流动性膨胀以及投机活动的猖獗铺平了道路;监管的放松既是这种经济运行方式改变的必然结果,也是促使系统风险不断积聚的催化剂。

刘骏民(2010)对主流经济学理论和美国经济虚拟化现实进行分析并指出,当代主流经济学的基本理论框架是由依赖于经济学的数学化发展的一般均衡理论、货币中性理论与内生经济增长理论构成,这一理论模式直接导致美国经济中的就业岗位创造与 GDP 创造严重脱节的二元化经济模式,这使得假定 GDP 创造与就业创造一致的经济增长理论完全脱离了美国现实经济。马克思关于资本均衡配置先于价格决定更有利于我们建立符合实际的资源配置理论,这正在形成的虚拟经济研究的基础理论框架,包括描述货币变量直接创造 GDP 的经济增长理论,以及有条件地承认"货币非中性",在客观描述虚拟经济资金配置功能和风险积聚与配置功能的基础上重建资源配置的一般均衡理论。

总体上看,通过对金融危机后国内外理论界出现的关于金融危机理论的新观点总结得出,理论界对金融危机的本质、原因的认识基本上集中由资本主义制度的基本矛盾、美国政府不恰当的体制和政策以及在新自由主义经济政策的指导金融机构监管的缺失等几个方面所引起;在金融危机的国际传染方面基本上认为,是通过国际货币体系、贸易渠道以及心理因素在国际范围内迅速传播。在金融危机的影响方面认为,金融危机不仅仅对金融市场产生影响、对实体经济也造成重大影响。受美国次贷危机影响,欧洲部分国家爆发了主

权债务危机,这是发达国家经济制度内在矛盾和缺陷的必然结果。西方政界和理论界也几乎都认为,此次金融危机集中暴露了西方发达国家主导的政治经济秩序存在不合理性,也暴露了西方制度固有的弊端和矛盾。在对全球化和资本主义制度进行批判与反思的过程中,学者们大多倾向于采用批判性思维进行分析论证,但从国际经济体系内在结构及缺陷角度提出观点的比较少。经济全球化浪潮中,中国也难以独善其身,西方经济体系所面临的转变将对中国经济长期发展带来哪些影响,是值得深入探讨的问题。

参考文献

[1] 侯为民,胡乐明.新开放策论:西方金融经济危机与中国转变对外经济发展方式——"中国经济社会发展智库第 3 届高层论坛"综述[R].中国社会科学院马克思主义研究院理论综述报告.2010.6.

[2] 谢富胜,李安,朱安东.马克思主义危机理论和 1975—2008 年美国经济的利润率[J].中国社会科学,2010.

[3] 周思成.利润率与美国金融危机——国外马克思主义经济学者对危机的阐释与争论[J].政治经济学评论,2011,(3).

[4] 刘晓欣.个别风险系统化与金融危机——来自虚拟经济学的解释[J].政治经济学评论,2011,(4).

[5] 刘骏民.经济增长、货币中性与资源配置理论的困惑——虚拟经济研究的基础理论框架[J].政治经济学评论,2011,(4).

[6] 谢富胜,李安,朱安东.马克思主义危机理论和 1975—2008 年美国经济的利润率[J].中国社会科学,2010,(5).

[7] 张宇,蔡万焕.马克思主义金融资本理论及其在当代的发展[J].马克思主义与现实,2010,(6).

[8] 蔡万焕.危机后资本主义金融化模式是否结束[J].当代经济研究,2011,(8).

[9] 刘志明.金融危机动摇了世界对西方资本主义制度的信心[J].红旗文稿,2010,(22).

[10] 杨承训,张新宁.论生态危机和资本主义经济危机——从"两泄"看资本主义的腐朽性和脆弱性[J].当代经济研究,2011,(6).

第五章 西方经济学主要研究方向之四：
创新与发展转型理论

　　"创新"一词最早由美国经济学家约瑟夫·熊彼特(J.A.Schumpeter)在他1912年出版的《经济发展理论》一书中提出。熊彼特认为,所谓创新就是要"建立一种新的生产函数",即"生产要素的重新组合",这种"创新"是资本主义经济增长和发展的动力,没有"创新"就没有资本主义的发展。之后,Romer(1990),Grossman & Helpman(1991),Aghion & Howitt(1992)等开创性的内生技术进步模型突出强调了技术在经济增长中的重要作用。Barro & Salai-Martin(1997),Frankel & Romer(1990),Howitt(2000),Acemoglu(2006)提出技术扩散模型,考察了发达国家与发展中国家的技术关联。国内学者也从技术创新和技术引进等角度分析技术进步对后发国家经济增长的影响,如林毅夫(2005)、樊刚(2010)、刘小鲁(2011)等。经过近一百年的发展,国内外学者不仅对"创新"有了更深的理解,而且对"创新"促进经济发展的机理和机制有了进一步的探讨。

第一节　创新理论前沿综述

一、创新的内涵及影响因素研究

　　熊彼特创新理论最大特点是侧重于技术和科技革命对经济发展的影响。但20世纪下半期开始,学者提出创新不仅仅是技术创新,还包括制度创新。1968年10月,诺思在《政治经济学杂志》上发表了《1600—1850年海洋运输生产率变化的原因》一文,提出"尽管这一时期海洋运输技术没有大的变化,但由于海洋运输变得更安全和市场经济变得更安全,因此,航运制度和市场制度发生了变化，从而降低了海洋运输成本，最终使得海洋运输生产率大有提高"。即诺思指出，在技术没有发生变化的情况下，通过制度创新或变迁亦能提高生产率和实现经济增长。1981年，诺思出版《经济史中的结构与变迁》，标志着制度变迁理论正式形成。诺斯提出，经济学上的制度"是一系列被制定出来的规则、服从程序和道德、伦理的行为规范"。诺思认为，制度变迁与技术进步有相似性，即推动制度变迁和技术进步的行为主体都是追求收益最大化的。当然，不同的行为主体（如个人、团体或政府）推动制度变迁的动机、行为方式及其产生的结果可能是不同的，但他们都服从制度变迁的一般原则和过程。此后，理论界又从不同角度提出了需求诱致变迁的观点，如安德森、舒尔茨和希尔等。他们认为，特定的制度至关重要，并且经常处于变化中，人们为了提高经济效率和社会福利，正试图对不同的制度安排作出社会选择。而拉坦还进行了制度创新的供给分析、林毅夫则提出了强制性制度创新理论。

对创新内涵的认识还体现在创意层面，即将创新驱动解释为文化创意驱动。泰勒·考恩(Talor)在2011年出版的《大停滞》中认为，2008年金融危机并不只是一场金融危机，而是一代人的偷懒与不思进取，我们这一时代坐拥18世纪和工业革命以来的生产力成果，却没有创造出同样的创新成绩。如互联网并未改变每个人的生活，也没有进入"生产"领域，没有出现在经济的创收部门。互联网的大部分价值依然只停留在个人乐趣层面，没有出现在生产力的数据上，这个我们时代技术进步最为巨大的领域，还没有创造出多少利润。他认为，科技创新主体必须拥有明晰的产权制度、良好的市场机制、社会化服务体系的支持。另外，霍尔(Hall，2000；2007)认为，我们会越来越多地看到艺术和科学的结合，并指出欧美发达国家之所以在科技创新方面获取领先地位与其激励科技创新的财税体制密切相关联。

伴随着人们对创新内涵和作用的认识进一步深化，影响创新的因素也受到越来越多的重视，其中，一个趋势是从社会角度分析影响创新的因素。主要代表有：Akcomak & Weel(2009)认为，信任水平对创新有促进作用。作用机制是：R&D人员的行为，由于信息不对称、逆和选择等问题使得风险投资家选择的R&D投资较小。若风险资本家与R&D人员之间彼此能够相互信任，则风险投资家选择的R&D投资就多，知识生产和创新越多，双方都可以获益，因此，社会信息水平越高，风险投资家和R&D人员之间的合作越容易实现，从而创新也就越多。Laursen et al.(2012)实证发现社会资本对创新有较大影响,即社会资本通过对创新促进作用,驱动经济增长。严成梁(2012)在水平创新的经济增长模型中内生化社会资本积累,考察社会资本作用于创新和经济增长的传导机制。作者从信息共享和相互沟通的角度构建社会资本测度指标,即家庭在社会资本领域通过网络和电话相互沟通、信息共享,通过实证分析社会资本投资比例越高,研发部门的劳动比例越高,经济增长率越高。

谢家智、王文涛、江源(2013)构建了制造业金融化影响技术创新的理论分析框架,以欧拉方程为基础建立企业的技术创新投资行为模型,并利用中国上市公司数据,采用一步系统 GMM 等估计技术,实证制造业金融化对技术创新影响的理论假设。研究发现,制造业过度金融化抑制了技术创新能力,而政府控制进一步放大了金融化对创新的消极影响。

近期还有研究提出,公司治理与技术创新关系密切。如鲁桐等(2014)针对劳动密集型、资本密集型和技术密集型行业,对比考察公司治理对技术创新的影响。研究发现,三个行业中第 2 至第 10 大股东持股比例、基金持股比例和董监高持股比例对研发投入均有正向影响,另外,在资本密集型行业中,国有第一大股东持股比例与研发投入正相关,在技术密集型行业中,核心技术人员的期权激励对创新有显著的正向影响。

二、技术创新与经济增长方式转变关系的进一步探讨

创新促进经济发展,主要是通过技术进步提高全要素生产率得以实现的,而全要素生产率的提高又与经济增长方式转变密切相关。近年来,有关技术创新与经济增长的研究,主要是围绕创新如何提高全要素生产率并促进经济增长方式转变展开。但从研究结果看,结论并没有完全达成一致,但人们进一步加深了技术创新与经济增长方式转变关系的理解。

杰里米·里夫金(Jeremy Rifkin)在 2012 年出版的《第三次工业革命》中则进一步促进技术层面的创新转型发展研究。里夫金聚焦了以智能制造、绿色能源与数字服务为主要特征的新产业革命引发的科技创新远景,他指出,新型的通信技术与能源体系交汇之际,正是经济革命发生之时。新能源革命使得商业贸易的范围与内涵更加广阔的同时,结构上更加整合。相伴而生的通讯革命则为新能源流动引发的更加复杂的商业活动进行有效管理提供了有力工具。现在,互联网技术与可再生能源即将融合,并为第三次工业革命奠定一个坚实的基础。可再生能源的转变、分散式生产、储存(以氢的形式)、通过能

源互联网实现分配和零排放的交通方式构成了新经济模式的五个支柱。即，
（一）向可再生能源转型；（二）将每一大洲的建筑转化为微型发电厂，以便就地
收集可再生能源；（三）在每一栋建筑物以及基础设施中使用氢和其他存储技
术，以存储间歇式能源；（四）利用互联网技术将每一大洲的电力网转化为能源
共享网络，这一共享网络的工作原理类似于互联网（成千上万的建筑物能够就
地生产出少量的能源，这些能源多余的部分既可以被电网回收，也可以被各大
洲之间通过联网而共享）；（五）将运输工具转向插电式以及燃料电池动力车，
这种电动车所需要的电可以通过洲与洲之间共享的电网平台进行买卖。

　　傅晓霞、吴利学（2013）构建了基于后发经济的内生技术进步增长模型，探
讨赶超国家技术创新和经济增长的决定机制。研究认为，后发国家的经济增
长速度会收敛到领先国家水平，但绝对技术水平的赶超幅度取决于总本研发
效率，尤其是国内技术开放能力的强弱，引外人均收入水平的收敛还与消费偏
好和生产结构因素相关。后发国家的技术水平差距的收敛速度显著慢于有效
劳均资本水平，技术创新路线会对其研发行为产生决定性影响，国内开发成果
与国外引进成果之间的替代性越强，技术赶超的动力就越强，技术进步率就越
快，最终的技术差距也越小，但同时对国外技术的依赖也越大，产出和消费水
平也相对较低。另外，技术水平还影响利率的高低，如果后发经济的技术水平
过低，可能导致资本回报低于发达国家。

　　唐未兵等（2014）认为，由于技术引进依赖、技术创新的机会成本和逆向溢
出等因素的影响，技术创新对经济增长方式转变的作用是不确定的；受技术差
距、消化吸收能力等因素的影响，技术引进对经济增长方式转变的作用较为复
杂。运用我国1996—2011年28个省区数据及动态面板广义矩进行了估计发
现，技术创新与经济增长方式转变负相关，外资技术溢出和模仿效应则有利于
经济增和集约化水平的提升。

　　以上研究都建议积极鼓励技术引进和二次开发，不断以国外先进技术替
代或改造国内技术，加快技术进步和经济增长；建议注意总体研发效率，即提
升国内开发能力和国外吸引能力，促进技术成果推广。

　　与上述结论不尽相同的是，杜传忠、曹艳乔（2010）研究认为，技术创新或
技术引进对我国经济增长影响甚微。刘伟（2013）指出，制度创新强于技术
创新。

　　杜传忠、曹艳乔（2010）利用28个省市的面板数据通过计量分析具体考察

了 1990—2007 年我国经济增长方式的特征及存在问题。考察发现,人力资本的外溢效应对经济增长的作用尚不明显,技术对经济增长虽具有正向作用,但科技资本存量的产出弹性相对物质资本和劳动还很小。

刘伟(2013)指出,发展方式的转变的根本动力在于依靠创新驱动。首先是技术创新,包括原始、集合、吸收、引进、借鉴等多种形式的创新,包括社会教育及卫生等人力资本的积累,企业研发的投入等,自主研发和创新能力的不断提升是实现经济可持续发展和结构转变的战略支撑。效率提高是创新的函数,结构演进则又是效率提高的函数。但是,制度重于技术,一切重大技术创新,或者说社会技术创新能力的提高,均是以制度创新为前提的,具有活力和竞争性,同时,又具有秩序和公正性的社会制度安排,是提升技术创新能力的制度基础。在我国现阶段,制度创新的历史内涵即通过深化改革培育和完善社会主义市场经济制度,改革则是实现我国发展方式转变的根本动力。

三、创业创新与经济增长方式转变研究

2014 年,中国政府提出"大众创新、万众创业"以来,国内理论界和实务界从大众创新的角度分析创新与经济转型发展关系。因"大众创业、万众创新"的主体是大众、小微企业,配置要素更需要发挥市场力量,增强社会动员机制。因此,有关领域的研究可谓是具有中国特色的创新研究,创新对经济增长方式转变的又一个机制是创业。

钟林(2015)分析了"大众创业、万众创新"的内涵和意义。"大众创业、万众创新"的目的是推动经济良性良好发展。一方面,只有通过万众创新,才能创造出更多的新技术、新产品和新市场,也就才能提高经济发展的质量和效益;另一方面,只有通过大众创业,才能增加更多的市场主体,才能增加市场的活力、动力和竞争力,从而成为经济发展的内在源动力引擎。与此同时,大众勇敢创业才能激发、带动和促动"万众"关注创新、思考创新和实践创新,才能创造更多的创新欲求、创新投入和创新探索,两者相互支撑和相互促动。

刘存亮(2014)认为,大众创新促进商业银行小微金融服务再升级,互联网金融唤醒了全民特别是草根阶层的金融意识,依托互联网的大数据技术,可以进一步提高普惠金融服务对象的包容性、服务产品及功能的全面性、服务方式的便捷性。

金一平(2015)指出,"大众创业、万众创新"将会使资本市场承担更多的责

任和期待。但已有研究更关注推动"大众创业、万众创新"的途径，如有的提出通过扶持小微企业［毛伟（2014）、王祖强（2015）、刘毅华（2014）等］，有的提出借助于互联网［黎萌（2014）、罗波阳（2014）］，有的建议通过加快推进国家自主创新示范区建设（王胜光，2014），有的认为必须培养创业人才（贺黎，2015），有的指出科技体制改革推进创新发展（唐兵，2014）等。

第二节　研究新趋势

随着全球化进程中经济、社会与环境等问题的日益突出及贫富差距扩大与环境生态不断改进化对世界经济可持续发展造成的负面影响越来越严重，有关创新相关研究将进一步关注以下几个方面。

一、包容性创新研究

所谓的包容性创新是指把技术、商业、贫困、环境保护联系在一起，强调给予穷人平等参与市场的机会进行价值共创，在创造经济价值的同时以缓解贫困和保护生态的方式创造出社会与环境价值。2012 年 11 月，经合组织（OECD）在南非专门召开以包容性创新为主题的国际学术研讨会，对包容性创新的政策需求和未来研究方向进行讨论。"全球创新学术网络（Globelics）"国际会议，2012 年将"包容性创新"作为大会主题，致力于发展和推广包容性创新理念，并总结发展中国家的具体实践。

包容性创新理念建立在包容性增长的基础之上，但是又与后者有所区别。Prahalad 与 Hart 提出金字塔底层（Base of the pyramid, BoP）战略，认为金字塔底层群体是指生活在贫困线下、权利得不到充分保障的人群，这一群体内部蕴含着巨大商机，企业通过技术与商业模式的创新来满足其内在需求或利用其创新能力，不仅可以获得足够的经济回报，还能提高穷人生活质量，缓解和消除贫困。George 等提出包容性创新（inclusive innovation）的概念，认为包容性创新是为了实现包容性增长而进行的创新，其本质是为了改善金字塔底层群体的福利而创造和提供更多的机会。OECD 认为，包容性创新是利用科学、技术和创新诀窍以解决低收入群体的需求。这包含两层含义，一方面，针对低收入群体的特定需求开展创新活动，使他们能够获得并享受创新成果；另一方面，低收入群体亲自参与、推动、实施具体的创新活动，在创新过程中发挥作用、创造价值,这也被称为"草根创新"(grass-roots innovation)。包容性创新出现的时间并不长,许多基础理论问题需要进一步深入研究,如对包容性创新的概念界定、研究对象的确切分类、包容性创新过程、包容性创新绩效的评价等。

包容性创新的研究还包括基于环境保护的创新。例如,绿色金融、碳金融创新。绿色金融是指金融部门把环境保护作为一项基本政策,在投融资决策中要考虑潜在的环境影响,把与环境条件相关的潜在回报、风险和成本都要融合进日常业务中,在金融经营活动中注重对生态环境的保护以及环境污染的治理,通过对社会经济资源的引导,促进社会的可持续发展。林章毅(2012)认为,银行应把绿色金融作为适应绿色经济发展新趋势、把握绿色经济发展新机遇的一项战略业务,致力探索,大胆实践,以期在新时期的发展转型中寻找到一条更广阔的路径。又如循环经济创新。付乐、付博(2012)认为,循环经济是一种以资源的高效利用和循环利用为核心的符合可持续发展理念的经济增长模式。循环经济产业化的高投入、循环经济产品的特性以及循环经济资金需求的特征对金融都有着强烈的诉求。金融业推动着循环经济的发展,同时,循环经济也给金融业发展奠定了经济基础,提供发展动力、创新空间和新的利润增长点。

二、基于 SNA2008 标准的创新效应研究

2009 年,联合国统计委员会在第 40 次会议上通过了国民经济核算新的国际统计标准,即 SNA2008 标准。该标准最大特色是研发的资本化核算,进一步强调知识进展、创新驱动等内生性增长,符合当前重视知识创新和科技创新实践。目前,美国、日本、欧盟和韩国也率先使用。但相关理论研究几乎还处于空白,需要进一步探索,一方面,随着美日等国使用该标准的年限增长,相关经验总结和理论提炼将得以实现;另一方面,中国、印度等发展中国家如采纳该标准,相关理论研究也必需要加强。因此,基于 SNA2008 标准的相关创新研究将有望进一步增加。

第三节 简 要 评 述

综上可见,创新不仅仅是科技创新,而且还包括制度创新,技术创新和技

术引进促进技术进步并促进全要素生产率的提升，而经济增长由粗放型向集约型转变，实质上就是提高技术进步对经济增长的贡献份额。

随着对创新内涵的进一步认识，人们对影响创新的各种因素及创新对经济增长的促进机制、机理认识也逐渐加深。如国外研究关注信息技术和新能源的使用，并提出第三次工业革命，国内研究则进一步分析后发性国家的技术进步和经济增长。

从研究趋势看，基于环境保护和包容性增长的技术创新和技术进步的相关研究将得到加强，而基于 SNA2008 标准的知识和技术创新对经济增长的相关研究将成为理论和实务界的下一个热点。

参考文献

[1] 唐未兵，傅元海，王展祥.技术创新、技术引进与经济增长方式转变[J].经济研究，2014，(7).

[2] 刘伟.发展方式的转变要依靠制度创新[J].经济研究，2013，(2).

[3] 严成梁.社会资本、创新与长期经济增长[J].经济研究，2012，(11).

[4] 杜传忠，曹艳乔.中国经济增长方式的实证分析[J].经济科学，2010，(2).

[5] 鲁桐，党印.公司治理与技术创新：分行业比较，经济研究，2014，(6).

[6] 傅晓霞，吴利学.技术差距、创新路径与经济赶超，经济研究，2013，(6).

[7] 约瑟夫·熊彼特.经济发展理论[M].何畏、易家详等译.北京：商务印书馆，1990.

[8] 道格拉斯·诺思.经济史中的结构与变迁[M].陈郁、罗华平等译.上海：上海三联书店、上海人民出版社，1997.

[9] 杰里米·里夫金.第三次工业革命[M].矣体伟、孙豫宁译.北京：中信出版社，2012.

[10] 泰勒·考恩.大停滞？科技高原下的经济困境：美国的难题与中国的机遇[M].王颖译.2015.

[11] 谢家智，王文涛，江源.制造业金融化、政府控制与技术创新[J].经济学动态，2013.

第六章 西方经济学主要研究方向之五：要素收入分配理论

2014年，一部《21世纪的资本论》①重新将功能性收入分配纳入收入分配问题研究的重点关注领域，同时，也引发了学界与实业界对要素收入分配问题的热烈争议。托马斯·皮凯蒂(Thomas Piketty)的研究以丰富的跨国历史数据表明，资本主义具有一种使财富和收入分配不均等程度日益加剧的长期内在趋势。在这种长期趋势中，核心机制是资本收益率大于经济增长率的必然性。尽管有大量后续评论对皮凯蒂的著述从数据来源、研究方法和学术观点等不同方面提出质疑和诘问，但毋庸置疑的是，《21世纪资本论》最大的贡献在于运用长时段的时间序列数据，挖掘并再现了资本主义社会收入和财富分配的基本特征，将收入和财富不均等现象(规模性收入分配)之原因归结为资本收入份额持续增长(功能性收入分配)，从而将要素收入分配纳入分配经济学的主流视野，重启功能性收入分配的古典经济学研究母题。本章内容以介绍和梳理要素收入分配前沿特别是劳动收入份额变动及其原因的国外研究动态、国内研究动态为主，包括劳动收入份额变动的内在规律，以及技术进步、市场管制、经济结构、产业结构、不完全竞争、全球化和发展战略等因素对劳动收入份额变动的影响，并附以简要评论。

第一节 国外学术界关于收入分配理论的研究动态

一、劳动收入份额变动规律

新古典经济学认为，各要素所有者根据对经济增长的边际贡献获得相应

---

① Piketty, T., *Capital in the Twenty-First Century*[M]. translated by A.Goldhammer, Cambridge: The Belknap Press, 2014.

的收入,劳动收入份额在国民收入分配中保持基本稳定,曾一度被经济学家们誉为"卡尔多事实"(Kaldor,1957[①];Hotson,1963[②];Gollin,2002[③]),并获得广泛共识。

1980年代之后,随着跨国微观数据逐渐完善,研究发现资本和劳动所得并非像"光速"一般恒定,而是劳动所得的比重在许多国家有所下降,资本所得相对有所上升。经济学家通过研究发现OECD国家的劳动收入份额多在下降(Acemoglu,2002[④];Harrison,2005[⑤];Glyn,2007[⑥];Bental & Demougin,2010[⑦])。

Kuijs和Wang(2005)[⑧]认为,中国的重化工业化倾向抑制了工业部门的劳动力需求。由于资源被工业部门过多地占用以及对私人资本进入的限制,服务业发展受到很大制约,不利于就业增长和劳动收入的改善。

二、技术进步与劳动收入份额

Acemoglu(2002)[⑨]从技术供给的角度解释了技术进步偏向性的产生过程。假设垄断的技术供给厂商追求利润最大化,技术进步偏向性将综合取决于价格效应和规模效应。其中,规模效应随着要素替代弹性提高而增强。如果要素之间的替代弹性足够大,长期的技术进步将偏向相对丰裕的要素。因此,如果劳动和资本互补,劳动增强型技术进步会增加资本需求,拉升资本的边际回报。

Acemoglu(2003)[⑩]指出,在经济发展的均衡路径上,劳动偏向型技术进步

① Kaldor, N. A Model of Economic Growth, *Economic Journal*, 1957,(57):591—624.

② Hoston, J.H. The Constancy of the Wage Share: The Canadian Experience, *Review of Economics and Statistics*, 1963, 45(1):84—94.

③ Gollin, D. Getting Income Shares Right[J]. *Journal of Political Economy*, 2002, 110(2):458—474.

④ Acemoglu, D. Directed Technical Change[J], *Review of Economic Studies*, 2002, 69(4):781—809.

⑤ Harrison, A. Has Globalization Eroded Labor's Shares? Some Cross-Country Evidence[J]. *MPRA working papers*, 2005, No.39649.

⑥ Glyn, A.. Explaining labor, s declining shares of national income[J]. G-24 Policy Brief 2007, No.4.

⑦ Bental, B. & D.Demougin. Declining Labor Shares and Bargaining Power: An Institutional Explanation[J]. *Journal of Macroeconomics*, 2010, 32(1):443—456.

⑧ Kuijs, L. and Wang, T.. China's Pattern of Growth: Moving to Sustainability and Reducing Inequality[J]. *World Bank policy research working paper*, 2005, No.3767.

⑨ Acemoglu, D.. Directed Technical Change[J]. *Review of Economic Studies*, 2002, 69(4):781—809.

⑩ Acemoglu, D.. Labor-and Capital-Augmenting Technical Change[J]. *Journal of the European Economic Association*, 2003, 1(1):1—37.

支配经济发展,劳动收入份额保持常数;在经济转型路径上资本偏向型技术进步支配经济发展,各要素收入份额都将发生变化;税收政策、劳动力供给的变化以及储蓄率的变化仅影响短期内的要素份额,而对要素收入分配份额的长期变化没有影响或影响较小。

Saam(2008)[1]认为,偏向性技术进步还将通过贸易开放、金融制度、工会密度以及一国的社会制度等渠道影响要素收入分配份额的变动。

三、市场管制与劳动收入份额

要素市场扭曲会影响劳动和资本的谈判能力。Johnson(1954)[2]曾认为,劳动者议价能力提高可解释 1920 年代劳动收入份额增长的 50%。1970 年代后,欧洲劳动市场管制和工会保护加强,劳动力相对资本的谈判能力提高,很多学者认为这促进了劳动收入份额的上升;1980 年代之后,市场管制放松,劳动谈判能力削弱,劳动收入份额转而下降;但长期来看,劳动市场管制放松会使失业率持续下降,最终劳动收入份额会再次上升(Blanchard & Giavazzi, 2003[3]; Guscina, 2006[4]; Stockhammer, 2013[5])。此外,经济开放以及放松资本管制增加了企业和资本的决策范围,提高了资本的谈判能力,这也会降低劳动份额(Diwan, 2001[6]; Harrison, 2005[7]; Guscina, 2006[8]; Glyn, 2007[9]; Stockhammer, 2013[10])。

---

[1] Saam, M.. Openness to trade as a determinant of the macroeconomic elasticity of substitution [J]. *Journal of Macroeconomics*, 2008, 30(2):691—702.

[2] Johnson, D.Gale. The Functional Distribution of Income in the, 1850—1952[J]. *Review of Economics and Statistics*, 1954, 35(2):175—182.

[3] Blanchard, O. & F.Giavazzi. Microeconomic effects of regulation and deregulation in goods and labor markets[J]. *Quarterly Journal of Economics*, 2003, 118(3):879—907.

[4][8] Guscina, A.. Effects of Globalization on Labor's Share in National Income[J]. MF Working Paper, 2006, No.294.

[5][10] Stockhammer, E.. Why have wage shares fallen? A Panel Analysis of the Determinants of Functional Income Distribution[J]. *Conditions of Work and Employment Series*, 2013, No.35, International Labor Organization.

[6] Diwan. Debt as Sweat; Labor, Financial Crises, and the Globalization of Capital[J]. *Washington D.C.*, *mimeo*, The World Bank, 2001.

[7] Harrison, A.. Has Globalization Eroded Labor's Shares? Some Cross-Country Evidence[J]. *MPRA working papers*, 2005, No.39649.

[9] Glyn, A.. Explaining labor, s declining shares of national income[J]. G-24 Policy Brief, 2007, No.4.

四、产业结构与劳动收入份额

要素收入分配与产业结构和经济发展阶段之间存在密切联系,劳动报酬占比或劳动收入份额下降而资本所得有所上升,可能是产业结构调整和经济发展的一个阶段性特征。

Anderson(2007)[1]指出,2005 年以来,中国重型工业如钢铁、原材料等出现的贸易扭亏,但资本密集产品出口其收益也较多地流向资本,对提高劳动收入表现为徒劳。

Acemoglu(2002)[2]和 Zuleta(2007)[3]指出以资本密集型为支撑的贸易结构,收益将被资本摄取,但资本密集型技术进步一旦形成,反而继续诱使资本偏向型技术的使用,无益于劳动收入的增长。因此,在资本要素稀缺的条件下发展资本密集型产业反而导致劳动收益边递减。

五、不完全竞争与劳动收入份额

不完全竞争的产品市场和要素市场也会影响收入分配结构,表现为垄断、企业背离利润最大化目标、要素谈判能力以及相关制度因素的市场扭曲会影响劳动、资本以及政府在收入分配中的地位。

从产品市场的不完全竞争看,垄断及其所产生的租金将在厂商和劳动者之间进行分配。给定要素谈判能力等条件不变,Blanchard & Giavazzi(2003)[4]构建的两部门理论模型表明产品市场垄断程度降低,比如进入门槛放松,在短期和长期内实际工资均会上升,失业率下降,劳动收入份额上升。

从劳动力市场的不完全竞争看,Harrison(2002)[5]认为,劳动报酬下降之所以成为一种全球性现象,与金融市场一体化时代,资本相对于劳动力的流动

[1] Anderson, J.. Solving's Rebalancing Puzzle[J]. *Finance and Development*, 2007,(9), 44(3).

[2] Acemoglu, D.. Directed Technical Change[J]. *Review of Economic Studies*, 2007, 69(4): 781—809.

[3] Zuleta, H.. Why Labor Income Shares Seem to be Constant? [J]. *Working paper*, 2007, March, Universidad del Rosario.

[4] Blanchard, O. & F.Giavazzi. Microeconomic effects of regulation and deregulation in goods and labor markets[J]. *Quarterly Journal of Economics*, 2003, 118(3):879—907.

[5] Harrison, A.E.. Has Globalization Eroded Labor's Share? Some Cross-Country Evidence[J]. *UC-Berkeley and NBER Working Paper*,, 2002.

性更大、谈判力量更强有关。然而,中国的情况却并非如此。尽管大量外国资本不断进入中国导致资本的稀缺度有所下降。但在中国财政分权和政治集权的背景下,地方政府为了招商引资,在基础设施、要素价格和环境保护方面的竞争不断加剧。这种竞争引起劳动力谈判力量被弱化,使得劳动收入占比下降。

六、全球化与劳动收入份额

开放经济条件下,SS 定理表明,发达国家资本相对充裕而劳动相对稀缺,因而发达国家通过出口资本密集型产品并进口劳动密集型产品,由此将提高资本的收入份额并减少劳动的收入份额,而在发展中国家则恰好相反(Stolper and Samuelson,1941[①])。SS 定理指向国际贸易的最终结果,是使要素价格在各国间呈均等化态势。新古典贸易理论对近年来工业化国家劳动收入份额占比下降给出了较好的理论解释(Harrison,2002[②];Guscina,2006[③];Jaumotte and Tytell,2007[④])。

Askenazy(2005)[⑤]研究发现,发达国家在与发展中国家贸易过程中,主要采取将该国技术劳动工人和非技术劳动工人相应地转移到不可贸易的 R&D 密集行业和服务业,淘汰劳动边际报酬递减的行业,而该国劳动收入份额却不降反升。

Diwan(2000;2001)[⑥][⑦]在世界经济一体化,特别是各国货币资本放开管制的背景下通过对经济全球化的观察,表示一国发生金融危机殃及全球的可能性风险大大地提高,其后果虽对不同国家劳动收入份额的产生影响不同,但金融危机的不良影响和后果较多地还是被劳动者承担了。

---

① Stolper, W.F. and P.A. Samuelson. Protection and Real Wages[J]. The Review of Economics Studies,1941,9(1):58—73.

② Harrison, A.E.. Has Globalization Eroded Labor's Share? Some Cross-Country Evidence[J]. *UC-Berkeley and NBER Working Paper.*, 2002.

③ Guscina, A.. Effects of Globalization on Labor's Share in National Income[J]. MF Working Paper, 2006, No.294.

④ Jaumotte F., and I. Tytell. Globalization of Labor[J]. *IMF World Economic Outlook*, Chapter 5, 2007.

⑤ Askenazy, P.. Trade, Services and Wage Inequality[J]. *Oxford Economic Papers*, 2005, 57 (4):647—692.

⑥ Diwan. Labor Shares and Globalization[J]. *World Bank working paper*, Washington, 2000.

⑦ Diwan. Debt as Sweat: Labor, Financial Crises, and the Globalization of Capital[J]. *Washington D.C.*, *mimeo*, The World Bank, 2001.

第二节　国内学术界关于收入分配理论的研究动态

一、劳动收入份额变动规律

中国同样也经历了劳动收入份额下降，在由收入法核算的 GDP 构成中，劳动者报酬占比由 1985 年的 52.9％下降到 2007 年的 39.7％（周明海，2009）。引发对国民收入分配结构变动及其产生原因、内在机制与传导路径的广泛而深入的研究（李稻葵等，2009[1]；罗长远和张军，2009a[2]，2009b[3]；白重恩和钱震杰，2009a[4]，2009b[5]；方文全，2011[6]；王晓霞、白重恩，2014[7]）。

李扬、殷剑峰（2007）[8]通过对 1992—2003 年我国居民、政府、企业三个部门的储蓄率进行比较，发现劳动报酬和财产收入比重的双下降导致了居民可支配收入在国民收入初次分配中的份额持续下降。而企业利润和政府部门生产税净额的上升在相当大程度上是居民收入转移的结果，更直接地说，是廉价劳动力和廉价资本造成了企业利润和政府收入的上升。

肖红叶等（2009）[9]认为，与发达国家相比较，中国国民经济初次分配中劳动相对地位明显偏低。在中国初次分配结构演进过程中，劳动要素地位明显恶化，资本要素地位明显提高，政府介入初次分配的程度逐步深化。同时，中国的劳动收入份额出现逆周期特征。

二、技术进步影响劳动收入份额

伴随着工业化进程的推进，在中国资本密集度提高以及技能偏向型技术

[1]　李稻葵等.GDP 中劳动份额演变的 U 形规律[J].经济研究,2009,(1).
[2]　罗长远,张军.经济发展中的劳动收入占比：基于中国产业数据的实证研究[J].中国社会科学,2009,(4).
[3]　罗长远,张军.劳动收入占比下降的经济学解释——基于中国省级面板数据的分析[J].管理世界,2009,(5).
[4]　白重恩,钱震杰.国民收入的要素分配：统计数据背后的故事[J].经济研究,2009,(3).
[5]　白重恩,钱震杰.谁在挤占居民的收入：中国国民收入格局分析[J].中国社会科学,2009(5).
[6]　方文全.中国劳动收入份额决定因素的实证研究[J].金融研究,2011,(2).
[7]　王晓霞,白重恩.劳动收入份额格局及其影响因素研究进展[J].经济学动态,2014,(3).
[8]　李扬,殷剑峰.中国高储蓄率问题探索——1992—2003 年中国资金流量表的分析[J].经济研究,2007,(6).
[9]　肖红叶,郝枫.中国深入初次分配结构及其国际比较[J].财贸经济,2009,(2).

进步不断被采用,资本深化的程度不断加剧,这种发展趋势与中国劳动力资源丰富的比较优势相偏离,也加剧了国民收入分配结构的失衡。

黄先海、徐圣(2009)①引入希克斯要素偏向型技术进步的思想推导了劳动收入比重变化率的分解公式,发现劳动收入比重的变化率取决于三个因素:乘数效应大小、资本深化的速度及劳动(或资本)节约型技术进步的大小。研究发现,资本深化能提高劳动收入比重,但大于0小于1的乘数效应缩小了其对劳动收入比重的正向拉动作用,而劳动节约型技术进步是两类部门劳动收入比重下降的最主要原因。为了稳定劳动收入比重,应该在看到资本深化长期效果有限的同时,关注资本节约型技术进步的作用,重视发展劳动密集型产业。

王永进、盛丹(2010)②认为,资本和技能是互补的,技能偏向型技术进步在提高劳动者工资的同时,也会提高资本的收益,这可能导致劳动收入占比的下降;物质资本通常和技能劳动相匹配,因此,技能偏向型技术进步会提高物质资本的收益,降低劳动收入占比。另外,技能偏向型技术进步会降低对非技能型劳动的需求,从而降低劳动收入占比。

三、经济结构影响劳动收入份额

二元经济结构是导致中国收入分配结构变化的一个重要的禀赋结构。李稻葵等(2009)③以刘易斯的二元经济理论为背景建立了劳动力转移的数理模型。研究发现由于我国剩余劳动力的无限供给,不仅使工资无法对劳动力市场的供求状况作出反应,而且使工资对劳动生产率和物价变化也不敏感,这也意味着在国民收入分配中劳动份额的下降。而且随着国有企业改革的不断推进,资本所得者对企业盈利分配的谈判能力上升较快,因此盈利水平提高,劳动者在企业盈利后谈判能力下降,也导致了劳动收入比重下降。

龚刚、杨光(2010a)④指出,劳动力的无限供给是导致工资性收入占国民收

---

① 黄先海,徐圣.中国劳动收入比重下降成因分析——基于劳动节约型技术进步的视角[J].经济研究,2009,(7).

② 王永进,盛丹.要素积累、偏向型技术进步与劳动收入占比[J].世界经济文汇,2010,(4).

③ 李稻葵等.GDP中劳动份额演变的U形规律[J].经济研究,2009,(1).

④ 龚刚,杨光.从功能性收入分配看中国收入分配的不平等[J].中国社会科学,2010,(2).

入比例下降的主要原因。由于劳动力供给的无限性,导致我国的劳动力工资长期维持在较低水平,并且对劳动力市场供求变化以及劳动生产率变化不敏感。于是,当经济增长率越高,劳动生产率提高越快时,工资无法与之同步增长,从而工资性收入占国民收入的比例反而越低。

龚刚、杨光(2010b)[1]借助于一个具有凯恩斯-哈罗德特征的非均衡宏观动态模型进行研究,研究工资性收入占国民收入比例的演变规律。发现工资性收入占国民收入比例如同一条正 U 形曲线。在二元经济结构下,工资性收入占国民收入比例呈现先下降继而上升的趋势。

四、产业结构影响劳动收入份额

罗长远、张军(2009a)[2]从产业角度对中国劳动收入占比的变化进行实证研究发现,产业结构变化和不同产业劳动收入占比以正相关性同时变化,均加剧了劳动收入占比的波动。徐现祥等(2008)分析了我国初次分配中劳动收入两极分化的成因,发现劳动贡献分配标准在产业间的差异导致了我国劳动收入分布不断向右平移,逐步呈现双峰分布。

周明海(2011)[3]指出,中国经济的非均衡增长使得高速增长物质资本和人力资本带来了相应要素收入份额的增长,而原始劳动的缓慢增加使其收入份额快速下降。产业结构变化通过劳动者报酬和产出两种负效应的叠加,加剧了劳动收入份额的下降速度。因为工业和服务业的发展一方面带来了经济的高速发展,从而对劳动收入份额产生向下冲击作用,另外,由于我国农村剩余劳动力的充分供给,非农产业的发展反而不利于劳动者报酬的增长,阻碍劳动收入份额的增加。

五、不完全竞争影响要素收入份额

白重恩、钱震杰、武康平(2008)[4]指出,要素收入份额的变化主要由技术变化、产品市场竞争程度以及要素市场的扭曲这三方面原因引起。通过引入

---

① 龚刚,杨光.论工资性收入占国民收入比例的演变[J].管理世界,2010,(5).
② 罗长远,张军.经济发展中的劳动收入占比:基于中国产业数据的实证研究[J].中国社会科学,2009,(4).
③ 周明海.中国劳动收入份额变动的测度与机理分析[D].浙江大学博士论文,2011:57、87.
④ 白重恩,钱震杰,武康平.中国工业部门要素分配份额决定因素研究[J].经济研究,2008,(8):17—29.

Dixit-Stiglitz 垄断竞争以及企业目标函数的差异,建立了要素分配份额的决定模型,并利用 GMM 方法估计了对中国工业部门要素分配份额,认为工业部门要素分配份额变化的主要原因是产品市场垄断增加和国有部门改制引起劳动力市场环境改变,而且 2004 年之后劳动份额的下降有一部分是由统计原因造成的。

白重恩等(2009c)[①]以新古典要素分配理论为基础,从实证的角度分析得出由资本-产出比概括的要素相对价格、银行向国有经济倾斜的信贷配给所带来的要素市场扭曲、人均收入水平和教育投资等因素都显著地影响资本收入份额,运用企业面板数据发现资本收入份额提高主要是国有企业改制和企业垄断力量变化的结果。

伍山林(2011)[②]根据中国制度环境构建一个包含劳动力异质性和企业异质性的模型,考察了劳动收入份额微观决定机制。通过研究发现垄断和改制降低了劳动收入份额,而劳动者参与利润分享常可提高劳动收入份额,在一定规则和条件下,让企业自主选择改制深度和分享比例,将产生劳动者、雇主和政府三方共赢的格局,有助于实现"两个提高"和"包容性增长"目标。

六、全球化影响劳动收入份额

在全球化进程不断推进的过程中,贸易的开放度的提高以及外资的引进对要素收入份额都会产生影响。对外贸易的发展以及大量外资的引进,原本会发挥中国劳动力资源丰富的比较优势,增强劳动要素的议价能力,进而提高劳动报酬的占比。但是,事实并非如此,SS 定理在解释中国劳动收入份额变动时,缺乏解释力。

罗长远、张军(2009a[③],2009b[④])认为,中国劳动收入份额下降尤其制度因素的根源。劳动收入占比下降与地区之间的 FDI 竞争和出口贸易结构升级存在联系,地区间政府在招商引资过程中的竞争可能是资本谈判能力被强化

[①] 白重恩,钱震杰.我国资本收入份额影响因素及变化原因分析——基于省际面板数据的研究[J].清华大学学报(哲学社会科学版),2009,(4).

[②] 伍山林.劳动收入份额决定机制:一个微观模型[J].经济研究,2011,(9).

[③] 罗长远,张军.经济发展中的劳动收入占比:基于中国产业数据的实证研究[J].中国社会科学,2009,(4).

[④] 罗长远,张军.劳动收入占比下降的经济学解释——基于中国省级面板数据的分析[J].管理世界,2009,(5).

的重要因素。在控制民营化和经济发展阶段两个因素之后，他们的实证研究发现，由于地方政府将低劳动力成本和低劳动保护作为招揽投资者的必要手段，使资本谈判能力上升，并弱化劳动力的谈判地位。而过去几年，中国在传统出口产品上的贸易条件趋于恶化，这对于劳动力的收入改善是相当不利的。在贸易条件恶化的情况下，如果不能向现代部门（包括服务业）顺利转移，私人资本可能反过来进一步压低工人的工资，从而对劳动收入占比造成新的打压。

七、发展战略影响劳动收入份额

林毅夫、陈斌开(2013)[①]强调发展战略对收入分配的影响。指出鼓励和支持违背比较优势的资本密集型产业的发展将降低劳动力的需求，进而降低均衡工资，这将导致企业家和工人/农民之间的收入差距扩大。城市化和产业结构转变本身并不会导致收入分配恶化，而过度工业化和重工业化才是收入分配持续恶化的直接原因，政府发展战略及由此衍生的一整套政府干预政策是收入分配结构不合理的根本原因所在。影响中国收入分配的制度因素，如城乡隔绝的户籍制度、扭曲的资源价格体系、金融抑制政策等，这些制度与重工业优先发展的国家战略是相"匹配"的，也是近年来我国收入分配结构持续恶化的重要原因。

第三节　对收入分配理论的简要评论

新古典经济学坚持认为，要素收入分配是任何参与生产的要素都可以按其对收入的贡献参与分配的一种方式。也就是说，如果把被分配的某种产品 Y 看作各种生产要素 A、B、C……的函数，那么，每个要素的（边际）重要性应取决于该要素的微小增量对该产品的影响。任何要素 K 能够坚持共享（否则就有撤回的风险）该产品的比例将是 dY/dK（每单位），它的收入总份额就是 $K \cdot (dY/dK)$。因此，要素收入分配也称为功能性收入分配，主要反映收入分配的"生产性"特征，从功能性视角反映了一个国家宏观收入分配格局的合理性，属于经济结构的范畴。

---

① 林毅夫,陈斌开.发展战略、产业结构和收入分配[J].经济学(季刊),2013,12(4).

从要素收入分配尤其是劳动收入份额及其影响因素的前沿文献梳理看，随着经济规模和结构的变迁，各国不同程度地出现了劳动收入占比的变动趋势，而并不是像卡尔多所言是一成不变的。要素收入分配结构的变动受到诸多因素的影响，包括偏向性的技术进步、发展中国家的要素禀赋结构、产业结构、不完全竞争的市场结构、国家发展战略和全球化趋势等。这些研究成果为进一步理解中国国民收入分配结构变动提供了有益帮助，也为政府进行制定和实施有效的收入分配政策提供了理论支撑。在未来的研究中，既需要增强宏观上的对收入分配问题的分析和把握，更需要借助于可得的微观数据增强收入分配问题的实证研究，为政策的制定提供更加具有针对性的理论和实证资料的支撑。在具体开展研究时，需要重点注意以下几个问题：

（一）在定量测算劳动报酬占比时，要特别注意中国在2003—2004年发生的统计口径的变化。白重恩、钱震杰（2009a）[①]指出，这种变化主要体现在两个方面：一方面，个体经济业主收入从劳动收入变为营业盈余，这将导致劳动报酬份额下降7.1%；另一方面，对农业不再计营业盈余，这将导致劳动报酬份额上升0.8%。综合来看，中国的劳动报酬占比在2003—2004年的骤然变动中，有6.3%左右是来自统计口径的变化。

（二）从研究方法上看，2008年国民经济核算体系（SNA）出现的一些新变化以及中国经济体制和经济社会发展环境的变化，引发我国国民经济核算体系的基本概念、分类、计算方法和统计指标等各个方面进行了相应修订。比如，在近期的国民经济核算体系修订中在研究与开发支出，城镇居民自有住房服务价值核算方法、土地承包经营权流转、将雇员股票期权等方面的核算处理上将作出重大调整。通过相关方面的修订，将会使得我国的国民经济核算和国民收入分配结构测算更加科学，也更加具有国际可比性。

（三）必须将居民收入份额同劳动报酬占比或劳动收入份额区别开来。通常来讲，居民收入的概念更加广泛一些，不仅包括劳动报酬，即居民的工资性劳动收入，还包括居民创业获取的经营性留存、投资股票、债券和房产获取的财产性利息和分红以及政府的转移性收入，因此，从这个意义上讲，居民收入份额是一个比劳动报酬占比或劳动收入份额更加全面反映居民不同收入来源及其结构变化状况的指标。从目前中国的居民收入份额和劳动收入份额这

---

① 白重恩,钱震杰.国民收入的要素分配:统计数据背后的故事[J].经济研究,2009,(3).

两个指标的变化来看，都出现了不同程度的下降。权衡、李凌、常亚青等(2015)①根据最新的统计资料测算结果表明，居民收入份额从 2000 年的 68％左右，下降到 2008 年的 58％，之后又小幅回升到 2011 年的 60％。其中，劳动报酬占比从 2000 年的 48％左右下降到 2007 年的不足 40％，之后又小幅回升到 2012 年的 45.8％。

　　(四) 在作要素收入分配的国际比较时，应当比较同一发展阶段背景下不同国家的要素分配结构。控制住发展阶段的意义在于，要素分配结构对一个国家或地区所处的发展阶段十分敏感，比如，前工业化时期、工业化初期、工业化中期和后工业化时期等不同发展阶段对劳动、资本、土地等要素的需求截然不同。因此，只有比较相似发展阶段背景下(如相似的人均 GDP 或者国际元)的要素分配结构才具有可比较意义。权衡、李凌、常亚青等(2015)②的研究表明，根据麦迪森的数据，我国 2012 年的人均国内生产总值达到了美国 1943 年的水平(9 207 国际元)、日本 1970 年的水平(9 174 国际元)，相当于韩国 1991年的水平(9 404 国际元)以及中国台湾 1989 年的水平(9 538 国际元)。从要素的分配结构看，这些国家或地区的劳动报酬占比基本上都在 45％—55％的范围内，中国的劳动报酬占比为 45.8％，处于该区间的低位。但在另一方面，政府收入占比却一般不超过 10％，但中国的政府收入占比高达 15.9％。为此，国际经验表明，中国要素收入分配结构的具体表现，不在于劳动报酬占比太低，而在于政府收入占比过高，这一现象又与中国的财政体制密切联系在一起。

参考文献

　　[1] Acemoglu, D., Directed Technical Change[J]. Review of Economic Studies, 2002, 69(4):781—809.

　　[2] Acemoglu, D. Labor-and Capital-Augmenting Technical Change[J]. Journal of the European Economic Association, 2003, 1(1):1—37.

　　[3] Anderson, J. Solving's Rebalancing Puzzle[J]. Finance and Development, 2007, 44(3).

---

① 权衡，李凌，常亚青等.结构、转型、升级：国民收入分配格局调整的机理与政策思路[M].上海：上海社会科学院出版社,2015.
② 权衡，李凌，常亚青等.国民收入分配格局调整的机理与政策思路[M].上海：上海社会科学院出版社,2015.

[4] Askenazy, P. Trade, Services and Wage Inequality[J]. Oxford Economic Papers, 2005, 57(4):647—692.

[5] Bental, B. & D. Demougin. Declining Labor Shares and Bargaining Power: An Institutional Explanation[J]. Journal of Macroeconomics, 2010, 32(1):443—456.

[6] Blanchard, O. & F.Giavazzi. Microeconomic effects of regulation and deregulation in goods and labor markets[J]. Quarterly Journal of Economics, 2003, 118(3):879—907.

[7] Diwan. Labor Shares and Globalization[J]. World Bank working paper, 2000, Washington.

[8] Diwan. Debt as Sweat: Labor, Financial Crises, and the Globalization of Capital Washington D.C., mimeo, The World Bank.

[9] Glyn, A.. Explaining labor's declining shares of national income[J]. G-24 Policy Brief, No.4, 2007.

[10] Gollin, D.. Getting Income Shares Right[J]. Journal of Political Economy, 2002, 110(2):458—474.

[11] Guscina, A. Effects of Globalization on Labor's Share in National Income[J]. MF Working Paper, No.294, 2006.

[12] Harrison, A.. Has Globalization Eroded Labor's Shares? Some Cross-Country Evidence[J]. MPRA working papers, No.39649, 2005.

[13] Harrison, A.E.. Has Globalization Eroded Labor's Share? Some Cross-Country Evidence[J]. UC-Berkeley and NBER Working Paper.

[14] Hoston, J.H.. The Constancy of the Wage Share: The Canadian Experience[J]. Review of Economics and Statistics, 1963, 45(1):84—94.

[15] Jaumotte F., and I. Tytell. Globalization of Labor[J]. IMF World Economic Outlook, Chapter 5, 2007.

[16] Johnson, D.Gale. The Functional Distribution of Income in the, 1850—1952[J]. Review of Economics and Statistics, 1954, 35(2):175—182.

[17] Kaldor, N.. A Model of Economic Growth[J]. Economic Journal, 1957, 57, 591—624.

[18] Kuijs, L. and Wang, T.. China's Pattern of Growth: Moving to Sustainability and Reducing Inequality[J]. World Bank policy research working paper No.3767, 2005.

[19] Piketty, T.. Capital in the Twenty-First Century[M]. translated by A.Goldhammer. Cambridge: The Belknap Press, 2014.

[20] Saam, M.Openness to trade as a determinant of the macroeconomic elasticity of substitution[J]. Journal of Macroeconomics, 2008, 30(2):691—702.

［21］Stockhammer，E.. Why have wage shares fallen? A Panel Analysis of the Determinants of Functional Income Distribution［J］. Conditions of Work and Employment Series，No.35，International Labor Organization，2013.

［22］Stolper，W.F. and P.A. Samuelson. Protection and Real Wages［J］. The Review of Economics Studies，1941，9(1)：58—73.

［23］Zuleta，H.. Why Labor Income Shares Seem to be Constant? ［J］. Working paper，Universidad del Rosario，2007.

［24］白重恩，钱震杰，武康平.中国工业部门要素分配份额决定因素研究［J］.经济研究，2008(8)：17—29.

［25］白重恩，钱震杰.国民收入的要素分配：统计数据背后的故事［J］.经济研究，2009，(3).

［26］白重恩，钱震杰.谁在挤占居民的收入：中国国民收入格局分析［J］.中国社会科学，2009，(5).

［27］白重恩，钱震杰.我国资本收入份额影响因素及变化原因分析——基于省际面板数据的研究［J］.清华大学学报(哲学社会科学版)，2009，(4).

［28］方文全.中国劳动收入份额决定因素的实证研究［J］.金融研究，2011，(2).

［29］龚刚，杨光.从功能性收入分配看中国收入分配的不平等［J］.中国社会科学，2010，(2).

［30］龚刚，杨光.论工资性收入占国民收入比例的演变［J］.管理世界，2010，(5).

［31］黄先海，徐圣.中国劳动收入比重下降成因分析——基于劳动节约型技术进步的视角［J］.经济研究，2009，(7).

［32］李稻葵等.GDP中劳动份额演变的U形规律［J］.经济研究，2009，(1).

［33］李扬，殷剑峰.中国高储蓄率问题探索——1992—2003年中国资金流量表的分析［J］.经济研究，2007，(6).

［34］林毅夫，陈斌开.发展战略、产业结构和收入分配［J］.经济学(季刊)，2013，(4).

［35］罗长远，张军.经济发展中的劳动收入占比：基于中国产业数据的实证研究［J］.中国社会科学，2009，(4).

［36］罗长远，张军.劳动收入占比下降的经济学解释——基于中国省级面板数据的分析［J］.管理世界，2009，(5).

［37］权衡，李凌，常亚青等.国民收入分配格局调整的机理与政策思路［M］.上海：上海社会科学院出版社，2015.

［38］王晓霞，白重恩.劳动收入份额格局及其影响因素研究进展［J］.经济学动态，2014，(3).

［39］王永进，盛丹.要素积累、偏向型技术进步与劳动收入占比［J］.世界经济文汇，

2010,(4).

    [40] 伍山林.劳动收入份额决定机制:一个微观模型[J].经济研究,2011,(9).

    [41] 肖红叶,郝枫.中国深入初次分配结构及其国际比较[J].财贸经济,2009,(2).

    [42] 周明海.中国劳动收入份额变动的测度与机理分析[D].浙江大学博士论文,2011:
57—87.

第五部分

人口经济学和社会保障研究

第一章 人口经济学：人口与
宏观经济增长研究

第一节 导 言

20世纪，全球人口与经济在总量上实现了同步增长：其中，全球人口总量由15亿人增至60亿人，增长了约3倍，而全球经济总量则扩大了约15倍；人均收入水平相应地提高了约3倍。全球人口与经济的同步膨胀是由多种原因驱动的。经济快速增长的原因是多方面的，其中，一个重要原因是人口年龄结构变动带来的人口红利（Bloom and Williamson，1998；Bloom et al.，2003；Lee and Mason，2006；Bloom and Canning，2008）。

中国史无前例的经济增长同样受益于这一人口红利。根据现有的研究，人口红利解释了1982—2000年经济高速增长的15％—25％（蔡昉和王德文，1999；蔡昉，2004；王德文和蔡昉，2006；王丰和梅森，2006；王丰，2007；Wang and Mason，2008）。然而，这种由于人口年龄结构变化带来的人口红利源于死亡率的快速下降以及紧随其后的生育率大幅降低，所以是一次性且不可复制的。在中国，随着老龄化的到来，人口红利已经耗竭（Wang and Mason，2008）。

而在过去50年中，如世界上大部分发达国家和一部分发展中国家一样，中国的生育率在下降，人口老龄化也在逐渐加速。中国的生育转变主要从1970年代开始，总和生育率在1990年代以后下降到更替水平（2.1）以下；目前，学者普遍估计在1.5～1.6。而中国65岁及以上老年人口占总人口的比例也从1964年第二次人口普查时不到4％，上升到2010年第六次人口普查时的8.7％，2014年年末已达10.1％①。根据联合国世界人口前景展望2010年修

---

① 参见国家统计局历年《中国统计年鉴》。

正版关于中国人口展望的"中方案",假定我国总和生育率从 1.6 左右逐步上升到本世纪末的 2.01,则本世纪中叶以后我国 65 岁及以上老年人口将占总人口将达 30% 左右并且持续 30 年以上,我国人口总量将在 2020 年代中叶开始负增长,并在 21 世纪末降到 9.41 亿人。在 2015—2035 年 20 年期间,中国 65 岁及以上老年人口与 15～64 岁劳动年龄人口的比率即老年抚养比,将由 0.13 急剧上升为 0.31,增长约 1.4 倍;或者说,中国将由约 8 位劳动年龄人口支持 1 位老年人口下降为约 3 位劳动年龄人口支持 1 位老年人口。

因此,包括中国在内的世界各国,正面临基于人口红利的消退、生育率的下降以及人口老龄化的冲击带来的人口和经济发展的挑战。学术界就人口变动与经济增长的相关问题也展开了富有创见的讨论,本章主要内容包含以下三个方面:一、国外关于人口变动与经济增长的研究动态,主要包括第二次人口转变理论、第二次人口红利问题的讨论,以及人口负增长和人口老龄化与经济增长的相互关系等;二、国内关于人口变动与经济增长问题的讨论,主要包括人口红利与经济增长关系,人口变动对我国经济转型的影响,代际福利与经济增长,生育政策与经济增长的关系等;三、研究评述与前景展望,主要包括对当前研究的评述及未来研究的展望等。

第二节　国外关于人口变动与经济增长的研究动态

1798 年,马尔萨斯(Thomas Robert Malthus)提出著名的人口论[①],成为日后影响深远的解释人口与经济关系的重要理论。马尔萨斯认为,人口按几何级数增长,而食物只能按算术级数增长,因此,人口的增长是不可持续的。饥荒、疾病和战争等灾难,以及晚婚和禁欲等道德限制可以控制人口的过度增长。

马尔萨斯提出人口论之后,人口变动和经济增长的关系就一直是人口经济学界争论的主题,而争论基本集中在人口增长与经济增长的关系上。在争论中主要形成了三种观点:人口增长会抑制经济增长的"悲观"主义(Ehrlich,1968；National Academy of Sciences,1971；United Nations,1973)、人口增长会促进经济增长的"乐观"主义(Kuznets,1960、1967；Simon,1981)和人

---

① Thomas Robert Malthus. An Essay on the Principle of Population, 1798.

口增长与经济增长没有明确相关关系的"中立"主义(Bloom and Freeman，1986；National Research Council，1986)。然而由于争论几乎只考察人口数量变动与经济增长的关系,而忽略了人口年龄结构、人力资本等与经济增长的关系。伴随着人口转变进程的推进,关于人口变动与经济增长之间的关系有了一些新的研究进展。

一、第二次人口转变理论

19世纪末20世纪初,西方人口学家通过研究欧洲人口变动的历史资料,对其人口发展过程、主要阶段和演变规律进行描述性的分析与说明,进而创立了"人口转变"理论(Warren Thompson，1929；Adolphe Landry，1934；Frank Notestein，1945)。描述了人口再生产类型从"高出生率、高死亡率、低自然增长率"的传统模式向"低出生率、低死亡率、低自然增长率"的现代模式转变的趋势,并解释了这种转变的原因。

然而,1960年代起,整个西北欧,继而南欧和东欧国家的生育率迅速下降到更替水平以下。且生育率的下降几乎涉及所有的人群,不论其宗教、社会地位、职业、受教育程度,人们都采取了某种措施加强生育控制。伴随着生育率下降的,是一系列婚姻和生育制度的变迁。比利时人口学家列思泰赫(Ron Lesthaeghe)和荷兰人口学家冯德卡(Van De Kaa)在1986年提出"第二次人口转变"的概念,此后不断加以完善。他们认为,与第一次人口转变相比,以生育率持续显著下降为特征的欧洲第二次人口转变是完全不同的人口和社会现象,表现为四个重要的变化:(1)婚姻开始转向同居;(2)从孩子为中心转向以伴侣为中心;(3)从预防性的避孕转向自我实现式的避孕;(4)从单一的家庭模式转向多元化的家庭模式。冯德卡用后现代化和后唯物主义理论链解释这种变化,构建了"第二次人口转变"中社会结构、文化和技术三个维度的变迁对个人、家庭和次级社会群体影响的理论框架。

"第二次人口转变"理论指出,生育率在降到更替水平后,人口并没有进入静态发展。很多国家的生育率持续降低到超低生育率(总和生育率低于1.5),而且没有回升的迹象。因此,在全球范围内,当生育率持续降低并维持低水平,而人口预期寿命却由于医疗条件和生活水平的提高而上升时,可以预期的是,人口增长速度会下降,而人口老龄化程度将不断加深。

二、第二次人口红利理论

在人口转变过程中,劳动年龄人口占总人口比重在一定时期的上升与合适的经济环境相结合,产生了净生产者增长速度大于净消费者增长速度的人口红利(Lee and Mason,2006)。中国过去30多年的经济增长同样受益于这一人口红利。然而,这种由于人口年龄结构变化带来的人口红利源于死亡率的快速下降以及紧随其后的生育率大幅降低,是一次性且不可复制的。在中国,随着老龄化的到来,人口红利已经耗竭(Wang and Mason,2008)。

不过,广义的人口红利包括健康水平提高、人力资本上升、储蓄增加和人口年龄结构的变化对经济发展的积极作用。期望寿命的延长意味着劳动生产率与人力资本的投资回报率的提高、知识的快速积累、储蓄率和资本积累率的增加。学者扩展人口红利的概念,对健康资本、教育资本、金融理财等因素对经济发展的积极作用定义为第二次人口红利。西方人口学者提出人口老龄化可能会促进储蓄。储蓄增加若能转换为资本总量的提升,将提高劳动生产率,从而激发第二次人口红利(Mason,Lee;2006)。

三、人口低增长与经济增长的关系

在全球范围出现的人口低生育率,引发了学术界关于人口低增长与经济增长关系的研究。

1986年,美国国家科学院的国家研究委员会聚集了美国国内相关领域的专家,对人口低增长与经济增长的关系进行了研究。该研究聚焦于发展中国家,在发展中国家生育率下降的背景下,总结了人口增长和经济发展的关系,提出了九个相关并有争议的主要问题:1.人口低增长会通过资源可获性的上升而提高人均收入增长率吗? 2.人口低增长会通过再生资源获得程度的上升而提高人均收入增长率吗? 3.人口低增长会减轻污染和缓解自然环境的恶化吗? 4.人口低增长会导致劳均资本更多,因此增加劳动力产出和消费吗? 5.人口低密度通过技术创新激励下降和规模经济下降而导致人均收入更低吗? 6.人口低增长会使人均教育程度和健康程度提高吗? 7.人口低增长会降低收入分配不公平的程度吗? 8.人口低增长会使劳动力更容易被现代经济部门吸收并缓解城市化问题吗? 9.一对夫妇的生育行为对整个社会来说增加了成本吗? 学者们利用各国历史数据,以及将国际比较数据作为自然实验数据进行实证分析,对前八个问题进行了理论推断和实证检验,得出的结论是人口低增长对大多数发展中国家的经济发展有好处:推迟资源耗尽的时间、降低可再生资源的恶化程度、增加每个孩子在健康和教育上的家庭和公共开支并提高孩子的健康和教育程度、提高劳动收入并降低收入分配不公、降低城市化率等。不过,严格的定量研究是很困难的,而且结论也受各国具体情况的影响。

当然,上述议题对于发达国家也适用。在熊彼得增长假设中,经济体的创新可促进生产率的提高。而最近的研究支持了这一假设,当人口增长对经济增长有负面影响时,创新活动将对生产率起正向作用(Banerjee,2012)。劳动力人口下降对劳动生产率增长有正面的显著影响(Heer,Irmen;2014)。另外,人口生育率的下降会在宏观经济层面促进经济增长,主要源于儿童抚养比的下降和女性劳动参与率的上升(Canning,Schultz;2012)。

四、人口老龄化与经济增长的关系

随着世界范围内生育率的下降和期望寿命的提高,人口老龄化与经济增长的关系也已成为人口与经济研究中的热门议题。

2012年,美国国家科学院的国家研究委员会再次聚集美国国内相关领域的专家,在美国人口开始重大转变(人口老龄化)的背景下,就人口老龄化对宏观经济的长期影响进行了研究。人口老龄化通过四个途径对经济产生影响:(一)劳动力为更好应对退休而更多储蓄;(二)劳动力支付更高的税,使老年人得到养老金收入;(三)老年人的收入减少,与现有的税收和储蓄水平相符;(四)人们工作更长时间,更晚退休,提高了他们的收入和国民产出。

该研究的主要结论:(一)人口老龄化是全球性的。(二)随着生育率、死亡率和健康状态的变化,围绕生命周期的经济行为模式也发生了改变,主要表现在劳动市场参与、消费模式上。(三)美国人未来的生活水平也会受到影响,尤其是在储蓄、经济增长和效率、老年的收入保障、政府的支持能力等方面。(四)人口老龄化对宏观经济(主要是人均收入)的影响主要通过两个因素:劳均生产率和就业人口比例。美国人口老龄化对宏观经济的影响是温和的,除了一部分人群受到影响较大。(五)劳均生产率通过两种因素改变,一是生产要素投入的数量和质量,二是技术变迁和其他提高效率的因素。生产要素投入的数量和质量因素包括:个人和公共资本的数量和质量增加、国外资产的净持有量变化、教育/培训/技能的增加、国内外资产的回报率和风险;技术改变和其他提高效率的因素包括:新的科学/技术/工程知识、与人口年龄相关的创新能力、生产效率。为了适应人口和经济环境的变化,政府可以作出一些政策选择:(一)降低人们老年时的消费,包括家庭层面和政府转移支付层面;(二)延长工作年限;(三)增加工作时的储蓄,包括通过雇员缴费的养老金计划的改变(变成缴费确定型)、养老金储蓄的回报率改变、人口转变带来的资本收益率的改变等来实现。不过这要重视理财决策和知识并进行相应培训。

在人口老龄化与经济增长的研究中,Lee 和 Mason 开创了国民转移账户(NTA,National Transfer Account)方法,对世界上不同经济体在人口老龄化下的经济生命周期进行比较分析。国民转移账户方法是代际经济学领域的前沿研究方法。2004 年,在加州伯克利大学启动了 NTA 全球项目,采用国际可比的统计方法,将各国的人口数据与经济指标相衔接,成为刻画经济生命周期、量化分析人口变化对经济发展影响的有力工具。现已有 42 个国家,包括亚太地区的印度、日本、韩国,美洲地区的美国、加拿大、巴西,欧洲的法国、德国、匈牙利、俄罗斯以及非洲的肯尼亚、尼日利亚等国加入这一项目。该方法刻画了所有社会的共性特征,即经济生命周期。对个体而言,在少年与老年时期,其劳动收入远低于消费水平,即处于赤字阶段;而在劳动年龄时期,其劳动收入高于消费,即处于盈余阶段。当个体处于赤字阶段时,他们只能通过三种途径为消费融资:净转移支付、资产收入或者消耗储蓄。代际之间的资源分配不均衡已成为全社会收入与福利不平等的重要来源(Thomas Pikkety,2014)。NTA 方法可用来分析各项公共财政支出的纵向代际公平性与横向公平性(Lee,Mason,2011)。

而各国的实证研究对人口老龄化与经济增长的关系形成了不同的观点:(一)乐观派,认为人口老龄化促进经济长期增长,如 Prettner(2013)利用内生增长模型和半内生增长模型,考察澳洲人口老龄化对经济增长的长期影响。发现寿命延长对人均产出增长有正面影响;生育率下降对人均产出增长有负面影响;在内生增长模型中,寿命延长的影响超过生育率下降的影响;人口老龄化在内生增长模型中促进经济长期增长,不过效果取决于人口出生率和死亡率的相对变动情况。(二)中立派,认为人口老龄化不仅造成人口抚养比的急剧下降,但也会通过提高物质资本和人力资本的投入,极大地提高劳动生产率和人均收入。由人力资本和物质资本的积累带来的正面效应会抵消人口抚养比的下降带来的负面效应(Lee，Mason；2010)。亚洲国家从长期来看,人口老龄化程度不会对经济增长有显著的影响(Bloom，Canning，Finlay；2010)。发达国家已经达到一定的人口老龄化程度,其经济发展已经可以承受进一步人口老龄化的经济后果,而快速发展中的经济体也有足够的条件解决这个问题(Herrmann，2012)。(三)悲观派,认为人口老龄化会降低劳动参与率和储蓄率,因此,增加了对未来经济减速的担忧。OECD 国家可能会经历经济增长的缓慢下降(Bloom，Canning，Fink；2010)。

第三节　国内关于人口变动与经济增长问题的讨论

国内人口经济研究滞后于国外,最近 5 年的前沿性研究主要集中在人口红利与经济增长关系,人口变动对我国经济转型的影响,代际福利与经济增长、生育政策与经济增长的讨论等方面。

一、人口红利与经济增长问题的讨论

根据已有的研究,一般认为,人口红利解释了 1982—2000 年中国经济高速增长的 15%～25%(蔡昉和王德文,1999;蔡昉,2004;王德文和蔡昉,2006;王丰和梅森,2006;王丰,2007；Wang and Mason，2008)。然而,这种由于人口年龄结构变化带来的人口红利,这是一次性且不可复制的。在中国,随着老龄化的到来,人口红利已经耗竭(Wang and Mason，2008;蔡昉,2013)。

国内学术界在 2010 年后对人口红利与经济增长的讨论经历了从对人口红利在经济增长中的贡献、人口红利消失的实证分析转向对第二次人口红利及类似概念讨论的过程。

大多数研究支持人口红利对中国经济增长的贡献(如蔡昉,2010;王金营、杨磊,2010;王颖、倪超,2014),还有研究分析了人口红利实现效率的地区差异(王婷、吕昭河,2012),分解人口红利的贡献率(车士义,陈卫,郭琳,2011),计算人口红利消失的时间(蔡昉,2011)。不过,也有学者质疑西方的人口红利理论和概念在中国被滥用,认为中国经济增长中人口红利贡献的国内研究存在严重瑕疵(侯东民,2011)。还有研究认为,劳动年龄人口比例对人均 GDP 没有很显著的影响,储蓄率、工业化程度的提高以及技术进步刺激了中国的经济增长。(Yao，Kinugasab，Hamorib；2013)。

随后以人力资本、就业率、储蓄和投资、制度改革为关键点的第二次人口红利及类似概念被学者们广泛提及,不过实证研究不多(胡鞍钢、才利民,2011;孟令国,2011;蔡昉、王美艳,2012)。

对人口红利与经济增长关系的讨论应用了不少实证分析模型与方法,如经济收敛理论构建理论模型(王颖、倪超,2014),数据包络分析模型(王婷、吕昭河,2012),经济增长"尾效"模型(王伟同,2012),全要素生产函数(车士义、陈卫、郭琳,2011)。还有研究尝试开拓供给和需求相结合的综合性人口红利测度模型、以及人口年龄结构变动与经济增长之间的双向因果关系动态模型(如唐代盛、邓力源,2012)。

二、人口转变与经济转型的讨论

随着中国人口转变进入新阶段,即劳动年龄人口从增长转向下降、人口抚养比从下降转向上升,过去30余年推动中国经济高速增长的人口红利即将消失,经济转型问题提上国家战略层面。经济转型,既是形成新型人口、资源、环境协调关系的必要条件,也是获得可持续经济增长源泉的关键。

2010年后,国内学术界关于人口转变与经济转型的讨论主要集中在刘易斯拐点、中等收入陷阱等方面。

"刘易斯拐点",即在二元经济模型中,劳动力从无限供给转向有限供给的转折点。在工业化进程中,随着农村富余劳动力向非农产业的逐步转移,农村富余劳动力逐渐减少,最终枯竭。这个概念由诺贝尔经济学奖得主刘易斯提出。我国2004年民工荒后,蔡昉在2005年提出我国的刘易斯拐点已经到来,引发了学术界的争论。而这一争论到2010年后还在持续。不同于刘易斯拐点已经到来的主流观点,不少学者通过实证分析提出了质疑,认为刘易斯拐点尚未到来(袁志刚,2010;王金营、顾瑶,2011;刘怀宇、马中,2011;余宇新、张平,2011;李宾,2012)。当前出现的刘易斯拐点特征,可能是诸多约束劳动力自由迁移的制度所带来的影响(余宇新、张平,2011)。

"中等收入陷阱"是2006年世界银行在其《东亚经济发展报告》中提出的一个概念。它指的是当一个国家的人均收入达到世界中等水平后,如果不能顺利实现经济发展方式的转变,以致新的增长动力不足,最终将陷于经济停滞。这个概念在中国广为传播,学者们对此进行了辨析。大部分学者认为,中等收入陷阱是存在的,并且,中国正面临中等收入陷阱的挑战(胡鞍钢,2010;

蔡昉,2011;郑秉文,2011;成思危,2011)。当然,也有一些学者对"中等收入陷阱"这个概念进行质疑,认为不存在中等收入陷阱,只存在中等收入阶段(华生、汲铮,2015)。不过,就我国进入中等收入国家行列后的经济增长方式转变,学界都有共识,关键就是经济增长驱动力从主要依靠要素投入的增加,转向更多依靠全要素生产率的提高。

三、代际福利与经济增长的研究

中国的人口老化对收入分配与代际福利的影响有其自己的特色。历史性的快速经济增长带来了收入与财富的不平等上升,其中的一个重要维度是代际不平等。这种不平等对整个社会与个人福利都将产生重大影响。中国的代际不平等既反映在个人和家庭之间,也反映在不同世代的人群之间。一方面,由于年轻世代的受教育程度大幅提升和更高的劳动生产率,他们的终身劳动收入都会远高于年老的一代。另一方面,受益于近 20 年来的经济改革,例如住房改革、土地征用等,中老年世代在此过程中积累了大量的财富。这种历史性的财富积累机遇是下一代人无法重复享受的。由此来说,尽管年轻人享受了更高的劳动收入,但在财富积累方面远不如他们的前辈。随着人口老化的加速和老年抚养比的快速上升,年轻一代用于支付老年人社会福利(如医疗、养老等)的税费负担占他们收入的比重也相应上升。这种负担的上升将挤压年轻一代的消费和投资,并对经济的长期增长产生负面影响(Miller et al.,2011)。

国内有学者研究发现,养老保险制度对国民储蓄有挤出效应(蒋云赟,2010),而降低缴费率能够促进物质资本和人力资本积累,缴费率与养老金待遇水平之间呈现倒 U 形关系,降低在职人员缴费率和提高退休人员养老金待遇水平可以同时实现(彭浩然、陈斌开,2012)。北京大学李玲教授和复旦大学王丰教授两个团队正在运用国民转移账户方法对我国人口代际收入和福利分配进行研究,研究结果将与国际上的不同国家进行比较,对我国的代际福利制度的实证研究与改革有重要意义。

四、关于生育政策与经济增长的讨论

国内关于生育政策的讨论已经持续 10 多年。顾宝昌与王丰牵头组建"21世纪中国生育政策研究"课题组于 2001 年 5 月在上海朱家角召开了第一次生育政策座谈会。来自全国 16 个研究机构近 20 位学者组成了国内最早对生育政策进行集体研讨和反思的研究团体。课题组经过三年工作分别完成了 14 篇工作论文,论证了调整生育政策的必要性和可行性,并于 2004 年起草《关于调整我国生育政策的建议》,报送国家人口计生委领导及中央领导,建议从 2005 年开始实行"单独二孩",并从 2010 年开始向每对夫妇普遍生育两个孩子过渡。该建议受到有关部门高度关注。

此后十年间,课题组成员开展多项调查研究。如在 2005 年至 2007 年对自 1980 年代中期以来实施二孩政策的山西翼城、甘肃酒泉、河北承德与湖北恩施等覆盖 800 多万人的地区进行调研;2006 年开始在江苏省 6 县市对 1.8 万名育龄妇女开展生育意愿和生育行为的跟踪调查;对我国人口变化对经济和家庭的影响进行分析。2008 年 5 月,课题组与复旦大学公共管理与公共政策研究国家哲学社会科学创新基地合作举办了第二次生育政策座谈会。在此基础上,由近 20 个研究机构的 26 位人口学者于 2009 年初撰写并联名签署了《关于我国人口政策调整的再建议》,明确提出生育政策调整时机已成熟、吁请及早放开二胎生育。人口学者们一方面呼吁决策层的前瞻性决策,另一方面向大众普及人口研究的最新成果,推动了人口政策的公共讨论,许多研究结果成为了全国人大代表和政协委员在历年两会提议的事实依据,也为认识中国人口的新形势、扭转人多为患的简单思维提供了新的科学知识。

而关于生育政策和经济增长的关系,学者也进行了实证研究。不可否认,生育政策曾通过人口数量和质量的替换关系对我国经济发展产生一些正面效应(Ye,Wu,2011;张国旺和王孝松,2014)。但是,大部分学者认为目前的生育控制政策已经对经济增长起负面作用。生育水平过低导致劳动力减少过快、人口老龄化过重、劳动负担加重,将使经济增长大大放缓(王金营,2010);没有理由认为继续保持低生育率对我国经济发展有积极影响(左学金,2010)。

2013 年 11 月以来,我国实施了"单独二孩"生育政策,这项政策在一定程度上放宽了几十年来的独生子女政策。研究表明,单独二孩政策的放开非但没有带来"婴儿潮",而且符合条件的夫妻申请二胎名额的人数低于预期。目前,中国的生育率远低于更替水平,劳动年龄人口数量已于 2012 年开始下降,未来十年左右将出现人口总量的负增长,人口老龄化过程正在加速。人口新常态再次引发了学界对"低生育率陷阱"的担忧。靳永爱(2014)对"低生育率陷阱"的规律性及其在中国的适用性提出了质疑,认为即使是在低生育水平下,通过适当的政策调整来提高未来生育率并不是没有可能的。大部分学者主张未来放开普遍二孩生育(顾宝昌,2011;陈友华,乔晓春,2014)。

2014 年在复旦大学召开了由联合国人口基金驻华代表处与复旦大学人口与发展政策研究中心共同举办"面向未来的中国人口研究"暨第三次生育政策研讨会。在会议研讨的基础上,2015 年 1 月我国部分人口问题专家第三次向中央提出关于调整生育政策的建议书,受到中央党政领导的高度重视,并推动了中共十八届五中全会决定在 2013 年三中全会实施"单独二孩政策"的基础上,进一步放宽生育政策,实施全面二孩政策。

第四节　研究评述与前景展望

一、研究评述

人口是影响经济增长的重要因素,人口规模、人口质量、人口年龄结构、人口代际关系与经济因素相互作用,形成了不断变化的丰富的人口经济图景。由于人口经济学起源于西方国家;目前我国的相关研究还缺少原创性理论。

不过,中国作为世界上头号人口大国,具有独特的人口经济发展脉络,值得学术界深入细致的研究。近几年这一领域的研究在视角、方法上逐渐多样化,与国际上的比较研究也正在逐步开展。未来我国人口经济学研究的学术质量与影响有望得到进一步提高。

二、前景展望

（一）研究方法将逐步定量化

目前国内对于人口与经济增长的研究中,定量研究越来越多,而且研究方法也呈现出多样化的趋势。随着社会研究方法的发展和普及和国内学者国际化程度的提高,可以预见在未来的研究中定量研究方法将不断完善和丰富。

（二）多学科交叉研究将更为深入

人口与经济增长的关系涉及人口学、经济学、社会学、伦理学、医学、法学、环境学、公共政策学等多门学科。目前,研究仅有一些不同学科视角的尝试,如人口学、经济学、公共政策学等;今后将会出现多学科的交叉研究,得出更为深入的研究结论。

（三）研究的内容将不断深化

国内人口与经济增长关系的研究，在内容上将不断深化。可以预见，在第二次人口红利的理论和实证研究、收入和福利的代际分配、福利制度改革、人口老龄化与经济增长的理论和实证研究等领域，将有进一步深入的研究。

参考文献

［1］Banerjee，R..Population Growth and Endogenous Technological Change：Australian Economic Growth in the Long Run［J］. Economic Record，2012，88(281).

［2］Bloom，D. E.. Canning，D.，& Fink，G.Implications of population ageing for economic growth［J］. Oxford Review of Economic Policy，2010，26(4).

［3］Chen，Q.. Eggleston，K.，& Ling，L. Demographic Change，Intergenerational Transfers，and the Challenges for Social Protection Systems in the People's Republic of China. Asian Development Bank Economics Working Paper Series，2011,(291).

［4］Heer，B.. & Irmen，A. Population，pensions，and endogenous economic growth［J］. Journal of Economic Dynamics and Control，2014,(46).

［5］Herrmann，M.. Population aging and economic development：anxieties and policy responses［J］. Journal of Population Ageing，2012，5(1).

［6］Lee，R.D.. & Mason，A.(Eds.). Population aging and the generational economy：A global perspective［M］. Edward Elgar Publishing，2011.

［7］Lee，R. & Mason，A.. Some macroeconomic aspects of global population aging［J］. Demography，2010，47(1).

［8］Lesthaeghe，R. and D.J. van de Kaa.. Twee Demografische Transities？［J］. in R. Lesthaeghe and D.J. van de Kaa(eds.)，Bevolking：Groei en Krimp. Mens en Maatschappij book supple-ment.Deventer：Van Loghum-Slaterus［M］.，1986.

［9］National Research Council of the National Academies，Committee on the Long-Run Macroeconomic Effects of the Aging U.S. Population，Board on Mathematical Sciences and Their Applications of Division on Engineering and Physical Sciences，Committee on Population of Division of Behavioral and Social Sciences and Education. Aging and the Macroeconomy：Long-Term Implications of an Older Population［R］. Washington DC：The National Academies Press，2012.

［10］National Research Council of the National Academies. Working Group on Population Growth and Economic Development，Committee on Population. Population Growth and

Economic Development:Policy Questions[R]. Washington DC:The National Academies Press,1986.

[11] Prettner,K.. Population aging and endogenous economic growth[J]. Journal of population economics,2013,26(2).

[12] Thomas Robert Malthus. An Essay on the Principle of Population[M],1798.

[13] Van de Kaa,Dirk. Europe's Second Demographic Transition[J],Population Bulletin,1987,42(1).

[14] Van de Kaa,Dirk. Second demographic transition:concepts,dimension and new evidence[J],address delivered at the EURESCO Conference/The second demographic transition in Europe,Bad Herrenalb,Germany,2001,(6).

[15] Wanjun Yao. Tomoko Kinugasab & Shigeyuki Hamorib. An empirical analysis of the relationship between economic development and population growth in China[J],Applied Economics,2013,45(33).

[16] 蔡昉."中等收入陷阱"的理论,经验与针对性[J].经济学动态,2011,(12).

[17] 蔡昉.劳动力短缺:我们是否应该未雨绸缪[J],中国人口科学,2005,(2).

[18] 蔡昉.人口红利与中国经济可持续增长[J].甘肃社会科学,2013,(1).

[19] 蔡昉.人口转变,人口红利与刘易斯转折点[J].经济研究,2010,45(4).

[20] 蔡昉.中国的人口红利还能持续多久[J].经济学动态,2011,(6).

[21] 车士义,陈卫,郭琳.中国经济增长中的人口红利[J].人口与经济,2011,(3).

[22] 成思危.转变经济发展方式规避"中等收入陷阱"[J].拉丁美洲研究,2011,(3).

[23] 顾宝昌.生育意愿、生育行为和生育水平[J].人口研究,2011,(2).

[24] 胡鞍钢,才利民.从"六普"看中国人力资源变化:从人口红利到人力资源红利[J].清华大学教育研究,2011,(4).

[25] 胡鞍钢.中国如何跨越"中等收入陷阱"[J].当代经济,2010,(15).

[26] 华生,汲铮.中等收入陷阱还是中等收入阶段[J].经济学动态,2015,(7).

[27] 江苏省群众生育意愿和生育行为研究课题组.江苏省群众生育意愿和生育行为研究 2010 年跟踪调查报告[R].中国人口年鉴 2011.

[28] 蒋云赟.我国养老保险对国民储蓄挤出效应实证研究——代际核算体系模拟测算的视角[J].财经研究,2010,36(3).

[29] 靳永爱.低生育陷阱:理论、事实与启示[J].人口研究,2014,(1).

[30] 李宾.我国劳动力转移的"刘易斯拐点"到来了么?——基于城乡差距变化视角[J].当代财经,2012,(12).

[31] 林闽钢,吴小芳.代际分化视角下的东亚福利体制[J].中国社会科学,2010,(5).

[32] 刘怀宇,马中."刘易斯转折点"假象及其对"人口红利"释放的冲击[J].人口研究,

2011, 4(35).

[33] 陆旸,蔡昉.人口结构变化对潜在增长率的影响:中国和日本的比较[J].世界经济,2014,(1).

[34] 毛中根,孙武福,洪涛.中国人口年龄结构与居民消费关系的比较分析[J].人口研究,2013, 37(3).

[35] 孟令国.后人口红利与经济增长后发优势研究[J].经济学动态,2011,(5).

[36] 彭浩然,陈斌开.鱼和熊掌能否兼得:养老金危机的代际冲突研究[J].世界经济,2012,(2).

[37] 乔晓春.“单独二孩”生育政策的实施会带来什么——2013年生育意愿调查数据中的一些发现[J].人口与计划生育,2014,(3):18—22.

[38] 乔晓春.实施“普遍二孩”政策后生育水平会达到多高?:兼与翟振武教授商榷[J].人口与发展,2014,(6).

[39] 唐代盛,邓力源.人口红利理论研究新进展[J].经济学动态,2012,(3).

[40] 田巍,姚洋,余淼杰等.人口结构与国际贸易[J].经济研究,2013,(11).

[41] 王丰,安德鲁,梅森,沈可.中国经济转型过程中的人口因素[J].中国人口科学,2006,(3).

[42] 王丰.人口红利真的是取之不尽,用之不竭的吗?[J].人口研究,2007, 31(6).

[43] 王广州,胡耀岭,张丽萍.中国生育政策调整[M].社会科学文献出版社,2013.

[44] 王金营,顾瑶.中国劳动力供求关系形势及未来变化趋势研究——兼对中国劳动市场刘易斯拐点的认识和判断[J].人口学刊,2011,(3).

[45] 王金营,杨磊.中国人口转变、人口红利与经济增长的实证[J].人口学刊,2010,(5).

[46] 王金营.中国未来不同生育水平下的经济增长后果比较研究[J].人口与发展,2010,(5).

[47] 王婷,吕昭河.中国区域间人口红利差异分解及解释[J].中国人口科学,2012,(4).

[48] 王伟同.中国人口红利的经济增长“尾效”研究——兼论刘易斯拐点后的中国经济[J].财贸经济,2012,(11).

[49] 王颖,倪超.人口结构转变,经济增长与人口红利的实证分析[J].统计与决策,2014,(12).

[50] 叶华,吴晓刚.生育率下降与中国男女教育的平等化趋势[J].社会学研究,2011,(5).

[51] 余宇新,张平.刘易斯模型框架下中国刘易斯拐点问题探讨[J].世界经济文汇.2011,(6).

[52] 袁志刚.关于中国“刘易斯拐点”的三个疑问[J].当代经济,2010,(19).

［53］翟振武,张现苓,靳永爱.立即全面放开二胎政策的人口学后果分析[J].人口研究,2014,(2).

［54］张国旺,王孝松.计划生育政策是否促进了中国经济增长? ——基于教育人力资本视角的理论和经验研究[J].中南财经政法大学学报,2014,(3).

［55］郑秉文."中等收入陷阱"与中国发展道路[J].中国人口科学,2011,(1).

［56］庄亚儿,姜玉,王志理等.当前我国城乡居民的生育意愿——基于 2013 年全国生育意愿调查[J].人口研究,2014,(3).

［57］左学金.人口增长对经济发展的影响[J].国际经济评论,2010,(6).

第二章　人口与社会养老保险研究

　　快速变化的人口老龄化和生育率水平的长期普遍下降,导致各国赡养率急速增加。世界各国正面临或即将面临养老金危机。养老保险作为一项重大的公共政策,在多数国家,养老金占据了政府财政负债的很大比重,随着"婴儿潮"一代渐渐退休,预测这一比例继续增大。然而,与西方国家以百年时间逐渐人口老龄化不同的是,我国人口老龄化呈现出急速发展、超大规模、未富先老的特点。已经进入老龄化社会的中国,今天仍然面临大量深层次的问题,本章着重讨论如下几个问题。

第一节　养老保险隐性债务问题

一、养老保险隐性债务的形成

　　养老保险隐性债务是指在养老保险制度转轨过程中,政府对养老金权益受到调整的对象偿还在旧制度下(现收现付制)但新制度下部分积累制没有对应资金来源的尚未实现的养老金权益的所有价值之和。

　　为了配合国企改革,有利于国企的发展和国有资本的积累,我国于1997年实施了养老保险改革,养老金的筹资模式由现收现付制向现行的社会统筹和个人账户相结合的部分积累制转变。当年国务院颁发了《企业职工基本养老保险制度的决定》,将城镇职工分成了三类,第一类为"老人",即在1997年前退休的职工;第二类人为"中人",即在改革前参加工作而在改革后退休的职工;第三类人为"新人",即在改革后参加工作的职工,并且规定了养老金待遇领取原则为"老人老办法、中人中办法、新人新办法"。新制度以自我储蓄积累保障为特点,在新制度下"老人"无法从后代人处得到补偿,因此,他们也无需为前代人的养老保障作出补偿。而"中人"则经历了新旧两个制度阶段,在旧制度下他们为前代人养老提供过补偿;而参加新制度后,在个人账户为自己今后的养老积累了一部分资金,无法从后代人处再得到补偿。因此,在新旧制度转轨中要偿付的总债务就是"老人"和"中人"在旧制度下积累起来的期望年金的总价值。

在中国养老保险制度转制过程中必须填补的传统制度下的养老金欠账,虽然近期不会马上转化为赤字,但随着"老人"和"中人"退休年龄的临近而逐步显性化。如果缺乏大量增量资金介入,养老金的隐性债务即转制成本是难以依靠社会统筹基金解决的。而且,目前对社会统筹和个人资金的管理还没有分账,仍处于混账管理状态,这样在社会统筹基金不足时,个人账户基金被挪用便成为常态。

吴敬琏早在 2002 年 1 月 21 日就在《财经》杂志上撰文,强调在国家承诺包揽国有企业职工的养老、医疗等保险,实行现收现付的情况下,职工的社会保障缴费在发放工资以前已经作了扣除。这笔钱积累在国家手里,用来兴建国有企业,职工不需要也没有个人账户积累。这样,老职工的养老保障由现收现付制转向个人账户制后就势必出现"空账户"问题。

可见,国家对于国企老职工的养老保障历史欠账是一个重大的历史遗留问题。用国有资本分红充实社保基金,就是解决这一问题的重大举措,这不仅关系到中国养老保险的可持续发展问题,更关系到国家的信用和声誉的重大问题。

二、养老保险隐性债务规模巨大

关于中国养老金隐性债务规模的大小,不同研究机构的研究结果存在较大的差异。

(一) 世界银行的测算

1996 年,世界银行出版了《老年保障:中国养老金体制改革》一书,认为1994 年中国养老金支付额大约占当年 GDP 的 2.3%,养老金隐性债务一般是养老金支付额的 20～30 倍。据此推断,中国当年养老金隐性债务占当年 GDP的 46%～69%。该报告测算出中国隐性养老金债务为 19 176 亿元,其中"老人"的债务规模为 6 813 亿元,"中人"债务规模为 12 363 亿元。

(二) 何平的测算

2009 年,劳动部社会保险研究所何平认为,养老金隐性债务是指现行养老保险制度如果立即停止运行,为了兑现对已经退休的老人和已经参加工作尚未退休的职工承诺的养老金待遇应该积累的资金现值,利用匡算法(假定制度停运时间为 1996 年初)测算出养老金隐性债务规模为 5.72 万亿元;利用精算法(测算隐性债务的时间期限为 1994—2050 年)测算出养老金隐性债务规模为 2.88 万亿元。

（三）王晓军的测算

王晓军博士认为,现收现付制度转制时隐性养老金债务就是旧制度的中止债务,以 1996 年为旧制度中止的年份,测算出当年年终的总债务水平为 3.67 万亿元,约占当年 GDP 的 54%。

（四）宋晓梧的测算

2001 年,国家体改委分配和社会保障体制司宋晓梧通过对人口和就业的总量、结构以及经济发展速度、工资增长幅度、养老保险覆盖面、养老金替代率、企业缴费率、退休年龄、养老保险基金投资回报率等多因素进行综合分析研究,以 1997 年为评估时点,对中国国有企业和城镇集体企业养老金隐性债务规模进行测算,共得到从 1.83 万亿元到 10.83 万亿元之间的 15 种不同债务规模。

（五）马骏的测算

2012 年,德意志银行大中华区首席经济学家马骏、复旦大学张晓蓉、李治国等人所著的《中国国家资产负债表研究》预测,到 2050 年中国养老金缺口将达到 GDP 的 6.6%,2013—2050 年累计缺口的现值将相当于 2011 年 GDP 的 83%。

（六）中国社科院的测算

2014 年 12 月 23 日,中国社科院"中国国家资产负债表研究"课题组发布了《中国国家资产负债表 2013》,测算 2010—2050 年所有的财政补贴形成的隐性债务折现到 2011 年总额将达到 62.5 万亿元,占 2011 年 GDP 比例为 132%。

由于研究者所确定的测算基点、测算范围、测算方法、假设条件和依据的资料等方面的差异,导致中国养老保险基金的隐性债务规模测算存在较大不同。但综合来看,中国养老金隐性债务规模巨大。

三、养老基金隐性债务的显性化导致养老基金缺口

正是由于国家没有采取增量资金的办法来解决社会保障的历史欠账问

题,随着"中人"开始逐渐步入退休年龄,"老人"和"中人"的巨大的养老金隐性债务开始显性化,这表现在当各地出现养老金收不抵支时,不得不挪用个人账户基金,导致个人账户空账,社保基金出现缺口。

更为紧迫的是,"老人"和"中人"的巨大的养老金隐形债务遭遇到我国人口快速老龄化,使得我国养老金支出迅猛增长。目前我国 60 岁以上的老年人口已突破 2 亿人,全国老龄委在"2012 年中国老龄工作会议"上的报告预测到 2033 年将突破 4 亿人。如此快速的老龄化,在世界人口史上是空前的。老年赡养比(老年人口与工作人口之比)的迅速上升,必将对我国养老金的支出造成越来越大的压力。

此外,"老人"和"中人"的巨大的养老金隐性债务还遭遇近年来职工养老金连续 10 年上涨。再考虑到基本养老金只能存入银行或购买国债,投资回报低,甚至还赶不上通胀率。面临巨额养老金隐性债务的显性化、人口老龄化导致的老年赡养比上升和通胀压力等诸多挑战,中国养老金缺口将越来越大。

2013 年 12 月 12 日,根据人社部提供的有关数据,中国社科院世界社保研究中心发布的《中国养老金发展报告 2013》显示,2012 年有 19 个省份城镇职工基本养老保险基金当期"收不抵支"。如果只考虑征缴收入(不含财政补贴等),2012 年全国城镇职工基本养老保险基金当期结余只有 906 亿元,比 2011 年减少 286 亿元。只有 12 个省份征缴收入大于支出,19 个省份和新疆生产建设兵团、中国农业银行当期征缴收入小于支出,缺口共计 1 205.60 亿元,其中辽宁和黑龙江的缺口均超过 200 亿元,吉林的缺口超过 100 亿元。

究其原因,在社保碎片化不能适应人口流动的背景下,广东、江苏、浙江、北京等经济相对发达地区由于外来务工人口多,征缴资金相对充足;而老工业基地和人口流出省份则因退休职工多、私营企业发展不景气,而不堪重负。以黑龙江为例,2012 年全省城镇职工基本养老保险制度赡养比已达65.7％,这一比例为全国最高,尤其是离退休人员的增长率(5.68％)远高于参保职工的增长率(1.73％)。2012 年底,我国城镇职工基本养老保险参保人数为 3.04 亿,其中,参保职工人数为 2.3 亿,比上年增长 6.57％,增速回落了 4.58 个百分点;离退休人员数量为 7 445.68 万人,比上年增长 9.07％,增速提高了0.81个百分点。缴费人员增速下降,领取养老金人数增速上升,这一增一减导致城镇职工基本养老保险的制度赡养比由 2011 年的 31.65％上升到 32.4％。随着我国人口老龄化进程的加快,未来 10 多年内将迎来人口老龄化的高峰期,养老保险制度赡养比将越来越大,如不采取有效解决措施,"收不抵支"情况将愈演愈烈,一些地方财政可能面临破产的危机。

四、用国有资本充实养老基金

建国初期国家实行低工资高积累的分配政策积累了数额庞大的国有资产。目前已经退休的国企职工,大都是二十世纪五六十年代参加工作的。当时国家要在一穷二白的基础上展开大规模的工业和国防建设,面临资金严重不足的困难,必须进行建设资金的原始积累,不得不实行低工资高积累的分配政策。毛泽东说:"工人工资一个月50元,一年600元,还有7 400元上缴国家"[①],"工人除提供出来的他们的必要劳动之外,剩余劳动所提供的资金,都由国家集中,这是为现在、将来的工人、农民服务的,拿出来为他们服务的"[②]。这就是说,工人要把相当于自己工资12.33倍的剩余劳动所提供的资金全部上缴国家。正是国企职工所上缴的这些剩余价值,承担了国家的巨额管理费用,加强了国防建设,为国家的工业化、现代化和改革开放的各项事业提供了巨额资金保证,并且积累了数额庞大的国有资产。

实际上,养老基金缺口在很大程度上是国企"原债"所形成的。因此,用国有资本充实社保基金是一条重要渠道。这包括两个部分,一是将部分国有企业股权划转到社保基金。2008年国务院相关部委先后制定了国有企业在境外、境内上市后转持部分国有股权充实全国社保基金的实施办法,表明要保持社保基金的可持续发展。二是将国有企业盈利的一部分充实社保基金。在现实可行性方面,近年来国企的快速发展、利润稳步增长也为深化改革,达此目标,提供了基础。2014年1月22日国务院国资委公布的2013年度中央企业经营业绩数据显示,2013年中央企业累计实现营业收入24.2万亿元,同比增长8.4%;上缴税费总额2万亿元,同比增长5.2%;实现利润总额1.3万亿元,同比增长3.8%。各地国资委管辖的地方国企的利润也稳步增长,但是在国资收益分配制度的设计中还缺乏偿还社保基金"原债"的安排。

近年来,经过改革,国企通过艰辛的改革走出了低谷,经营效益有了大幅度的提高。根据近几年财政部和国资委的统计数据,国家已经基本上完成了

---

① 顾龙生编著.毛泽东经济年谱[M].北京:中央党校出版社,1993:635.
② 顾龙生编著.毛泽东经济年谱[M].北京:中央党校出版社,1993:620.

对国有经济布局和结构调整的任务。国有企业基本已从中小规模的企业退出、向大型企业集中,国有资本和国有经济逐步向关系国家经济命脉的关键领域和重要行业集中。国有企业经营效益和盈利能力大幅提升,总体生产经营保持平稳较快增长。国有资产总额大幅提升,国企利润和央企利润总体上呈较快增长趋势。国有企业及国有参股企业已经具备了向国家上缴红利的能力。

目前,我国已经上升为全球第二大经济体,而且国有资产数额与国有经济占比在世界各主要经济体中排名最前。在新的历史条件下,面对国有企业不断增长的巨额利润,面对养老基金缺口的不断扩大,利用国有资本收益充实养老基金就具有必要性和可行性,具体重大的理论意义和现实意义。十八届三中全会《中共中央关于全面深化改革若干重大问题的决定》在第六条中指出:"划转部分国有资本充实社会保障基金。完善国有资本经营预算制度,提高国有资本收益上缴公共财政比例,2020年提到30%,更多用于保障和改善民生。"习近平在关于《中共中央关于全面深化改革若干重大问题的决定》的说明中指出:"完善国有资产管理体制,划转部分国有资本充实社会保障基金,提高国有资本收益上缴公共财政比例,更多用于保障和改善民生。"这就为我国国有资本与养老基金之间关系的深化改革指明了方向。

第二节 养老保险全国统筹问题

《社会保险法》规定"基本养老保险基金逐步实行全国统筹",这是我国首次以立法的形式规定了基本养老保险基金全国统筹。《中共中央关于制定国民经济和社会发展第十二个五年规划的建议》提出"实现基础养老金全国统筹",这是中共中央提出的一个时间表。十八大报告又明确指出,"逐步做实养老保险个人账户,实现基础养老金全国统筹"。基本养老保险基金由基础养老保险基金和个人账户两个部分组成,因此基本养老保险基金全国统筹必然涉及对个人账户改革的研究。

一、基本养老保险全国统筹的必要性

我国劳动力市场存在着城乡分割、行业分割、地区分割。劳动力人口流动受阻的制度性因素除二元户籍制度之外,还有一个重要因素是社会保障制度的城乡分割、区域分割、社会人群分割。首先,我国城乡社会保障出现巨大差

别,社会保障因城乡分割而存在悬殊差异,成为劳动力自由流动的制度性阻碍。其次,目前我国社会保障只有少数几个省市实现省级统筹,大部分还只是停留在县级统筹层面上,远远谈不上全国统筹,这种社会保障的区域分割也阻碍了劳动力流动。最后,社会保障制度的社会人群分割也阻碍着人口跨职业流动。

因此,推动形成全国城乡一体化的劳动力市场,就需要进一步改革目前按不同地区和不同人群分割的"板块化"或"碎片化"的社会保障体制,在基本层面建立覆盖全体非农业劳动者进而覆盖全体国民的社会保障,逐步实现缴费水平较低的全国统筹,提高全国范围内的统筹互济水平。基本养老保险实行全国统筹的前提和基础是实现基础养老基金在全国的统收统支。根据社会保险大数法则,参加保险的人数越多,覆盖面越大,互济功能就越大,抗御风险的能力就越强。我国是一个人口大国,为了更好地发挥社会互济功能,就必须建立广覆盖的社会保障制度。在此基础上,实行多层次的社会保障体制,满足不同人群的需要。

基本养老保险统筹层次问题的核心是对养老保险社会统筹部分资金的管理控制权,这实质上是各级政府的事权与财权的划分。较低的统筹层次不利于养老保险制度互助共济功能的发挥,也不利于实现社会保险的收入再分配功能,更可能抑制劳动力市场配置资源形成的合理流动。

郑功成(2010)从全国养老保险转移关系来分析,认为我国基本养老保险区域分割的现状使不同地区养老保险缴费率有所差别,扭曲了中央与地方及地方间的关系,提高了劳动力流动的养老保险关系转移成本,不利于养老保险制度的自我平衡与发展,因此,应尽快推进城镇基本养老保险全国统筹。郑秉文(2012)从全国各地养老保险收支来分析,认为 2012 年在剔除财政补贴之后,全国仍有半数省份企业部门基本养老保险基金收不抵支。解决这个问题的根本出路在于实现全国统筹,因为在全国统筹条件下,14 个省份的当期支付缺口将会被养老保险基金的快速增长和支付能力的空前提高所"内在化"。贾康(2013)从全国社保互济、共济方面来分析,认为养老金全国统筹首先使基本养老体系的筹资能力、供给能力提高一个层次,从 30 多个小蓄水池的省级统筹汇成一个大蓄水池的全国统筹,提高了全国社保互济、共济的能力,而且使得原来低层次统筹时形成的壁垒被消除了,劳动力能跨区域自由流动。综上所述,学界对提高基本养老保险统筹层次的观点一致,都认为实现基本养老保险全国统筹是紧迫的。

二、基本养老保险全国统筹的障碍因素

实现基本养老保险全国统筹必然会遇到各种现实阻碍,国内学界对各种可能存在的障碍因素进行了深入全面的分析。李珍(2005)从地方政府行为角度来分析,认为地方政府追求自身利益最大化导致省级统筹只是名义上的,因此,在实行全国统筹过程中,省级政府同样具有地方政府追求自身利益最大化的倾向。王晓军(2006)从各省区基本养老保险历史债务、覆盖率、待遇水平、缴费率的定量角度来分析,认为这些指标的地域差异是阻碍全国统筹进程的因素。李雪(2012)从各地收入差距角度来分析,认为目前我国不同地区在经济水平、基本养老保险历史债务的巨大差距和业已形成的地方利己主义行为,严重阻碍了基本养老保险统筹层次的提高。王平(2012)从财政补贴的角度来分析,认为近年来,财政补助开始成为基本养老保险社会统筹账户的重要资金来源,而且规模日渐庞大,但是欠规范的财政补助方式加大了基本养老保险社会统筹账户收不抵支的风险。鱼小辉(2013)从养老金投资和老龄化角度来分析,认为大量存在银行中的养老金暗中缩水、老龄化浪潮的冲击、人口抚养比的攀升,这是中国养老统筹基金的真正"缺口"。郑秉文(2012)从风险角度来分析,认为统筹层次提高到全国水平将存在普遍的道德风险和逆向选择问题,最终有可能致使养老保险制度陷入较大的财务风险之中,这就是目前仍以县、市统筹为主,只有四五个省份真正实现省级统筹的主要原因。综上所述,我国不同地区的经济发展水平、人口结构、养老保险制度存在的巨大差异,中央与地方、企业与个人不同的利益格局,严重制约着基本养老保险的全国统筹。

三、基本养老保险全国统筹的方案设计

针对基本养老保险全国统筹的可行性与方案设计,国内学者给出了不同的建议,现将其主要归纳为如下几点。

(一) 实现基本养老保险全国统筹的时机与路径

马骏(2013)认为,2022 年之前,我国城镇养老金收支处于宽松期,这是进行养老金改革(如提高退休年龄、划拨国有企业股份到社保)的最佳时机。而2022—2035 年成为我国城镇养老金收支的"渐紧期";2035 年以后,我国城镇养老金的收支情况将急剧恶化。如果不在宽松期内未雨绸缪及时改革,养老

金问题就可能在 2035 年后成为政府债务危机的导火索之一。艾慧(2012)认为,我国城镇职工养老保险统筹账户年度支付危机会在 2018—2036 年之间出现,2018 年后统筹账户出现年度缺口,对绝大多数省份来说养老金支付成为"烫手山芋",此时是提升统筹层次的良机。张向达(2011)提出了通过三个步骤实现基本养老保险基金全国统筹的可行性方案。首先,以省级统筹为基础,强化省级政府管理基本养老保险基金的责任;其次,以区域统筹为过渡,按照东部、中部、西部的区域划分,把养老保险基金的管理分别集中到这三个区域;最后,实现全国统筹。

（二）界定中央与地方的财权与事权

李雪(2011)认为,针对各区域间差距的情况,针对各主体利益行为,设计"统账全分,分开管理"的基本养老保险全国统筹模式,以划清中央与地方的权利与责任范围。于翰淼(2011)认为,基本养老保险全国统筹必须要界定中央与地方职权,实行中央主导下的地方分责制,明确界定责任,划分职权。

（三）适当降低地区间收入再分配的幅度

穆怀中(2012)认为,应充分考虑地区间物价水平差异,确保高收入地区养老金合理流向低收入地区,保证基础养老金分配的公平与养老金制度的可持续发展,促进全国统筹的尽快实现。陈元刚(2012)认为,实现基本养老保险全国统筹,必须在目前各地区职工工资差距较大的情况下,适当降低地区间收入再分配的幅度,需对在岗职工平均工资进行调节,以实现较小幅度的收入转移。

（四）引入现收现付制或权益记账制

申曙光(2013)认为,我国城镇养老保险制度面对规模巨大的"空账"与无法做实的"实账",现阶段应建立缴费确定型的现收现付制。饶晶(2012)认为,全国统筹的现收现付制度是最适合我国国情的基本养老保险模式。雷晓康(2011)认为,基本养老保险权益记账制度是基本养老保险制度实现全国统筹的重要一步。

（五）适当降低单位缴费率

郑秉文(2012)认为,实现全国统筹的关键在于改革养老保险制度结构,将个人缴费8％和单位缴费20％全部划入个人账户,直接从目前的县、市统筹提高到全国统筹水平。席恒(2011)认为,适当降低企业社会保障负担和个人缴费费率为基本养老保险全国统筹创造可持续发展的经济基础,建议以最低收入地区和最低收入行业的平均收入水平为基础,将企业缴费率降到12%～15%。刘昌平(2011)认为,社会统筹账户是一个精算盈余的制度安排,缴费率存在下降空间。

上述学者们对基本养老保险全国统筹的研究主要集中在基本养老保险全国统筹的必要性、基本养老保险全国统筹的障碍因素、基本养老保险全国统筹的方案设计这几个方面,而且基本养老保险全国统筹的方案设计大都还只是初步设想,并没有详细论证和说明其模式的具体可操作性。比较之下,左学金(2015)给出了一个详细的可操作性的全国统筹方案设计,包括实现基础养老金全国统筹的框架构想、不同参保人群的过渡措施和其他相关改革措施。

四、全国统筹的国民基础养老金的框架构建

左学金(2015)认为,基础养老金全国统筹进程缓慢的主要原因在于基础养老金的强制缴费率过高,高缴费率大大增加了实现全国统筹的过程中协调不同地方利益的难度,而且高缴费率不符合"广覆盖,保基本"的原则,为此,建议建立一个强制缴费率门槛较低、各类劳动者均能参加的"国民基础养老金"(简称为"国民养老金")。

(一)国民基础养老金的缴费率

建议将基础养老金的强制缴费率定为工资的12%,与《城镇企业职工基本养老保险关系转移接续暂行办法》(国发办2009年66号文)规定的参保人员跨地区流动时转移接续的缴费率相衔接。城乡各类劳动者均应参加基础养老金。城镇地区就业的所有工资劳动者,包括机关、事业单位职工和各类企业雇员应全部强制参加全国统筹的国民基础养老金,由雇主单位为他们缴纳相当于工资总额12%的养老保险费。所有非工资劳动者,包括农业劳动者、城乡个体经营劳动者和非正规就业人员也应强制参加基础养老金,但是允许他们的缴费有一定的弹性。建议以工资劳动者的社平工资为缴费基数,由本人按标准缴费率(12%)的一定折扣率向基础养老金缴费。当他们在某年度按折扣缴费率缴费时,他们在该年度的养老金权益也按同样的折扣率计分。对于那些缴费确有困难的低收入人群,政府可按相应办法给予一定补贴。国民基础养老金的收缴工作,可由中央社保部门负责,委托地方政府执行;也可考虑由税

收部门统一征缴,账目分列。

（二）国民基础养老金的替代率

建议国民基础养老金在收取 12% 的缴费率的同时,承诺提供 40% 的养老金替代率。只要全国统筹的基础养老金将支持比保持在 3.33,就可以用 12% 的缴费率实现 40% 的替代率而维持基础养老基金收支平衡。近年来,全国城镇基本养老保险基金的支持比稳定在 3 以上。目前,农民工人数达 2 亿多人,但参保率较低。在以较低的强制缴费率实现全国统筹,促使大量农民工参保后,基础养老金的支持比可达 4 甚至 5 以上,所以基础养老金提供 40% 的替代率,还会产生相当数量的统筹基金结余;该结余可用于改革过渡时期对部分困难地区养老金的补助,也可作为迎接未来人口老龄化高峰的储备资金。

随着我国人口的老龄化,我国国民基础养老金的支持比将不断下降。为了应对人口老龄化的挑战,我国可借鉴其他国家的经验,通过逐步提高法定退休年龄,以及提高享受养老金的最低缴费年限等措施,来防止社会养老保险支持比下降过快。此外,还可增加公共财政对基础养老金的资助,以及必要时适当提高缴费率等措施来提高基础养老金的筹资水平。国民基础养老金还应出台具体办法,将个人的养老金待遇水平与缴费多少适当挂钩,鼓励劳动者积极参保。最后,我们还可从节制生育的政策转向鼓励生育的政策,适当提高人口的出生率。

（三）过渡期中央与地方责任的分担:"中央保基数,地方补差额"

在实现全国统筹后,中央建立全国统筹的基础养老金,所有参保企业须向全国统筹的基础养老金缴纳相当于企业工资总额 12% 的养老保险费。在参保职工退休并满足领取退休金的规定条件后,可由基础养老金发放平均替代率为 40% 的基础养老金。

但是目前各地养老金的缴费率和平均替代率有较大差异。为此,实现基础养老金全国统筹可继续遵循"帕累托改进"的原则,在相当长的过渡期内维持各地平均替代率不会因为全国统筹而下降。为了实现这一目标,建议采取"中央保基数,地方补差额"的办法。"中央保基数"是指全国统筹的基础养老金确保向这些已经退休或即将退休的人员发放平均替代率为 40% 的基础养老金;"地方补差额"是指如果在实现全国统筹前某地的养老金替代率高于 40%,则超过 40% 的差额部分由地方负责补足。为了做好"地方补差额"的工作,建议由各地成立"地方过渡养老基金"或"地方过渡养老金",用来承担过渡期内"地方补差额"的资金需要。地方过渡养老金可在企业向国民基础养老金缴纳相当于工资总额12%的养老保险费以外,向部分企业和非工资劳动者征收地方养老保险缴费。目前,我国基本养老保险的缴费率一般为企业缴纳20%、职工个人缴纳8%,两者合计达28%,所以在向全国统筹的基础养老金缴纳12%后,地方还有较大征缴空间。从总体上来看,地方补差额的压力不大。如果地方过渡养老金不足的话,可用地方政府掌握的国企分红、国有资产变现、公共财政补助解决;如果地方资源确实不敷支出的话,可申请通过全国社会保障基金或中央财政的转移支付来弥补。

（四）鼓励多缴多得,适当兼顾不同人群和不同地区的利益

实现基础养老金全国统筹,需要通过多缴多得来鼓励大家参保的积极性,同时要适当兼顾不同人群之间和不同地区之间的利益,使养老金全国统筹的改革的再分配功能一方面能向低收入的地区和人群适当倾斜,另一方面又能适当保护收入较高的地区和人群的积极性。

（五）不同参保人群的过渡措施

在过渡期内,可考虑将参加城保的职工分为四部分:1.实现全国统筹时已经退休(称为"已退休人员");2.尚未退休,但参保时间已达15年或以上的职工(简称为"老人");3.实行全国统筹时已经参保,但参保时间不足15年的职工(简称为"中人");4.在实行全国统筹后参保的职工(简称为"新人")。

建议对"已退休人员"和"老人"实行"老办法";对"中人"实行"新办法",全国统筹前的部分社会统筹缴费计入个人账户;对"新人"实行"新办法"。实现全国统筹后,各类参保人的缴费和受益情况可归纳如下表:

参保人类别	企业缴费	个人缴费	养老金受益(待遇)
已退休"老人"	—	—	维持原来的"目标"替代率不变,其中40%由全国统筹基金提供,不足部分由地方过渡基金提供
在职"老人"	向全国统筹基金缴纳12%,向地方过渡基金缴纳8%	向地方过渡基金缴纳本人工资的8%,个人账户余额全部纳入地方过渡基金	同上

参保人类别	企业缴费	个人缴费	养老金受益（待遇）
"中人"	向全国统筹基金缴纳12%全国统筹前历年由企业向社会统筹基金缴纳的超过12%的部分（包括本金和回报），部分或全部按规定办法计入个人账户	向个人账户基金缴纳个人工资的4%～12%	由全国统筹基金提供40%的替代率。由退休时个人账户基金余额提供年金化受益。
"新人"	向全国统筹基金缴纳12%	向个人账户基金缴纳个人工资的4%～12%	同上。

第三节　养老保险个人账户问题

一、养老保险个人账户制度改革的历史路径

我国养老保险个人账户从1993年建立至今的改革历程可以大体分为三个阶段：

（一）确立"统账结合"的社会养老保险制度改革方向（1993—1997），从管理运营层面看，由于没有要求个人账户独立于社会统筹部分单独管理，而社会统筹又面临着入不敷出的巨大赤字压力；在没有财政等外部资源支持的情况下，依照现收现付模式运营的社会统筹基金，多数地区需要挪用当期有限的职工缴费承担过去几十年离退休职工的养老负担。

（二）统一企业职工基本养老保险制度（1997—2001），总结了过去四年来"统账结合，混账经营"的经验与教训，明确提出全国城镇企业职工基本养老保险要实行统一的方案。即统一企业缴费比例、统一个人缴费比例、统一个人账户规模、统一养老金发放标准、统一"中人"养老金给付的过渡办法的"五统一"，但并没有触动"统账结合"制度最关键的"混账经营"问题。

（三）做实个人账户（从2001年至今），由于认识到个人账户既有管理模式存在的种种缺憾，政府于2001年启动了做实个人账户的试点改革。政府采取的措施是让个人账户由做小起步，通过适当方式的财政补贴分担机制，来逐步实现账户的"做实"。从缴费比例看，企业缴费部分不再划入个人账户，全部纳

入社会统筹基金。只将职工个人缴费全部计入个人账户。在提出做实个人账户的同时,强调社会统筹基金与做实的个人账户基金要实行分别管理。个人账户基金由省级社会保险经办机构统一管理,按国家规定存入银行,全部用于购买国债,进行投资以实现保值增值。

二、养老保险个人账户制度改革的问题分析

(一)个人账户空账问题

从理论上讲,养老保险制度改革的转制成本是政府欠旧制度下老人和中人的养老负债,应该由政府进行偿还。但实际上做法是期望以统账制度下社会统筹部分的供款来偿付这部分成本。然而,社会统筹账户的基金也远远不足以支付退休金支出。在这种情况下,唯一的办法就是挪用职工个人账户中的养老金来支付老人的退休金,由此导致个人账户出现空账问题。事实上,地方政府对于"借用"个人账户里的资金以支付社会统筹部门已经习以为常。我国各省市社会保障局经常将这部分养老金转用清偿现收现付制下的赤字。由于支付现有退休人员的福利总额,超过了社会统筹缴费和个人账户缴费收入的总和,从而造成了整个制度的赤字,个人账户的缴费仍记入职工的账户上,但账户完全是"名义"上的。

目前,除东北三省及试点地区外,其他省市执行的是1997年的有关决定。由于制度设计的欠缺,各地在财务上实行"混账管理"的办法,允许统筹基金、个人账户基金相互调剂使用,在实际运行中,社会统筹账户基金与个人账户基金没有分开管理;由于人口老龄化、困难企业改制、在职人员提早退休、巨额的养老保险制度改革的转轨成本即隐性债务等因素,不少地区已经出现养老基金支出超过社会统筹收入、养老金支出增长速度超过养老金收入增长速度的现象,社会统筹账户基金不能足额支付退休人员养老金,而挤占挪用个人账户基金,大量动用"中人"和"新人"积累的个人账户基金满足当期支付需要,致使大多数省份个人账户空账运行,而且每年空账规模不断增加。在目前我国人口老龄化压力越来越严重的背景下,这种名义上"统账结合"、实际上"现收现付"的制度导致我国未来养老金支付压力非常大,潜在风险十分突出。

(二)个人账户保值增值问题

从2000年开始,国家相继将辽宁、吉林、黑龙江三省试点养老保险改革,逐步做实个人账户,2006年扩大到天津、上海、山西、山东、河南、湖北、湖南、新

疆八个省市,试点地区统一要求按3%起步做实个人账户,并要求2006年底做实资金要确保到位。然而,部分做实的个人账户收益率低下。养老保险个人账户只能存银行或购买国债,利率十分低下。作为储存达几十年的个人账户资金,在近几年我国经济保持高速增长的环境下,仍然只有2%左右的回报率,这种情况不利于个人账户资金的保值增值。

同时,部分做实的个人账户管理成本较高。由于我国养老保险实行属地管理,统筹层次低,主要停留在县市级统筹,致使我国形成几千个分散的统筹单位,这不仅加剧了对各地个人账户资金预防和监督机制的困难,而且增加了各地分散管理个人账户的成本。

事实上,面对已经形成的个人账户积累基金,我们也面临一个现实的问题:如何把现有做实积累的个人账户基金管理好,真正实现其保值增值?如果能够从养老保险个人账户制度改革的政策选择上,寻求能有效管理现有积累资金的制度选择,那么这不仅有助于中国养老保险个人账户制度的进一步完善,而且更有利于其保值增值,提高未来人口老龄化高峰期到来时的养老保险基金的支付能力。

三、养老保险个人账户的改革方向

在养老保险个人账户改革方面,国内外学者存在严重分歧。

(一)对于现收现付制转为个人账户制的争论仍然较多

马丁·费尔德斯坦认为,社会保障私有化是从现收现付计划向强制性的基金积累的个人自由账户计划转变,其关键是个人是否掌握投资决策的主动权。莫迪格里尼认为,每一位养老基金参加者都将拥有一个个人账户。斯蒂格利茨认为,将私人管理的养老金体制代替公共运营的养老金体制。然而,智利实行全新的以个人账户积累为基础的养老保险运行机制之后,养老金改革后的覆盖率始终比较低。

(二)对引入名义账户制的看法不尽一致

以一派为代表,世界银行养老金经济学家罗伯特·霍尔茨曼认为,名义账户制既能满足改革的财政、政治、社会及经济需要,又不会增加改革的财政负担。易纲认为,转型名义账户制将是我国养老保险制度改革的新思路;李剑阁认为,完善养老金体制,实行记账式个人账户更好;龙朝阳认为,名义账户制模式是我国养老金制度改革的目标归宿。而以另一派为代表尼古拉斯·巴尔认为,名义账户制并不是一个有效的政策,名义账户制没有解决关键的筹资问题。何平认为,把个人账户引入我国养老保险制度是社会保障制度创新模式的核心;穆怀中认为,名义个人账户制不能从根本上解决养老金隐性债务,褚福灵认为,做实基本养老保险个人账户,形成个人缴费的完全积累,实现基本养老保险制度模式从"统账结合,并账管理"向"统账结合,分账管理"的实质性转变。综上所述,学界对于"做实个人账户"还是引入"名义账户制",存在激烈的争议。

四、"做实个人账户"一派的主要政策建议

(一)处置转轨成本,实行分账管理

个人账户从空账到实账,是我国养老保险制度改革成功的关键。我国养老保险制度从传统的现收现付制向社会统筹与个人账户相结合制度的改革,导致巨大转轨成本,也即养老隐性债务。在转轨之际,由政府承担转轨成本,承担现收现付制下积累起来的养老金承诺,向老退休职工支付养老金,以顺利实现养老保险体制向新体制的过渡,这既是公平的,又是明智的。如果不解决转轨成本问题,个人账户就很难从空账到实账。因此,处理转轨成本则是个人账户从空账到实账的关键。政府可以采取出售国有资产来补充社会保障基金,也可以采取发行特种国债、发行福利彩票、使用政府经常性收入的方式,来承担转轨成本。

做实个人账户,必须将社会统筹账户基金与个人账户基金实行分账管理,单独核算。只有个人账户真正有积累,才有可能进行投资。而提高养老保险个人账户投资回报率则是做实个人账户、实现个人账户保值增值的重要手段。

(二)拓宽个人账户基金的投资渠道,提高个人账户的回报率

为了消化养老保险基金的负债,除了养老保险缴费的收入、多渠道筹集资金之外,提高个人账户投资回报率是一项重要收入来源。养老保险基金存储时间长,只有保值增值才能兑现几年、十几年甚至几十年后的养老金待遇。因此,社会养老基金不但要有积累,而且这些积累应该取得较高的回报率。回报率的高低在长期内会对养老保险的可持续性产生重大影响。鉴于目前企业缴费负担已经很重,今后通过增加企业缴费来改善社会保障基金收支平衡的做法已经没有多大余地。所以提高养老基金的投资回报率,是提高社保资金可持续性的关键之一。

然而,长此以来我国规定基本养老保险基金(统筹账户基金与个人账户基金)只限存银行和买国债。由于养老保险存储期限长,不可避免地受到物价波动的影响,尤其是在通货膨胀的情况下,难以避免贬值,难以做到保值增值,因此基金的收益率低,最终导致养老保险基金的长、短期收支失衡。

从某种意义上讲,设立个人账户的目的之一是为了使其能够进入市场投资,所有发达国家社保制度引入个人账户的目的几乎概莫能外。这就要求个人账户基金不应采取与社会统筹基金一样的投资策略,尤其在其投资收益率低于通货膨胀率的时候,个人账户就失去了其设立的目的和意义。

因此,提高养老保险个人账户投资回报率,就必须要求拓展个人账户的投资渠道,而不是仅仅限于银行存款与国债,应该充分利用国内外资本市场,在安全性第一的前提下,进行多渠道的投资。建议改革养老保险个人账户基金的投资机制,拓宽已经做实的个人账户资金的投资渠道(如资本市场、基础设施项目等)。

(三) 改革个人账户管理模式,降低个人账户的风险

尽管实行基金积累制的个人账户在社会再分配即社会互济方面存在不足之处,但由于个人账户具有自我保障功能,具有明晰的个人产权,而个人产权与投资决策权是对称的,个人账户是基金投资的唯一通道;风险的承担者与收益的拥有者是统一的,资产管理者仅是服务的提供者,因而个人账户具备对资本市场进行投资的资格,它的最大优点是卸下了政府的财政包袱,有利于个人账户资金做实之后的保值增值。

通过建立养老基金缴款人的最优化模型以及求解养老基金最优担保值,并对缴款人与养老基金经理之间的分享参数进行敏感性分析,发现该分享参数不仅可以用来作为管理养老基金的一种方式,而且可以用来作为一个原则,以减少金融市场对缴款人的风险,将养老保险个人账户的投资风险从养老基金缴款人转移到养老基金经理。从这个意义上讲,分享参数原则就起到了保护非专业人士的投资行为和利益的作用。

改革"中人"和"新人"的个人账户管理模式,由地方政府分散化管理运作转为由若干家中央授权的全国性的养老金资产管理公司专业化管理运作。放宽对个人账户养老金的投资限制,在控制投资风险的情况下提高养老金投资回报率。让各地政府(或企业或职工个人)在加强基金管理公司相关信息披露的基础上,自行选择管理个人账户的基金管理公司。养老金资产可成为资本

市场的重要机构投资者,对于我国进一步发展和完善资本市场也当有推动作用。国家应成立专门机构,负责对每位参保人基础养老金和个人账户养老金的相关信息进行备份和管理。政府还应进一步出台相关优惠政策,鼓励基于自愿的企业年金或职业年金等第三支柱养老金的发展。

(四)降低社会统筹账户比例,扩大个人账户比例

为与做实个人账户相衔接,2006 年《关于完善企业职工基本养老保险制度的决定》规定从 2006 年 1 月 1 日起,个人账户的规模统一由本人缴费工资的 11% 调整为 8%,全部由个人缴费形成;单位缴费不再划入个人账户,单位缴费全部进入社会统筹基金。显然,我国在最近基本养老保险个人账户改革之后,个人账户所占相对比例缩小了,社会统筹部分的相对比例提高了,这种做法有可能加大基本养老保险全国统筹对富裕地区的影响,从而可能伤及富裕地区实施全国统筹的积极性,反而不利于实行全国统筹。从国际经验来看,基本养老保险个人账户相对比例的趋势是上升的。

因此,适当降低社会统筹账户比例、扩大个人账户比例,不仅有利于实现全国统筹的目标;而且有利于延缓劳动力退出市场的时间,缓解人口老龄化对经济和社会发展带来的压力;有利于提高个人缴费的积极性,提高个人账户的激励效应,从而提高整个社会保障基金的来源。

近期有专家组提出在中国建立名义账户制度(NDC)。但是,名义账户制的融资方式仍沿用了原制度下的现收现付制,在融资模式没有发生根本性变化的前提下,中国的养老保险制度无法避免严重的收支赤字问题,这有悖于改革初衷。名义账户制使投保人失去对个人账户的信任,本应成为促进投保人参加养老保险制度的个人账户制度,由于设立的是名义个人账户,反而成为人们进入养老保险制度的障碍,从而使得改革所确立的统账结合制成为一种表面上的制度,阻碍了养老保险旧制度向新制度的转型,而且名义个人账户制在财务上不具有可持续性。因此,解决养老金隐性债务问题,不能期望于名义账户制。基于中国的具体国情,养老保险个人账户实行 FDC 制将更优于 NDC,目前,应该坚持国家已经确立的养老保险制度改革方向,继续采取措施逐步做实个人账户(FDC)。

我国养老保险制度从传统的现收现付制向社会统筹与个人账户相结合制度的改革,导致巨大转轨成本,亦即养老隐性债务。如果不解决转轨成本问题,个人账户就很难从空账到实账。因此,处理转轨成本则是个人账户从空账

到实账的关键。然而,随着 21 世纪中国人口老龄化高峰期的即将到来,仅仅依靠财政投入来弥补基金缺口和做实个人账户空账,显然已捉襟见肘。鉴于改革开放 30 年来,中国央企和各地方国资收益的不断增长,运用国资收益等补充养老保险基金和做实个人账户就具有现实性和可操作性。一是大幅提高中央企业和地方国资分红的覆盖面,实施国资分红制度;二是提高国资分红的比例;三是将地方国资分红主要用于填补各地养老保险基金缺口和做实个账户,央企分红用于全国社保基金理事会,全国社保基金理事会作为中国社会保障基金的最后担保人。此外,政府也可以采取出售国有资产来补充养老保险基金,也可以采取发行特种国债、发行福利彩票、使用政府经常性收入的方式,来承担转轨成本。

参考文献

[1] 马骏,张晓蓉,李治国.中国国家资产负债表研究[M].北京:社会科学文献出版社,2012.

[2] 郑秉文.中国养老金发展报告 2014[M].北京:经济管理出版社,2014.

[3] 郑秉文.中国养老金发展报告 2013[M].北京:经济管理出版社,2013.

[4] 郑秉文.中国养老金发展报告 2012[M].北京:经济管理出版社,2012.

[5] 郑秉文,孙永勇.对中国城镇职工基本养老保险现状的反思[J].上海大学学报(社会科学版),2012,(5).

[6] 郑功成.尽快推进城镇职工基本养老保险全国统筹[J].经济纵横,2010,(9).

[7] 左学金.21 世纪中国人口再展望[J].北京大学学报(哲学社会科学版),2012,(9).

[8] 左学金.社保制度改革的中庸之道[J].中国改革,2012,(9).

[9] 肖严华,左学金.全国统筹的国民基础养老金的基本原则与框架设计[J].学术月刊,2015,(5).

[10] 席恒.基本养老保险全国统筹的思路与支持条件[J].行政管理改革,2011,(3).

[11] 李雪,陈元刚.我国基本养老保险实现全国统筹的方案设计[J].中共宁波市委党校学报,2011,(1).

[12] 龙朝阳.中国城镇养老保险制度改革方向:基金积累制抑或名义账户制[J].学术月刊,2011,(6).

[13] 褚福灵.做实基本养老保险个人账户的理论与实践[J].新视野,2010,(5).

[14] 穆怀中,闫琳琳.基础养老金全国统筹收入再分配给付水平及适度性检验[J].人口与发展,2012,(6).

[15] 刘昌平,殷宝明.中国基本养老保险制度财务平衡与可持续性研究[J].财经理论与实践,2011,(1).

[16] 艾慧,张阳,杨长昱,吴延东.中国养老保险统筹账户的财务可持续性研究[J].财经研究,2012,(2).

[17] 于翰淼,周欢,顾佳丽.基本养老保险全国统筹问题研究[J].劳动保障世界,2011,(12).

[18] 申曙光,龙朝阳.养老金制度融资方式转轨的理论思辨[J].经济学家,2013,(2).

第三章　社会医疗保障研究

第一节　背景和原因

医疗保障是全球面临的难题,没有一个"放诸四海而皆准"的灵丹妙药。在不同的政治经济文化背景下发展起来的各国医疗保障制度,都存在这样那样的缺陷,各国都还在不断地探索更加公平有效的医保制度。

中国自改革开放以来,高度重视医保制度的建设和发展,不断改革和完善医疗保障制度。2009 年以来的最新一轮改革,在扩大基本医疗保障覆盖面、建立基本医疗保障制度体系方面取得了很大的进展,但是"看病难""看病贵"的问题没有得到有效解决,整个医疗保障体制的公平和效率还有待进一步提高。

一、中国的基本医疗保障制度体系

目前,中国基本医疗保障体系包括城镇职工基本医疗保险(1998 年建立)、新型农村合作医疗(2003 年建立)和城镇居民基本医疗保险(2007 年建立),加上城乡医疗救助(2003 年农村,2005 年城市),分别覆盖城镇就业人口、农村人口、城镇非就业人口和城乡困难人群。在政府大力发展民生、加快推进医疗卫生体制改革的思想指导下,三项基本医疗保险制度得到了快速发展,基本实现了城乡人口的全覆盖。截至 2014 年底,参加城镇职工基本医疗保险人数 2.83 亿人,城镇居民基本医疗保险人数 3.14 亿人(国家统计局,2015 年 2 月 16 日),新型农村合作医疗人数 8.02 亿人(2013 年数据,国家统计局,2014 年 10 月),基本实现了全民医保的目标[1]。可以说,这是中国在改革开放以来在基本

---

[1]　有一部分人群有重复参保的情况,比如到城市打工的农村人口可能既参加了新农合,又参加了城镇居民基本医疗保险,因此三类保险参保人数加总大于中国总人口。

医保制度建设方面取得的重大成果。

二、存在问题

虽然中国的医疗保障制度在改革开放后取得了很大的进步,但是实现基本医疗保障制度覆盖全部人口只是第一步,离真正意义上的全民医保还差得很远。中国的医保制度在保险体系、制度差异、控费机制等方面仍然存在诸多问题,影响了制度的公平和效率。另外,中国医疗服务体系中存在的问题也对医保制度的有效运转产生重要影响。

(一)保险体系板块分割

现在的三种基本医疗保险制度是在渐进式改革中按照不同人群的需要逐步建立起来的,形成了分别面向城镇职工、城镇居民和农村居民的三大"板块"。三项基本医疗保障制度的资金分开统筹,统筹层次也比较低,目前,主要还是县级统筹,有一些是地级统筹,仅有少部分大城市(包括直辖市)实行了城镇医保的市级统筹。板块分割、统筹层次低导致基金分散,不仅增加了管理成本,也降低了基金的抗风险能力和使用效率,从而影响了整个医保体系的公平和效率,更不能起到社会医疗保险计划所追求的团结互济作用。

(二)制度之间差异巨大

不同医保制度之间以及同一项医保制度下不同地区之间在筹资水平和福利保障水平方面存在巨大差异,反映出目前的医保体系在公平性方面还有待改进。2013 年,城镇职工基本医疗保险的人均筹资水平为 2 600 元左右,城乡居民基本医疗保险和新农合的筹资水平分别是 400 元和 370 元,前者是后两者 6.5 倍之多。就新农合而言,筹资水平最高的上海是全国平均的 4 倍多(中国统计年鉴,2014)。筹资水平的差距必然会导致保障水平的差距。比如,职工医保的住院费用实际报销比例在 70% 左右,而居民医保和新农合的住院费用实际报销比例则只有 40% 左右,差距明显。这里谈到的还只是费用上的差距,实际上,由于优质医疗资源在大城市、大医院的集中,城乡居民和各地区居民在享受的医疗服务质量上也存在着很大的差距。

(三)控费机制需要推进

费用控制包括对需方和供方的控制。人口老龄化对医保支出的影响加剧,医保体系面临更大的财务压力。一方面,医保制度通过起付线、共付比例等方式对需方进行费用控制。对供方的控费机制更多地体现在医保基金对医疗服务供方的支付方式上。各地支付方式的改革尝试一直没有停止过,但支付制度改革是一项非常复杂的系统工程,真正在全国取得实质性进展还有待时日。

(四)服务体系有待改革

严格来说,服务体系不属于医疗保障制度的构成内容,而是与医保并行却又不可割裂的一个体系。目前,中国的医疗服务机构仍然以公立医院为主。单纯从机构数量来看,公立医疗机构大致占60%左右,但从提供的门诊和住院服务量来看,公立医疗机构仍然占绝对主导地位,占总数的90%以上。医疗资源集中在大城市大医院,三级医院消耗了医疗总费用的60%以上。这些都对医保待遇产生十分重要的影响。因此,无论是医疗体系的服务模式,还是服务结构,还是公立医院这种组织形式,都迫切需要改革。

第二节　医疗保障的主要理论

与其他部门相比,医疗卫生部门拥有自己的特点,最典型的包括不确定性、信息不对称和外部性。经济学对这些特点进行了研究和分析,形成了医疗保障的相关理论。

一、不确定性和医疗保险需求理论

医疗部门的一个重要特征是医疗保健需求具有极大的不可预见性。与食物、教育或其他生活必需品不同,个人对医疗保健的需求是不确定性。而且医疗费用的分布极不对称。研究表明,在任何一个年份,在一个较大的人群中,如果人群按照医疗保健开支进行排序的话,开支最大的1%的病人约占总保健开支的30%,开支最大的10%的病人占到总保健开支的75%。个人对于自己在任何一个时段是否使用医疗服务面临极大的不确定性(Arrow,1963)。

医疗保险就是将钱从不太需要的时候转移到非常需要的时候的一种机制(科尔奈,翁笙和,2003)。相对于个人"储蓄以备不时之需"或生病后通过借钱支付费用而言,保险更为实用和有效。将自己的风险与其他人的风险集中在一起,个人就可以通过定期支付一定的金额来抵御健康状况不良时的财务风险。

不确定性和对保险的需求使医疗市场出现了第三方支付制度,即医疗保险。因此,卫生部门的特征就是消费者、保险人/支付者、供应者的三方组合。医疗保险具有融资功能、经济保障功能和再分配功能,在维护社会公平、稳定和经济发展等方面发挥着重要作用,被称为"社会的稳定器"。

二、信息不对称和医疗保险理论

经济学通常假设市场是完全信息的,即所有的决策者(即所有的消费者和生产者)对这个市场上任何可及的产品或服务的价格和质量都拥有完全信息。买方和卖方一样了解产品。在医疗卫生领域不仅普遍存在不完全信息,而且还存在信息不对称。信息不对称是指交易的任何一方比另一方更了解该交易的信息(富兰德,2004)。信息不对称的情况在医疗卫生部门非常广泛。风险选择、逆向选择、道德风险等问题都是因信息不对称而引起的。

医疗保险中的风险选择也被称为"撇脂"。在医疗保险中,购买保险的消费者往往比保险商掌握更多的信息,即自身的健康状况和利用医疗服务的可能性。在信息不对称时,成本高的消费者更愿意购买昂贵的保险计划。因此,保险方会安排相关的机制阻止生病的人购买保险,鼓励健康人购买保险。保险人的风险选择可以表现为多种形式:他们可以排除被认为是高风险消费者的服务;提供服务吸引低风险消费者;对相对健康的人群进行针对性广告;等等。风险选择的结果会将健康状况不佳的人排除在保险计划之外。为此,在社会医疗保险制度中引入了强制保险,避免风险选择导致的后果。

逆向选择问题也是因信息不对称导致的。人们健康状况不同,对医疗服务的需求也有所不同。健康不佳的人显然需要更多的照顾、治疗和药品,因此,他们会倾向于购买更多的保险来预防其医疗支出。相反,健康人和年轻人则不愿意花钱买保险。如果保险人吸引了许多医疗支出较高的人参保,保险人就可能不得不提高保险费率,而这会进一步使健康者放弃保险计划。当保险人试图提高保险费而低风险消费者停止购买保险时,就出现了逆向选择问题(斯蒂格利茨,2000)。逆向选择可能会使保险计划陷入恶性循环:健康水平较差的人参加保险,导致保险人成本提高,因此,保险费提高,使一部分健康水平相对较好的人退出,不断循环,最后健康状况好和差的人都无法支付高昂的保费。逆向选择使一些消费者不会购买他们需要的保险,而迫使一些消费者支付很高的保险费率。强制性的社会医疗保险可以从根本上解决逆向选择问题。

保险人提供的保险越多,投保人避免风险或者问题发生后尽量减少损失的激励就会越弱。保险降低个人避免损失的积极性,这种现象称为道德风险。道德风险现象存在所有保险之中,在医疗保健领域也是如此。例如,保险人/第三方支付者为医疗支付了所有开支,那么病人就没有节约使用医疗资源的激励。病人一旦生病,就可能会要求获得更多、更贵的医疗服务。他们会认为越贵的治疗包括成本更高的治疗方案,更有经验的医生,更先进的技术,更昂贵的药物,从而得到更好的治疗,虽然事实并非如此。所以,病人作为一个群体会迫使医疗服务供应方和保险人花费更多。供方也是如此。医生们可能希望尽快、有效地治疗病人,如果他们的报酬是根据提供的服务来计算,那么他们也没有兴趣来控制医疗成本,甚至还会诱导病人获得更多的需求。因此,保险人将可能不得不支付更多的费用。过度使用医疗服务最终将导致保险成本上升,但是如果是社会医疗保险或由国家税收总支出的话,单个病人很少会意识到自己的花费与医疗保险费率或税收比例总体上升之间的联系。

防止道德风险可以要求病人和供方在使用时候也要支付一定的成本。在要求第三方支付之前,病人需要先支付一个确定的金额(免赔额)。病人也可能被要求就每一项商品或每一项服务支付一定的金额(共付),或者支付总医疗费用的一定比例(共保)。起付、共付和共保可以在一定程度上限制过度使用无效的医疗服务,但这又会给消费者带来经济风险,影响医疗服务的利用。

信息不对称在医疗服务供应上也非常重要。供方总是比病人或第三方支付者更了解疾病的处理、费用、风险等等。信息不对称可导致供方诱导需求。供给诱导需求是指医疗服务供方拥有并且利用他们的信息优势去影响需求,以谋取利益(富兰德等,2004)。病人则缺乏专业知识和经验进行鉴别和质疑。医生作为患者的建议者和服务提供者的双重角色也使供给诱导需求成为可能。为此,医疗保障需要对供方设计合适的支付机制来制约供给诱导需求。

三、外部性和社会医疗保险理论

医疗卫生领域普遍存在外部性。当市场交易以外的人,也就是说,既不是买者也不是卖者的人直接受到交易的影响而没有得到或进行相应的补偿时,就会产生外部性(富兰德等,2004)。医疗卫生部门常见的外部性例子是传染病的免疫接种。因为接受了免疫接种的人不太可能成为病菌携带者,因此,没有接受免疫接种的人受到了交易的影响。这是一个正外部性的例子。

医疗服务的另一个外部性可以归结为"消费的外部性"（费尔德斯坦，1998）。如果健康而富有的人不希望看到那些不幸的人没有必要的医疗保健，并愿意为他们的医疗保健作些贡献，这就是消费的外部性。因为个人的效用不仅取决于自己购买的商品和服务的质量，也取决于其他人购买的一定商品和服务的数量。在这种情况下，如果某些人对不幸的人捐助医疗服务，而其他本来同样也愿意捐的人，就会得到外部效益；即使未必需要每个人都捐助，但每个人从看到不幸的人得到医疗保健中获得效益。许多学者认为，外部性是医疗卫生领域实行社会保险计划最有力的证据。

第三节　关于政府主导与市场主导的讨论

关于中国医改，比较激烈的讨论是政府主导和市场主导两派观点的争论。政府主导派以国务院发展研究中心葛延风和北京大学李玲等为代表，认为我国医疗体制存在问题的主要原因在于过度市场化，应该由政府直接提供医疗服务，为全民提供医疗保障。国务院发展研究中心课题组的《对中国医疗卫生体制改革的评价与建议》（2007年5月），指出我国医改总体上是不成功的，根源在于医疗卫生体制改革的商业化、市场化走向违背了医疗卫生事业发展的基本规律。而在计划经济时期，中国在医疗服务体系建设、干预重点选择以及费用保障机制发展方面取得了突出成效，决定性因素是"政府的主导作用"，说明中国当时的选择符合医疗卫生事业发展的基本要求和规律。为此，研究认为，未来改革的出路只能是强化政府职能，而政府的责任应主要体现在两个方面，一是强化政府的筹资和分配功能，二是全面干预医疗卫生服务体系的建设和发展。

李玲也是坚定的政府主导派。她认为，改革开放以来中国医疗卫生领域存在的问题主要是由于政府失职和市场失灵。政府在改革的过程中对医疗卫生事业的发展没有明确的方向和目标，盲目地将医疗卫生推向市场。由于医疗卫生存在很多特殊性——公共品、外部性、不确定性、信息不对称以及垄断——导致市场失灵，市场不能有效地配置医疗卫生资源。从国际经验来看，由国家主导的医疗卫生体制在公平和效率的平衡上要比由市场主导的体制好，因此她认为未来中国的医疗体制，应采用政府主导型（李玲，2005）。

市场主导派以刘国恩、顾昕等人为代表，认为我国医疗体制中存在的问题在于竞争不足,未来的改革应该更多地引入市场竞争机制。刘国恩指出,看病难、看病贵的实质是医疗服务供不应求,主要原因是过多的政府干预和行政垄断所导致的市场竞争不足。因此,重点应该在提供医疗服务方面引入市场竞争机制,鼓励和扶持民营资本进入医疗服务市场,通过医疗服务机构之间的竞争来提高效率,降低医疗服务价格(刘国恩,2007)。

顾昕认为,中国20多年医疗体制改革失败的根源与其是说是医疗服务的市场化,不如说是在市场化过程中政府职能的缺位。首先,政府未能有效地推动医疗保障体系的普遍覆盖,从而导致医疗费用负担的极大不公平;其次,身为公立机构的医疗保障组织者未能行使第三方购买者的应尽职能,代表病人对医疗服务提供者实施有效的监控,从而导致医疗费用的快速增长;再次,作为医疗服务的重要监管者之一,政府与医疗服务提供者的关系纠缠不清,从而导致后者的行为扭曲。因此,中国医疗体制进一步改革的战略性选择,并不是放弃市场化、甚至恢复计划经济时代的医疗体制管理模式,而是走向有管理的市场化,探寻将国家介入与市场竞争有效结合的新路(顾昕,2005)。

与政府主导和市场主导相关的是关于补供方与补需方的争论。葛延风和李玲等认为,政府主导就是政府直接提供医疗服务,财政直接补贴医疗供方,由政府直接举办医疗机构,包括医院和社区卫生组织等;政府免费或部分免费提供公共卫生和基本医疗服务。刘国恩、顾昕等则认为,政府财政应该补贴医疗需方,增加需方购买能力。政府主导主要体现在筹资和政府对医疗服务的购买,确保全民享有基本医疗服务和公共健康服务。政府作为医疗筹资的主体,应补贴需方尤其是低收入人群等弱势群体来实现全民医保,通过医疗保险成为强有力的谈判者,向医疗机构购买医疗服务,并建立相应的以市场和谈判为基础的价格决定机制和费用支付制度。

事实上,对中国医疗卫生制度改革的争论一直没有停止过,直到今天还在持续。改革实践则总体上以政府主导为主,医疗保障在政府主导下基本实现了全民覆盖,医疗卫生服务领域则一直没有真正放开竞争。

第四节　关于医疗保障模式的讨论

关于医疗保障制度改革的一项讨论是中国医疗保障应该采用何种模式。世界上已经形成了五种比较典型的医疗保障模式,分别是国家医疗服务模式、国家医疗保险模式、社会医疗保险模式、商业医疗保险模式和医疗储蓄账户模式(科尔奈、翁笙和,2003;郑功成,2003年;郑秉文、和春雷,2002年;巴尔,2003年;Mossialos E. et al. eds.,2002;胡苏云,2001年)。每种模式都有各自的特点和构成,在筹资机制和服务组织形式上也各有偏重。就医疗体系的筹资而言,每个国家都是几种不同筹资机制的混合,就医疗体系的组织而言,通常分为政府或市场主导的营利、非营利医疗机构的不同组合。

一、国家医疗服务模式

国家医疗服务模式是一种由政府通过一般税收筹集资金、主要由公立医疗机构提供医疗服务的医疗保障制度。英国是国家医疗服务模式的典型代表,瑞典、丹麦、澳大利亚等国也采用这种模式。这种模式的主要特点包括(胡苏云,2001):政府税收是卫生经费的主要来源;医疗机构以公有制为主,政府是医疗机构的所有者和经营者;保障覆盖全体国民,服务基本免费;医疗卫生资源配置、医疗服务价格等主要通过政府计划调节。这种模式的优点在于具有较好的普遍性和公平性,政府可以有效控制医疗费用的上涨,但其缺点是效率低下导致排队等候,同时财政负担较重。

二、国家医疗保险模式

国家医疗保险模式是通过社会保险筹资、由省政府作为基金管理者、由私人医疗机构提供服务的医疗保障制度。这种模式的代表国家是加拿大。这种模式与国家医疗服务模式的不同之处在于,购买方和提供方的功能是分开的。地方政府(省政府)承担了管理和保险功能,医疗服务供给以私立机构为主。这种模式强调普遍平等享有基本医疗服务,同时可以结合自愿的补充保险覆盖未包括的服务。

三、社会医疗保险模式

社会医疗保险体系在西欧比较成熟,最早起源于19世纪俾斯麦统治下的德国。社会医疗保险的筹资主要由雇主、雇员以工资税的形式缴纳,资金在保险基金内统筹,向私人机构购买医疗服务。社会保险模式比国家医疗保险模式更为分散,各行业或地区都可组建医疗保险基金,在一定情况下形成竞争。通过比较各种基金,病人可以自主选择保险公司。医疗服务提供由市场调节,有利于提高效率。法国、日本、韩国等国家都采用社会医疗保险模式。

社会医疗保险的主要优势在于保险基金与政府的相对独立性,并对病人或消费者作出更好的反应。社会医疗保险也存在不足。雇主承担部分保险成本造成劳动力成本上升;基于就业的参保资格会限制非就业人口的医疗服务可及性;服务往往只覆盖治疗性的医疗干预,忽视公共卫生干预。另外,与工资相关的缴费没有考虑个人或家庭的财富和投资收入,会导致不公平。

四、商业医疗保险模式

商业医疗保险模式是通过私营机构进行筹资、由私营机构提供服务的医疗保障制度。这种制度完全建立在自愿购买保险的基础上,个人可以进行自由选择,服务由私立医疗机构提供,受市场调节。

商业医疗保险可以是对社会医疗保险的代替、补充或互补。代替性的商业医疗保险是强制医疗保险以外的另一个选择,可供公共医疗保险以外的人群或可以进行自由选择的人群参加。补充型商业医疗保险可以使受益人更快地获得服务,或享受比公共基金更好的服务。互补型保险覆盖强制保险计划没有包括或没有完全包括的那部分服务。

这种模式的主要例子就是美国。需要指出的是,虽然美国是商业医疗保险的典型国家,但是美国政府为老人和穷人提供的医疗保险计划占了医疗资金的将近一半。

五、医疗储蓄账户模式

医疗储蓄账户模式在实践中只有新加坡、美国、中国实行。这种模式中,个人定期将收入的一部分存入个人账户,在看病时支付医疗费用。医疗服务提供包括公立和私立机构。这种模式强调个人责任和选择。

在新加坡,个人储蓄账户与强制大病保险相互补充,低收入者则由公共基金进行支付。在美国,医疗储蓄账户必须与起付额很高的大病保险相关联。因此,医疗储蓄账户总是被作为混合医疗筹资机制的一部分。如果没有互补的机制,医疗储蓄账户不能提供任何大病风险保障,因为没有形成风险池。新加坡特有的储蓄文化和高人均 GDP 使它成为一个特例(Maynard and Dixon,2002),这种机制在其他情况下不太可行。在美国,引入医疗储蓄账户的动机是克服私人医疗保险计划中的道德风险和逆向选择(斯蒂格利茨,2000 年)。让病人充分了解医疗服务的成本,使他们对价格更加敏感,从而减少一些服务的利用,扼制医疗成本上升。但是实际的使用者比预期的要少。

由于受到路径依赖的影响,中国的医疗保障制度采取的是社会医疗保险模式。其筹资机制主要是通过企、事业和职工缴纳保险税的形式。政府对于贫困人口,城镇居民提供财政补贴,服务提供主要由公立医院提供。存在的主要问题包括板块分割,不同人群之间的差距过大,控费机制不当,以及服务提供效率低下等。总体上现有医保制度的公平和效率都需要改进。

第五节　中国基本医疗保障制度改革的前景展望

中国在医疗卫生体制、医保支付制度、医疗服务体制方面进行了改革,但是中国医疗保障制度改革的道路依然任重道远。

一、医疗卫生体制综合改革

医疗卫生领域最近一次的综合性改革发生在 2009 年。2009 年 4 月 6 日,《中共中央国务院关于深化医药卫生体制改革的意见》正式公布,标志着新一轮医疗卫生体制改革的启动。改革明确了五大任务:一是加快推进基本医疗保障制度建设;二是初步建立国家基本药物制度;三是健全基层医疗卫生服务体系;四是促进基本公共卫生服务逐步均等化;五是推进公立医院改革试点。改革提出,到 2011 年,基本医疗保障制度全面覆盖城乡居民,基本医疗卫生可及性和服务水平明显提高,居民就医费用负担明显减轻,"看病难、看病贵"问题明显缓解。可以说,这是自 1949 年新中国成立以来,国家最系统、最全面地尝试设计全民医疗保障体系的蓝图(刘国恩,2014)。

2009 年的医改取得了很大成就。城镇职工基本医疗保险、城镇居民基本医疗保险和新型农村合作医疗制度三项基本医保制度的覆盖面已经达到了96％以上,可以说基本实现了全民医保,筹资和保障水平也在逐步提高。基层医疗卫生服务体系也得到了进一步强化。政府加大投入,用于基本卫生机构的建设和基层卫生队伍的建设,使城乡基本医疗卫生服务的可及性得到了改善。但是,与此同时,中国医保支付制度的改革进展缓慢,医疗服务市场的改革更是一个深水区的难题。

二、医保支付制度改革

如前所言,中国医保制度虽然实现了广覆盖,却是低水平的覆盖。要提升其质量和效率,医保的支付制度改革是重要的手段,支付制度的核心是支付方式。为此,国家出台了一系列文件,确定医疗付费改革的大方向是,门诊按人头付费,住院按病种付费,在此基础上,对医院进行预算精确化管理,探索总额预付。从2010年起,北京在6家三甲医院,对108个病组试点住院病人按病种付费的医保支付模式。从已有的效果看,按病种付费实现了政府和病人不增加支出,但医院却有盈余的三赢效果。上海则实行了医保费用总额控制的模式。直至2011年,上海全市的三级医院都实行了总额预算和预付制度。在总额预付的大框架下,也有按病种付费、按服务单位付费作为细化的管理手段。通过总额预算,上海医保基金的费用支出得到了一定的控制。

但是目前的总额预付制度存在管理粗放的问题,医保基金和医疗机构之间没有建立起谈判协商机制。一方面,医保不断提高医保报销支付比例和最高限额,以降低患者自付比例;另一方面,医保对医院的总额预算通常在上一年度的基础上进行压缩。结果是医院服务的参保人群越多,亏损就越大。接近年底时,医院就出现大量推诿医保病人的现象。因此,对于支付方式的改革,还需要各地进行积极探索,寻求更有效率的支付方式,如按绩效付费等方式,通过支付方式改革调动各方积极性。

三、医疗服务体系改革

医疗保障体系改革的成功离不开医疗服务体系的改革,两者必须同步进行,医疗卫生制度的改革才可能取得成效。然而,医疗服务体系的改革可以说是医改最难也是进展最慢的领域。医疗服务体系的改革涉及医疗机构所有制和运行机制改革、医疗服务市场开放、医疗人力资源可持续发展等方面,每一块都是难啃的骨头。

中国30多年来的医疗体制改革,从公立医院放权让利,医院营利非营利的分类管理,公立医院产权改革,一直到2009年医改提出公立医院改革试点,公立医院改革没有取得实质性进展。公立医院的补偿机制一直是扭曲的,从以药养医到以检查养医,对医务人员专业知识的补偿则长期被低估,医务人员的工作积极性受到严重挫伤。

同时,医疗服务市场的开放和竞争也遭遇重重障碍,改革在市场主导还是政府主导间摇摆不定,把市场化和公益性对立起来。近几年,国家出台了多项政策鼓励社会资本进入医疗领域,包括《中共中央关于全面深化改革若干重大问题的决定》《国务院关于促进健康服务发展的若干意见》以及《关于加快发展社会办医的若干意见》等。这些文件都要求加快发展社会办医,优化资源配置,增加卫生资源供给,但是在具体实施过程中难以有效推进。目前,医疗服务市场供需矛盾突出,医患矛盾的案例层出不穷,已经引起世界关注。

医务人员短缺的矛盾也更加凸显。中国13亿人口拥有大约200万"医生",每1 000人口医生数为1.5人,只有巴西的一半(蔡江南,2012年)。其中,受过研究生教育的医生只占了8%,按此计算,中国的医生人数比例只有巴西的1/4。而且,医生在城乡和地区之间的分布还非常不均,农村每1 000人口1.3个医生,城市每1 000人口3个医生,农村的医生人口比例还不到城市的一半。如果不解决医疗人力资源供应不足的问题,医改和医疗卫生事业发展将难以为继。

展望未来,正如有学者提出的,要解决"看病难""看病贵"问题,需要解决三大矛盾:居民医疗高水平需求与国家社会经济发展承受力有限的矛盾;居民就医行为与医疗服务供给之间错位的矛盾;以及医务人员、群众满意与政府投入不足的矛盾(梁鸿等,2014年)。其中,医疗保障制度如何通过更好的制度设计为居民提供基本的安全保障、满足居民多层次的医疗服务需求,同时又能控制医疗费用的不合理上涨、促进公平有效的医疗服务体系的建设,将是医保制度改革下一步需要达到的目标,也是学术界需要重点研究的问题。

参考文献

[1] Arrow K. W.. Uncertainty and the Welfare Economics of Medical Care[J]. American Economic Review, 1963, 53(5):940—73.

[2] Fuchs V.. The Health Economics, Harvard University Press[M]. Cambridge, 1986.

[3] Haseltine, William A.. Affordable excellence: the Singapore healthcare story: how to create and manage sustainable healthcare systems[M]. Singapore: Ridge Books, 2013.

[4] Hashimoto H, Ikegami N, Shibuya K, et al.. Cost containment and quality of care in Japan: is there a trade-off?[J]. Lancet 2011, published online Sep. 1. DOI: 10. 1016/

S0140-6736(11)60987-2.

[5] Hwang, Gyu-Jin. Going separate ways? The reform of health insurance funds in Germany, Japan and South Korea[J]. Policy Studies，Vol.29，No.4，Dec.2008，421—435.

[6] Ihori T. et al.. Health insurance reform and economic growth: Simulation analysis in Japan[J]. Japan and the World Economy，2011,(23):227—239.

[7] Ikeda N，Saito E，Kondo N，et al.. What has made the population of Japan healthy? [J]. Lancet 2011, published online Sep.1. DOI:10. 1016/S0140-6736(11)61055-6.

[8] Ikegami N，Yoo B-K，Hashimoto H，et al.. Japanese universal health coverage: evolution, achievements, and challenges[J]. Lancet 2011, published online Sep.1. DOI:10. 1016/S0140-6736(11)60828-3.

[9] Ikegami N. and Campbell J.C.. Health care reform in Japan: the virtues of muddling through[J]. Health Affairs, 18, no.3(1999):56—75.

[10] Kwon, S.. Payment system reform for health care providers inKorea, Health Policy and Planning, 2003, 18(1):84—92.

[11] Population Division of the Department of Economic and Social Affairs of the United Nations Secretariat[J]. World Population Prospects: The 2010 Revision, http://esa.un. org/unpd/wpp/index.htm.

[12] Singapore Department of Statistics. Foreign Direct Investment in Singapore, 1995—2005[J]. Statistics Singapore Newsletter，2007.

[13] Singapore Economic Development Board，www.edb.gov.sg.

[14] Singapore Ministry of Health，www.moh.gov.sg.

[15] 蔡江南.美英两国医改新动向及对中国医改的启示[J].中国市场,2011,(11).

[16] 蔡江南.医生短缺:阻碍中国医改的瓶颈[J].中国社会保障,2012,(5).

[17] 曹琦,王虎峰.美国新医改:根由、路径及实质[J].中共中央党校学报,2010,(6).

[18] 仇雨临,孙树菡主编.医疗保险[M].北京:中国人民大学出版社,2001.

[19] 费尔德斯坦.卫生保健经济学[M].费朝晖等译.北京:经济科学出版社,1998.

[20] 富兰德等.卫生经济学[M].王健等译.北京:中国人民大学出版社,2004,(8).

[21] 顾昕.全民健康保险与公立医院的公益性:加拿大经验对中国新医改的启示[J].中国行政管理,2011,(11).

[22] 顾昕.走向有管理的市场化:中国医疗体制改革的战略性选择[J].经济社会体制比较,2005,(6).

[23] 顾昕,袁国栋.从价格管制改革到支付制度改革——美国的经验及其对中国医改的启示[J].国家行政学院学报,2014,(4).

[24] 国务院发展研究中心课题组.对中国医疗卫生体制改革的评价与建议[J].中国发

展评论(增刊),2005,(1).

　　[25] 胡苏云.医疗保险和服务制度[M].成都:四川人民出版社,2001.

　　[26] 科尔奈,翁笙和.转轨中的福利、选择和一致性:东欧国家卫生部门改革,罗淑锦译.北京:中信出版社,2003,(5).

　　[27] 李国鸿.加拿大医疗保险改革研究[J].国外医学(卫生经济分册),2005,22(2).

　　[28] 李立新.美国医改经验及对我国的启示[J].经济研究参考,2013,(52).

　　[29] 李玲.中国应采用政府主导型的医疗体制[J].中国与世界观察,2005,(1).

　　[30] 梁鸿,张宜民.医保改革三大矛盾及破解之道[J].中国劳动保障报,2014.

　　[31] 刘国恩.我国医改成功的关键:破除垄断,加强竞争,促进供给[J].中国药物经济学,2007,(5).

　　[32] 刘国恩.再论中国医改[J].中国社会保障,2014,(12).

　　[33] 刘文海.加拿大的医疗保障制度及其运作[J].劳动,2001,(2).

　　[34] 世界卫生组织编.2000年世界卫生报告:卫生系统:改进业绩[M].王汝宽等译.北京:人民卫生出版社,2000.

　　[35] 世界银行.创建健康和谐生活,遏制中国慢病流行[M].世界银行人类发展部,东亚和太平洋地区,2011:11—13.

　　[36] 王保真主编.医疗保障[M].北京:人民卫生出版社,2005.

　　[37] 王乐,孟洋.中国医改成效评价[J].公共管理,2013.

　　[38] 王秀峰等.美国医改主要内容及启示[J].中国医疗保险,2014,(6).

　　[39] 王雁菊等.英国医疗保障制度的改革经验及对中国的启示[J].医学与哲学,2007.

　　[40] 张侃等.发达国家医疗保障制度的比较研究及启示[J].中国卫生资源,2003.

　　[41] 中国国家统计局.2014年国民经济和社会发展统计公报,2015.

　　[42] 中国国家统计局编.中国统计年鉴—2014[M].北京:中国统计出版社,2014.

第四章 医疗服务研究

第一节 导　　言

改革开放以来,我国城乡居民的收入和生活水平大大的提高,尤其是进入21世纪以来,社会医疗保险制度的不断建立和完善,使得我国居民抵御疾病风险的能力增强,居民对医疗服务的多样化、个性化的需求也在很大程度上得到了释放。反观医疗服务领域,传统的、以公立医院为主的医疗服务供应模式和制度至今未有根本的变化,越来越无法满足上述的需求。由此引发的医疗领域的供需矛盾,导致医疗体制越改,问题越多。看病贵、看病难的呼声一如既往地不绝于媒体和舆论。

一、这些问题反映在理论界,即是在相当长一段时期内持续着的有关医疗服务供应体制的方向的大讨论。2009年新医改方案出台,对此前理论界有关医疗服务领域中"政府主导"还是"市场主导"的讨论,给出了具有浓厚的"政府主导"色彩的定案。此后,理论界的相关讨论不仅没有因为此定案而偃旗息鼓,相反,现实中由于医疗服务供给中的积重难返的问题,以及新一届政府执政理念的转变导致的对社会办医,以及政府和民间合作办医等多种模式的积极倡导,使得这一讨论更趋激烈。因此,有关"政府主导"还是"市场主导"的讨论可以说,是近年来医疗服务供给领域的首屈一指的大热门。

二、主要由于上述政策的转变,导致现实中医疗服务的供应呈现出向多元化的主体构成转变,相应地,关于办医模式的研究,关于公立医院改革,甚至转制的讨论以及实践以及关于区域联动、资源整合的探索等,都成为这一时期理论研究的热点。

三、互联网向医疗领域的渗透导致出现的互联网＋医疗的应用研究,则可以说是这一领域的具有革命性创新性的探索,它可能成为破除传统体制的壁垒的新兴力量,并且揭示了未来医疗服务供应模式的无穷可能性。

第二节　关于医疗服务领域的研究背景

关于医疗服务供应问题的研究具有政策先行、实践先行、理论研究滞后的特点。这一领域的研究主要基于以下的政策背景和社会背景而展开。

一、政 策 背 景

自从党的十八大以来,党中央、国务院、国家卫计委等部门连续推出了一系列关于深化公立医院改革、推动社会办医的指导性文件,明确提出了"深化公立医院改革,鼓励社会办医"这一深化医药卫生体制综合改革的重点内容和举措。而国务院发布的《关于促进健康服务业发展的若干意见》(即国发40号文)更是对社会办医提出了宏观的总体要求、任务和政策措施。2014年人大的《政府工作报告》的相关提法则是"创新社会资本办医机制,推动医改向纵深发展"。李克强总理在2015年1月19日主持召开的国务院常务会议上讨论通过的《全国医疗卫生服务体系规划纲要》,就推进深化医药卫生体制改革、加强乡村医生队伍建设、更好保障农村居民身体健康,以及促进优化资源配置和服务升级等问题,提出了具体的要求。凡此种种皆表明,近来正在深入、切实地推进的、体现在医疗服务供应方面发生的巨大变化的改革正是在这样一种政策背景下展开的。

从这一系列的政策导向可以看出,在基本实现全民医保体制的前提下,近年来的医疗卫生领域的改革已将重心移到与医疗服务相关的领域。公立医院改革和社会办医的蓬勃发展等办医模式方面的深层次变化已经显现。

就服务提供模式、办医模式而言,各地方政府根据中央政府推出的一系列政策,都进行了一系列的改革尝试和践行,包括公立医院的改革与社会办医的促进措施。出现了一些新兴的办医模式,如政事分开、管办分离的模式、托管模式等。有的还在探索中,如PPP模式、公立医院改制等力度较大的改革。

二、社 会 背 景

公立医院改革、多种办医模式的兴起,以及区域合作、资源整合的新动向等可以说是这一领域广阔的社会背景。近年来,在为经济发展而设的一些一

体化发展区域,如在长三角、珠三角、京津冀等区域中,医疗服务的一体化也被纳入计划中而崭露头角。它们表现在以下几个方面:

在医疗服务领域的现实中,由"公立医院管办分离""区域合作(整合)"带来的托管模式持续发酵,发展到目前的 PPP、BOT 等公共民间合作模式;互联网发展的强大势头带来的互联网+模式、智慧医疗、移动医疗、远程医疗等与医疗服务相关的产业发展方兴未艾。

(一)政府层面所进行的一系列的公立医院改革和优质资源整合等的改革努力和实践,比如,医保的区域内一体化和异地互认措施可以说是较为显著的、有实效的合作范例。

(二)由医院或医疗集团主导的,跨地域的合作案例。它们牵涉公立医院和公立医院之间、公立医院和民营资本的合作。而这一类合作,在上述政策背景下,正呈现出越来越强的发展势头。

(三)鉴于现实的政策对社会办医的鼓励,可以看到,社会资本,自有资本在医疗领域的快速发展,及其从产业发展战略出发所作的战略布局,都对跨地区、区域内的联动发展起到影响和发挥作用。加之互联网技术在这一领域的异军突起,远程医疗已在探索中实现(镇江案例),网上医疗也已出现开先河者,这一领域正蓄势待发。

然而,也是由于法制滞后,理论研究和指导滞后,上述这些实践性的探索都遭遇到一些至关重要的问题。比如,关于医疗主体的定位,公立、民营;营利、非营利,其性质、治理结构,产权、利益分配,还有人才—医师制度等,凸显出政策与制度之间的矛盾,同时也成为制约医疗服务行业快速崛起和发展的瓶颈。

在国际上,尤其是发达国家,无论在实践层面,还是在应用研究领域都有着丰富的成功的经验和成绩。即使在非营利性的民营医院唱主角的这些国家,依然存在有非常有效的公立医院改革和医疗资源整合的新模式。如,美国的公立医院改革与医疗资源整合的新模式-IHN 的案例,为应对超越地区医疗,充分发挥优质资源的功效提供了可资参考的经验。

三、原　　因

如上所述,医疗服务的供求矛盾异常尖锐:飞速增长的多样化的需求与传统的服务供应体制不相匹配,集中地表现为"看病贵""看病难"。

　　具体原因分析如下：（一）从需求方面而言,经济发展导致生活水平提高,进而导致对健康需求的增加;全民医保的实现大大释放了居民对医疗的需求。（二）然而,从医疗服务的提供方面来说,医疗资源,尤其是优质资源的分布不均衡;医疗的供应模式尚未完全脱离计划经济的窠臼,以公立医院为主的供应体制和卫生规划决定的资源配置,对释放式增长的多样化的医疗需求难以应对。（三）医疗资源配置的不均衡、保险医疗的自由就诊和异地互认等规定方便了并也加剧了流动就医的发生。（四）公路、铁路交通设施的飞速发展,大大地缩短了地区间的距离,便捷的交通工具也给流动就医带来了便利。（五）经济、社会和文化因素:接受地医院具有接受外来就医的激励因素（如上海的情况可见）。由于诊治和收治外来就医者的门诊和住院的诊疗行为较少受到本地医保的限制,对提高医院的经营效率有利,因而,还是受到接受地医院的欢迎。

　　尤其是流动就医的出现,既反映出流出地居民因医疗资源稀缺或不当造成的看病难,也因此而造成了流入地的巨大压力和当地居民的看病难问题。而所有这些均可归咎于医疗服务的供应体制。

第三节　最新的理论观点与方法

　　如导言所述,新医改方案的出台,进一步加剧了有关医疗服务供应体制的基调和方向、具体的路径的争论。这一场争论的代表性的关键人物即是持"政府主导"观的北京大学李玲教授和国务院发展研究中心的葛延风研究员,以及持"市场主导"观的北京大学刘国恩教授、周其仁教授和中国社科院经济所朱恒鹏研究员。他们在多种场合、多篇文章和著作中,就新医改的基调与方向、医改的具体路径（全民医疗还是全民医保）,以及如何解决当前的医疗方面的诸多现实问题等阐述了各自的观点和见解,并就一些具体的案例（如宿迁医改）给出了截然相反的解读。

一、政府主导派关于医疗服务供应体制的
基调和方向、具体的路径的观点

　　主张这一观点的领军人物首推李玲、葛延风等人。

　　（一）对2009年之前的医改,李玲、葛延峰等人都认为是医疗的商业化和

市场化导致医改失败了。

2005年,由葛延风主导的国务院发展研究中心课题组发表的专项研究报告指出,中国自改革以来"医疗卫生体制变革的基本走向是商业化、市场化",其消极后果"主要表现为医疗服务的公平性下降和卫生投入的宏观效率低下",而"问题的根源在于商业化、市场化的走向违背了医疗卫生事业发展的基本规律"①。他甚至直言,此前的医改"失败"了。

无独有偶,北京大学中国经济研究中心李玲教授也在同年发表文章称,中国的高速经济增长"没有直接带来人们健康水平的提高",且在投入增加的条件下,"医疗卫生的绩效反而下降"。她的解释也如出一辙:"主要原因是政府失职和市场失灵。政府在改革的过程中对医疗卫生事业的发展没有明确的方向和目标,盲目地将医疗卫生推向市场。"②

在新医改出台后,李玲指出:"新医改是中国第一次从基本医疗卫生制度的高度来保障人民的健康,是一项系统性的设计,非常强调公益性。从改革方案的设计、卫生制度的建立到服务体系的建立,都要遵循公益性的原则。公益性就是优先考虑社会效益为优,以社会效益最大化为原则。"她把中国模式概括为:"以公立医院为主导,加上保障和服务的一体化、公共卫生和医疗服务的一体化、基层医院和大医院的一体化,再加上信息化的手段。"③

(二)对于医改的具体路径和方向,李玲借用最近世界卫生组织的首席经济学家发表的一篇文章,表明了她的取舍态度,认为:"全民医保的成本一般要比全民医疗高,其差距一般为 GDP 的 2%～3%,而且全民医疗的效果较好。全民医疗是让医生做主,按需分配,而全民医保对需求的诱导比较厉害。"④

(三)李玲对美国式的医疗保险制度持否定的态度,认为,"保险的问题是难以解决的"。并预言"现在新农合走保险这条路是绝对走不下去的"。在医生的问题上,她主张,"现在最重要的是保障医生有仁心、仁术,保障医生的良好待遇,给予他们良好的发展前途和正确的正反馈的激励机制,以激发医生的良心,因为医疗本身就是一种良心职业,应当抑制其中的商业化、

———————————

① 葛延风.对中国医疗卫生体制改革的评价与建议(概要与重点)[J].中国发展评论,2005(增刊)(1).

② 李玲.中国应采用政府主导型的医疗体制[J].中国与世界观察,2005,(1).

③④ 李玲在 2009 年 6 月 3 日"北京大学三井创新论坛"上的发言。下同。

趋利化的倾向"。①

（四）关于宿迁医改，李玲组织了一个由近 10 名卫生经济学家和学生组成的调研班子，以所谓不惊动当地政府的"微服私访"形式，对宿迁医改进行了调研考察，随即得出结论，认为："近几年来宿迁市领导率领宿迁人民所进行的以经济建设为中心的改革，敢想敢干、惊心动魄、可歌可泣，但是改革思路在某些方面违背了社会和经济发展的客观规律，尤其是将全面市场化的改革手段用于已被理论和实践证明行不通的医疗卫生领域。所以，目前宿迁市'看病贵'的问题没有得到解决，老百姓的医疗负担反而加重，潜在医疗卫生问题令人担忧。"

二、市场主导派关于医疗服务供应体制的相关问题的观点

这一主张的代表人物为刘国恩、周其仁和朱恒鹏等人。

同为北大教授的刘国恩对于上述问题的看法与李玲截然相反。刘国恩认为："新医改一个非常重要的基点，就是从尊重市场规律开始。新医改方案包含五项重点工作：推进建立基本医疗保障制度的建设；建立国家基本药物制度；健全基层医疗卫生服务体系；逐步推进基本公共卫生服务均等化；推进公立医院改革试点。最后一个工作是重中之重，也是最难啃的硬骨头。"②刘国恩在 2009 年 6 月 3 日"北京大学三井创新论坛"上的发言中，从医疗的属性、全民医疗还是全民医保的比较，"看病贵""看病难"的原因、医生的问题、价格的问题等各个方面论述了其对医疗市场化的主张。

否定市场经济能在这个市场上起作用的一个最主要的理由，就是医疗具有很强的公共产品属性，这就意味着很强的外部性、非排他性、非竞争性。但是刘国恩认为："医疗卫生服务不仅包括公共卫生服务，还包括一般医疗，如中国最主要的致死疾病癌症、糖尿病、心脏病等，其外部性和传染性很低，而且针对这些疾病的医疗服务具有很强的排他性和竞争性，因而至少在很大程度上不是公共产品，具有一般商品的属性。如果大家认可这个判断，那么在医疗问题上，配置一般商品和服务资源的现代经济理论就应该成立。从卫生经济学的理论讲，就是需求的极度不确定性、信息的极不对称以及代价的高风险性。

---

① 李玲在 2009 年 6 月 3 日"北京大学三井创新论坛"上的发言。下同。
② 刘国恩在 2009 年 6 月 3 日"北京大学三井创新论坛"上的发言。下同。

简单地将经济理论搬到医疗领域是愚蠢的,但是,医疗同样是劳动生产过程的产物,除了一些公共产品的特性以外,也有一般商品的共性,经济学的一些理论也是可以适用的。既然是这样,既有共性又有特性,那么政府就要管理和干预,但这并不代表市场就是完全失灵的。"①

关于全民医疗的问题,刘国恩认为:"全民医疗虽然是通过税收提供的,严格而言并非免费,但人们会感觉这是一种免费医疗,从而倾向于过多使用这样的医疗服务,造成一定的效率上的浪费,这是需方的问题。供方的问题在于,不通过市场交换来配置资源,那些公立医院工作的医生就会遇到很大的激励危机,因为资金都是行政划拨的,他们就会毫无激励。李教授提出的补救方法是加强技术信息的提高。但我有一点不是很确定,信息平台也许可以解决一些问题,但'道高一尺魔高一丈',信息技术怎么能和人比呢?在我看来,政府全面接管的全民医疗,就会出现上述的问题。"②

就全民医保的问题,刘国恩认为:"全民医保虽然有很多问题,但它和全民医疗有一个非常重要的不同:它是在充分利用市场交换的机制来完成资源配置的。资金不是直接打给医疗机构,而是给每人买一份保险,通过保险公司购买服务,在筹资机制上有政府、集体和个人的参与,人人都有权利和义务,义务、权利和责任对等,体现了公民的参与。还有很重要的一点,全民医保置换了医疗关系的主体,病人不再直接和医疗机构对等,而是通过群体一起和医疗机构对等,将医患矛盾转化为医生、医院与保险机构之间的矛盾。疾病的不确定性实现了从个人到群体的转移,信息不对称的问题也缓解了,风险也得到了更广泛的分担。也就是说,通过上述的主体置换过程,市场交换的条件就比以前个人和医疗机构对等的时候强化了很多了,我们就又有了市场交换的基础,市场机制也就很难被否定了。"③

对解决目前看病难的问题,刘国恩认为,解决这一问题"要靠实实在在地想办法扩大生产力"。"至少是要保证有充足的资金、人员和技术。""中国有超过1.9万家医院,其中85%都是公立医院,它们面临着一个非常尴尬的困境:一方面,作为公立医院,它们受到了诸多的限制;另一方面,在公立医院的平均开支中,政府财政的拨款不到10%。'巧妇难为无米之炊',所以医院就得另想办法,如果我们希望其他办法的邪路少一点,你就得给它开辟一点点光明的

---

①②③　刘国恩在2009年6月3日"北京大学三井创新论坛"上的发言。下同。

路。要给医院开一个正道的话,还有什么比面向社会的多元融资更直接、更正规的?而中国的社会资金也是挺充足的。向社会融资,扩大生产规模,难道这仅仅因为是依靠私人资本,就有违公益性吗?"

在谈到医疗服务供给的增量问题,亦即如何引进新的医疗服务机构的问题时,刘国恩认为:"过去的老政策是非常缺位的,因为我们没有一个明确的引入社会资本的政策,埋没了社会资源发展的权利。新医改方案说要鼓励社会资源兴办医院,这是其中的原话。但如果只允许和鼓励医院进入市场,只给一个准生证,但不给发展的条件,医院也注定会死掉。因为第一,私营医院很难成为定点医疗服务机构,这样一来市场一大半就没了,不到一个月就支撑不下去了;第二,私营医院无法搞科研立项;第三,私营医院无法解决职称问题。"在新医改方案中,政府明确表示,允许社会兴办医院,并给予他们与公立医院同等的条件,包括市场、科研立项和职称三个方面。所以,"有了这些公平的成长条件,私营医院不会成为一个怪胎"①。全世界的发达国家的情况表明,私立医院的技术条件都比公立医院好。

再就是医生的问题,刘国恩指出,具体的症状包括:"中国的医患关系十分紧张,有的医生要戴着钢盔去上班;医生的诊疗行为令病人难以理解和接受,大处方现象铺天盖地;医务人员目前在中国流失得很严重,医生队伍十分消沉;医生中出现极度的两极分化,优秀的医生、专家、名医几乎全部待在上层的医疗机构,社区则根本没有。""医患关系上的诸多问题的根源应归咎于旧制度使然,医生是固定单位固定工资的,不允许多点执业。"

还有一个问题是价格管制。刘国恩认为,体现技术的手术价格与有15%的上调空间的药品价格是扭曲的,这样的双轨制,是导致医生使劲开大药方的原因。很显然,错不在医生,而是制度性的问题。近年来,刘国恩一直主张让医生回归自由职业者的身份,并对新医改方案里允许有资质的医生多点执业的表示了嘉许,认为,要是"真正实现了医生多点执业,想让中国医生的人力市场不兴旺、不发达都难,想叫好医生不去社区开业都困难,如果好医生到社区来开业,那老百姓就医就方便了,就不用生了小病就一窝蜂地拥挤到三甲医院了。"在上述发言中,刘国恩最后表示对"市场机制会在中国的医疗服务领域发挥更大的作用"充满信心。

① 刘国恩在2009年6月3日"北京大学三井创新论坛"上的发言。下同。

　　与专门从事卫生经济学研究的李玲和刘国恩不同,北大经济学教授周其仁原本并不研究医疗的问题。但是,近年来,无论是对媒体的发声,还是著书立说,他对医疗体制改革,尤其是医疗市场化问题所持观点在学术界具有相当大的影响力。他查阅了卫生总费用、特别是个人卫生现金支出和医院、诊所、医护人员的增加状况,发现"结果非常令人吃惊:1978—2005年期间全国的医院数目仅增加了101.3%,门诊部所增加了119.8%,医院卫生院床位增加了43.5%(同期人口增加了35.8%,所以每1000人床位只增加了21.3%);同期,全国医护人员的增加数,医生87.6%,医师155.2%,护士多一点,也不过231.9%。就是说,相对于卫生总费用增长77倍、个人卫生开支增长197倍,所有医疗卫生供给方面的变化,最高是护士增加了2倍多,医师增加1倍半,其余包括医院、诊所、床位和医生数目的增加,皆不到1倍。同期,全国诊疗人次增加了也只不过40%。"据此,他认为,相对于我国居民医疗需求的急剧增加状况,医疗供应方面增加缓慢,政府对"动员医疗资源增加供给的能力极其低下",因此,目前"要辩论的问题不是市场化好不好、该不该,而是究竟中国的医疗服务是不是已经实现了市场化"。他总结道:"医疗卫生服务的资源动员能力,与体制息息相关。道理简单,人们要动员资源来增加供给、满足需要,非经过一套具体的体制不可。"那么,究竟什么样的体制特征,才决定性地影响了我国医疗卫生系统的资源动员能力呢?"现行我国医疗卫生体制的最显著特色,恰恰是某些专家认定可以充当医改中心思路的'政府主导'。"①

　　中国社会科学院的朱恒鹏研究员多年来从事医改研究,也是"市场主导派"的支持者。近年来,他在多种场合发声,阐述他对医疗市场化支持的观点。对于十八届三中全会的决定明确提出的"鼓励社会办医,优先支持举办非营利性医疗机构。社会资金可直接投向资源稀缺及满足多元需求服务领域,多种形式参与公立医院改制重组",他表示,这个决定"再次向社会资本办医释放出积极的信号"②。

　　他还表示完全同意吴敬琏所说"此次《决定》的主要亮点,在于有关经济改革的两句话:一句是'紧紧围绕使市场在资源配置中起决定性作用深化经济体制改革';另一句话是'建设统一开放、竞争有序的市场体系,是使市场在资源

　　① 周其仁.病有所医当问谁(医改系列评论)[M].北京:北京大学出版社,2008.
　　② 21世纪经济报道:《专访朱恒鹏:市场语境重置医改路径》2013年11月21日.

配置中起决定性作用的基础'",认为"建立一个统一开放竞争有序的市场,是一篇很大的文章,医疗领域显然也是这篇文章的应有内容"。

朱恒鹏明确指出:"要办好民营医疗机构,一要靠人才,二需要资本。医改只能依靠市场,医生只能自救。依赖政策设计出完善的改革路径不靠谱,那本身就是一种计划经济思维,一方面,改革方案很可能不靠谱;另一方面,相关部门执行力也可能不靠谱。基层喊出来的诉求和一波一波突破体制约束的尝试,方可打开改革局面,有见识有能力的领导也就可以顺势而为。"①

三、关于办医模式的研究

这项研究包括公立医院改革带来的一系列变化,如管办分离的若干种模式、公私合作模式:PPP、BOT 模式、公立医院转制,以及民营医院的现状与问题等内容。

(一)关于公立医院改革的文献著述也是相当多的,其中较为突出的有顾昕等人的研究

他们参照世界银行专家的研究结果,并根据中国公立医院改革的现状,得出结论认为,中国的公立医院改革摆脱不了全球性公立医院改革的如下三种模式:

1. 自主化

公立医院依然是公共部门的一部分,但其所有日常事务的控制权完全从官僚等级体系转移到医院的管理者的手中;在财务上,国家设立定额预算(global budget),医院在预算范围内可以自主支配财务收支;监督权力依然掌握在官僚体系之中,一般而言以某些绩效指标作为衡量标尺的问责机制建立起来,有时会引人"绩效合同制"(performance contract)。

2. 法人化

公立医院独立于公共部门(或政府部门),成为一个法人实体(corporate entity),并且建立法人治理结构(corporate governance)。政府部门作为其主要发起人,在医院董事会中占据重要地位。医院完全以民营实体的方式,无论是营利性还是非营利性的,参与到医疗服务市场中的竞争。医院必须自负盈亏,而且有可能走向破产。

---

① 21 世纪经济报道:《专访朱恒鹏:市场语境重置医改路径》2013 年 11 月 21 日.

3. 民营化

公立医院转型为民营实体,无论是营利性还是非营利性的。政府解除对医院的直接控制,从其法人治理结构中撤出。国有资产以各种方式向民营化医院的运营者出售(Harding and Preker 2003:23—78)。

中国公立医院的改革从 1980 年代起,就已经开始了自主化模式的尝试。进入 21 世纪的头 10 年,在政事分开、管办分离的政策指引下,各地公立医院改革进入了法人化阶段,较为著名的有上海的"申康模式""无锡模式""宿迁模式"等。

(二)关于公共与民间合作的研究,可以说是对目前阶段出现的一种公立医院改革办医模式的探索

这是一种介于管办分离式改革和向民营化转制的中间状态。主要有 PPP 模式与 BOT 模式等。

PPP 模式与 BOT 模式等是政府与社会资本在一些公共项目方面合作的新型模式。在医疗机构的建设和运营方面导入 PPP 与 BOT 等模式,只是其中的一部分。这两种模式可以说是在促进或推动社会资本进入医疗领域,以及公立医院改制过程中可资考虑或推崇的方案之一。而 2015 年 4 月 14 日,财政部的《政府和社会资本合作项目财政承受能力论证指引》的出台,则表明该种方案已进入实施阶段。相关的研究有一些实证案例,如政府与社会资本合作(PPP)的仁济模式:仁济医疗集团的案例,可以说是混合制的经典。

(三)关于公立医院转制的研究,是对目前刚刚兴起的改革动向进行的追踪探索

进入 2015 年以来,中央政府益发明确地重申公立医院瘦身的政策思路。刘延东副总理在 4 月 29 日召开的 2015 年全国深化医药卫生体制改革电视电话会议上,再次强调提出了"控制公立医院规模,公立医院要减肥瘦身,不能盲目扩张"的意见。而长三角地区在这一方面已有了先行先试的经验。

浙江新政:公立医院改革鼓励社会资本参股或收购

浙江省政府在 2014 年 2 月 19 日出台的浙政发〔2013〕46 号文《促进民营医疗机构加快发展的意见》(简称《意见》)中提出:积极稳妥地将部分公立医院转制为民营医疗机构,适度减少公立医疗机构数量,降低公立医院比重。将促进社会办医列为各级政府的重要职责,将民营医疗机构纳入当地经济社会发展和医疗卫生事业发展的规划。

《意见》要求："把公立医院改制作为公立医院改革的重要内容。优先选择并支持具有办医经验、社会信誉好的社会资本，通过合资合作、收购兼并、融资租赁等多种形式，参与公立医院改制重组。积极稳妥地将部分公立医院转制为民营医疗机构，适度减少公立医疗机构数量，降低公立医院比重。"

《意见》明确，应将促进社会办医列为各级政府的重要职责，将民营医疗机构纳入当地经济社会发展和医疗卫生事业发展的规划。各级政府根据当地经济社会发展综合因素和城镇化进程，全面分析医疗服务需求与资源供给情况，为民营医疗机构留出发展空间。严格禁止公立医院举债建设，"十二五"期间，暂停审批省级和部分市级医院在主城区扩大床位规模的申请。严格控制公立医院开设特许医疗服务，已开设的要逐步缩小规模。

《意见》提出，将民营医疗机构设置审批权限下放至市、县级卫生行政主管部门。各地政府所属人才服务机构承担民营医疗机构医务人员的人事代理，提供职称评聘、户口迁移、劳动关系衔接、社保关系转移代理服务。鼓励民营医疗机构为医务人员建立年金等补充保险制度，进一步提高其退休待遇。鼓励医务人员在公立医院和民营医疗机构间有序流动，任何部门和机构都不得给申请多点执业人员设置障碍。

对于类似上述的改革新动向的研究也已陆续出现。如詹国彬的《公立医院民营化改革：模式、成效与风险》一书，从公共服务多元治理的视角出发，全面考察和探讨了我国公立医院民营化改革的缘起、理论基础、现实动因、实践模式、存在的障碍、约束条件、蕴含的风险与控制等问题，从理论层面和实践层面对全球化、市场化背景下我国公立医院民营化改革问题展开系统性的研究，旨在考察民营化这种治理工具在我国公立医院领域中的适用性，以期为我国公立医院改革提供切实有益的参考与借鉴，弥补现有理论研究的某些缺陷与不足，推动民营化改革相关理论的创新与发展。

（四）关于民营医院研究也越来越多，这些研究的主要关注点在于民营医院的发展现状、存在的问题、政策环境以及未来的发展趋势

较为全面地及时地反映民营医院问题的研究可举庄一强主编的民营医院蓝皮书《中国民营医院发展报告（2014）》。庄一强为中国医院协会副秘书长，"中国医院论坛"组委会副秘书长兼学术组组长，以及清华大学医院管理研究院客座教授，其主编的《中国民营医院发展报告（2014）》从发展现状、政策、发展方向等方面，介绍了过去一年民营医院的发展状况。通过对2013—2014年

民营医院生存与发展现状进行分析,揭示在民营医院迅速发展表象之下,规模和市场占有率难与公立医院分庭抗礼的问题,并指出目前优质民营医院规模不大且多位于经济发达地区,新增医院中公立医院改革的比重在持续增加,民营医院投资主体正在进入多元化时代。该告运用比较的手法,对《关于促进健康服务业发展的若干意见》的特点及影响进行了分析,指出文件的重大突破及意义。对于未来的发展,报告认为顶层设计仍是重中之重,包括投资主体的界定、民营医院与公立医院的比例、医疗慈善投资与公立医院改革对象的选择等。

该报告书还设有投融资分报告、品牌诚信分报告等,对相关问题进行了探讨。此外,其中,专题报告还对外资医院发展、公立医院改制、民营医院崛起途径、专科连锁医院投资价值进行探讨分析。以和睦家医院、厦门长庚医院、上海禾新医院的办医经历,揭示了外资医院在大陆生存的真实境遇;通过对华润医疗改制高州医院、北大医疗收购湖南暐德医院、德福资本参与中山六院改制,以及佛山禅城区中心医院和浙江金华广福医院等公立医院改制案例的分析总结,揭示了2013—2014年中国公立医院改制的现状、路径和问题;以武汉亚心和复大肿瘤的发展历程为例,论证人才队伍建设和规范化经营在民营医院崛起过程中的重要作用等。

四、方　　法

如上所述,这个领域的研究具有政策先行、实践先行、理论研究滞后的特点。因此,这类研究一般都采用实证的方法,首先对政策的解读必不可少,继而实地调查,案例研究等是为其常用的手法。

第四节　重大理论创新

在医疗服务领域,由于互联网的出现,两者结合应用的趋势在现实中愈演愈烈。与此相关的研究也日益增多,主要有关于互联网＋医疗、智慧医疗、远程医疗等问题的研究。

必应网典对互联网医疗、智慧医疗、远程医疗的概念分别作了如下表述:

互联网医疗是互联网在医疗行业的新应用,其包括了以互联网为载体和技术手段的健康教育、医疗信息查询、电子健康档案、疾病风险评估、在线疾病咨询、电子处方、远程会诊、及远程治疗和康复等多种形式的健康医疗服务。

　　智慧医疗英文简称 WIT120,是最近兴起的专有医疗名词,通过打造健康档案区域医疗信息平台,利用最先进的物联网技术,实现患者与医务人员、医疗机构、医疗设备之间的互动,逐步实现信息化。

　　而远程医疗则是指以计算机技术、遥感、遥测、遥控技术为依托,充分发挥大医院或专科医疗中心的医疗技术和医疗设备优势,对医疗条件较差的边远地区、海岛或舰船上的伤病员进行远距离诊断、治疗和咨询。旨在提高诊断与医疗水平、降低医疗开支、满足广大人民群众保健需求的一项全新的医疗服务。目前,远程医疗技术已经从最初的电视监护、电话远程诊断发展到利用高速网络进行数字、图像、语音的综合传输,并且实现了实时的语音和高清晰图像的交流,为现代医学的应用提供了更广阔的发展空间。国外在这一领域的发展已有 40 多年的历史,而我国只在最近几年才得到重视和发展。①

　　从上述概念的表述中可见,医疗和互联网技术的结合,完全突破了传统的医疗服务的供应模式,是医疗服务供应领域的一次革命。目前,关于这一领域的研究主要可分为两大类。一是由一些大企业出版的有关这一行业的产业研究报告。这一类报告注重行业投资价值、市场前景预测等,较为著名的有中研普华集团出版的《2015—2020 年中国互联网医疗行业市场投资策略及前景预测研究报告》,该报告在大量周密的市场调研基础上,根据国家统计局、国家商务部、国家发改委、国家经济信息中心、国务院发展研究中心、国家海关总署、全国商业信息中心、中国经济景气监测中心提供的最新行业运行数据,以及与其有联系的全国科研机构、行业协会组织的权威统计资料,对互联网医疗行业进行了长期追踪,并结合其对互联网医疗相关企业的调查研究,对我国互联网医疗行业发展现状与前景、市场竞争格局与形势、盈利水平与企业发展、投资策略与风险预警、发展趋势与规划建议等进行了深入研究,重点分析了互联网医疗行业的前景与风险。该报告还揭示了互联网医疗市场潜在的需求与潜在的机会,为战略投资者选择恰当的投资时机和公司领导层作战略规划提供准

---

　　①　参阅:http://www.bing.com/knows/search? q＝％E4％BA％92％E8％81％94％E7％BD％91％E5％8C％BB％E7％96％97&-mkt＝zh-cn.

确的市场情报信息及科学的决策依据。

另一类研究则更多地从医疗本原出发,阐述互联网技术在医疗领域的应用。如孟群编著的《"互联网+"医疗健康的应用与发展研究》,文丹枫、韦绍锋撰写的《互联网+医疗:移动互联网时代的医疗健康革命》,以及裘加林、田华、郑杰和程韧合著的《智慧医疗》(第二版)。

孟著如同这一领域的入门书、教科书。它概述了"互联网+"医疗健康、智慧医疗等的基本概念、发展历程和政策环境等相关内容;介绍了智慧医疗的建设框架与关键技术;云计算、大数据、物联网、移动互联网等四类新兴技术的基本概念、核心技术、典型应用和问题分析;以及信息标准和信息安全建设要求及现状。它更从医疗服务、卫生管理和居民服务三个角度,对 19 个典型的医疗应用场景进行了分析;介绍了云计算、大数据、物联网、移动互联网新技术的发展趋势;阐述了基于"互联网+"的"健康医学模式"的模式内涵、建设思路和建设框架,医疗服务模式的发展趋势,并分别以智能决策、个性化医疗及精准医疗、便捷就医、智慧患者为主题,揭示了未来的发展趋势。

文、韦等的著作则更为关注大数据、云计算、物联网等技术的发展对医疗健康问题的智能化处理的强大功能,以及医疗领域智能产品的不断推陈出新、医患关系的悄然变化正在促使医疗健康的生态圈发生重构。该著从移动互联网时代的医疗新常态、最佳商业模式、互联网巨头的医疗平台布局、创业者所面临的挑战与机遇、移动医疗、大数据医疗、可穿戴医疗设备等 7 个方面全面、深入地解读了互联网医疗的发展趋势。该著还罗列了这一行业的著名案例,如微软、谷歌、苹果、阿里巴巴、百度、腾讯、Zipnosis、AliveCor、春雨掌上医生、挂号网、好大夫、丁香园等,以进一步增强了现实的说服力。

裘、田、郑、程等的合著吸收了当下智慧医疗理念发展、现实需求、实践经验等内容,着重介绍了我国医疗卫生发展现状及面临的挑战,阐述了智慧医疗的理念、发展现状及趋势,重点从建设和运营角度回答智慧医疗落地的相关问题;并就智慧医疗的主要建设内容进行详细的阐述,包括医疗物联网、医疗云、电子健康档案、电子病历、智慧医院、智慧的区域医疗;还重点介绍了互联网医疗的应用领域,包括移动医疗、远程医疗、智慧健康、智慧养老。该著"案例篇",则从系统设计与建设、运营及保障措施等方面,选取了部分国内外智慧医疗优秀案例,介绍和分析了各自特色及可取之处。

第五节　代表学者与文献

在上述第二节最新的理论观点中,笔者业已对相关的理论观点的代表人物和代表性论著有所涉及。此节对此再作梳理,简述如下:

关于"政府主导"和"市场主导"最著名的论战首推李玲与刘国恩在 2009 年 6 月 3 日"北京大学三井创新论坛"上的发言;"政府主导派"的代表人物李玲是北京大学中国经济研究中心教授,享受国务院特殊津贴专家。李玲代表作《健康强国·李玲话医改》(北京大学出版社 2010 年版)是她近年来有关新医改的谈话、评论等的集子,充分反映了作者有关新医改的主张和观点。

"市场主导派"领军人物周其仁的《病有所医当问谁(周其仁作品系列)》(北京大学出版社 2008 年版),收录了周其仁教授近一年多来关于医疗改革问题的全部评论文章,内容包括宿迁医改、天价医药费的讨论、医疗体制的市场化、医生拿红包的是与非、医疗价格管制、农民缺医少药的根源、社会保障的初衷、政府的公共卫生职责、中医与西医的分叉等一系列与民生相关的热点话题。作者保持其一贯的研究风格,注重实地考察,将经济理论应用于现实生活,针对我国医疗改革中的热点问题展开讨论,语言通俗、生动,观点犀利、明确,一切对经济问题、医改问题感兴趣的读者均能从中受到启发。

在公立医院改革方面,下列著作和观点具有一定的代表性。

世界银行经济学家对多个发达国家(地区)和发展中国家(地区)的公立医院改革进行研究的一项成果《卫生服务提供体系创新:公立医院法人化》(*Innovations in Health Service Delivery：The Corporatization of Public Hospitals*)(杨洪伟、孔新峰注释、解说词),(中国人民大学出版社 2011 年版)该书清晰地提出了公立医院的改革目的,阐述了其改革的理论基础,提出了分析、评价公立医院改革的基本框架。强调只有外部环境和内部治理的制度安排相互作用和协调一致,公立医院的改革才能成功。该书利用原苏东地区和拉丁美洲地区的综述及 9 个国家(地区)案例研究的数据,对公立医院组织变革的全球经验进行了比较分析。作者通过系统、翔实的资料和深入的分析向读者展示了英国、新西兰、澳大利亚、中国香港地区、马来西亚、新加坡、突尼斯、印度尼西亚和厄瓜多尔等 9 个国家及地区的公立医院改革的鲜活案例,可供公立医院改革的研究者和实践者可资参考著作。

复旦大学副教授罗力长期从事卫生政策研究,所著《中国公立医院改革:关注运行机制和制度环境》(复旦大学出版社 2010 年版)总结了中国公立医院政策环境和运行机制的变迁,剖析了"看病难""看病贵"问题的深层次的原因,针对性地提出了公立医院改革的路线图。该书还从发展基本医疗服务和高端医疗服务出发,解析了公立医院应当扮演的角色、适宜的发展策略和必要的政策支持。始终贯穿于其中的核心观点是:尽管"看病难""看病贵"问题主要表现为公立医院和病人之间的直接矛盾和冲突,但其根源是政府设定的政策和制度环境。不在政策和制度设计上作根本性的变革,就没有办法解决或缓解"看病难""看病贵"问题。因此,公立医院改革不是改革公立医院,而是要改革公立医院所处的政策和制度环境。

詹国彬的《公立医院民营化改革:模式、成效与风险》(法律出版社 2014 年版)上文已有阐述。

关于"互联网+医疗",下列著作的内容和观点,在上文中已有所涉,不再赘述。如裘加林等的《智慧医疗》(清华大学出版社 2015 年版)、文丹枫等的《互联网+医疗:移动互联网时代的医疗健康革命》(中国经济出版社 2015 年版),以及孟群的《"互联网+"医疗健康的应用与发展研究》(人民卫生出版社 2015 年版)等。

第六节 前 景 展 望

关于医疗服务的研究将继续围绕着向纵深发展的医疗体制改革,以现实发展为基础而展开。现实发展将使有关的争论的结果逐渐明朗化。现行的医疗服务的供应还远未达到成型的模式,尚在摸索中前行,改革中发展,因此,相关的研究也将逐渐地深入。

参考文献

[1] 李玲.健康强国·李玲话医改[M].北京:北京大学出版社,2010.

[2] 周其仁.病有所医当问谁(周其仁作品系列)[M].北京:北京大学出版社,2008.

[3] 裘加林等.智慧医疗[M].北京:清华大学出版社,2015.

[4] 文丹枫等.互联网+医疗:移动互联网时代的医疗健康革命[M].北京:中国经济出版社,2015.

［5］孟群."互联网＋"医疗健康的应用与发展研究［M］.北京：人民卫生出版社，2015.

［6］钱东福.城市医疗服务体系整合的理论与实证研究［M］.北京：科学出版社，2014.

［7］赵衡等.互联网医疗大棋局［M］.北京：机械工业出版社，2015.

［8］卫生服务提供体系创新：公立医院法人化［M］.杨洪伟等译.北京：中国人民大学出版社，2011.

［9］罗力.中国公立医院改革：关注运行机制和制度环境［M］.北京：复旦大学出版社，2010.

［10］詹国彬.公立医院民营化改革：模式、成效与风险［M］.北京：法律出版社，2014.

［11］顾昕，高梦涛，姚洋.诊断与处方——直面中国医疗体制改革［M］.北京：社会科学文献出版社，2006.

［12］庄一强主编.中国民营医院发展报告（2014）［M］.北京：社会科学文献出版社，2014.

［13］李玲与刘国恩在 2009 年 6 月 3 日"北京大学三井创新论坛"上的发言（参阅 http://wenku.baidu.com/view/9b88c8335a8102d276a22feb.html）.

［14］21 世纪经济报道："专访朱恒鹏：市场语境重置医改路径"，2013-11-21（参阅：http://news.hxyjw.com/yigai/show-115346）.

后　记

　　《理论经济学理论前沿》是由上海社会科学院经济研究所政治经济学研究室、经济史与经济思想史研究室、西方经济学研究室、人口、资源与环境经济学研究室的科研人员组成的团队集体完成的扛鼎之作。同时,这部著作也是上海社会科学院的三支创新工程团队——社会主义政治经济学创新型学科、经济史与经济思想史创新型学科、上海国际金融中心建设研究创新型智库的代表性成果。本书梳理的理论前沿目前限于中国国内学术界的理论性成果,并未包含国外理论前沿。国外理论前沿将作为该书的姐妹篇将在稍后出版。

　　本书由上海社会科学院经济研究所所长、理论经济学一级学科博士、硕士点召集人石良平教授任主编,负责对各学科的统筹协调和全书研究思路、框架结构的审定。各部分的撰稿分工如下:“政治经济学理论前沿”由该二级学科博士、硕士点召集人沈开艳研究员负责编撰,其他主要撰稿者有:于辉、谢华育、邓立丽、尤佳。“经济思想史理论前沿”由该二级学科博士、硕士点召集人钟祥财研究员负责编撰,其他主要撰稿者还有舒丽娟。“经济史理论前沿”由该二级学科博士、硕士点召集人张忠民研究员负责编撰,其他主要撰稿者有:朱婷、徐琳、方书生。“西方经济学理论前沿”由该二级学科博士、硕士点召集人韩汉君研究员负责编撰,其他主要撰稿者有:闫彦明、徐美芳、李双金、李桂花、吴明玺、李凌。“人口经济学与社会保障理论前沿”由该二级学科博士、硕士点召集人左学金研究员负责编撰,各章撰稿者依次为:杨晓萍、肖严华、金彩红、张启新。此外,经济研究所的研究生倪润森、韩博、周佳雯等参与了资料收集整理工作。经济研究所教学秘书韩冰承担了本书写作过程中的联络、协调等大量事务性工作,在此一并感谢。

石良平

2015 年 11 月

图书在版编目(CIP)数据

理论经济学理论前沿/石良平主编.—上海：上
海社会科学院出版社，2016
ISBN 978－7－5520－1139－5

Ⅰ.①理… Ⅱ.①石… Ⅲ.①理论经济学-理论研究
Ⅳ.①F0

中国版本图书馆 CIP 数据核字(2016)第 041483 号

理论经济学理论前沿

主　　编：石良平
副 主 编：沈开艳、钟祥财
　　　　　张忠民、韩汉君
　　　　　左学金
责任编辑：路征远
封面设计：黄婧昉
出版发行：上海社会科学院出版社
　　　　　上海淮海中路 622 弄 7 号　电话 63875741　邮编 200020
　　　　　http://www.sassp.org.cn　E-mail：sassp@sass.org.cn
照　　排：南京理工出版信息技术有限公司
印　　刷：上海颛辉印刷厂
开　　本：710×1010 毫米　1/16 开
印　　张：25
插　　页：2
字　　数：300 千字
版　　次：2016 年 4 月第 1 版　2018 年 3 月第 2 次印刷

ISBN 978－7－5520－1139－5 / F·338　　　定价：88.00 元